ATLANTISCHER

OZEAN

EUROPA

ASIEN

MITTEL-

MEER

AFRIKA

Adieu, Türkei
12 m lang, 4 m breit:
BORRACHO, unser neues
Zuhause

Madeira
Überlebenssport:
Levadaschnellwandern

Mallorca
200 l Diesel im Boot
statt im Tank

Kanarische Inseln
Seglers Delight: Die
Reparaturliste wächst
und wächst und ...

Atlantik
BORRACHO springt wie ein
Fohlen im Frühling

– – – – – – – – – – – – – ÄQUATOR – –

– SÜDLICHER WENDEKREIS –

KA

ATLANTISCHER

OZEAN

CEES DE REUS

Um die Welt mit einem Lächeln

Delius Klasing Verlag

Bibliografische Information der Deutschen Nationalbibliothek
Die Deutsche Nationalbibliothek verzeichnet diese Publikation
in der Deutschen Nationalbibliografie; detaillierte bibliografische
Daten sind im Internet über http://dnb.d-nb.de abrufbar.

1. Auflage
ISBN 978-3-7688-3573-2
© by Delius, Klasing & Co. KG, Bielefeld

Lektorat: Birgit Radebold, Monika Hoheneck
Titelmotiv: © PrintingSociety / fotolia; Foto Klappe: Cees de Reus
Karten: Inch3, Bielefeld
Schutzumschlaggestaltung: Buchholz.Grafiker, Hamburg
Satz: Axel Gerber
Druck: CPI – Clausen & Bosse, Leck
Printed in Germany 2013

Delius Klasing Verlag, Siekerwall 21, D-33602 Bielefeld
Tel.: 0521/559-0, Fax: 0521/559-115
E-Mail: info@delius-klasing.de
www.delius-klasing.de

Inhalt

Das Mittelmeer

An jenem Tag änderte sich unser Leben. Regen prasselte auf die breiten Fensterscheiben des Penthouse, und das abtropfende Wasser zeichnete glitzernde Muster auf das Glas. Die Straßenlaternen auf der leeren Strandpromenade brannten schon. Regengüsse peitschten wie ausgefranste Schleier durch das gelbe Licht. Der Wind rüttelte zerstörerisch an den Werbeplakaten, die unter der Gewalt seufzten und knirschten. Ein einsamer Spaziergänger lief gebeugt gegen Wind und Regen am Strand entlang. Karola war an diesen Sonntagnachmittag 55 Jahre alt und eine erfolgreiche Modedesignerin. Ich war ein paar Jahre älter und Vorstandsmitglied einer Versicherungsgesellschaft. Wir gehörten zu der Generation, die auf die Straße ging, um gegen die bestehende autoritäre Gesellschaft zu protestieren. Wir waren die Generation der Hippies, der Flower Power, des Woodstock-Festivals, aber auch aus der Zeit, in der die Wochenschau im Jubelton über den Wiederaufbau des Landes nach dem Zweiten Weltkrieg berichtete. Der Zeit, in der positive Nachrichten normal waren. Die Wirtschaft blühte, und das Land wurde ein reiches Land. Es gab für uns nicht mehr viel zu protestieren. Im Laufe der Jahre hatten wir uns angepasst und Karriere gemacht. Für unser Privatleben war kaum noch Zeit geblieben. Karola und ich sahen einander nur am Wochenende in unserem Apartment direkt am Meer oder während der wenigen Kurzurlaube auf der BORRACHO, unserer Segelyacht.

An diesem dunklen Regentag fassten wir den Beschluss, unser Luxusleben aufzugeben und um die Welt zu segeln. Karola war von Anfang an begeistert und sah in Gedanken schon die sich wiegenden Palmen unter einer strahlenden Sonne. Ich hatte damals so meine Bedenken.

Gülle, gülle, Turkei! Sie stehen alle auf dem Steg und winken uns ihren Gutereisegruß zu. Wir haben zusammen mit 15 Yachten wie eine große Familie in Fetiye überwintert. Jetzt ist es Frühling. Die Mimosen blühen im Überfluss und hängen in goldgelben Kaskaden über dem kalten, stahlblauen Wasser der Bucht. Unsere Galionsfigur, der trinkende Gartenzwerg, schaut hinüber zu den Bergspitzen, die von dem langen Winter noch weiß sind und in dem

Licht der Frühlingssonne hell aufleuchten. Der Cafébesitzer hat die Stühle einladend auf die Terrasse am Meer gestellt. Die ersten Touristen genießen die herzerwärmende Frühlingssonne. Noch ein paar Wochen und sie werden knackbraun sein.

Es ist Zeit, die Ankerleinen von den Spinnweben zu befreien und loszufahren. Wir sind die Mutigen, die die Leinen losgemacht haben, um die Welt zu umrunden. Aber wir fühlen uns gar nicht tapfer. Am liebsten würden wir selber auf dem Steg stehen, so weit wie möglich hinten, und winken. Bald müssen wir Ozeane überqueren: jeden Morgen nur Wasser um uns herum und jeden Abend noch immer nur Wasser. Wochenlang. Das Wetter ist auf einer solchen langen Strecke nicht kalkulierbar. Ein Sturm kann plötzlich über uns hinwegfegen. Nirgendwo gibt es einen Steg, an dem wir festmachen können, um einen Mechaniker zu suchen, der unsere Probleme löst. Nirgendwo gibt es eine sichere Bucht, in der wir vor Anker gehen können, wenn das Wetter uns nicht gefällt. Haben wir uns zu viel vorgenommen?

Als wir auf einer Bootsmesse das Buch »Segelrouten der Weltmeere« von Jimmy Cornell kauften und lasen, dass man nur die richtige Jahreszeit wählen muss, um komfortable Ozeanüberquerungen zu genießen, war unser Beschluss schnell gefasst: Wir hören vorzeitig mit der Arbeit auf, verkaufen Haus und Hof und gehen auf die Suche nach der Freiheit. Wenn wir noch etwas von der Welt sehen wollen, ist es höchste Zeit, denn wir nähern uns beide dem sechzigsten Lebensjahr. Alle stichhaltigen Argumente, um in Sicherheit zu Hause zu bleiben und rechtzeitig die Geranien zu gießen, schieben wir weit von uns.

Die Wartung des Schiffs und die Technik unterwegs machen mir die größten Sorgen. Ich habe zwei linke Hände und eine große Ehrfurcht vor unserem alten Diesel und den elektrischen und elektronischen Geräten an Bord. Karola, meine Frau und einziges Mitglied der Bemannung oder in diesem Fall Befrauung, hat noch weniger Begabung als ich, falls das überhaupt möglich ist. Ich habe zwar, als Vorbereitung auf die Reise, einen Kurs über Dieselmotortechnik absolviert, bin aber trotzdem nicht weiter gekommen, als über die vielen Bolzen, Schläuche und Drähte zu staunen, die zusammen das Funktionieren des Motors ermöglichen. In dem Kurs für Funkamateure habe ich erfolgreich komplizierte Berechnungen über elektrische Widerstände gemacht, aber damit habe ich keineswegs meinen Widerstand vor der Elektrizität überwunden. Ich kann allerdings eine kaputte Glühbirne ersetzen, wann immer das erforderlich sein sollte.

Und es gibt die menschlichen Aspekte. Wie soll es uns ergehen, wenn wir jahrelang zu zweit auf dem Boot mit nur Wasser um uns herum leben? Keine Möglichkeit auszusteigen, ohne nasse Füße zu bekommen. Können wir beide, wenn in einem Sturm der Mast über Bord geht, mit dem Stress fertigwerden? Können wir eine so lange Zeit auf einem begrenzten Raum inmitten des unendlichen Ozeans zusammenleben, ohne einander nach dem Leben zu trachten? An Bord kann man sich nicht mal zurückziehen, um abzukühlen. Alle diese Gedanken rasten durch meinen Kopf.

Wir haben heute den ersten Schritt gemacht, es gibt keinen Weg mehr zurück. Wir haben alle Schiffe hinter uns verbrannt. Wir haben nur noch die BORRACHO, unser eigenes, fast 20 Jahre altes Boot, das trotz des Übungstörns im Mittelmeer für mich voller Geheimnisse steckt. Die BORRACHO ist eine Standfast 40 P, eine Segelyacht, die von Frans Maas in den Niederlanden entworfen und gebaut worden ist. Das Schiff misst zwölf Meter in der Länge und an der breitesten Stelle vier Meter. Das gibt nicht viel Lebensraum auf einem Ozean mit Tausenden Meilen voller Wasser. Die Kajüte ist dreieinhalb Meter breit und drei Meter lang, die Kombüse ein Meter auf ein Meter, und im Badezimmer kann man den Hintern kaum bewegen. Unterwegs schlafen wir auf den seitlichen Bänken in der Kajüte, und wenn wir vor Anker liegen, im Vordreieck des Bootes. Das Schiff wird in den kommenden Jahren unser Zuhause sein und gleichzeitig das Transportmittel, um ferne und unbekannte Länder zu besuchen.

Wir fühlen uns unsicher, und die Stille Südsee mit ihren weißen Sandstränden und den ihre Hüfte schwingenden Hulamädchen ist noch in weiter Ferne. Zum Glück haben wir heute schönes Frühlingswetter erwischt, es gibt nicht einen Hauch von Wind. Wir fahren die ersten von den Tausenden vor uns liegenden Seemeilen unter Motor. Angespannt lausche ich dem eintönigen Klopfgeräusch des Diesels. Ich traue dieser geheimnisvollen Maschine unten im Schiff nicht für fünf Pfennig (ungefähr zweieinhalb Eurocent). Dauernd bilde ich mir ein, dass ich eigenartige und unregelmäßige Laute höre. Karola steigert die Anspannung noch: Sie ist sich ganz sicher, dass etwas an dem Klang des Motors nicht stimmt. Es scheint sich bei uns beiden wohl um kraftvolle Einbildung zu handeln. Nur ganz allmählich fangen wir an, uns zu entspannen, denn alles ist in Ordnung.

Plötzlich schneidet der schrille Pfeifton des Motoralarms durch die friedliche Ruhe. Ich rieche den durchdringenden Gestank von versengtem Gummi. Rauch kringelt aus der Kajütluke. An Bord entwickelt sich eine leichte Panik: Brennen wir? Nein, das kann doch nicht wahr sein! Wir sind noch in Sichtweite des Hafens, und unsere Reise soll schon aus und vorbei sein? Ich gehe vorsichtig nach unten, um mir die Maschine genauer anzuschauen. Ich bin ein wenig beruhigt, als ich keine Flammen oder andere unübliche Aktivitäten wahrnehme. Ich entferne den Kasten, in dem die Maschine sich versteckt hält, und folge meiner Nase. Schnüffelnd wie ein Weinkenner über einem Glas Rotwein lokalisiere ich das Problem: Der Keilriemen, der aus für mich unerklärlichen Gründen zu jedem Motor gehört, hat durchgedreht, ist heiß gelaufen und schließlich gebrochen. Ich habe mehrere von diesen spaghettiartigen Reserveteilen an Bord.

Voller Selbstvertrauen rufe ich zu Karola: »Ich erledige das Problem im Handumdrehen.«

Meine erste Reparatur scheint mir einfach zu sein. Aber der eine Keilriemen ist zu lang und der nächste zu kurz. Es gibt jedoch einen, der fast passt. Nur: Was ich auch versuche, ich kriege das blöde Ding nicht um die Scheibe. »Ein Stückchen weiter ist eine Bucht. Lass uns dort reingehen und ankern«, schlage ich vor. »Dann können wir in Ruhe schauen, ob wir eine Lösung finden können.«

Als wir gerade wind- und motorlos in die Bucht treiben, überholt uns eine Gulet, das ist eine Art altmodisches hölzernes Segelboot, mit voller Geschwindigkeit. Auf- und niederspringend und wild gestikulierend versuchen wir, dem Skipper und seinen Gästen drüben klarzumachen, dass wir keinen Motor, dafür aber Probleme haben. Können sie, verdammt noch mal, nicht langsamer fahren? Fröhlich winken sie zurück und rasen mit großer Bugwelle an uns vorbei. Wir bleiben rollend und schimpfend zurück. Der Anker liegt kaum im Sand, als der Kapitän der Gulet angerudert kommt und fragt, ob er helfen kann.

»Ja, gern«, sage ich erleichtert.

Ich habe eine geschlagene Stunde erfolglos gearbeitet und sehe aus, als ob ich den ganzen Tag verdreckte Motoren gesäubert hätte. Mein Skipperkollege erledigt die Sache in einer Minute, ohne nur die kleinste Spur auf seinem blütenweißen und frisch gebügelten Hemd zu hinterlassen. Er hat allerdings die Figur eines ausgewachsenen Gorillas, Hände wie Kohlenschaufeln und Bizepse wie Kinderpopos, die durch das jahrelange Hissen von schweren Segeln durchtrainiert sind, während mein Training bis jetzt darin bestand, einen Kugelschreiber fest umklammert zu halten.

Nach einer Nacht mit viel Wind liegt eine dünne Schicht Schnee und Eis auf dem Deck von BORRACHO.

»Wir bleiben hier, bis das Wetter besser wird«, schlage ich vor.

Karola friert. Sie hat eine Gänsehaut und noch nie einen Vorschlag von mir so schnell akzeptiert. Irgendwo in den Hügeln hinter unserem Ankerplatz muss die Ruine einer Stadt des alten Lykien aus dem Jahre 1000 v. Chr. verborgen liegen. Wir machen uns auf, die archäologischen Spuren zu suchen. Der schmale Waldpfad ist von dem nächtlichen Schneetreiben noch glitschig, und wir kommen nur langsam voran. Wir wissen nicht, ob wir auf dem richtigen Weg sind. Als wir fast den Mut aufgeben, überholt uns ein Mann mit seinem Sohn. Er ist Imam und muss in der Moschee, zwei Kilometer weiter, vorbeten.

»Ja, ich weiß, wo die Ruinen sind.«

Der Mann Allahs zeigt uns den richtigen Weg und fragt anschließend, ob wir am Nachmittag bei ihm zu Hause eine Tasse Tee trinken möchten. In etwa zwei Stunden sei er wieder an der Kreuzung dort unter dem großen Baum und warte auf uns.

Die alte Stadt besteht aus zerbrochenen Mauern, die durch niedrige Sträucher überwuchert sind. Wir finden ein kleines Amphitheater mit einem kunstvollen Mosaikboden, der noch fast intakt ist. Das Theater ist sehr beliebt bei den Kühen, die das spärliche Gras des Berghanges fressen. Ohne den geringsten Respekt vor der Tausende Jahre alten Kultur und der unendlichen Geduld der lykischen Künstler legen sie ihre Hinterlassenschaften großzügig auf die Mosaiken.

Stunden später stehen wir zusammen mit dem Imam vor seinem niedrigen Haus. Mit einer tiefen Verbeugung bittet er uns einzutreten. Als unsere Augen sich an die Dunkelheit gewöhnt haben, sehen wir, dass die Wohnung aus nur einem Raum besteht. Die Frau des Imams heißt uns willkommen. Wir dürfen es uns auf dem Boden gemütlich machen, während sie Tee kocht. Aus einer Ecke des Zimmers kommen unter einigen Decken Geräusche hervor, als ob jemand versucht, einen der ersten Dieselmotoren der Geschichte zu starten. Als wir etwas beunruhigt in diese Richtung schauen, erklärt der Imam, dass die alte Großmutter von einer Grippe befallen ist. Die vielen Kinder, die sich im Zimmer befinden, laufen jedes mit einer tropfenden Rotznase herum. Sogar die Hühner, die im Wohnzimmer nach Nahrung suchen, geben unhuhnartige Laute von sich. In diesem Haus hat die Erkältung Mensch und Tier fest im Griff. Wir fragen uns, wie wir in Gottes Namen diesen Ort gesund verlassen können. Sogar der Tee schmeckt uns nicht mehr. Schließlich kommt das Kaninchen aus dem Hut. Die Frau des Hauses webt Teppiche, und der Imam fragt uns, ob wir einen Teppich kaufen wollen. Er gibt uns einen Freundschaftspreis. Obwohl wir verstehen, dass er vom Koran nicht leben kann, erklären wir, dass ein derartiger wunderbarer Teppich zu groß und zu schön für unser Schiff ist. Als wir uns herzlich verabschieden, schaut Oma unter ihren Decken uns neugierig nach. Ihr herzzerbrechendes Röcheln hören wir noch viele Meter weit.

Das Mittelmeer macht seinem Ruf alle Ehre: Es gibt entweder zu wenig oder zu viel Wind. Und wenn der Wind zu stark ist, kommt er immer aus Richtung Gibraltar, und dorthin müssen wir. Wir nützen die wechselnden Winde, um mit den Segeln zu experimentieren. Vor Wind läuft die BORRACHO nicht gut. Das ist ein Problem, denn wir wollen auf der Passatroute um die Welt segeln und werden den Wind dann fast immer von hinten haben. Mit dem Spinnakerbaum fixieren wir die Genua an der einen Seite und hissen das Großsegel an der anderen. Unsere BORRACHO sieht aus wie ein überdimensionaler Schmetterling, und die Geschwindigkeit nimmt merklich zu. Als der Wind auffrischt, nehmen gleichzeitig auch unsere Sorgen zu. Der Autopilot steuert BORRACHO in eine leichte Sinuskurve, und die Chance auf eine Halse steigt. Der Großbaum könnte sich bei einer solchen Halse für jeden aufragenden Kopf in eine gefährliche Waffe verwandeln, davon kann manch unglücklicher Segler kein Lied mehr singen. Nervös behalten wir die Gefahr für Schiff und Besatzung im Blick. Während vieler Tausend Meilen können wir das allerdings nicht durchhalten. Bei zunehmendem

Wind das Großsegel zu reffen, ist ebenso ein Problem. Der Druck auf das Segel wird zu groß. Wie kräftig ich auch ziehe, ich kriege das widerspenstige Tuch nicht herunter. Wir müssen anluven, bis wir den Wind fast von vorn kriegen. Selbst bei mäßigem Wind killen die Segel ohrenbetäubend. Ich lasse das Groß ein Stück herunter und versuche die Reffleine, die sich hinter dem Mast befindet, stramm anzuziehen. Das bringt auf einem stampfenden Boot keinen Spaß. Karola versucht inzwischen, den Baum unter Kontrolle zu halten und das Boot im Wind. Der Kapitän schimpft auf die Besatzung und die Besatzung – was sich eigentlich nicht gehört – auf den Kapitän. Unsere erste Ehescheidung steht vor der Kabinentür. Wir versuchen uns vorzustellen, dass wir ein solches Manöver in einem ausgewachsenen Sturm ausführen müssten! Mord und Totschlag wären die Folge!

Das Meer ist glatt wie ein blank geputzter Spiegel. Wir decken den Cockpittisch für ein festliches Mahl. Eine Flasche Wein steht kerzengerade und unbeweglich als Beweis für die Ruhe. Dann sehen wir in der Ferne wilde Bewegungen und hoch aufspritzendes Wasser. Wir laufen schnurstracks in die Richtung des Getöses und finden uns in der Mitte eines Schwarms von Thunfischen wieder. Aus lauter Freude an dem schönen Wetter und dem glatten Meer springen sie Löcher in die Luft und torkeln übereinander. Oder vielleicht ist die Wirklichkeit anders? Sie werden von hungrigen Delfinen gejagt, und wir sehen die letzten Angstsprünge von Fischen in Todesnot? Wie dem auch sei, wir genießen das Spektakel, das sich lebendig abzeichnet gegen den Hintergrund der untergehenden Sonne.

Als diese rot glühend unter der diesigen Kimm verschwindet und wir unser drittes Glas Wein trinken, fangen wir an zu philosophieren. Nicht über die Unendlichkeit von Zeit und Raum und unsere eigene Endlichkeit, sondern über die Segelführung. Das Boot mit einem Kutterstag auszurüsten, sodass wir im Passatwind zwei Vorsegel ausbaumen und bei starkem Wind beide Segel einrollen können, scheint uns die beste Lösung. Auf diese Weise können wir auch die beiden Segel einfach reffen, ohne dass wir das Cockpit verlassen müssen. Wir beschließen einen Zwischenstopp im Hafen von Palma de Mallorca. Dort können wir ein Kutterstag installieren und auch die Maschine, die immer wieder unerkläriliche Probleme macht, von einem Fachmann überholen lassen. Mit einem zufriedenen Gefühl über die einstimmigen Beschlüsse des kompletten Schiffsrates beginne ich mit meiner Nachtwache und träume vor mich hin von einer sicheren Ozeanüberquerung mit vollen Passatsegeln.

Wir gehen zum Einklarieren in Griechenland nach Symi. Im Mittelmeer ist es die normalste Sache der Welt, auf komplizierte Weise anzulegen: Man wirft den Anker weit vor der Kaimauer ins Wasser, fährt rückwärts und legt mit zwei Leinen vom Heck an der Kaimauer an. Als wir am späten Nachmittag in die Bucht von Symi einlaufen, ist die Kaimauer schon voll belegt. Wir sehen etwas Platz zwischen einer großen amerikanischen Yacht und einem dänischen Bötchen. Karola lässt den Anker fieren, und ich ziele, so gut es geht, bei starkem Seitenwind in die Lücke. Am Bug des dänischen Schiffes steht eine Dame, die, wie man aus dem stark vorwärtsneigenden Winkel des blitzsauber geputzten Bootes schließen kann, ihr ganzes Leben lang Unmengen von Smörrebröd gegessen hat. Sie winkt aufgeregt mit ihren dicken Armen und schreit, dass unser Anker auf ihrem Anker liegt, dass der von uns angepeilte Platz nicht geeignet ist zum Anlegen und dass furchtbare Unglücke passieren werden, falls wir es trotzdem versuchen. Ich habe aber überhaupt keine Zeit, um dicken dänischen Frauen mit Haaren auf den Zähnen zuzuhören. Ich bin heilfroh, dass ich mich, ohne andere Boote zu versenken, langsam in der Lücke rückwärts der Kaimauer nähere. Ich schaue mich triumphierend um, ob jedermann und vor allem die Dänische dieses perfekte Manöver wirklich gesehen hat.

Noch drei Meter, noch zwei Meter, bis Karola nervös ruft: »Die Ankerkette ist am Ende, Sch...«

Ein freundlicher Amerikaner erspart uns die Demütigung: Wir dürfen längsseits festmachen und die paar Meter zum Kai über seine Yacht laufen.

In den nächsten Tagen passieren wir zahlreiche griechische Inseln. Sie haben kleine versteckte Buchten und weiße Dörfer, die wie Schlagsahne auf einer Hochzeitstorte um die Spitzen der Berge drapiert sind. Irgendwo stehen immer eine schmucke Kirche für den geistigen Durst und ein oder zwei Tavernen für die weltlichen Gelüste. Wir gehen an Land und sitzen mit den Füßen im Sand vor einer Flasche Wein und essen, während der Besitzer der Lokalität sich zu uns setzt und zuschaut, wie uns die Mahlzeit schmeckt, und fragt, wo wir herkommen und wohin wir möchten.

Auf der Insel Amorgos wollen wir ein Kloster besuchen, das wie ein Schwalbennest hoch am Steilhang hängt und weiß im Sonnenlicht funkelt. Die geistige Hochburg ist nur über eine lange und steile Treppe zu erreichen. Normalerweise lassen wir die Finger von so anstrengenden Abenteuern, aber wir haben gelesen, dass die Mönche Schnaps brennen und jedem Besucher, der die Treppe überlebt hat, einen solchen Leckerbissen anbieten. Überzeugendere Argumente brauchen wir nicht! Schwitzend und fluchend schleppen wir uns in höhere Sphären. Nur die atemberaubende Aussicht auf das Meer weit unter uns mit den vielen Abstufungen von Blau und die Hoffnung auf einen Schnaps halten uns auf den Beinen. Als wir längst aufgehört haben, die Stufen zu zählen, macht die Treppe eine letzte Kurve, wir stehen vor der Klosterpforte. Bevor wir in die heiligen Hallen eintreten dürfen, müssen wir eine Soutane überziehen, welche unsere Überhitzung und den Durst weiter steigert.

Ein freundlicher Mönch führt uns mit gesenktem Kopf und schleppendem Schritt über knarrende Holzdielen, die von vielen Generationen von Gläubigen abgenutzt sind. Es knirscht und stöhnt. Ich weiß nicht, ob es der Holzboden ist oder unser alter Führer. Das Kloster ist sparsam möbliert. Auf einem verstaubten Tisch liegen aufgeschlagene Bücher, die womöglich vom Patriarchen selber geschrieben sind. Unser führender Diener Gottes hat schnell gemerkt, dass wir nicht nur wegen des Glaubens so hoch gestiegen sind, sondern eher für das geistige Getränk. Er beschränkt die Führung auf das Notwendigste und bringt uns zu einer Mönchszelle, ausgestattet mit einem Holzbett, einem Tisch und zwei Stühlen. Wir setzen uns, während der Ehrwürdige uns einen kräftigen Schnaps einschenkt. Zu unserem Glück ist das Sprichwort »Auf einem Bein kann man nicht laufen« auch in diesem fast im Himmel gelegenen Kloster bekannt. Nachdem wir die Arbeit der Mönche gebührend gewürdigt haben und der Korken wieder die Flasche verschließt, steigen wir fröhlich wie nach einer Himmelfahrt wieder hinunter in irdische Sphären. Total erledigt schlafen wir sofort in unseren Kojen mit dem Wissen ein, dass das Leben eines Mönches so hoch über der Erde nicht einfach ist.

Wir wollen eines der weniger bekannten Segelreviere des Mittelmeeres erkunden: die Äolischen Inseln, die etwas nördlich von Sizilien liegen. Die erste Bucht, die wir anlaufen, vor der Insel Panarea ist ein ausgezeichneter Ankerplatz, aber das finden Hunderte italienische Skipper mit ihren Yachten an diesem Tag auch. Wir quetschen uns zwischen den vielen Booten hindurch und finden noch ein paar Quadratmeter Wasser, in die BORRACHO gerade so hineinpasst. Als nach einer Stunde zwei Partyboote ankommen und inmitten des Gewühls ankern, ein Gettoblaster neben uns versucht, Schritt zu halten mit den Dezibelstärken der anderen, und auf drei verschiedene Weisen die »Amore« besungen wird, halten wir dieses Segelrevier für ausreichend besichtigt. Wir drängeln uns mit »Grazie« und »Ciao« aus der wunderschönen Bucht und ankern außerhalb der Musikreichweite vor der Küste. Wir liegen offen und ungeschützt, aber der Wind hat sich gelegt, und der Anker hält. Herrlich, diese Ruhe.

Vor der Insel Stromboli ist es ruhiger, aber der Ankergrund ist miserabel. Auf einem schmalen Sandrücken können nur wenige Boote gleichzeitig ankern, weiter draußen ist das Wasser zu tief. Nachdem wir einige Stunden die Lage studiert haben, kommen wir zu dem Schluss, dass eine Besteigung des Vulkans mit unserer Kondition ohnehin nicht wünschenswert wäre, ja sogar zu Rettungsaktionen führen könnte. Wir entschließen uns zu einer weniger ermüdenden Besichtigungsweise: Um zehn Uhr abends holen wir den Anker ein, fahren langsam unter Motor zur anderen Seite der kleinen runden Insel. Mit den Kissen auf der Cockpitbank und einem großen Topf Kaffee zwischen uns lassen wir BORRACHO treiben. Wir warten, mit einer Tasse Kaffee in der Hand wie holländische Autobahntouristen, auf das, was kommen wird – und brauchen nicht lange zu warten. Plötzlich unterbricht ein dumpfes Geräusch die tiefe Stille wie bei einem fernen Gewitter, das rasch näher kommt. Ein ausgiebiges Feuerwerk beginnt. Flammende Feuerzacken schießen aus dem Berg hoch in den dunklen Nachthimmel. Vom Hang strömt langsam rot glühende Lava wie ein breiter Fluss zum Meer herunter und verschwindet zischend und fauchend im Wasser. Dann schweigt der Berg, und die Nacht ist wieder still und dunkel. Übrig bleibt ein leichter Schwefeldunst, den der schwüle Landwind in unsere Richtung treibt. Jede halbe Stunde wiederholt sich das Spektakel wie ein Gratis-Feuerwerkfestival für nur zwei Zuschauer. Als wir uns satt gesehen haben, setzen wir die Segel und laufen hinaus in die stockfinstere Nacht. Der Stromboli liegt wie ein Leuchtturm aus Homers Zeiten hinter uns. Am nächsten Morgen sehen wir, dass das Feuerwerk doch seinen Preis hatte: Der gesamte Edelstahl auf unserem Schiff ist gelbgrün angelaufen von den Schwefeldämpfen. Wir putzen tagelang, um wieder einen Hauch von Glanz zu erreichen.

In Palma de Mallorca liegen wir im Werkshafen der Schiffswerft. Wir haben mittlerweile gelernt, dass alles am Schiff irgendwann kaputtgeht. Um die Übersicht nicht zu verlieren, habe ich eine Werkliste angelegt. Aber wie hart ich auch arbeite oder andere arbeiten lasse, die Liste wird immer länger anstatt kürzer. Ich hoffe nun, in Palma die Liste entscheidend zu verkürzen. Unsere Maschine, die immer wieder Alterskrankheiten zeigt, hat oberste Priorität. Sie bekommt eine Verjüngungskur, und auch die Installation eines Kutterstages steht ganz oben. Palma, so hat man uns gesagt, ist der letzte Hafen vor dem Atlantischen Ozean, wo wir Reparaturen fachgemäß ausführen lassen können. Es ist tatsächlich nicht schwierig, einen Rigger und einen Mechaniker zu finden. Zwei Wochen später sind die Arbeiten abgeschlossen, und wir können die Strecke nach Gibraltar angehen.

Ehe wir abfahren, gehen wir Diesel tanken. Unser Tank fasst 200 Liter, und weil der Brennstoff durch einen Filter muss, geht das Einfüllen langsam. Der Tankwart wird zusehends ungeduldig ebenso wie die Skipper auf den vielen Motoryachten, die nervös ihre Runden drehen und darauf warten, dass sie endlich an der Reihe sind. Als die Laune aller auf dem Tiefpunkt ist, läuft der Tank über. Mit vielen bösen Blicken im Rücken verlassen wir den Hafen. Es gibt kaum Wind; wir fahren unter Maschine über das glatte Meer. Die Sonne strahlt, ein schöner Tag. Karola schnuppert, sie riecht Diesel.

»Oh«, sage ich, »es wird wohl wieder ein Idiot sein, bei dem der Dieseltank leckt, oder schlimmer noch, der seinen Tank sauber gemacht hat.«

Der Dieselgestank wird immer stärker, aber komischerweise ist die Wasseroberfläche um unser Boot herum sauber. Ich gehe nach unten, um Kaffee zu kochen. Zu meinem großen Schrecken sehe ich, dass die Bodenbretter im Diesel treiben. Irgendetwas scheint ganz schön schiefgelaufen zu sein, aber was?

17

»Lass uns lieber zur Werft zurückkehren«, brumme ich schlecht gelaunt.

Und als ob wir noch nicht genug Mist erleiden würden, stottert die soeben überholte Maschine einige Male und gibt dann den Geist auf.

Der schwache Seewind reicht gerade, um nach Stunden wieder in Palma festmachen zu können. Der in seiner Mittagsruhe gestörte Mechaniker hat unsere Laune gut eingeschätzt, eilt herbei und fängt sofort an, die Ursache des Problems zu suchen.

Nach einer halben Stunde streckt er den hochroten Kopf aus der Luke und gesteht: »Ich dachte die ganze Zeit schon, dass ich etwas vergessen hätte. Das stimmt auch. Ich habe vergessen, die Rückführleitung wieder anzuschließen.«

Wir sind nicht gerade erfreut über 200 Liter Diesel im Boot, aber der Mechaniker bietet an, alles ordentlich zu beseitigen. Er beginnt, den Diesel in das Hafenwasser zu pumpen. Jetzt brennen bei uns alle Sicherungen durch. Der Mechaniker hat noch nie einen so kräftigen Wind von vorn erlebt. Was heißt Wind: Ein Orkan von Schimpfwörtern in Tiefdeutsch vermischt mit Fäkalausdrücken bricht über ihm los. Mühselig, aber ohne zu protestieren, schleppt er in einem alten Zehnliterkanister die 200 Liter an Land.

Als unsere BORRACHO endlich »entdieselt« ist, fahren wir zum zweiten Mal zur Tankstelle. Derselbe Tankwart vom Morgen guckt uns aus weit aufgerissenen Augen an, als würde er einen Geist sehen. Als ich sage, dass unser Diesel alle ist und wir volltanken möchten, will er laut schreiend die Flucht ergreifen. Indem ich mit Geld winke, können wir ihn dazu bewegen, uns widerstrebend noch einmal den Schlauch zum Füllen anzuvertrauen. Unser Boot stinkt wie ein Öltanker, als wir Palma endgültig verlassen. Ich schwöre, dass niemals wieder ein Mechaniker seinen Fuß bei uns an Bord setzen wird. Ich muss und werde lernen, alle Reparaturen selbst auszuführen. Ich brauche keinen teuren Mechaniker, um dumme Fehler zu machen. Das kann ich genauso gut, wenn nicht besser, aber auf jeden Fall billiger.

Als die Probleme endlich behoben sind, ist es schon später Nachmittag, und wir haben keine Lust, in die Nacht zu segeln. Also ankern wir in der Piratenbucht einige Seemeilen weiter. Sie ist kreisrund mit einer schmalen Einfahrt. Hohe gerade Felswände umschließen schützend ihr Wasser, kein Wunder, dass Seeräuber sich hier versteckten. An einem winzig kleinen Strand packen gerade die letzten Badegäste ihre Sonnenschirme ein. Laut Wetterbericht wird der Wind in dieser Nacht schwach aus Süd kommen und im Laufe des nächsten Tages nach Nord drehen und auffrischen. Die Einfahrt der Bucht liegt auf der Nordseite, wir können also in aller Ruhe schlafen und am Morgen mit Nordwind in Richtung Festland segeln. Ein hervorragender Wetterbericht. Doch nach ein paar Stunden Schlaf schrecke ich hoch: Eine leichte Dünung läuft in die Bucht. Das gefällt mir gar nicht. Ich schaue aus der Luke. Der Wind kommt aus Nord, und die Dünung fängt an, sich gegen die Felswand zu brechen. BORRACHO stampft hinter dem Anker. Das war nicht abgemacht. Ich wecke Karola.

»Wir müssen schleunigst hier weg. Wenn der Wind weiter zunimmt, sitzen wir in der Falle.« Noch im Halbschlaf geht Karola zum Vordeck, um den Anker zu hieven. Hin und wieder taucht das Deck schon in die Wellen, und das kalte Wasser macht Karola hellwach, wie ich deutlich hören kann. Die Ankerwinde dreht – und das ist ungewöhnlich – ohne Probleme. Mit Vollgas schneidet BORRACHO dann durch die Wellen, die sich vor der Einfahrt drängen. Draußen weht es gehörig. Nur unter Genua runden wir die letzte Landzunge von Mallorca. Im Lee der Insel stelle ich die Windsteueranlage ein, und dann geht es mit sieben Knoten Geschwindigkeit in die schwarze Nacht. Ich bleibe im Cockpit und halte Wache. Es ist saukalt, und ich träume vom verpassten Schlaf und einem warmen Bett.

Wir nähern uns dem spanischen Festland. Am Horizont ragt ein Wolkenkratzerwald aus dem trüben Nebel auf. Nur ganz kurz denke ich, dass wir völlig falsch gefahren sind, und suche mit dem Feldstecher die Freiheitsstatue vor New York. Laut Seekarte ist die moderne Hochhaussilhouette, die wir sehen, Benidorm an der Costa del Sol. In dem peitschenden Regen pflügen und fluchen wir Stunde um Stunde gegen Wellen und Wind entlang dieser Küste, die verschandelt ist von endlos sich aneinanderreihenden Tomatentreibhäusern aus Plastik. Vom Meer aus wirkt die Küste wie eine trostlose Müllhalde. Wir sind bis auf die Haut durchnässt, frieren und fühlen uns elend. Durch die langen Kreuzschläge kommen wir kaum näher ans Ziel.

»Das macht keinen Sinn. Lass uns einen Hafen suchen zum Ausruhen«, schlage ich vor.

Aber in diesem Sauwetter hat anscheinend jeder Schutz gesucht in einem sicheren Hafen. Alle Marinas an diesem Küstenabschnitt sind voll. Nur der Millionärshafen Puerto Banus hat noch freie Plätze. Der uns zugewiesene Liegeplatz reicht für einen Flugzeugträger. Mit dem Liegegeld, das wir am nächsten Morgen dem uniformierten Hafenmeister bezahlen, hätten wir eine Suite im Hilton nehmen können.

Der Motor macht wieder mal Schwierigkeiten. Nach einer halben Stunde des Herumstotterns geht der Motoralarm los. Ist die alte Maschine überhitzt? Ich schaue mal nach. Ich höre unter dem Motor eine Flüssigkeit schwappen. Mithilfe der Taschenlampe sehe ich das Wasser. Der Motor läuft mit Diesel, aber braucht Wasser zur Kühlung, so viel weiß sogar ich. Ich kontrolliere das Kühlwasserniveau. Ergebnis: kein Kühlwasser. Ich bin stolz, dass ich durch logisches Denken die richtige Diagnose gestellt habe. Aber damit ist der Patient noch nicht genesen.

Im Pilotbuch suchen wir einen Yachthafen mit Reparaturwerft. Karola steht hinter dem Steuer, und ich habe unten beim Motor einen Kanister mit Wasser bereitgestellt. Kurz vor dem Hafeneingang hole ich die Segel runter und verziehe mich zum Motor. Ich starte die Maschine und fülle das Kühlwassersystem laufend mit frischem Wasser. Diese Methode ist sicherlich nicht vom Erfinder des Motors so ausgetüftelt worden, aber sie funktioniert, wenn sie auch ein wenig umständlich ist. Der Mechaniker der örtlichen Werft installiert dann ein neues Thermostatgehäuse. Als ich nach der Ursache von dem Riss in dem Gummigehäuse frage, zieht er die Schulter hoch.

»Vielleicht ist der Druck zu hoch«, schlägt er vor.

Einige Stunden später kommt er zurück mit einem Gerät, um den Druck zu messen. Nachdem wir ungefähr 20 Runden in unterschiedlicher Geschwindigkeit durch die Marina und die benachbarte Bucht gerast sind, meinen die Zuschauer, dass wir das Wort Störenfried wohl sehr konsequent interpretieren. Als das Geschimpfe auf den Yachten anfängt, lästig zu werden, beruhigt der Mechaniker uns mit der Mitteilung, dass der Druck in Ordnung ist. Im Gegensatz zu unserem Blutdruck.

Endlich taucht Europapoint verschwommen aus dem Meer auf. Der berühmte Felsen von Gibraltar liegt vor uns. Nur noch wenige Seemeilen unter Motor, und wir sind im Yachthafen. Als Allererstes erwerben wir in Gibraltar ein dickes »Do-it-yourself«-Buch über Wartung und Pflege eines Segelschiffes. Alles ist dort beschrieben: von der Funktion der Elektrizität an Bord bis zur Reparatur verschiedener Störungen eines Dieselmotors. Von der elektronischen Apparatur bis zur Demontage eines Pumpklos. In den nächsten Monaten wird das Buch zu meinem täglichen Lesestoff. Außerdem erstehe ich ein Schulheft, auf das ich mit zierlichen Buchstaben ARBEITSLISTE schreibe. Die Aufstellung der auszuführenden Arbeiten passt nicht auf eine Seite, wie klein ich auch schreibe. Organisatorisch habe ich jetzt die Reparaturen an Bord für den Rest der Reise völlig im Griff. Leider verursachen die dauernden Störungen und Probleme langsam ein sehr schlechtes Gefühl in mir.

Weil wir müde sind von den vielen Tagen, die wir gegen den Starkwind gekreuzt sind, suchen wir früh unsere Kojen auf. Nach den ersten drei Seiten meines Reparaturbuches fallen mir die Augen zu. Ich träume von unserem Dieselmotor, der langsam die richtige Drehzahl erreicht und dann ohne Vorwarnung mit ohrenbetäubendem Lärm außer Kontrolle gerät. Ich erschrecke im Schlaf, schieße hoch und erbarmungslos stößt mein Kopf an die Decke. Auch Karola schreckt hoch – mit dem gleichen Ergebnis. Das Hören und Sehen vergeht uns. Aber es ist nicht unser Motor. Der Lärm kommt von draußen. Wir gucken aus der Luke und sehen neben uns die Scheinwerfer von einem grauen Transportflugzeug vorbeiflitzen. Noch ein bisschen mehr Gas und mit donnerdem Getöse verschwinden die zwei flammenden Motoren in einer steilen Kurve in der dunklen Nacht. Wir liegen in ungefähr 20 Metern Entfernung von der Startbahn eines Militärflugplatzes, und die Piloten lernen hier offenbar das Nachtfliegen. Wir lernen in den langen Nächten in Gibraltar, unter allen Umständen zu schlafen.

Als wir durch den Yachthafen laufen, schauen wir voller Ehrfurcht nach Yachten aus fernen Ländern, die, so wie sie aussehen, schon viele Meilen hinter sich gebracht haben. Es ist schwer zu sagen weswegen, aber BORRACHO sieht zwischen diesen wettererprobten Schiffen noch ein bisschen grün aus. Gibraltar ist einerseits die Pforte zum Mittelmeer, andererseits die Ausfallsbasis für den Atlantischen Ozean. Hier kommen die Yachten zusammen und warten auf günstigen Wind. Mit Gegenwind durch die Straße von Gibraltar segeln, das ist wie Geisterfahren auf der Autobahn. Alles in dieser kleinen Kolonie ist »real English«, und die »David Nivens« laufen in großer Anzahl frei herum. Wie auch die Affen auf dem Felsen von Gibraltar.

Wir bewundern teure Luxusyachten mit einem Konzertflügel an Bord und einem Picasso an der Wand, aber auch Schiffchen, bei denen wir uns fragen, wie sie bloß auf dem Wasser treiben können, ohne dass wenigstens eine Person ständig die Pumpen betätigt. Wir warten auf Ostwind, und das dauert eine Weile. Wir können steuerfrei einkaufen, es gibt in der gemütlichen Einkaufsstraße eine Menge Buchläden, und die Restaurants haben Gourmetspeisen wie »Fish and Chips« auf der Menükarte. So allmählich fühlen wir uns in dieser internationalen Seglerwelt heimisch.

Als der Wind endlich nach Osten dreht, sind wir weg. Die Atlantiküberquerung verschieben wir noch ein wenig. Wir segeln an der spanischen Westküste entlang in Richtung Portugal. So können wir uns langsam an die lange Ozeandünung gewöhnen. Das Pilotbuch warnt vor Thunfischnetzen entlang der Küste der Straße von Gibraltar. Meilenweit ragen die Netze in das Meer hinaus, quer zur Fahrtrichtung. Die Sicht ist an diesem Tag klar, und wir können die Netze von Weitem erkennen. Bei Kap Trafalgar sind wir auf historischer See: 1805 lieferte Lord Nelson an dieser Stelle eine entscheidende Seeschlacht gegen eine kombinierte spanisch/französische Armada. Früh am Morgen sandte Nelson mit Flaggensignalen seinen bekannten Auftrag zu den Kriegsschiffen: »England expects everybody to do his duty.« In der Zeit sagte man noch nicht »his or her duty«. Eine Seeschlacht war Männersache, es gab noch keine weiblichen Seeleute. Die Engländer gewannen die Schlacht. Nelson selber wurde von dem Sieg nicht mehr warm oder kalt. Kurz vor Ende des Gefechts hauchte er, tödlich verwundet, seinen letzten Atem aus.

Plötzlich spritzt an Steuerbord voraus der Atem eines Wals wie eine Fontäne hoch in den Himmel. Zwei schwarz-weiße Orkas schwimmen schnurstracks auf die Thunfischnetze zu. Sie wollen sich eine frische Nase im Atlantik holen. Sie wissen nicht, dass sie in eine tödliche Gefahrenzone geraten, wenn sie so weitermachen. Bei uns an Bord ist »Großtieralarm«. Ich starte die Maschine, und Karola versucht, BORRACHO zwischen Orkas und Netze zu manövrieren. Die großen Fische verstehen unsere Absichten nicht und schwimmen in Richtung Küste. Zum Glück haben sie ein gemächliches Tempo, und so können wir sie überholen. Sie gehen wieder auf die Netze zu, aber diesmal denken wir zwei Züge voraus und treiben sie in das offene Meer. Nichts ahnend schwimmen sie nur einen Meter entfernt am Ende der Netze vorbei und verschwinden ohne Gruß in der Weite des Ozeans. Wir erwischen noch gerade eine lose Leine des Netzes, die sich fest um den Propeller verwickelt. Nach einer Stunde gelingt es mir tauchend, die Leine loszuschneiden. Kalt bis auf die Knochen, aber zufrieden mit unserer Rettungsaktion für die bedrohte Tierart verlassen wir die Straße von Gibraltar.

Der Guadiana ist der Grenzfluss zwischen Spanien und Portugal. Als wir den Motor starten, um in den Fluss einzubiegen, spüren wir es sofort: Die Propellerwelle vibriert. Die Leine im Propeller hat der Welle einen ganz gehörigen Schlag versetzt. Ich schreibe in mein Arbeitsbuch: »krumme Welle«. Wir folgen leicht zitternd dem Lauf des Flusses, der sich schlingernd einen Weg zwischen den Hügeln sucht, die dicht mit Weinreben und Olivenbäumen bewachsen sind. Ab und zu versteckt sich im Tal ein Dorf hinter einigen hohen Bäumen und wogendem Reet. Die Luft überm Land flirrt in der stillen Hitze des Nachmittags. Es gibt keine Schifffahrt auf dem Fluss, es ist einsam, und die Natur ist unberührt.

Gegen Abend gehen wir mitten in dem Fluss vor Anker und hören, während wir eine gute Flasche Rotwein genießen, dem vielstimmigen Gesang der Vögel zu, die genau wie wir von dem stillen Sommerabend am Wasser profitieren. Mitten in der Nacht werden wir munter von der leeren Flasche, die mit Krach auf den Boden fällt. Das ist aber eigenartig! Als wir uns den Schlaf aus den Augen reiben, stellen wir fest, dass die ganze Welt aus dem Lot geraten ist. Wir hängen in Schräglage auf einer Sandbank. Wir schämen uns und hoffen, dass alles vor Tageslicht wieder senkrecht ist, sodass keiner unsere schräge Schande bemerkt.

Am nächsten Tag fahren wir den Fluss hoch bis zu dem portugiesischen Städtchen Alcoutim und machen an einer Ankerboje fest. BORRACHO denkt, dass sie noch immer fährt, aber wir wissen, dass es die Strömung ist, die am Boot entlangfließt. An dem gegenüberliegenden Ufer des Flusses sehen wir die spanische Ortschaft São

Lucas. Wenn an der einen Seite der Kirchturm sieben Uhr schlägt, bimmelt die andere Seite achtmal. In dieser vergessenen Ecke hat die EU die Zeit noch nicht harmonisiert. Alcoutim ist ein mittelalterliches Städtchen mit einer Burg aus dem 14. Jahrhundert, die als drohender Wächter hoch über den roten Dächern der alten müden Häuser herausragt. Eine Kirche, einige schmale Gassen, ein Dorfplatz mit ein paar Häusern ringsrum und ein Café mit Terrasse sind alles, was von dem ehemaligen Reichtum übrig geblieben ist.

Wir sitzen stundenlang im Schatten eines großen Kastanienbaums auf der Terrasse des Dorfwirtshauses und schauen dem Dorfleben zu. Auf dem leeren Platz, der in der glühenden Hitze alle Konturen verliert, passiert den ganzen Tag nichts. Es ist wie in einem Fellini-Film: Wenn jemand den Platz überquert, ist dies ein aufregendes Ereignis. Wir sind nicht die Einzigen, welche die Einsamkeit des Platzes beobachten. Auf der anderen Seite, im Schatten des zweiten Kastanienbaumes, ist ein Lager für Gasflaschen. Auf den Flaschen sitzen die alten Männer des Dorfes und rauchen schweigend ihre Pfeifen. Alles, was man hätte sagen können, ist im Laufe der Jahre schon gesagt worden. Die Ruhe wird nur gestört, wenn jemand eine volle Gasflasche holt und einer der alten Männer mühsam hustend aufstehen muss. Wir warten, bis ein Funke aus der brennenden Pfeife überspringt und den ganzen Platz in die Luft sprengt. Aber auch das passiert nicht.

Der Atlantische Ozean

In Ayamonte an der Mündung des Guadiana kaufen wir ein. Wir wollen erst via Madeira zu den Kanarischen Inseln segeln und schließlich von den Kapverdischen Inseln die lange Überfahrt zur Karibik wagen. Die Strecke nach Madeira beträgt mehr als 500 Seemeilen. Wenn der Wind günstig ist, könnten wir diese Distanz in vier Tagen hinter uns bringen. Für den Einkauf kalkulieren wir allerdings mit einer Fahrtdauer von einer Woche. Welches Gemüse hält sich lange? Wie lange können wir frisches Fleisch aufbewahren? Wir haben nur einen kleinen Kühlschrank, und der verbraucht viel Strom; wie lange können unsere Batterien Strom für das Kühlen liefern? Wir müssen außerdem in der Nacht Positionslichter führen, und die verschiedenen Instrumente verbrauchen gleichfalls Strom. Madeira ist auf der großen Seekarte nicht mehr als ein Punkt, werden wir die Insel finden? Immer wieder Fragen, Fragen und Unsicherheiten.

Früh am Morgen beginnen wir mit der längsten Strecke, die wir bisher am Stück gesegelt sind. Beim Frühstück kann ich nicht mal den kleinsten Bissen runterschlucken aus lauter Angst vor dem Unbekannten. Wenn ich aber später Hunger bekommen sollte, ist dies kein Problem: Das Boot ist bis zum Deck vollgestaut mit Lebensmitteln. Frisches Gemüse, Früchte, Fleisch, Brot, Eier, Spaghetti und zur Sicherheit noch eine Unmenge an Büchsen mit Corned Beef, Bohnen in allen Farben, Schinken, Butter und was man sonst alles für Geld in Dosen kaufen kann. Unsere Vorräte reichen für ein Kreuzfahrtschiff mit 100 Passagieren und zehn Mann Besatzung.

Das Wetter ist, wie wir es uns gewünscht haben: Eine gleichmäßige Brise füllt die Segel, die Sonne strahlt freundlich aus einem wolkenlosen Himmel, und das Meer ist nahezu glatt. Die Angst vor unserem eigenen Mut legt sich allmählich. Vorsichtig fangen wir an, die Stille zu genießen, die nur von dem Rauschen des Schiffes durch das tiefblaue Wasser unterbrochen wird. Ein einsamer Vogel fliegt träge tief über die Wellen und sucht hungrig einen Fisch. Fliegende Fische flitzen im langen Gleitflug über das Wasser und versuchen, dem schnappenden Rachen eines Raubfisches zu entkommen. Delfine spielen um das Boot. Es ist für uns wie ein Märchen, obwohl die meisten Fische uns sicherlich widersprechen würden, wenn sie sprechen könnten.

In dieser Nacht kreuzen wir die Hauptschifffahrtsroute, die aus der Straße von Gibraltar kommt und sich später in alle Himmelsrichtungen verzweigt. Gegen Abend sehen wir schon mehrere Seeschiffe, die sich langsam am Horizont vorwärtsschieben; da ist nachher im Dunkeln Vorsicht geboten. Wir machen ein Schema von jeweils zwei Stunden Wache und zwei Stunden Schlaf. Langsam verschluckt die einbrechende Dunkelheit alle Farben des Tages. Auf dem Meer, das soeben noch leer schien, erscheinen überall Lichter. Rot, Grün, Weiß, Grün, Weiß, Rot. Und diese Lichter bewegen sich in einem unübersichtlichen Chaos. Unser Herz setzt einen Schlag aus. Wie kommen wir, ohne überfahren zu werden, durch dieses Lichtermeer? Langsam entdecken wir eine gewisse Ordnung in dem Chaos. Das Studium für das Schifferpatent ist doch nicht umsonst gewesen. An den Positionslichtern können wir die einzelnen Schiffe erkennen: Rot an Backbord und Grün an Steuerbord, ein niedriges weißes Licht vorn und ein höheres weißes Licht hinten. Indem wir jedes Schiff kurz peilen, stellen wir in etwa fest, welches Schiff es möglicherweise auf unser Leben abgesehen hat. Wenn wir nur noch ein weißes Licht sehen, ist dies das Hecklicht eines Schiffes, das über die Weite des unendlichen Ozeans verschwindet. In dem Fall ist die Gefahr vorbei, und wir können aufatmen. Ein Kreuzfahrtdampfer, den wir als einen hell erleuchteten Palast sehen, besorgt uns noch die meisten Probleme. Die unscheinbaren Positionslichter können wir zwischen den hellen Lampen des Restaurants und des Ballsaals und dem grün erleuchteten, schimmernden Schwimmbad nicht erkennen. In welche Richtung geht dieses fahrende Vergnügen? Na ja, solange wir die Tanzmusik nicht hören, wird es wohl gut gehen.

Am Ende der Nacht kommen einige Lichter beängstigend nahe. Aus Vorsorge starten wir den Motor, um im Notfall sofort ausweichen zu können. Plötzlich badet BORRACHO im grellen Licht. Ich bin völlig geblendet: Ein Scheinwerfer ist auf uns gerichtet. Ich stürze nach unten und rufe mit dem UKW-Sprechfunk das unbekannte Schiff. Noch keuchend frage ich, ob es ein Problem gibt.

»Nein, nein«, klingt es in platt Rotterdams, »wir haben ein Echo auf dem Radarschirm gesehen und wollten gern wissen, was das ist.« Der Steuermann ist selber ein begeisterter Segler. Sie sind mit einer Ladung Stückgüter auf dem Wege nach Teneriffa. »Wir sind fast aus der Schifffahrtstraße«, sagt er zu unserer Beruhigung.

Er gibt uns die letzte Wettervorhersage durch, und wir wünschen einander gute Fahrt.

Im Osten verfärbt sich der Himmel von Schwarz mit funkelnden Sternen zu einem bleichen Milchgrau. Später leuchten die ersten Sonnenstrahlen als Feuerstreifen über den noch dunstigen Horizont. Wir machen ein kräftiges Frühstück mit viel Kaffee und einem weich gekochten Ei. Die ganze Herrlichkeit steht draußen auf dem Brückendeck: Das wird uns nach einer durchwachten Nacht schmecken! Unerwartet rollt eine Welle seitlich auf uns zu. Das Boot geht in Schräglage, die weichen Eier fallen um und ziehen eine gelbe Spur hinter sich her. Bevor wir eingreifen können, verlieren auch die Kaffeekanne und das Marmeladenglas ihr Gleichgewicht. Der Kaffee vermischt sich mit dem Eigelb und der roten Marmelade zu einem undefinierbaren Brei. Zum Glück haben wir vor der Abfahrt gründlich sauber gemacht, sodass wir vom Deck essen können.

Madeira

Nach vier Tagen auf See sehen wir am frühen Morgen die ersten Landvögel und im Wasser Treibholz. Es muss Land in der Nähe sein. Wir starren und spähen, und jawohl: Am fernen Horizont zeigt sich ein grauer Schatten. Langsam werden die Umrisse schärfer, wir erkennen Berge. Madeira liegt genau vor uns. Wir sind stolz wie ein Pfau, dass wir unser erstes fernes Ziel gefunden haben. Der Atlantik ist schließlich groß und Madeira nicht mehr als ein Stecknadelkopf. Die Blumeninsel Madeira: Wo wir hinschauen, sehen wir üppig blühende Pflanzen und Sträucher, und überall schwebt der schwere Duft der unterschiedlichsten Blüten.

Wir begegnen Seglern, die genau wie wir auf dem Weg in die Karibik oder noch weitere Fernen sind. Einer berichtet uns über die einmalige Möglichkeit einer Levada-Wanderung. Eine Levada ist eine Wasserrinne von etwa 50 Zentimetern Breite, die aussieht wie der obere Teil eines römischen Aquäduktes. Der Unterschied zu einem Aquädukt ist, dass die Levada an steile Berghänge geklebt ist und nicht auf Bogen ruht. Die Levada führt das Wasser von der Bergspitze in das Tal – ein jahrhundertealtes Bewässerungssystem. Über eine solche Levada kann man wunderschöne Wanderungen machen, sagen unsere Kollegen. Sie wissen nicht, dass sie mit dieser Auskunft fast unseren Tod auf dem Gewissen haben.

Am nächsten Tag fahren wir mit einem alten verbeulten Kleinbus, der unaufhörlich schwarze Rauchwolken über die blühenden Pflanzen am Straßenrand gießt, in die Berge. Der Chauffeur hat es eilig, nimmt mit hoher Geschwindigkeit die ausgefahrenen Haarnadelkurven und vermeidet mehrere Male im letzten Moment, dass wir samt dem Bus in der dunklen, tiefen Schlucht unser Leben beenden. In Angstschweiß gebadet, erreichen wir den Ort, wo nach unserer Information die Wanderung beginnen soll. Wir verstehen jetzt, warum wir die einzigen Fahrgäste in diesem Hochgeschwindigkeitsbus waren. Der Fahrer guckt uns durch seine zentimeterdicken Brillengläser mit vergrößerten Pupillen stolz an. Er hat bewiesen, dass er trotz seiner Sehbehinderung noch gut vorankommt.

Er grüßt: »Auf Wiedersehen.«

Und wir denken: »Hoffentlich nicht.«

Im Dorf stehen fünf ärmliche Häuser mit brüchigen Mauern. Keiner der Einwohner kann uns sagen, wo die Levada nach Funchal, dem Hafen von Madeira, losgeht. Schließlich finden wir etwas, das nach unserem noch geringen Sachverstand eine Levada sein könnte. Links von uns ragt eine steile Bergwand bis in den Himmel hinein. Der Rand der Wasserrinne ist 20 Zentimeter breit, nicht viel für einen Wanderweg. Rechts wellt sich der Hang lieblich ins Tal.

Ich genieße trotz meiner Höhenangst die immer wechselnden Fernblicke zum stillen, grünen Tal und zum blauen Ozean, wo die weißen Wellenspitzen auf die Felsen brechen. Überall, wo der Hang rechts etwas steiler abfällt, sind, zu meiner Beruhigung, handfeste Hecken aufgerichtet. Es fällt mir allerdings auf, als wir weiterlaufen und die Hänge steiler werden, dass man immer weniger Geld für die Instandhaltung der Hecken spendiert hat. Aber was soll es, wir sind schon mehr als eine Stunde unterwegs, und der örtliche Fremdenverkehrsverein wird ahnungslose Wanderer doch nicht in ihr Unglück laufen lassen. Wir gehen weiter. Dann gibt es keine Hecken mehr zwischen mir und dem Tod. Ich laufe schon in der Wasserrinne statt auf dem Rand: Auf und im Wasser fühle ich mich weit besser zu Hause als in den Bergen.

Rechts droht ein Abhang von einigen Hundert Metern Tiefe, mehr als genug für einen freien Fall mit Salto und doppelter Schraube. Ich wage es nicht hinunterzuschauen und halte meine Augen ängstlich auf die Bergwand links von mir gerichtet, als ob ich mich so festhalten könnte.

Plötzlich ruft Karola munter: »Schau mal, ein Wasserfall! Und dort steht auch jemand.«

Karola hat überhaupt keine Höhenangst, aber sie kommt aus einem Land, wo es Berge wie Sand am Meer gibt. Ich habe als Holländer schon meine liebe Mühe mit der Besteigung eines Deiches. Krampfhaft mit dem Rücken zur Wand gedrückt, sammle ich meinen ganzen Mut und schaue in die angegebene Richtung. Gerade vor uns kommt ein breiter Wasserfall aus dem Nichts und verschwindet in haltloser Fahrt, ohne die Levada zu berühren, in der endlosen Tiefe. Am Rand der Levada steht eine ältere und unverwechselbar englische Dame, mit Burberry-Rock, Bergschuhen und schottisch karierten Socken. Sie schaut seelenruhig zu, wie das

Wasser Hunderte Meter unter ihr auf den scharfen Felsen in Millionen Tropfen zerbricht. Sie steht dort, als ob sie bei einem Empfang eines Pferderennens in Ascot wäre, obwohl sie sich nach meiner Meinung in akuter Lebensgefahr befindet.

Es stellt sich heraus, dass die Dame eine erfahrene Bergsteigerin ist. Sie hat ein Buch bei sich, in dem alle Levadawanderungen beschrieben sind. Wir befinden uns, so sagt das Buch, auf einer Levada, die nur für geübte Bergsteiger zu bewältigen sei. Die Engländerin weiß nicht, ob die Levada bis Funchal begehbar ist. Sie geht auf jeden Fall zurück. Ich möchte auch am liebsten kehrtmachen, aber ich habe Angst, mich auf diesem schmalen Streifen fester Erde umzudrehen. Außerdem müsste die Strecke nach Funchal jetzt kürzer sein als der Weg zurück. Dann gehen wir halt weiter. Wir verschweigen unserer neuen Freundin, dass wir nur Segler sind und keine Bergsteiger. Sie möchte gern von uns hören, ob es uns gelingt, nach Funchal zu kommen. Wir sagen ihr, wo sie uns am Abend erreichen kann.

Nach einer halben Stunde sehen wir, weswegen die englische Bergsteigerin ihre Bedenken hatte. Eine Steinlawine hat einen Teil der Levada zerstört. Wir könnten vielleicht versuchen, vorsichtig über die losen Steine zu kriechen, es sind ja nur 20 oder 30 Meter. Wenn allerdings der Steinschlag anfängt zu rollen, können wir der Dame nie mehr erzählen, wie es uns ergangen ist.

20 Meter unter uns windet sich ein trockenes Flussbett zwischen großen Felsbrocken. Wenn wir auf dem Hosenboden runterrutschen, könnten wir dem Fluss folgen und kämen automatisch an die Küste. Der Abstieg verläuft nicht ohne Schaden für den Hosenboden und was sich darin befindet, aber wir kommen sonst wohlbehalten an. Ich fühle mich in dem breiten Flussbett erleichtert und bin heilfroh, dass die Gefahr hinter uns liegt. Nach zehn fröhlichen Minuten stehen wir vor einer klaffenden Schlucht. Wenn es Wasser gibt, fällt es an dieser Stelle 100 Meter tief. Dumm, dumm, dumm! Links und rechts von uns ragen steile glatte Wände hoch, und vor uns ist eine unüberwindbare Schlucht. Wir sitzen in der Falle. Der einzige Mensch, der weiß, dass wir hier irgendwo sind, ist die englische Dame. Sie kann zwar für ihr Alter noch gut laufen, aber wie ist es mit ihrem Gedächtnis bestellt?

Wir werden uns selbst retten müssen. Es gibt nur einen Ausweg aus unserem Gefängnis: Wir müssen den Weg zurückgehen. Aber wie kommen wir ohne Seile und Kletterhaken die ersten 20 Meter aus dem tiefen Tal wieder hoch auf die Levada? Während unseres wenig professionellen Abstiegs konnten wir die Schwerkraft nutzen, beim Aufstieg haben wir diesen Vorteil nicht.

Wir haben allerdings am eigenen Leib erfahren, dass der Hang mit Brombeeren bewachsen ist. Diese schmerzhafte Kenntnis können wir uns jetzt zunutze machen. Ich steige ein paar Meter hoch und klammere mich fest an einen Brombeerbusch. Zu meinem Bedauern sind die Brombeeren noch nicht reif. Es ist noch zu früh in der Saison. Ich sitze nicht gemütlich, aber die stachligen Äste bieten guten Halt. Karola kann sich nun an meinen Beinen hocharbeiten und sich auch einen rutschfesten Platz zwischen den Stacheln sichern.

Wir ringen uns Meter um Meter nach oben, bis ich mit blutigen Händen den Rand der Levada umklammern kann. Noch ein Stups von Karola und ich bin auf der Levada. Wenig später steht Karola außer Atem neben mir. Wortlos und ohne uns noch einmal umzusehen, rasen wir im Höchsttempo zurück. Aus dem Tal steigt in weißen Wolken der Abendnebel auf und lässt die Umrisse unter uns verschwinden. Es ist ein Wettlauf gegen Nebel und die einfallende Dunkelheit. Wir brechen alle Rekorde im Schnelllevadawandern und halten erst wieder an, als wir in dem Dorf sind. Zum Glück haben wir im Rucksack eine Flasche Wein, der für ein gemütliches Picknick unterwegs gedacht war. Wir lassen uns erschöpft und keuchend am Straßenrand fallen. Prosit, auf das glückliche Ende.

Wir sehen aus wie Landstreicher, die mit einem Rudel Bären gekämpft haben. Unsere Haut ist übersät mit blutigen Kratzern und die Kleidung zerfetzt. Die Lichter im Dorf brennen schon, als wir in den Bus einsteigen. Derselbe Fahrer vom Morgen begrüßt uns wie alte Freunde. Die Tatsache, dass es jetzt völlig dunkel ist, macht für unseren sehbehinderten Fahrer keinen Unterschied. Aber nachdem wir dem Tod an diesem Tag schon mehrmals in die Augen geschaut haben, kann uns der freie Fall im Autobus nicht mehr aus dem Gleichgewicht bringen.

Die englische Dame hat auf unserem Boot einen Zettel hinterlassen: »Haben Sie es geschafft?«

Später am Abend kommt sie, um zu sehen, ob wir schon zurück sind. Sie war beunruhigt. Als sie unseren desolaten Zustand sieht, schlägt sie die Hand vor den Mund. Bei einer englischen Lady deutet diese Geste auf ein Höchstmaß an Erstaunen.

Wir geben zu, dass wir gar keine Bergsteiger sind, sondern einfache Yachties: »Nein, wir haben es nicht geschafft. Ja, wir sind geschafft.«

Die Kanarischen Inseln

Von Madeira bis Graziosa, unserer ersten Insel der Kanaren, sind es 280 Seemeilen. Um die Batterien zu laden, segeln wir mit dem laufenden Motor dazu. Der Wind bläst kräftig, und wir machen über sechs Seemeilen in der Stunde. Gerade als Madeira hinter dem Horizont verschwindet, streikt der Motor zum soundsovielten Mal. Ich starte einmal, und noch einmal, aber die Höllenmaschine weigert sich, ihre Aufgabe zu erfüllen. Ich schaue mich um, sehe nirgendwo eine Reparaturwerkstatt. Ich werde dieses Problem selbst lösen müssen, zumal der Ankerplatz in Graziosa ohne Motor nicht zu erreichen ist. Zuerst lese ich, was laut meinem Do-it-yourself-Buch die Ursache sein könnte: Luft im Motor ist die häufigste Störungsursache. Mit dem Buch in der Hand werde ich den Motor entlüften. Ich habe so etwas noch nie gemacht, aber an Bord gibt es keinen Menschen, der mir die Arbeit abnehmen kann.

Auf einem rollenden Schiff am Motor herumzubasteln, macht keinem Spass, und der Dieselgeruch ist zum Kotzen. Hin und wieder muss ich mal kurz an die frische Luft, um nicht seekrank zu werden. Am Ende ist Operation Entlüftung gelungen. Das einzige Problem ist, dass die Maschine noch immer keinen Muckser von sich gibt. Wieder suche ich Rat in meiner Reparaturbibel. Vielleicht ist die Dieselpumpe kaputt, schlägt das Buch vor. Ich denke an einen Kernsatz meines Freundes Eldert, der immer sagt: »Es ist schon kaputt, du kannst es nicht noch mehr kaputtmachen.« Freudlos fange ich an, die Dieselpumpe zu demontieren; eigentlich eine Arbeit für Fortgeschrittene in der hohen Kunst der Maschinenpflege.

Das Meer ist ungestüm, und das Schiff springt wie ein Fohlen im Frühling. Jedes Werkzeug, das ich aus der Hand lege, verzieht sich sofort in eine entlegene Ecke der Kajüte. Auf Knien versuche ich, den entflohenen Schlüssel oder Schraubenzieher wiederzufinden, eine zeitaufwendige Nebenbeschäftigung, die nicht zu meiner guten Laune beiträgt. Die Arbeit geht nur langsam voran. Äußerst langsam, meint Karola ungeduldig. Als ich die neue Pumpe endlich am Motor festgeschraubt habe, lehne ich mich erschöpft, aber zufrieden zurück. Nur noch starten ... nichts. Für diesen Tag gebe ich mich geschlagen. Grün im Gesicht vor lauter Frust und Dieselgeruch gehe ich an Deck. Karola, die versucht hat, das Boot so ruhig wie nur möglich zu steuern, während ich mich mit dem unwilligen Motor herumschlug, friert. Sie klappert mit den Zähnen und steht kurz vor einer Seekrankheit. Wir reffen zusätzlich für die Nacht, schließen alle Luken und machen es uns unter Deck gemütlich. Der Wind nimmt zu und heult durch die Wanten. Die Windstärke ist acht Beaufort, aber zum Glück bläst der Wind fast von hinten. BORRACHO schlägt und stampft mit hoher Geschwindigkeit in der Finsternis durch die Wellen. Eigentlich müsste ich weiter reffen, aber ich habe Angst, im Dunkeln an Deck zu gehen. Durch den Krach von Wind und Wellen können wir nicht schlafen. In meiner Koje habe ich die ganze Nacht Zeit, um über das Motorproblem nachzudenken. Immer wieder gehe ich in Gedanken alle Möglichkeiten durch ... heureka! Vielleicht fehlt dem Motor dieses Mal gar nichts, sondern die Kraftstoffleitung vor dem Tank zum Dieselmotor ist verstopft? Aber wenn dies der Fall wäre, wie kriege ich dann Diesel von dem Tank zum Motor? Neues zum Überlegen, die Nacht ist noch lang.

In der zweiten Hälfte der Nacht nimmt der Wind ab, und nach einigen Tassen Filterkaffee gehe ich beim ersten Licht des neuen Tages wieder an die Arbeit. Tatsächlich! Die Leitung ist irgendwo zwischen Tank und Motor blockiert. Ich versuche, mit dem Mund den Schlauch durchzublasen. Der einzige Erfolg ist ein Schluck Dieselkraftstoff im Mund. Ich trinke gern ein Glas Wein, aber im Vergleich dazu hat Diesel nach meinem Geschmack einen zu nachhaltigen Schwanz. Die Leitung ist und bleibt verstopft. Ich muss eine Notlösung erfinden.

Als ich meinen Kopf aus der Luke strecke, um frische Luft zu schnappen, treibt Karola mich zur Eile an: »Voraus sehe ich Graziosa. In diesem schmalen Durchgang kommen wir ohne Motor nie gegen die Strömung an.«

»Ja, ja, ich weiß. Ich weiß auch die Lösung.«

Mühsam schleppe ich einen Vorratskanister mit Diesel nach unten, löse die Brennstoffleitung und hänge sie in den Kanister. Ich starte. Der Motor läuft wie geschmiert. Das Motorengeräusch klingt mir wie Musik in den Ohren. Aber nicht lange. Die Maschine überschlägt einige Takte, und das ist das Ende vom Lied. Ich schaue in den Kanister: kein Diesel mehr. Jetzt verstehe ich die Welt nicht mehr. In nur ein paar Minuten hat der Motor zehn Liter Sprit gesoffen? Das kann nicht sein! In einem Gedankenblitz erinnere ich mich an die vergessene Rückführleitung, damals auf Mallorca. Klar, das ist die Lösung des Rätsels: Der Motor benutzt nur einen Teil des Brennstoffes, der in den Motor gepumpt wird. Das meiste von dem Diesel geht über die Rückführleitung in den verstopften Tank zurück. Als ich die Rückführleitung gleichfalls in einen zweiten Vorratskanister hänge, läuft der Motor und läuft und läuft. Die letzte Meile zum Ankerplatz von Graziosa laufen wir unter Motor gegen die starke Strömung.

Von jetzt an machen wir nur Tagestörns. Wir segeln an Lanzarote und Fuerteventura entlang, kahle vulkanische Inseln, auf denen nichts blühen will. Außer dem Tourismus. Zwischen Fuerteventura und Gran Canaria nimmt der Wind ohne Vorwarnung zu: von gemütlichen zehn zu stürmischen 35 Knoten. Kurze steile Wellen peitschen unsere arme BORRACHO vorwärts, und kalte Gischt fegt über uns hinweg. Die eisige Nässe wäre weiter nicht schlimm, wäre nicht unser Ölzeug noch im Schrank. Wie ersoffene Katzen laufen wir in den Hafen von Gran Canaria ein. Später lernen wir, dass der Starkwind von dem Tunneleffekt herrührt. In den verhältnismäßig schmalen Durchgängen zwischen den Inseln wird der Wind zusammengepresst und beschleunigt. Die oft kräftigen Winde und das Fehlen von sicheren Ankerplätzen machen das Segeln zwischen den Kanarischen Inseln nicht einfach. Für uns ist es eine gute Übung.

Dann wollen wir eine zweite Solarzelle installieren. Wir streiten uns andauernd über den Kühlschrank. Ich stelle den Energiefresser immer ab, um Strom in den Batterien zu sparen. Wenn ich einen Moment nicht aufpasse, schaltet Karola das Kühlgerät wieder ein, um die Lebensmittel lange frisch zu halten. Zwei Solarzellen sollen die Gründe für eine Ehescheidung an Bord verringern. Aus Edelstahlröhren wollen wir am Heck des Schiffes ein Gerüst bauen, auf dem wir die Solarzellen installieren. Die schwierigste Arbeit des gesamten Projektes ist der Transport der drei Meter langen Röhren auf meinem Faltfahrrad vom Stahllieferanten zum Yachthafen. Die Spanier sehen den Röhrentransport als einen Zirkusakt. Sie wissen nicht, dass Holländer nun mal auf dem Fahrrad geboren sind. Die Tatsache, dass alle Verkehrsteilnehmer das Weite suchen, sobald ich mit den langen Röhren, die wie die Arme einer Getreide-mühle herumkreisen, auf der Schaubühne erscheine, ist für mich sehr hilfreich. Ohne größere Unfälle erreiche ich den Yachthafen.

Via Tenerife segeln wir zu der letzten Insel der Gruppe: Gomera. In der Bucht, wo sich heute die Marina befindet, ging Kolumbus im Jahre 1492 vor Anker, bevor er ausfuhr, um Amerika zu entdecken.

Die Kapverdischen Inseln

Das Wetter ist prächtig, und mit einer leichten Brise segeln wir in Richtung Kapverdische Inseln. Kolumbus fuhr damals von Gomera gleich in westliche Richtung. Erst auf späteren Reisen nahm er genau wie wir Kurs über die Kapverden. Am Nachmittag verschwindet das letzte Stückchen Europa hinter uns. Wann werden wir Europa wiedersehen? Werden wir Europa wiedersehen? Einerseits sind wir traurig, weil wir alles Vertraute zurücklassen, andererseits lockt uns der weite, unbekannte Horizont. Wir können nicht lange bei dem Abschied verweilen. Der Wind nimmt kräftig zu, und wir setzen alle Segel. BORRACHO freut sich und schneidet mit hoher Geschwindigkeit durch die Wellen, die Windfahne steuert das Schiff, und wir faulenzen.

In dieser Nacht versuchen wir eine Wacheinteilung von vier Stunden Ausschau halten und vier Stunden frei zum Schlafen. Zwei Stunden nach Mitternacht trete ich meine Wache an. Das Meer ist unruhig und der Wind noch immer kräftig. BORRACHO zieht eine lange leuchtende Spur durch die Wellen. Über mir spannt sich der Sternenhimmel mit der Milchstraße als breites weißes Band. Hinter dem Boot sehe ich den Großen Bären und den Polarstern, vor mir blinkt Orion. In der dunklen Nacht ohne Lichtverschmutzung leuchten alle Sterne hell und klar und scheinen ganz nahe zu sein. Ich könnte sie fast pflücken, aber was mache ich mit der Ernte?

Meine Gedanken schweifen in die ferne Heimat. Die meisten Menschen werden jetzt im Bett liegen, in einem Haus, das unbeweglich in der Erde verankert ist. Noch einige Stunden, dann klingelt ihr Wecker, und der neue Tag beginnt und läuft nach einem vertrauten Muster ab. Am Morgen weiß man schon, wo man am Abend sein wird. Wie anders geht es uns jetzt: Das ganze Leben ist unsicher und hängt von den Elementen ab. Wann werden wir irgendwo ankommen, werden wir ankommen? Wir haben keine Ahnung.

Ich fühle mich steuerlos und einsam auf diesem großen Ozean. Ich sitze hier, ganz alleine. Mitten in der Nacht. Ich bekomme Mitleid mit mir selbst. Ach, Unsinn. Ich bin nicht alleine. Karola schläft friedlich in ihrer Koje in der Kajüte. Zusammen werden wir es schaffen. Trotzdem läuft mir ein Schauer über den Rücken. Ich friere. Der Wind ist, mitten in der Nacht, unangenehm kalt, und dazu kommt noch ein Mangel an Schlaf. Ich hole mir ein paar Kissen und mache es mir gemütlich auf dem Boden des Cockpits. Nun bin ich windgeschützt und habe eine wunderbare Sicht auf die Millionen Sterne. Alle 20 Minuten suche ich das Meer nach Lichtern von anderen Schiffen ab. Manchmal meine ich, am Horizont ein Licht zu entdecken, aber es ist immer wieder ein Stern, der seine Himmelsbahn beginnt. Hin und wieder fallen mir die Augen zu. Eine vierstündige Wache ist keine gute Idee. Den Kampf gegen das Einschlafen kann man nicht gewinnen. Gerade als meine müden Augen zufallen, höre ich einen Brecher heranrasen. Die Welle knallt mit viel Wucht querschiffs gegen den Bootsrumpf. BORRACHO gibt geschmeidig nach und legt sich wie ein Judoka auf die Seite. Die Welle steigt wie eine schwarze Wand hoch und bricht mit voller Kraft in das Cockpit. Ich liege bis zum Hals in dem eiskalten Seewasser und bin hellwach. Gemütlich? Nein! Durchnässt? Jawohl! BORRACHO richtet sich wieder auf und segelt weiter, als ob nichts passiert wäre. Langsam läuft das Wasser aus dem Cockpit. Karola öffnet in Panik die Luke und schaut nach, ob ich noch an Bord bin. Als sie mich auf die Scheißwelle schimpfen hört, ist sie beruhigt.

Auf Gomera habe ich eine Angelrute gekauft, die schon mehrere Tage erfolglos an der Reling hängt und eine lange Leine mit einem verführerischen Haken hinter sich herzieht.

Gerade als ich meine Siesta abhalte, ruft Karola: »Die Leine läuft, wir haben etwas am Haken.«

Tatsächlich sehen wir hinter dem Schiff einen Fisch, der wie ein Messer durch das Wasser schneidet. Ich habe zwar die Angel gekauft, aber nie mit der Möglichkeit gerechnet, damit einen Fisch zu fangen. Doch jetzt erwacht der längst verlorene Jagdinstinkt in mir, und nach einer halben Stunde von beiderseitigem Geben und Nehmen liegt eine Dorade von fast einem halben Meter auf dem Boden des Cockpits. Mein erster Fang! Dieses Exemplar ist eigentlich zu schön zum Essen. In leuchtenden Blau- und Goldfarben liegt der Fisch da und ringt um Luft. Ich atme inzwischen normal und kann auch wieder klar denken. Ein leicht braun gebackener Fisch wird uns als Abwechslung zu Corned Beef bestimmt gut schmecken. Aber wie mache ich Fischfilets aus diesem wild strampelnden Tier?

Mit einem Baseballschläger treffe ich den Fisch auf den Kopf:

Ich möchte dem lieben Tier eigentlich nicht wehtun. Das Strampeln wird nur noch wilder. Ich schließe meine Augen und versetze dem Fisch einen Schlag, der sogar Mohammed Ali in seinen besten Jahren ins Wanken gebracht hätte. Der Fisch wechselt die Farben von Gold und Blau in ein totes Grau. In Holland, an einem Heringstand, habe ich öfters gesehen, wie man einen Fisch ausnimmt. Aber ein Hering ist nur eine Sardine im Vergleich zu meiner Golddorade. Als ich nach einer Stunde mit dem Biest fertig bin, ist Karola schon längst weinend vor Mitleid unter Deck verschwunden. Das Cockpit sieht aus wie ein Schlachthaus am Ende des Tages.

Wir haben ein schmackhaftes Abendessen mit hauchdünn geschnittenen Streifen aus rohem Fisch mit etwas Knoblauch, ein Paar Tropfen Zitronensaft, Soja- und Wasabisoße. Für morgen steht gebackener Fisch mit einer süßsauren Soße auf der Speisekarte. Im Hinblick auf den blutigen Schlachtplatz und den durchdringenden Fischgeruch, der tagelang an dem Boot haftet, kriege ich ein absolutes Fangverbot, bis ich weiß, wie man einen Fisch fachmännisch auseinandernimmt.

Nach sieben Tagen und sieben Stunden fällt der Anker in der Bucht der Insel Sal. Wir sind in einer anderen Welt angekommen. Von unserem Ankerplatz aus sehen wir eine flache, kahle Erhebung unter einer brennenden Sonne. Im Hintergrund zeichnen sich die in der Hitze verschwommenen Umrisse einiger Vulkane ab. Yachten aus vielen Ländern, die auf dem Weg in die Karibik sind, drängeln sich in der Bucht.

Wir müssen zuerst einklarieren. Mit dem Beiboot rudern wir an Land. An einem Betonsteg können wir aussteigen. Die lokalen Fischer benutzen den Steg zum Ausnehmen und Waschen der Fische. Der Steg selber ist seit einem Jahrhundert nicht mehr sauber gemacht worden. Sehr zum Vergnügen der Millionen Fliegen, die sich auf diesem kalten Buffet hemmungslos vermehren und die ganze Insel in eisernem Griff halten. Das Aussteigen ist ein rutschiges Unternehmen und nicht ohne Gefahr, wie die zahlreichen tropischen Geschwüre beweisen, die sich schon viele Segler auf diesem glatten Steg einfingen.

Das Dorf ist eine Ansammlung heruntergekommener Häuser, die willkürlich entlang von einigen Straßen gestreut sind. Es gibt zwei Bars, aber so weit sind wir noch nicht. Wir laufen auf einer staubigen Straße zum Flugplatz, wo sich das Zollamt befindet. Die Sonne brennt uns auf die Schädel, es gibt weit und breit keine schattenspendenden Bäume. In Staubwolken gehüllte Lastwagen, die uns laut hupend überholen, blasen uns schwarze Auspuffgase ins Gesicht. Wir versuchen, sie zu negieren, husten aber heftig. Zum Glück haben wir bei einem Seglerkollegen einige Dollars gegen lokale Valuta gewechselt, denn das Einklarieren kostet Geld. Die Bank am Flugplatz ist nur geöffnet, wenn ein Flugzeug gelandet ist, und das kann eine Weile dauern. Wenn eine Landung auf der holprigen Landebahn, die sich kaum von ihrer ausgedörrten Umgebung unterscheidet, überhaupt durchführbar ist.

Auf dem Heimweg, Stunden später, ist die Mittagssonne unerträglich. Erschöpft und ausgetrocknet lassen wir uns auf der Terrasse einer der beiden Bars nieder. Eiskaltes Bier vom Fass! Das Wasser läuft am Glas herunter. Wir nehmen den Bierdeckel ab, der nicht unter, sondern auf unserem Glas liegt. Warum, das verstehen wir nicht. Hunderte Fliegen wissen schon warum: Sie haben ungeduldig auf die Neuankömmlinge gewartet. Bevor wir den ersten Schluck genommen haben, liegt eine schwarze Decke von besoffenen Fliegen auf der einst weißen Schaumkrone. Das zweite Glas trinken wir »a la Sal«: Glas zum Mund, Bierdeckel ein wenig lüften, einen Schluck nehmen, Bierdeckelklappe wieder zu. Herrlich, so ein sauberes Bier.

Wir wollen noch mehrere Inseln der Kapverden besuchen und segeln zuerst nach Boa Vista. Dank eines kräftigen Passatwindes geht die Überfahrt flott. Unter Motor suchen wir am Nachmittag einen sicheren Ankerplatz. Die Bucht ist geräumig und von einem Riff und einer länglichen Insel gegen Wellen und Wind geschützt. Wir ankern nahe dem Riff, sodass wir gleich vom Boot aus schnorcheln können. An der Landseite rahmen kilometerlange schneeweiße Strände und Dünen die Bucht. Im Hinterland gehen die Dünen in immer steigenden Wellen in Berge über.

Das Dorf, Sal de Ry, besteht aus einem großen Platz mit ringsum meist verfallenen Häusern. Hier und dort versuchten die Bewohner, dem Verfall Einhalt zu gebieten, indem sie ein koloniales Haus halbwegs restauriert haben. In einer Ecke des Platzes sitzt eine alte Frau in schwarzen Lumpen unter einem zerrissenen Sonnenschirm. Sie vertreibt sich die Zeit, und davon hat sie viel, mit

Schlafen. Vor sich hat sie afrikanische Holzschnitzereien zum Verkauf aufgereiht. Weil Touristen Mangelware sind, bewegt sich ihr Umsatz immer im Krisenbereich.

Als wir aus dem Beiboot an Bord klettern, kriegen wir den Schreck unseres Lebens: Unter Deck steht das Wasser bis über die Bodenbretter. Mit allen Mitteln, die wir an Bord haben, pumpen und lenzen und schuften wir, um die Folgen der Sintflut zu beseitigen. Als BORRACHO wieder pfurztrocken ist, kontrolliere ich die Seeventile und Schlauchanschlüsse. Alles scheint wasserdicht zu sein. Ich verstehe nicht, wo das Wasser hergekommen ist.

»Lass uns mal eine Nacht über das Problem schlafen«, schlage ich vor«, auf jeden Fall kommt jetzt kein Wasser mehr ins Boot.«

Aber ich schlafe schlecht. Allein der Gedanke, dass irgendwoher Wasser in das Schiff eindringen kann, trägt nicht zu einer erholsamen Nachtruhe bei. Am nächsten Morgen kontrolliere ich noch einmal alle Seeventile: nichts. Alles ist in Ordnung. Dann muss irgendetwas mit dem Motor nicht stimmen. Ich starte die Maschine, und Karola gibt vorsichtig etwas Gas. Bei der Propellerwelle spritzt das Wasser wie die Strahlen an der Fontana di Trevi in das Schiff. Niedergeschlagen überlegen wir, ob wir ohne Motor weiterkommen. Ich habe keine Ahnung, wie ich eine undichte Propellerwelle reparieren kann. Auch mein Buch hat dieses Problem nicht im Angebot.

Sehen wir eine Fata Morgana? Hinter der Insel biegt ein großer Zweimaster in unsere einsame Bucht ein. Am Flaggenstock des Windjammers weht stolz das Rot-Weiß-Blau der holländischen Fahne. Die SOLADE, das Charterschiff von Skipper Kees, hat einen Mechaniker an Bord! Ronald kennt zwar das System unserer Propellerwellendichtung nicht, aber nach vielen Schweißstunden hat er das Problem beseitigt. Am nächsten Morgen ganz in der Frühe hievt Karola den Anker. Als ich unter Motor wegfahren will, bewegt BORRACHO sich nicht in die von mir gewünschte Richtung. Schlimmer noch: Wir treiben mit der Strömung langsam rückwärts Richtung Riff.

»Anker raus!«, schreie ich.

Karola reagiert sofort, und der Anker saust ratternd runter. Kurz vor dem drohenden Riff liegt BORRACHO wieder fest. Ich wische den Schweiß von der Stirn und schaue mir die Propellerwelle an. Als Karola Gas gibt, dreht die Maschine wie gewohnt, aber die Welle rührt sich nicht, und das gehört sich nicht für eine anständige Welle. Ich sehe genauer hin, sie ist sogar einige Zentimeter nach hinten gerutscht. Ronald, der sich die unwillige Welle auch anschaut, weiß auf die Schnelle keine Lösung und hat keine Zeit mehr, um die Verbindung zwischen Welle und Maschine zu überprüfen. In der Verbindung liegt anscheinend das Problem. Das Charterschiff muss zurück nach Sal, weil die Gäste ihr Flugzeug erreichen müssen. In drei Tagen wird es wieder nach Boa Vista kommen, und dann kann Ronald uns weiterhelfen. Aus Vorsorge schleppt Skipper Kees uns in sichere Entfernung des Riffes. Wir können jetzt nur noch warten.

Am frühen Morgen weht uns der Duft von frisch gebackenem Brot um die Nase. Mit dem Beiboot fahre ich zum Strand auf Spurensuche. Das Versteck der Bäckerei ist eines der bestgehüteten Geheimnisse des Dorfes. Nach vielen Fragen und mithilfe meiner Nase stehe ich endlich in einer dunklen Sackgasse und klopfe an eine verschlossene Tür. Nach einer Weile knirscht die Tür und öffnet sich einen Spalt. Zwei tiefschwarze Augen in einem kleinen dunklen Krauskopf schauen ängstlich um die Ecke. Hinter dem kleinen Türsteher laufen, rennen und kriechen ungefähr zehn Brüder und Schwestern. Mitten in dem Gewühl steht prall und rund die Produzentin des gesamten Kleinkrams. Die älteren Kinder kneten den Teig für die Brötchen, und Mama schiebt das volle Backblech in den Ofen, unter dem ein heißes Holzfeuer lodert. Als sie mit einem breiten Lachen in meine Richtung schaut, frage ich, ob ich ein paar Brötchen kaufen kann. Sie wischt mit dem Handrücken einige Schweißperlen von der Stirn und holt eine Schürze voll ofenwarmer Brötchen. Vielleicht ist die Bäckerei illegal, aber in den nächsten Tagen ist unser Frühstück ein wahres Brötchenfest.

Mit einem Seufzer der Erleichterung sehen wir drei Tage später hinter der Insel die zwei Masten der SOLADE. Als wir die Konstruktion der Verbindung zwischen Propellerwelle und Motor auseinandernehmen, ist die Ursache des Problems klar: In der Welle ist ein Loch, und dort gehört ein Bolzen hinein zur Sicherung der Welle. Der Bolzen ist gebrochen, und die Welle hat sich vom Motor gelöst. In der Werkstatt der SOLADE macht Ronald einen passenden Bolzen, den ich mit viel plumper Kraft in das Loch der Welle treibe. Das Problem ist aus unserer Welt geschafft, und ich kann wieder eine Zeile im Arbeitsbuch durchstreichen.

Via São Nicolau und Santa Luzia segeln wir Richtung Mindelo nach São Vicente. Wieder mal sind die letzten Meilen für Boot und Besatzung schwer. Wir geraten noch einmal in ein Windbeschleunigungsgebiet und kämpfen uns gegen Windstärke sieben zwischen zwei Inseln durch. Es ist imponierend zu sehen, wie BORRACHO immer wieder die sich auf dem Deck brechenden Wellen abschüttelt. Ich ergreife die Kamera und mache einige Actionfotos. Eine riesige rollende Welle wird auch das letzte Foto sein. Die Welle, die fotogen auf uns zu stürmt, geht diesmal nicht unter dem Boot entlang, sondern kracht ungestüm über uns hinweg. Die Kamera ist unter Wasser, aber keine Unterwasserkamera.

In der Bucht von Mindelo liegen etwa 40 Yachten vor Anker. Sie warten, bis der Passatwind sich gefestigt hat und die Wetterbedingungen günstig sind für die Überfahrt in die Karibik oder nach Südamerika. Mindelo ist arm wie der Rest der Kapverden. Die Häuser in dem Städtchen sind verwahrlost – ebenso wie die Jugend, die uns manchmal belästigt. Aber nach der Einsamkeit der letzten Wochen finden wir es recht gemütlich im Café Royal, ein königlicher Name für eine abbruchreife Bude. Der Kaffee schmeckt bitter. Wir kaufen Brot beim Bäcker, der wie in einem Rotlichtviertel im Schaufenster seine Handelswaren für teures Geld anbietet. Mit Kanistern füllen wir mühsam unseren Wasser- und Dieselvorrat auf, und in dem einzigen Supermarkt stöbern wir durch den Büchsenvorrat.

Das Bedienungsgerät der elektrischen Ankerwinde ist ein Dauergast auf der Arbeitsliste. Als wir den Anker hochholen wollen, funktioniert nur der Schalter, um den Anker ins Wasser zu lassen und umgekehrt. Diese Eigenart erschwert Karola die Arbeit mit dem Anker erheblich, wie sie bei jedem Ankermanöver laut verkündet. Ich nehme das Bedienungsgerät regelmäßig auseinander und mache dann alle Kontakte auf der Printplatte, mit der das Gerät aus unerklärlichen Gründen versehen ist, sauber. Meistens arbeitet die Winde nachher eine Zeit lang, wie es sich gehört. Doch was ich diesmal auch versuche, die Winde dreht nur in eine Richtung. Selbst eine Stunde im heißen Backofen beseitigt das Problem nicht. Ich grüble Tage über eine einfache Lösung. Im Grunde genommen sollte man die Winde mit einem normalen Schalter bedienen können. Zwei Möglichkeiten genügen: eine Position für »hoch« und eine Position für »herunter«. In einem Autozubehörgeschäft finde ich einen altmodischen Kippschalter, wie sie früher in englischen Autos verwendet wurden. Ich montiere den Schalter in eine kleine Plastikdose und habe für weniger als fünf Euro ein einwandfreies Bedienungsgerät. Ein neues Gerät vom Hersteller kostet rund 100 Euro und ist in Mindelo sowieso nicht zu finden. Karola ist restlos glücklich!

Wir möchten nicht in Mindelo warten, bis der Passat sich durchsetzt. Die stürmischen Fallwinde, die sich von den ringsum liegenden Bergen herunterstürzen, machen das Leben unangenehm, und außerdem blasen sie den Staub der ganzen Stadt in grauen Wolken über das Boot. Bevor wir genügend Mut gesammelt haben, um den Atlantik zu überqueren, wollen wir noch eine Insel erkunden: Santo Antão. Wir ankern in der großen Bucht von Tarrafal. Der Nachteil dieser Bucht ist, dass Tag und Nacht eine hohe Dünung hereinläuft und die Bucht sehr tief ist. Wir müssen ganz nahe am Strand, kurz vor der Brandung, ankern. Das macht den Ankerplatz aufregend. Obwohl wir 20 Meter Wasser unter dem Kiel haben, brechen sich weniger als zehn Meter hinter BORRACHO die Wellen mit stetigem Donnern. Der Vorteil ist, dass es vor Tarrafal nie Wind gibt und kaum andere Segler hierherkommen.

Ein hoher Bergrücken umschließt die Bucht. Gleich hinter dem breiten steilen Sandstrand ist ein Dorf aus einfachen Holzhütten. Es gibt sogar eine öffentliche Telefonzelle, die aber nicht als solche zu erkennen ist. Der Bretterverschlag, in dem sich das schwarze Bakelittelefon befindet, sieht eher aus wie ein schief hängender Donnerbalken ohne Herzchen in der Tür. Die Einwohner leben vom Fischfang und ein wenig Landwirtschaft auf den fruchtbaren Berghängen. Die Menschen sind arm, aber im Gegensatz zu den Bewohnern von Mindelo gastfreundlich und freigebig. Die Fischer gehen in großen, mit braunem Teer gestrichenen Booten auf das offene Meer. Mehrere Männer zeigen ihre schwarz gebrannten Oberkörper, während sie in den Riemen hängen. Sie harponieren Thunfische, die oft über zwei Meter lang sind. Als ein Fischerboot zurückkommt, läuft das ganze Dorf neugierig und voller Hoffnung zusammen. Die Fischer zerlegen den Thun mithilfe von langen, scharfen Messern und verkaufen die Einzelteile nach Gewicht. Ich schaue wissensdurstig zu, wie die Männer fachmännisch den Riesenfisch in essbare Filets zerkleinern. Für etwas mehr als einen Euro kaufen wir ein Kilo, frischer als frisch.

Die hohen Wellen, die mit viel Gewalt auf den Strand brechen, erschweren den Landgang. Durch Schaden und Schande klug geworden, entwickeln wir eine bombensichere Technik: Wir fahren mit dem Außenborder unter Vollgas bis kurz vor den Strand. Dann schalten wir den Motor aus und klappen ihn hoch. Wie von der Tarantel gestochen, rudern wir wie Wellenreiter, um vor der höchsten Stelle der Welle zu bleiben. Bei der ersten Strandberührung springen wir in einer fließenden Bewegung aus dem Bötchen ins Wasser und rennen, mit dem Beiboot zwischen uns, die nächsten 100 Meter in 10,1 Sekunden, bis wir außerhalb des Bereiches der heranstürmenden Welle sind.

Einige Tage später kommt eine Schweizer Yacht und ankert etwas entfernt von uns. Als wir sehen, dass die Besatzung den Landgang vorbereitet, holen wir unsere Kissen und setzen uns gemütlich in die Plicht. Wir wollen entspannt zuschauen, wie alles schiefgehen wird. Vier kräftige Männer setzen sich in das Beiboot und fahren ohne jegliche Taktik Richtung Strand. Sie haben noch keine Ahnung von den Gefahren, die sie dort erwarten. Eine hohe Welle ergreift das Beiboot und dreht es quer, wobei die vier Insassen ins Wasser katapultiert werden. Das verlassene Beiboot schiebt sich kopfüber 30 Meter auf den Strand. Nachdem wir die Lachtränen aus den Augen gewischt haben, wollen wir den Bergbewohnern mal zeigen, wie man eine Landung professionell ausführt. Wir fahren wie gewohnt in voller Geschwindigkeit zum Strand und hoffen, dass jedermann zuguckt. Der Außenborder geht hoch, und wir werfen uns mit so viel Kraft in die Ruderriemen, dass einer der Riemen bricht. Der einseitige Ruderantrieb bringt uns quer auf die Welle, die unser Beiboot nun wie einen Streifen Papier erfasst und uns ins Wasser schmeißt. Das leere Boot liegt umgekehrt neben seinem Schweizer Kollegen. Ebenfalls triefend vor Nässe schließen wir Bekanntschaft mit den durchweichten Neuankömmlingen.

Die große Überfahrt

Wir haben die Vorräte verstaut, die Weihnachtskarten für Familie und Freunde zum Postamt gebracht und seit Tagen die Wettervorhersagen studiert. Der Passatwind ist stabil. Am liebsten würden wir hier sicher vor Anker liegen bleiben, aber jeden Tag sehen wir Yachten wegfahren, und wenn wir vor Weihnachten in Tobago sein wollen, sollten wir jetzt aufbrechen. Dann muss es halt sein, sagen wir uns. Früh am nächsten Morgen werden wir zu der 2200 Seemeilen langen Überquerung des Atlantischen Ozeans starten. Wir haben Angst vor dem Unbekannten. Durch die Spannung kann ich nicht schlafen. Anstatt Schäfchen zähle ich die Seemeilen einzeln ab. Als ich bei 2200 angekommen bin und immer noch nicht schlafe, rechne ich die Meilen in Kilometer um. Ich fange bei eins an und zähle bis 4074.

Noch bevor das erste Tageslicht zögernd in die Bucht hineinschleicht, sind wir schon hellwach. Ich koche einen großen Topf Filterkaffee, Karola holt mit dem Bedienungsgerät Marke Eigenfabrikat ohne Probleme den Anker hoch und sichert ihn. Den brauchen wir in den kommenden Wochen nicht mehr. Noch ein letzter Ruf »Auf Wiedersehen« an die Zurückbleibenden, die schläfrig den ersten Sonnenschein genießen, und schon liegt die Bucht hinter uns.

Sobald wir auf dem offenen Meer sind, macht sich eine lange Dünung von der Seite bemerkbar. BORRACHO fängt an, in gleichmäßigem Rhythmus von der einen auf die andere Seite zu rollen. Karola, die kurz vor einer Seekrankheit steht, fühlt sich elend und verschwindet in ihrer Koje. Ich versuche, das Schiff zu stabilisieren, und schalte den elektrischen Autopiloten ein, damit ich die Hände frei habe. Der Autopilot macht gar nichts! Er sagt nur: »No link.« Das ist nicht sehr informativ, aber ich verstehe, dass etwas nicht stimmt. Ich ahne, dass irgendeine Verbindung unterbrochen ist. Versuche mal herauszufinden, welche Verbindung nicht funktioniert, wenn du noch nicht mal weißt, wo die vielen Verbindungsdrähte hingehen!

Karola, inzwischen grün von der Seekrankheit und sowieso nicht in bester Verfassung, glaubt die nächsten 2200 Seemeilen seien ohne Steuerautomat gar nicht machbar: »Lass uns umkehren.«

Ich beruhige sie: »Bleib nur schön in deiner Koje. Wir haben die Windsteueranlage noch, alles wird gut. Ich rufe dich, sobald wir in Tobago sind.«

Ich stelle die Windfahne so ein, dass wir auf jeden Fall Richtung Westen fahren. Nun erst mal die Segel trimmen. Mit dem Spinnakerbaum setze ich die große Genua über Steuerbord und mit einem kürzeren Baum die Arbeitsfock an die andere Seite. Jetzt zeigt sich der Vorteil zweier Vorsegel. BORRACHO rollt zwar immer noch, aber langsam und problemlos, nach links, nach rechts, nach links, nach rechts. Ich stelle die Windfahne genauer ein, um die Chancen zu erhöhen, in Tobago anzukommen. Wir sind fertig für die kommenden Wochen. Ich bin mit mir zufrieden, und Karola fühlt sich schon weniger elend. Wir machen in den ersten 24 Stunden 131 Seemeilen. Gar nicht schlecht.

Nach zwei Tagen haben wir uns beide an die Bewegungen des Bootes gewöhnt. Karola kommt an Deck und kann wieder lachen. Der normale Tagesablauf an Bord fängt an. Am Ende meiner Wache beim ersten Licht des neuen Tages koche ich einen Topf Kaffee. Diese Arbeit ist auf einem unruhigen Schiff einfacher gesagt als getan. Ich habe mich mein Leben lang geweigert, Instant-Kaffee zu trinken. Weswegen sollte ich gerade jetzt anfangen, eine widerliche Substanz zu trinken, die weit vom Geschmack des Kaffees entfernt ist? Ich klemme mich an der Wand der Kombüse fest, halte mit einer Hand den Kaffeefilter und gieße mit der anderen Hand kochend heißes Wasser auf. Meistens gelingt diese Operation ohne größere Probleme. Hin und wieder aber, wenn ich nicht gut aufpasse, macht der Kaffeefilter sich selbstständig, und ich muss auf Knien in allen vier Ecken von den Bodenbrettern den Kaffeesatz aufsammeln. Es erfordert einiges an Standfestigkeit und Willen, um neu anzufangen.

Ich wecke Karola mit dem Pianokonzert Nummer 2 von Camille Saint-Saëns. Hier können wir die Musik so laut hören, wie wir möchten. Kein Mensch stört sich daran, nur der Wind und die Wellen lauschen mit. Von dem Mehl, das wir in Mindelo gekauft haben, bäckt Karola ein Brot. Zuerst fangen wir mit viel Geduld Hunderte kleine Mehlkäfer und setzen die nicht zahlenden Passagiere ohne jedes Gefühl von Mitleid über Bord. Es ist der erste Brotbackversuch, und aus dem Backofen steigt ein Duft wie im Bäckerladen an Deck. Der Geruch macht richtig hungrig. Was schließlich auf den Tisch kommt, ist ziemlich kompakt. Es sieht aus wie ein Ziegelstein und wiegt auch ungefähr so viel. Das Brot fest in den Schraubstock gespannt, schneide ich mit der Eisensäge einige flinterdünne Scheiben ab. Kurze Zeit später essen wir laut krachend ein frisches Butterbrot, belegt mit Thunfisch aus der Dose.

»Das Brot schmeckt ausgezeichnet und ist vor allem reichlich sättigend«, komplimentiere ich, »und der nächste Versuch kann nur besser werden.«

Vielleicht hätten wir die Käfer nicht aus dem Mehl entfernen sollen.

Das Abendessen zu kochen auf einem Segelschiff, das in unregelmäßigem Takt über die Wellen tanzt, ist ein Zirkusakt. Wir müssen nicht nur darüber nachdenken, was wir kochen, sondern viel mehr noch, wie wir kochen. Jeder Handgriff muss von vornherein geplant sein, damit sich keine heißen Töpfe über uns ergießen. Mit der begrenzten Bordapotheke könnte ein solcher Unfall schmerzhaft sein. Doch Karola entwickelt meisterhafte Geschicklichkeit in der Akrobatik des Kochens. Ich bin im Küchenbereich nur der Gehilfe, der Kartoffeln schält und Gemüse schneidet. Ich bin also gefragt, wenn Kohlsalat mit Kartoffelbrei und Gulasch auf dem Speisezettel stehen. Alle Zutaten sind noch aus unseren Frischvorräten.

Unterwegs eine Mahlzeit zuzubereiten ist schwierig, das Abendessen stilgerecht zu verspeisen, ist beinahe unmöglich. Zuerst schieben sich unsere Teller bei jeder Welle weg von uns über den Tisch. Wenn wir Glück haben, kommt der Teller bei der nächsten Welle zurück, und wir können eine Gabel voll nehmen. Für den Erhalt der Speisen ist es sicherer, den Teller mit einer Hand festzuhalten. Weil wir noch nicht gelernt haben, den Teller mit einer Hand waagerecht zu halten, läuft anschließend die Soße über den Tisch. Also versuchen wir, mit beiden Händen den Teller dicht über dem Tisch im Gleichgewicht zu halten. Dann haben wir allerdings keine Hand mehr frei, um den Löffel in seiner Flugbahn zu stoppen, und bald ist das einzige noch saubere T-Shirt auch versaut. Die beste Lösung ist, wie immer, die einfachste: Wir tun alle Teile des Menüs in eine tiefe Schüssel und löffeln das mühsam und mit Liebe und Geduld bereitete Abendessen so schnell wie möglich in uns hinein.

Da wir schon mal übers Essen reden: Sogar normale Handlungen, zum Beispiel auf die Toilette zu gehen, erfordern auf einem wild schlingernden Schiff ein Höchstmaß an Geschicklichkeit. Mit heruntergelassener Hose ist man in seinen Bewegungen stark eingeschränkt. Gerade wenn man sich hinsetzt, macht das Boot dann einen unerwarteten Ausrutscher, und man landet neben dem Klodeckel. Zum Glück ist das Badezimmer für Zwerge konzipiert, sodass man meist mit leichten Prellungen davonkommt.

Das Wachschema von zwei Stunden gibt in der Nacht einen festen Halt. Die Mahlzeiten geben Struktur und Regelmäßigkeit am Tag. Tagsüber sitzen wir oft zusammen im Cockpit, lesen jeder ein spannendes Buch, machen ein Nickerchen, falls das Buch nicht interessant ist, oder reden über Gott und die Welt. Ob es einen Gott gibt, und wie ist es dann mit seinem/ihrer Psyche bestellt? Warum heißt es »unser Vater im Himmel« und nicht »unsere Mutter im Himmel«? Hat J. K. Rowling es verdient, so viele Bücher zu verkaufen? Hat sie vielleicht mit einem Auge auf Tolkiens Arbeit geschaut? Warum spielt Glenn Gould meisterhaft Bach und Alfred Brendel virtuos Mozart und nicht umgekehrt? Wie soll es weitergehen, wenn die Erde so dicht bevölkert ist, dass es nur noch Stehplätze gibt? Warum ist alles endlich, was wir Menschen kennen? Wenn nach dem Ende nichts mehr kommt, muss doch das Nichts unendlich sein, oder? Aber auch wichtige Fragen kommen auf den Tisch: Sollen wir jetzt die Genua etwas einrollen, oder warten wir bis zum Abend?

Das Ausschauhalten nach anderen Schiffen ist uns zur zweiten Natur geworden. Manchmal aber schauen wir nur über das Meer und lassen die Stille und Weite auf uns einwirken, jeder mit seinen eigenen Gedanken. Wenn uns danach ist, schläft einer tagsüber ein paar Stunden, während der andere die Wache hält oder leichte Arbeiten am Boot ausführt. Fast unmerklich reihen sich die Tage zu Wochen aneinander. Es ist eigenartig, es passiert wenig, aber so ein Tag ist im Nu vorüber. Gerade erst erscheint das Tageslicht am östlichen Horizont, im nächsten Moment sehen wir in derselben Richtung schon wieder die Abendsterne leuchten. Wir langweilen uns nie.

Das Wetter für unsere erste Ozeanüberquerung verspricht für längere Zeit gut zu bleiben. Auf den Wetterkarten sehen wir, dass das Azorenhoch immer größer wird. Wir ändern unseren Kurs nach etwas mehr südlich und versuchen, auf diese Weise am Rand des Hochdruckgebietes zu bleiben. Dort erwarten wir einen stetigen Passatwind. Jeden Tag, um zwölf Uhr mittags, haben wir Funkkontakt mit Trudy auf Barbados. Wir freuen uns stets auf »High Noon«, denn dies ist auf dem menschenleeren Ozean unsere einzige Verbindung mit der fernen Außenwelt. Trudy ist eine ältere Dame und begeisterte Funkamateurin. Sie begleitet Yachten, die den Atlantik überqueren. Täglich gibt sie den aktuellen Wetterbericht durch und notiert die Positionen der Yachten, die sie unter ihren Fittichen hat. Jede Yacht meldet das Wetter vor Ort und die Windstärke. Dadurch wissen wir, dass unsere Entscheidung, weiter südlich zu segeln, richtig war. Von allen Yachten haben wir den besseren Wind. Wir hören von Yachten, die vor uns segeln, dass sie in der zweiten Hälfte mit den gefürchteten »Northerns« kämpfen müssen, das sind schwere Böen mit viel Wind und Kaltluft. Sie erweisen sich, so erzählen unsere Vorläufer, als ungesund für Besatzung und Schiff, wenn sie ein Schiff unerwartet überfallen. Wir hoffen, so weit südlich, dass sich diese Begegnungen auf ein Minimum beschränken. Vorläufig hält das Wetter sich tapfer. Der Himmel ist strahlend blau mit kleinen Passatwolken. Der Wind bläst uns Tag für Tag in die richtige Richtung. Die Wellen sind regelmäßig mit kleinen Kämmen gekrönt, die in der Sonne blütenweiß aufleuchten.

Wir haben eine ganze Bibliothek an Bord. Ich lese vor allem Bücher über Entdeckungsreisen berühmter Seefahrer. In dem Tagebuch von Kolumbus lese ich über seine erste Reise nach Amerika – oder Indien, wie er damals meinte. Er segelte im Jahre 1492 etwas nördlicher, als wir jetzt unterwegs sind. In seinem »Diario de a bordo« beschreibt er das gleiche Wetter, wie wir es haben. Nur hatte Kolumbus damals mehr windstille Tage. Wahrscheinlich segelte er mit seiner kleinen Flotte zu nahe am Kern des Azorenhochs. In jenen Tagen konnte man ja unterwegs noch keine Wetterkarten empfangen.

Ich ziehe meine Rettungsweste mit Lifeline an und hake die Leine fest. Ich muss zum Vordeck, um das Schiff auf schlechtes Wetter vorzubereiten. Wir haben schließlich über die Hälfte der Atlantikpassage hinter uns, und vielleicht lauern die Northerns schon hinter dem Horizont. Bei kräftigem Wind und hohen Wellen ist eine Lifeline, die mich stets mit dem Schiff verbindet, kein überflüssiger Luxus. Würde ich ohne diese Vorsorgemaßnahme über Bord gehen, könnte ich nur noch zum Abschied winken, dann wäre die Reise für mich aus und vorbei. Bevor Karola das Boot auf Gegenkurs gesteuert hätte, wäre ich als unfreiwilliger Schwimmer schon außer Sichtweite und im Tohuwabohu der hohen Wellen nicht mehr aufzufinden. Mit einer Lifeline hat man wenigstens noch eine kleine Chance. Obwohl es mir kein reines Vergnügen zu sein scheint, an einer Leine hinter BORRACHO hergeschleppt zu werden. Und schon gar nicht, wenn Karola nicht merkt, dass ich nicht mehr an Bord bin oder ein Hai die Situation falsch einschätzt.

Ich beschließe, die beiden Bäume, mit denen die Vorsegel links und rechts ausgestellt werden, quer zur Längsrichtung des Schiffes zu fixieren. Auf diese Weise kann ich sowohl die Genua als auch die Arbeitsfock vom Cockpit aus einrollen, wenn der Wind auffrischt. Der Baum bleibt einfach stehen, und ich brauche nicht bei schlechtem Wetter oder mitten in der Nacht – oder sowohl als auch – auf dem Vordeck herumzuturnen. Ich muss mir auch keine Sorgen mehr machen, dass die Bäume wild von einer Seite auf die andere schlagen oder gegen die Wanten knallen. Auf diese Weise ist das Reffen nur noch ein Kinderspiel.

Die lange, hohe Ozeandünung kommt von Norden, und die kurzen Passatwellen rollen fast quer dazu. Mit einer Hand halte ich mich fest, und mit der anderen Hand versuche ich, zwei Leinen an dem Baum zu befestigen. Die eine Leine mache ich auf dem Vordeck fest, die andere weiter hinten. Nun kann der Baum sich nicht mehr bewegen. Während eines Rodeos auf einem Stier zu reiten, dem man gerade die Hoden zusammengequetscht hat, ist einfacher: Man braucht nur acht Sekunden auf dem Rücken des wütenden Stieres sitzen zu bleiben, um einen Preis zu gewinnen. Ich reite fast eine Stunde auf dem wilden Vordeck und muss immer darauf achten, dass ich nicht von einer heimtückischen Welle in das Meer geworfen werde. Einen Preis bekomme ich dafür nicht.

Am nächsten Tag ist Bilderbuchwetter. Der Passat legt eine Pause ein, und die Passatwellen sind verschwunden. Nur die lange Ozeandünung bleibt übrig. Diese Dünung ist durch Stürme entstanden, die Tausende Seemeilen entfernt im Norden entfesselt wüten. Es ist ein bezauberndes Schauspiel, wie die Wellen uns langsam hochheben, bis wir über das ganze blaue Meer hinwegschauen können. Anschließend lässt die Welle uns sanft wieder hinunter in das Wellental mit links und rechts langsam steigenden schattigen Hängen der Wasserberge. Die Entfernung zwischen dem einen und dem nächsten Wellenberg beträgt 100 oder vielleicht 200 Meter. Das Auf und Ab wiederholt sich immer wieder ohne Anstrengung. Es gibt keine Aufregung, keine gefährliche Drohung, keine unvorhergesehene Bewegung. Unsere ganze Welt ist ewig und in Ruhe. Welch ein Unterschied zum Vortag, als alles ratterte und herumflog und wir uns kaum auf den Beinen halten konnten. Wir brachten zwar viele Meilen hinter uns, aber heute nicht, doch das macht nichts. Zeit und Geschwindigkeit verlieren auf dem Ozean ihre Bedeutung.

Plötzlich höre ich lautes Geschnaufe. Ganz kurz denke ich, dass Karola über ihrem Buch eingenickt ist, aber dann sehe ich, woher das Geräusch kommt: ein Delfin! Und noch einer und noch einer. Ein ganzes Rudel. Aus Freude am Spiel springen sie hoch aus dem Wasser oder flitzen in Zweier- oder Dreierformation synchron vor dem Bug entlang. Karola sitzt vorn auf dem Deck und singt für die Delfine: das »Forellenquintett« von Schubert. Sie hofft, mit ihrem Gesang die Tiere zu noch mehr Kapriolen zu animieren, und meint, dass die schlanken Schönheiten freundlich lächelnd zu ihr hochschauen und begeistert zuhören. Ich sitze zum Glück mit der nötigen Distanz im Cockpit, denn ich mag die Schubertlieder nicht.

Tagsüber versuchen wir, so viele Seemeilen wie möglich zu segeln. Bevor die Nacht beginnt und uns in Dunkelheit hüllt, reffen wir beide Vorsegel. BORRACHO läuft gerefft wesentlich ruhiger durch das Wasser, und wir können besser schlafen. Seit meinem unfreiwilligen Bad liegen wir während der Wache meistens in der Koje. Alle 20 Minuten spähen wir aus der Luke in die dunkle Nacht nach Lichtern. Wir haben unseren Wacherhythmus gefunden: zwei Stunden für jeden. Nach einigen Tagen hat der Körper sich an diesen Schlaf in Etappen gewöhnt. Wenn meine Wache zu Ende ist, schlafe ich schon, bevor mein Kopf das Kissen erreicht hat. Zwei Stunden später wieder aufzustehen, bleibt schwierig, aber wenn ich mich erst mal aus der Koje gequält habe, bin ich hellwach.

Es folgt eine dieser Nächte, die man nie vergisst. Das Meer ist ruhig. Ausnahmsweise liege ich draußen im Cockpit auf einer Matratze. Die Stille ist fast hörbar und wird nur vom Rauschen des Bootes durch das Wasser und einer kleinen Welle unterbrochen, die am Rumpf in tausend Tropfen zerbricht. Hin und wieder quietscht die Rolle der Windfahne. Ich darf nicht vergessen, ein bisschen Öl zu spritzen. Über mir spannt sich der funkelnde

Sternenhimmel wie ein Kirchengewölbe. Hier auf See sehe ich viel mehr Sterne als auf dem Land. Der Große Bär steht schon tief am Himmel, die Plejaden leuchten wie ein Weihnachtsbaum. Ich sehe auch den Schützen, das ist mein Sternzeichen. Um wach zu bleiben, versuche ich, möglichst viele Sternzeichen zu entdecken. Einen Stern, der genau neben dem Heckstag steht, behalte ich im Auge, um zu kontrollieren, ob die Windfahne richtig steuert. Ich lasse etwas mehr Segelfläche ausrollen, um die Geschwindigkeit zu erhöhen, und stelle die Windfahne neu ein. So geht es besser. Manchmal höre ich Schnaufen und Planschen. Sind es die Geister verstorbener Seeleute oder nur Delfine? Sosehr ich auch in die Finsternis starre, ich sehe nichts. Es werden wohl Geister sein.

Ohne Vorwarnung erhellt sich die dunkle Nacht im Kielwasser der BORRACHO. Mein Herz stockt. Gibt es etwa doch Geister? Ist der Fliegende Holländer hinter uns her? Nein, jemand hat ein helles Licht eingeschaltet, ein Decklicht. Ich springe zur Naviecke hinunter und schalte unsere Positionslampen an. Um Strom zu sparen, fahren wir auf entlegenen Strecken ohne Lichter, und wir sind anscheinend nicht die Einzigen. Auf der Yacht hinter uns sind sie genauso erschrocken wie ich, alle Lichter gehen schlagartig an. Eine Mega-Segelyacht hat uns eingeholt, und die Besatzung wollte gerade ein größeres Vorsegel setzen. Um besser sehen zu können, haben sie ihr Decklicht eingeschaltet. Diese bedrohliche Situation ist einer der Gründe, weswegen wir nie bei einer Rallye mitmachen wollen, wo Tag und Nacht Hunderte Boote in gefährlicher Nähe segeln. Der bloße Gedanke macht mich schon nervös. Die Yacht verschwindet mit hoher Geschwindigkeit in der Finsternis. Ihre Positionslichter erlöschen. Um mich herum herrscht wie vorher dunkle Nacht, als ob nichts passiert wäre. Ich kann nicht mehr sehen, wo die anderen sich befinden. Diese Leute werden es nie lernen! Noch schimpfend gehe ich wieder hinunter und schalte unsere Lichter aus, wir müssen ja schließlich Strom sparen.

Um zwei Uhr wecke ich Karola, und als ich sicher bin, dass sie munter ist, verschwinde ich hinter meinem Kojensegel. Herrlich, bis vier Uhr schlafen!

An meinem Geburtstag, meinem sechzigsten, haben wir schon weit über die Hälfte der Strecke geschafft. Ich habe kaum Zeit, die Geschenke auszupacken, denn völlig unerwartet heult der Wind um das Boot. Ein eiskalter Regen fegt durch die offene Luke. Geburtstagskind oder nicht, ich muss an Deck, um die Segel zu reffen. Wegen der Festivitäten haben wir nicht aufgepasst und sind von unserem ersten Northern überrascht worden. Der Himmel ist schwarz. Der kalte Wind drückt BORRACHO in Schräglage, und horizontaler Regen nimmt mir die Sicht. Die Genua schleift im Wasser, und nur mit großem Kraftaufwand gelingt es mir, sie einzurollen. Als ich fertig bin, schaue ich auf den Geschwindigkeitsanzeiger: Wir segeln schwer gerefft mit sieben Knoten in Richtung Tobago: gut so! Kalt und nass, schiebe ich die Luke hinter mir zu. Karola hat schon einen heißen Kaffee gekocht, und ich bin bald wieder der Alte. Eine halbe Stunde später ist die Bö über uns hinweggezogen, und der Himmel färbt sich wieder blau. Das Meer bleibt aufgepeitscht.

Karola will unbedingt einen Geburtstagskuchen backen, obwohl BORRACHO unruhig über die Wellen reitet. Alle Zutaten gehen zuerst in Körbchen, die ihrerseits auf Anti-Rutschmatten Halt finden. Es erfordert bei diesem Seegang ein gehöriges Maß an Jonglierkunst mit Löffel und Teig. Nach einigen kleinen Unfällen steht der Kuchen im Ofen und backt still vor sich hin. Ein herrlicher Duft füllt langsam die Kajüte. Draußen ist der unberechenbare Ozean, aber hier drinnen ist es gemütlich und sicher. Obwohl, sicher? Trotz der Tatsache, dass wir uns an Bord inzwischen breitbeinig und wenig elegant fortbewegen, sind wir beide reichlich mit blauen Flecken gesegnet. Aber an diesem Tag ist uns das egal. Der Kuchen schmeckt wie aus der Konditorei. In dem Kühlschrank wartet eine gute Flasche Weißwein. Für die festliche Gelegenheit darf der Kühlschrank Überstunden machen. Unterwegs – und auch nur unterwegs – trinken wir keinen Alkohol, aber man wird natürlich nur einmal 60. Eine Ausnahme muss sein. Gegen Abend sehen wir am Horizont eine ganze Reihe Northerns wie abgestufte schwarze Wände. Diesmal lassen wir uns nicht überraschen und beschließen, das Fest auf unbestimmte Zeit zu verschieben. Wir reffen die Segel, bis kaum noch etwas steht, sodass ich an meinem Ehrentag wenigstens ruhig schlafen kann, und beginnen mit unserer gewohnten Wacheroutine. Noch 365 Tage, und ich habe wieder Geburtstag.

Morgens um acht Uhr ist es immer wieder spannend. Ich schaue nach, welche Position das GPS angibt, und trage sie in die Seekarte ein. Dann berechne ich, wie viele Seemeilen wir in den letzten

24 Stunden gesegelt sind und vor allem, wie weit es noch bis zu unserem Ziel, Tobago, ist. Als ich auf den Bildschirm schaue, kriege ich einen Schrecken. Unser GPS gibt keine Position an. Sobald ich wieder logisch denken kann, versuche ich, die Ursache des Problems zu finden. Das Gerät funktioniert normal, aber anscheinend empfängt es kein einziges Satellitensignal. Die Antenne, die an der Reling montiert ist, funktioniert nicht. Es ist bei diesem Seegang aber unmöglich, die Antenne auseinanderzunehmen. Fällt auch nur ein winziges Teil über Bord, ist alles verloren. Vorsichtig überbringe ich Karola die schlechte Nachricht.

Zum Trost sage ich: »Wenn wir einfach Kurs West nehmen, werden wir wie Kolumbus irgendwo Land erreichen.«

»Wenn es nur nicht Indien ist«, meint die durch meine Hiobsbotschaft doch etwas gestresste Besatzung.

Ich erinnere mich an den Sextanten, der seine Tage arbeitslos in einem braunen Kasten aus Nussholz verbringt. Eigentlich habe ich den Sextanten mitgenommen, weil er so fotogen aussieht. Jetzt ist er unsere letzte Hoffnung, Tobago zu finden. In längst vergangenen Zeiten habe ich gelernt, den Schiffsort mithilfe des Sextanten zu bestimmen. Ich suche das Lehrbuch und die Tabellenbücher, die man braucht, um die gemessene Höhe der Sonne oder der Sterne in eine Position umzurechnen. Nach einigen Stunden Pauken kommt das vergessene Wissen langsam aus meinem Unterbewusstsein an die Oberfläche. Zum Glück habe ich früher mal Berechnungsformulare gemacht, die ich als Hilfsmittel gebrauchen kann. Mit dem Sextanten sitze ich auf dem Deck mit dem Rücken gegen den Mast für besseren Halt und versuche, die Höhe der Sonne zu messen. Die Bewegungen des Schiffes machen dieses Unterfangen nicht einfach. Karola hat die Stoppuhr in der Hand. Sobald ich die Sonne mithilfe der Spiegel am Sextanten auf dem Horizont platziert habe, rufe ich: »Ja!«, und Karola drückt die Stoppuhr. Nach fünf Messungen reicht es mir, und ich beginne mit der Rechnerei.

Alle fünf Positionen, die ich mühsam errechnet habe, liegen zwar über den ganzen Ozean verteilt, aber zwei befinden sich in der Nähe des geschätzten Schiffsortes. Später nehmen wir noch eine Mittagsbreite, und gegen Abend versuchen wir wieder fünf Höhemessungen. Die Entfernung zwischen den verschiedenen berechneten Schiffsorten wird schon erheblich kleiner, ist aber noch immer zu groß, um Tobago zu finden.

Zwei Tage später sehen wir weit vor uns an Backbord eine Segelyacht. Am Nachmittag sehen wir das Schiff an Steuerbord voraus und am Abend wieder an Backbord. Wir segeln geradewegs, so hoffen wir, auf unser Ziel, Tobago, zu. Die andere Yacht geht anscheinend auch nach Tobago, aber kreuzt dauernd unsere Kurslinie. Warum, das ist uns ein Rätsel. Der Gedanke, dass ein Schiff in der Nacht im Dunkeln vor uns im Zickzackkurs fahren könnte, ist beunruhigend. Über UKW-Sprechfunk rufe ich die unbekannte Yacht. Es sind Franzosen. Ihr Spinnakerbaum ist gebrochen, und sie können die Genua nicht mehr ausbaumen. Bei diesen hohen Wellen fällt die Genua auf Vorwindkurs dauernd zusammen und würde innerhalb einer halben Stunde in Fetzen reißen. Um den Wind in der Genua zu halten, kreuzen sie mit Vorwind. Ich erzähle, dass unser GPS keine Position mehr anzeigt, und frage nach ihren Koordinaten. Mit einem Freudenschrei stelle ich fest, dass unsere mit dem Sextanten berechnete Position nur vier Seemeilen abweicht. Jetzt sind wir völlig unabhängig von der Technik! Wir können klar bestimmen, wo wir sind. Es ist zum Glück nicht mehr weit zu der Stelle, wo nach unseren Berechnungen Tobago liegt. Als ich das Radio einschalte, höre ich zum ersten Mal vage, aber unverkennbar, Calypsomusik. Wir sind auf dem richtigen Weg.

Trinidad und Tobago

Am Ende meiner Wache, es ist sechs Uhr morgens, sehe ich einen Fregattvogel, der hoch über uns schwebt. Fregattvögel können nicht auf dem Wasser landen und sind deswegen ein sicheres Zeichen, dass Land in der Nähe ist. Mit dem Fernglas suche ich ungeduldig den Horizont ab. Ich sehe einen Schatten. Oder ist es nur Einbildung? Nach einer halben Stunde bin ich mir sicher.

Wie Kolumbus vor einigen Jahrhunderten rufe ich: »Ahoi. Land in Sicht.«

Karola war noch nie so schnell aus der Koje, und wir tanzen zusammen im Cockpit vor Freude. Wir haben es geschafft! Bei einer Tasse Kaffee überlegen wir, was wir alles an Land machen werden. Essen und trinken sind das Erste, was uns einfällt. In unserem Reiseführer »Lonely Planet« hat Karola gelesen, dass es in Scarborough, der Hauptstadt von Tobago, ein ausgezeichnetes Restaurant geben soll. Da wollen wir am Abend auf jeden Fall hin, auch wenn wir noch so müde sind. Kurz bevor wir in die Bucht von Scarborough einlaufen, werden wir von einer letzten schweren Bö überholt. Tobago verschwindet im Regen. Wir sehen nichts mehr, und Karola geht auf Gegenkurs. Besser auf offener See warten, bis die Bö vorbeigezogen ist. Nass und frierend ankern wir nach 16 Tagen und vier Stunden. Heilfroh, dass wir unsere erste Überquerung eines Ozeans hinter uns haben.

Die Sonne scheint hinter den Wolken hervor, als wir im Beiboot an Land gehen zum Einklarieren. Wie auf den Kapverden sind die Häuser verwahrlost, aber damit hört jeder Vergleich auf. Aus den vielen Kneipen klingen Calypso- und Steelbandmusik. Männer laufen swingend und bunt gekleidet mit Gettoblastern unter dem Arm herum. Dicke Mammies schaukeln rhythmisch mit den Hüften, während sie die Straße entlangflanieren. Hier herrschen Leben und Fröhlichkeit. Wir bewegen uns nach so vielen Tagen auf dem Meer breitbeinig, um das Gleichgewicht zu wahren. Die Straße scheint sich auf und ab zu bewegen. Wir sind schnell erschöpft vom Laufen, aber vor allem von den vielen Menschen und dem Lärm um uns herum, und erholen uns auf einer Terrasse. Dort trinken wir das erste Bier auf der anderen Seite des Ozeans.

Nach vielem Fragen finden wir das Restaurant in einem alten Haus aus der Kolonialzeit. In den besten Sachen, die wir an Bord haben, sehen wir zwischen den anderen chic gekleideten Gästen noch immer aus wie Yachties, aber man lässt uns problemlos ein. Wir stören uns an diesem Abend nicht an den vielen goldenen Weihnachtsbäumen und den bunten Lichtern, die im Takt der Musik flackern. Wir stören uns auch nicht daran, dass die gut aussehenden Serviererinnen als Weihnachtsfrauen verkleidet sind, und auch nicht daran, dass Bing Crosby zum x-ten Mal von einem weißen Weihnachten träumt. Obwohl wir uns die Weihnachtsatmosphäre in einem englischen Landhaus anders vorgestellt hatten, genießen wir ein wohlschmeckendes Dinner. Während ich meinen Arm um den Teller klemme, um aus purer Gewohnheit zu verhindern, dass er vom Tisch rutscht, und Karola im Eiltempo ihre Vorspeise in sich hineinlöffelt, realisieren wir plötzlich, dass wir an Land sind, wo alles stehen bleibt. Nach zwei Flaschen Wein bemerken wir, dass auch das nicht immer so ist.

Wir ziehen auf die andere Seite der Insel um: Pigeon Point. Hier ist alles so, wie wir uns die Karibik vorstellen. Eine Bucht wie ein Halbmond, ein weißer Strand mit wogenden Palmen, das Wasser in vielen Farbtönen zwischen Blau und Violett, ein ausgedehntes Riff mit Fischen in allen Farben des Regenbogens und Sand als gut haltendem Ankergrund. In diesem Paradies bleiben wir über die Weihnachtsfeiertage! Wir haben übrigens noch einen Auftrag, den wir erfüllen müssen: Auf Mallorca waren wir einem Besatzungsmitglied einer großen Yacht begegnet. Er ist auf Tobago geboren, und sein Vater wohnt immer noch dort und zwar in Pigeon Point, so erzählte er uns. Natürlich haben wir versprochen, dem Vater die Grüße seines Sohnes zu überbringen. Wir brauchen nicht lange zu suchen. Papa hat eine Tauchschule, und davon gibt es nur eine, gleich am Strand. Der Mann ist sichtlich gerührt von unserer Weihnachtsbotschaft. Spontan lädt er uns zum Weihnachtsfest ein, das er für seine Familie und Freunde am ersten Weihnachtstag am Strand gibt.

Vor seinem blau gestrichenen Holzhaus, das gleich hinter dem Strand im Schatten von Palmen liegt, ist eine lange Reihe mit halbierten Ölfässern aufgestellt. Jedes Fass ist mit einem Stahlgitter abgedeckt, darunter glühen Holzkohle und Kokosnussschalen. Auf diesem Grill liegen die herrlichsten Gerichte: halbe Lobster, Fische in allen Sorten, goldgelbe Truthahnstücke, knusprige Hühnerbeine und ein saftiges Riesensteak, das in einer dicken Schicht Salz schmort. Es ist eine Orgie von Gerüchen. Dazu gibt es Bier und Rum-Cola im Überfluss. Eine Dreimannsteelband sorgt für Stimmung und Tanzmusik. Die ganze Familie ist da, von der Urgroßmutter bis zu den Urenkeln. Jeder, mit Ausnahme der schon sehr alten Urgroßmutter, tanzt am Strand zum Rhythmus des Calypsos.

Die exotischen Gerichte, zusammen mit der Atmosphäre von sorgenfreien Menschen, Sonne, Sand und Meer, werden für uns immer das Synonym für die Karibik sein. Wir sitzen mit den Füßen im Wasser, einem Glas Rum-Cola in der Hand und freuen uns über dieses ungewöhnliche Weihnachtsfest. Wir sind die einzigen »Weißen«, und weil unser Tanzen im Vergleich mit den athletischen und rhythmischen Bewegungen dieser schokoladebraunen Menschen zu steif wirkt, bewegen wir uns etwas am Rande. Dadurch haben wir die Möglichkeit, uns ausführlich mit Urgroßmutter zu unterhalten. Sie spricht nicht besonders gut Englisch, aber genügend, um von früher erzählen zu können. Ihre Familie stammt in gerader Linie von den ursprünglichen Indianern ab, die die Inseln bewohnten, ehe die Europäer mit Kolumbus einen Fuß an Land setzten. Sie weiß alles durch mündliche Überlieferungen. Über die Kolonialisierung, die Sklaverei, die Dezimierung ihres Volkes. Hin und wieder schließt sie die Augen, als ob sie sich die Bilder vor ihr geistiges Auge holen wolle, oder vielleicht auch, um auszuruhen. Sie erzählt mit vom Alter gebrochener Stimme, aber ohne Hass. Als Urgroßmutter einnickt, lassen wir sie alleine mit ihren Erinnerungen. Es ist unser erstes Weihnachtsfest unterwegs. Vielleicht kein Weihnachten im religiösen Sinne, aber sicherlich ein Fest!

Natürlich möchten wir mehr von der Insel sehen. Wir gehen zuerst nach Great Courtland Bay, aber hier ist es bei Weitem nicht so schön wie in Pigeon Point. Bis die Pelikane zum Fischen kommen. Hunderte! Sie steigen hoch, überlegen kurz und lassen sich dann wie eine Staffel Tauchbomber fallen. Lang gestreckt, mit den Flügeln nach hinten gefaltet. Zoef ... zoef ... zoef. In einer perfekten Stromlinie durchbohren sie senkrecht die Wasseroberfläche und verschwinden in der Tiefe. Nur die Ringe im Wasser bleiben. Ein ganzes Stück weiter kommen sie wieder hoch. Dort warten die Möwen. Manchmal alleine, manchmal zu zweit, setzen sie sich auf den Kopf des Pelikans. Der Pelikan aber möchte gern seine Beute verschlingen. Doch er hat ein Problem. Er benutzt den Sack, der unter seinem Schnabel hängt, als Fangnetz. Sobald er wieder an die Oberfläche kommt, hat er nicht nur einen Fisch in seinem Sack, sondern auch Wasser, und bevor er seinen Fisch schlucken kann, muss er erst das Salzwasser loswerden. Dies ist genau der Moment, auf den die Möwen warten, um ein »Fischlein mitzupicken«. Wir schauen stundenlang zu und schließen immer wieder Wetten ab, wer gewinnt. Manchmal ist es die Möwe, manchmal der Pelikan.

Silvester feiern wir in der Bucht von Charlotteville, dem einzigen etwas größeren Ort an der Westküste von Tobago. Unter einem gehörigen Kater leidend, machen wir am ersten Tag des neuen Jahres eine Wanderung bis weit über das Dorf hinaus, in dem verzweifelten Versuch, unsere Kopfschmerzen loszuwerden. Viele Menschen laufen in dieselbe Richtung. Jeder Einzelne ist festlich gekleidet. Die Frauen tragen lange, mit Rüschen besetzte Satinkleider und mit Blumen geschmückte Strohhüte. Die Männer laufen in schwarzen Anzügen und schauen feierlich aus. Kinder in weißen Kleidern oder wie Minimänner angezogen laufen artig an der Hand der Eltern. Wir fragen, wohin sie so festlich gekleidet gehen.

»Wir gehen in die Kirche«, ist die Antwort, »warum kommt ihr nicht mit?«

Wir sind in Kirchen nicht so zu Hause und auch nicht passend angezogen, aber für zwei verlorene Seelen muss in der Kirche immer Platz sein.

Wir setzen uns ganz bescheiden in die hintere Reihe. Der Pfarrer, der als guter Seelenhirte seine Schäfchen kennt, hat uns als fremde Vögel erkannt. Bevor er mit seiner Predigt beginnt, begrüßt er uns Hinterbänkler von ganzem Herzen.

Dann fängt er an zu predigen, erst langsam und rhythmisch, dann immer schneller wie bei Rapmusik: »Hallelujah.«

Die ganze Gemeinde antwortet: »Hallelujah. Praise the Lord.«

Ein Schlagzeuger und ein Gitarrist setzen ein und sorgen für die musikalische Unterstützung. Die Hallelujahs überschlagen sich. Einige Gläubige stehen auf und fangen an, zwischen den Bänken zu tanzen. Eine umfangreiche Dame in der ersten Reihe steht wie ein Geist auf und gerät in Trance. Sie übernimmt die Predigt: »Praise the Lord!« Die Musik wird schneller, die ganze Kirche swingt jetzt. Ohne dass wir entdecken können, wer die Leitung hat, geht die Musik in eine andere Melodie über, und die Gemeinde singt voller Hingabe Spirituals. Wir haben das Gefühl, als seien wir mitten in ein Musical mit Harry Bellafonte und Mahalia Jackson geraten. Praise the Lord, lobet den Herrn. Hier glaubt man noch.

Wir segeln die Nacht durch und laufen im Morgengrauen in die große Bucht von Trinidad ein. Der Anker hält ausgezeichnet, und wir gehen mit dem Beiboot an Land auf der Suche nach einer geeigneten Werft. Die Sonne brennt unbarmherzig. Vor einer der Werften steht ein Mann mit dem Rücken zu uns und streicht das Unterwasserschiff mit Antifouling. Die hageren, leicht krummen Beine haben wir doch schon mal gesehen? Es ist, als ob die Zeit stillsteht. Das ist Siggi! Vor mehr als 25 Jahren sind wir in Indonesien mit Siggi und Lilo gesegelt und haben uns nachher aus den Augen verloren. Er taucht gerade seinen Roller in die grüne Farbe.

Ich schleiche mich von hinten an und frage: »Siggi, hast du vielleicht ein kaltes Bier an Bord?« Er dreht sich um, und wir fallen einander in die Arme. Ich spüre den tropfenden Roller auf dem Rücken. Grün steht mir gar nicht, aber ich kann auf jeden Fall in nächster Zeit nicht von Seepocken bewachsen werden.

Siggi und Lilo sind ebenfalls auf Weltreise. Am Ende des Monats wollen sie weiter Richtung Panama und dann Costa Rica. Wir wollen bis Fasching in Trinidad bleiben und anschließend über Land Chile bereisen. Wir versprechen uns, dass wir im nächsten Jahr auf den Galapogosinseln aufeinander warten werden.

Bevor wir an eine Reise durch Chile denken können, braucht aber BORRACHO auf der Werft einen neuen Anstrich mit Unterwasserfarbe. Mein Arbeitsbuch ist inzwischen zu gigantischen Proportionen angewachsen. Es fällt mir auf, dass jeder Segler eine Arbeitsliste hat. Wie kleine Jungen vergleichen wir, wessen die längste ist. Das Dumme bleibt nur, dass die Liste unterwegs immer länger wird. Die Durchbeißer gehen weiter, andere verzweifeln und geben den ungleichen Kampf mit den ewigen Reparaturen auf. Trinidad ist deswegen ein bevorzugter Ort, um billig eine Gebrauchtyacht zu kaufen. Trinidad mit seinen vielen Geschäften für Schiffszubehör und Werften ist auch eine der letzten Möglichkeiten, die Arbeitsliste zu verkürzen und die Reise um die Welt mit ruhigem Gewissen fortzusetzen. Auf den Kapverden war ich von den vielen Reparaturen ziemlich angeschlagen, aber die Fahrt über den Atlantik hat mir eine Menge Selbstvertrauen gegeben. Ich bin noch immer kein Werkzeugkünstler »pur sang«, aber ich kann gut improvisieren. Ich denke nun: So lange das Boot schwimmt, können wir uns selber retten.

Wir lassen ein Pactor-Modem installieren. Zusammen mit einem Programm auf dem Laptop sind wir nun in der Lage, E-Mails zu empfangen und zu verschicken. Auch können wir die Wetterkarten ausdrucken. Der Mann, der das Modem anschließt, wiegt an die 200 Kilos; dies ist ungefähr das maximale Tragevermögen unseres Beibootes. Der Mechaniker und ich sind froh, dass er sich durch die Luke winden kann, dass das Modem funktioniert, die Badeleiter nicht unter dem Gewicht zusammengebrochen und das Beiboot nicht gesunken ist.

Als BORRACHO tropfend in der Werft steht, sehen wir, dass die alte Antifoulingfarbe beschissen aussieht. Wir beschließen, alles alte Zeug bis zum nackten Gelcoat abzuschleifen und einige Schichten Epoxy aufzutragen. Erst dann werden wir den neuen Anstrich mit Antifoulingfarbe auf dem Unterwasserschiff anbringen. Dieser Entschluss kostet uns ein Vermögen. Nicht so sehr wegen des Materials, das wir brauchen, sondern vielmehr wegen der Unmenge Bier, die wir während und nach der Arbeit trinken. Wochenlang kratzen und schleifen wir in der Hitze der brennenden Sonne, um das alte, schwarze Antifouling zu entfernen. Am Ende des Tages kann man uns nicht mehr von den Inselbewohnern unterscheiden. Nur intensives Waschen unter der heißen Brause gibt uns etwas von unserer ursprünglichen Hautfarbe zurück. Schließlich ist das Unterwasserschiff glatt wie ein Kinderpopo. Das Auftragen des neuen Farbsystems ist nur noch ein Kinderspiel. Wir lassen auch unser unwilliges GPS reparieren. Zur Sicherheit kaufe ich noch ein Reserveexemplar. Die Arbeit mit dem Sextanten ist doch etwas mühsam.

In der Hauptstadt, Port of Spain, findet der alljährliche Steelbandwettbewerb statt. Den wollen wir gern sehen, besser gesagt: hören. Wir sind nicht die Einzigen. Die halbe Stadt ist dort und sitzt auf den Tribünen vor dem großen Podium. Neben uns wird aufgeregt diskutiert über die Frage, welche Band dieses Jahr die besten Chancen auf den Sieg hat. Wir sind die einzigen Laien, und jeder versucht, uns klarzumachen, worauf es beim Steelbandwettbewerb ankommt. Wir verstehen die Feinheiten nicht ganz. Eines aber steht für uns fest: Das Ermitteln des Siegers ist wesentlich schwieriger als beim Fußball. Als der Lautsprecher die erste Band, The Renegades, ansagt, erklingt ein Jauchzen, als ob Trinidad und Tobago gerade Weltmeister geworden wären.

Die Mitglieder der Band besteigen mit ihren Instrumenten das Podium und stellen sich auf. Wir trauen unseren Augen nicht! Wir hatten ein paar leere, verbeulte Ölfässer mit der Aufschrift SHELL oder BP erwartet. Die Musikanten brauchen die ganze Bühne, um schätzungsweise 100 Drums aufzustellen. Große Ölfässer, kleine, schmale, breite, hohe und niedrige. Alle Fässer sind einheitlich in den Farben der Band angestrichen. Als die Musiker startbereit sind, kommt der Dirigent auf die Schaubühne. Er verbeugt sich vor dem Publikum, dreht sich um und gibt ein Zeichen. Ein rhythmischer Orkan entfesselt sich. Hören und sehen vergehen uns. Hinter jedem Fass steht ein Mädchen oder Junge und bearbeitet begeistert swingend die Oberfläche der Tonne. Die Tribüne verwandelt sich in eine Tanzfläche, die knirscht und seufzt unter dem aufregenden Klang der Steelband und Tausenden Füßen. Die Luft und unser Brustkorb vibrieren zum Takt der Musik. Als das Musikstück zu Ende ist, tritt eine wohltuende Stille ein. Jeder sitzt wieder ruhig auf seinem Platz und bespricht den Auftritt. Um halb zwei in der Nacht, nachdem wir zwölf Steelbands gehört haben, geben wir uns geschlagen. Es kommen noch drei Kandidaten, aber wir können nicht mehr. Wir sind taub, und der Kopf fühlt sich an wie ein leeres Ölfass. Wir sind eben noch keine in der Wolle gefärbten Steelbandkenner wie unsere Nachbarn auf der Tribüne. Als wir außerhalb des Stadions in die stille Nacht laufen, steigt ein donnerndes Jauchzen auf.

Der Lautsprecher sagt die dreizehnte Steelband an, einen der großen Favoriten: »Ladies and Gentlemen, The Desperadoooooos!«

Fasching auf Trinidad ist eine ernste Sache. Jedes Viertel, jedes Dorf hat seine eigene Karnevalsgruppe. Monatelang üben Tausende Männer und Frauen die Tanzschritte und arbeiten an den Kostümen. Der große Karnevalszug ist in Port of Spain. Ein jeder, der nicht selber mitmacht, steht entlang dem Parcours, den die Gruppen tanzend und wirbelnd abschreiten. Alle paar Hundert Meter sind Ausschänke, wo Rum-Cola für wenig Geld reichlich fließt. In dem bunten, tanzenden Aufzug ziehen Tausende dünne, dicke, manchmal hässliche, aber meist wunderschöne Mädchen, Frauen und Männer vorbei. Eines haben sie alle gemeinsam: Sie tragen farbenfrohe, jedoch minimale Kleider, die kaum etwas verhüllen und wenig der Fantasie überlassen.

Auf uns machen sie einen etwas lauwarmen Eindruck trotz der containergroßen Lautsprecherboxen, die auf Lastwagen die sensuel bewegenden Tanzgruppen begleiten und ohne Unterbrechung knallharte Calypsos über die Teilnehmer ergießen. Wir lieben die traditionellen Gruppen, bei denen eine leibhaftige Steelband auf dem Lastwagen sitzt. Aber die Gruppen, die sich hinter den echten Steelbands herschleppen, bestehen aus der alten, im Karneval ergrauten Garde. Wenn man die etwas strammen und zeitlupenartigen Tanzschritte sieht, glaubt man, dass es hier um eine aussterbende Rasse geht.

Nach der Hälfte des Parcours stehen an beiden Seiten der Straße Tribünen. Hier sitzen nicht nur Zuschauer, sondern auch die Jury, welche die Karnevalsgruppe des Jahres wählt. Kurz vor den Tribünen findet bei den Tänzern und Tänzerinnen eine überraschende Metamorphose statt. Soeben trödelten sie noch langsam und uninteressiert zum Takt der Musik und aßen ein Brötchen mit Käse, jetzt ist jeder voll dabei. Das Volumen der Lautsprecher wird noch etwas höher gedreht, und jedermann tanzt mit strahlendem Gesicht, als ob das Leben vom Karneval abhinge. Auf diesen 200 Metern passiert es: Es wirbelt, es ist erotisch, es ist Samba und Sex, es ist karibisch! Außerhalb der Sichtweite der Jury verfällt jeder wieder in Lethargie und bummelt zum Endpunkt im Savannah Park. Müde von dem harten Kampf lassen sich alle im Gras nieder. Sie essen stundenlang aus den mitgebrachten Kühldosen, öffnen eine Büchse Bier und schlafen im Schatten der großen Bäume ein. Sie träumen vom Karneval, den sie nächstes Jahr gewinnen werden.

Chile

Unser Gepäck besteht aus einem Rucksack mit nur wenig Kleidung und einer Zahnbürste. Wir reisen mit Zügen, Bussen, Autos und Fähren durch Chile in dem Versuch, den südlichsten Ort der Welt zu erreichen: Puerto Williams. Startpunkt ist das fast tropische Santiago, und wir reisen durch alle Klimazonen bis Beaglekanal und Puerto Williams. Je südlicher wir kommen, desto menschenleerer und ursprünglicher wird die Landschaft.

Nach zehn Tagen erreichen wir Temuco, wo wir im Hotel Continental Quartier machen. Das Hotel ist heruntergekommene Vergangenheit mit knirschenden Holzdielen und blank gebohnerten Treppen, einer Art-déco-Bar mit gewundenen messingfarbenen Lampen und Ledersesseln, in denen viele Generationen mit einem Glas in der Hand tief eingesunken sind. An der Decke des Jugendstilrestaurants hängen mächtige Kronleuchter, bei denen die meisten Glühbirnen aus Altersschwäche erloschen sind. Der mit dem Hotel ergraute Ober, der als Einziger die Zeit fast unbeschadet überstanden hat, bedient uns auf Plattfüßen in nach außen zeigenden Schuhen. Sein Tritt ist schleifend, sein Rücken gebeugt, als ob er alles Leid der Welt tragen müsse. Das weiße Wischtuch, das er über dem Arm trägt, hat bessere Zeiten gekannt. Wie auch sein Kostümrock. Früher waren berühmte Chilenen wie Pablo Neruda und Gabriela Mistral, aber auch Allende hier zu Gast. Wir haben Zimmer Nummer 9, wo, so sagt ein Schild neben der Tür, Neruda geschlafen hat. Das Bett ist inzwischen ziemlich durchgelegen.

In der Nacht hat es kräftig geregnet. Der Himmel ist klar und winterlich blau, es ist saukalt. Wir gehen zum Markt, vielleicht können wir dort warme Kleidung kaufen. Der Markt ist im Freien. Neben Landwirtschaftsgeräten, Hühnern, Ziegen und Kleidung gibt es ein großes Angebot an Nahrungsmitteln. Wir haben schon lange nicht so viel knackfrisches Gemüse gesehen, und dabei ist es so billig. Schade, dass wir hier nicht unsere Vorräte aufstocken können. Obwohl der Markt durch die vielen Besucher längst in ein großes Schlammloch verwandelt ist, können wir uns an diesem Handel und Wandel nicht satt sehen. Die meisten Gemüsehändler sind Indianer. Sie kommen auf kleinen, gedrungenen Pferden aus den Bergen zum Marktplatz geritten, eingewickelt bis zur Nase in farbige Ponchos. Die Handelswaren tragen die Pferde in großen Satteltaschen. Die Männer lachen selten, sie sehen nicht glücklich aus. Vielleicht kommt es, weil es so kalt ist. Wie so oft auf diesem Planeten gehören die ursprünglichen Einwohner zu der ärmsten Bevölkerungsschicht im Lande. Sicherlich auch ein Grund für ihr glückloses Aussehen.

Als wir dabei sind, den Schlamm von den Schuhen abzukratzen, spricht uns ein Ehepaar an. Die beiden wollen gern wissen, was wir hier machen, wo wir herkommen, wo wir hingehen. Sie interessieren sich sehr für unsere Reise. Als wir weiterlaufen, klopft mir jemand auf die Schulter. Es ist derselbe Mann.

»Meine Frau möchte euch gern zum Mittagessen einladen.«

Bevor wir es uns richtig überlegt haben, sitzen wir auf der Ladefläche eines Pick-ups und zehn Minuten später in einem chilenischen Wohnzimmer. Veronica fängt mit dem Zubereiten des Mittagsmahls an, und Braulio erzählt über die Verhältnisse in Chile. Für die meisten Menschen ist das Leben nicht einfach. Mit der sozialistischen Regierung hat sich die Situation nicht verbessert. Viele Bürger verlangen nach der Pinochet-Zeit zurück. Es macht nicht viel aus, wer regiert. Wenige reiche Familien haben de facto immer die Macht in den Händen, vor allem die ökonomische. Braulio ist wie Quecksilber. Fortwährend wechselt er das Thema. Schon springt er auf, kommt mit einer Gitarre zurück und singt mit einer musikalischen, durchdringenden Stimme aufwühlende Freiheitslieder, die er übersetzt, sobald er wieder zu Atem gekommen ist. Nach dem üppigen Mittagessen, das für die nächsten zwei Tage reicht, laden sie uns zum Übernachten ein. So viel Gastfreundlichkeit geht uns zu weit. Mit der Ausrede, dass wir am nächsten Morgen in aller Herrgottsfrühe mit dem Bus weiter müssen, nehmen wir herzlichst Abschied.

In Puerto Montt schiffen wir uns auf der Fähre ein, die uns in vier Tagen nach Natales, in den kalten Süden, bringt. Wir fahren durch ein Labyrinth von Inseln und Buchten. Am ersten Tag begegnen wir Marcello, einem jungen Brasilianer, der mit seiner Frau und zwei Freunden mit dem Auto eine Rundreise durch Südamerika macht. Er ist auch Segler und möchte später mal selber zu dem Gebiet segeln, das wir jetzt staunend bewundern. Er stellt uns jede Menge

Fragen über das Leben auf den Weltmeeren und notiert alles in einer Art Tagebuch.

Wir fahren unter dem Schutz vieler großer und kleiner Inseln und sehen im Hintergrund hohe Berge, an denen wir langsam vorbeiziehen. In der Nacht fängt die Fähre an zu schlingern und zu stampfen. Wir liegen kuschelig in unseren Kojen und wissen, dass wir diesmal nicht zum Reffen nach draußen müssen. Beim Frühstück sind wir mitten im Golf von Penas. Wir kriegen einen Vorgeschmack auf die Pazifikwellen und die Roaring Forties. Von wenigen, mühsam das Gleichgewicht haltenden Ausnahmepassagieren abgesehen, ist der Speisesaal leer. Wir haben ausreichende Erfahrung mit schaukelnden Schiffen und essen in aller Ruhe ein ausgedehntes Frühstück mit Eiern und Speck und viel heißem Kaffee.

Als der Golf von Penas hinter uns liegt, nimmt die Fähre wieder Fahrt auf und sucht sich einen Weg zwischen den vielen Inseln vor der Küste Patagoniens. Auch die übrigen Passagiere kommen noch etwas bleich wieder an Deck. Die Durchfahrt zwischen zwei Inseln ist manchmal so schmal, dass man auf beiden Seiten des Schiffes die Blätter vom Baum pflücken kann. Die Windstärke ist inzwischen bei neun bis zehn, verbunden mit Schlagregen, der eisig ins Gesicht schneidet. Es ist kalt, bitterkalt. Wir sind froh, dass BORRACHO schön warm in Trinidad liegt. In diesen Gefilden zu segeln ist gut für Masochisten, aber nicht für uns. Wir schauen uns diese unwirtliche Landschaft lieber von Bord der sicheren Fähre an. Ab und zu reißt der Himmel auf, und die fahle Sonne bricht durch. Dann leuchten in der Ferne die verschneiten Bergspitzen des Naturparks Torre del Paine hellweiß auf.

Mit einem Mietwagen fahren wir zum Morenagletscher in Argentinien. Der Weg geht zuerst durch das Reservat Torre del Paine. Der Regen fällt in Strömen, und ein kalter Wind treibt den Nebel zwischen den schroffen Bergen hindurch. Aber das Wetter stört uns nicht, es gehört zu dieser Landschaft. Erbarmungslos, kalt und verlassen, so stelle ich mir Irland im Winter vor, aber hier fehlen die Pubs. Die Straßen sind kaum begehbar, und alles am Auto klappert. Wir stolpern stundenlang über die mit Wasser gefüllten Löcher. Wenn wir hier einen Platten kriegen, sind wir verloren, denke ich. Ich spreche es nicht aus. Wir fahren, als ob wir eine Ladung Eier transportieren würden.

Vor der argentinischen Grenze müssen wir selber den rostigen Schlagbaum bedienen, der schräg über der Straße hängt. Der unfreundliche Zollbeamte findet, dass er mit zwei Stempeln in den Ausweis für diesen Tag seine Pflicht mehr als erfüllt hat. Als wir ohne Panne bei dem Gletscher ankommen, scheint die Sonne, und der Himmel ist tiefblau. Vor uns liegt eine Eisfläche, die sich zwischen zwei Bergspitzen hindurchpresst. Weiter hinten ist die Farbe des Wassers weiß, aber am vorderen Rand des Gletschers ist das Eis durchsichtig und hat eine grün-blaue Farbe. Die steile Eiswand fällt senkrecht in das graue Wasser, das einige Hundert Meter tiefer geduldig wartet. Ein Rundfahrtboot treibt in der Nähe der eisigen Wand wie ein winziger weißer Punkt. Wir nehmen an, dass der Kapitän weiß, was er macht, denn regelmäßig brechen mit einem Knall wie ein Kanonenschuss Eisstücke vom Gletscher ab. Brocken so groß wie ein Haus tauchen ins Wasser und verursachen eine kleine Flutwelle. Ein Brocken reicht, um so ein Rundfahrtboot in ein Unterwasserwrack zu verwandeln.

Mit dem Überlandbus geht es dann weiter nach Punta Arenas an der Magellanstraße, eine der ältesten und früher auch eine der reichsten Städte Chiles. Wie vielerorts in Chile haben Erdbeben auch Punta Arenas mehrmals in Schutt und Asche gelegt. Doch wir finden noch Erinnerungen an die goldenen Zeiten. Der Friedhof, der etwas außerhalb liegt, erzählt von der Zeit, als der Panamakanal noch nicht gegraben war und die schnellen Windjammer Kap Hoorn runden mussten. Pioniere und Abenteurer, die aus aller Herren Länder hier ans Ende der Welt kamen, fanden auf dem Friedhof ihr Ende. Goldsucher, aber auch Bauern, die mit dem Gold von Chile und den Schafen Reichtum erlangten. Manche Grabstätten sind kleine Paläste, mit denen die Bewohner auch nach dem Tod zeigen wollten, dass sie reich, steinreich waren. Wir staunen über diese marmorne Pracht und den Prunk, aber trotz dieses Reichtums möchten wir nicht tauschen.

Das Meer hat ebenfalls Geschichte geschrieben. Wir finden das grün bewachsene Grab des Grafen Spee, der inmitten der Besatzungen der Kreuzer NÜRNBERG, LEIPZIG und DRESDEN ruht. Die Seeleute haben fern der Heimat ihr Leben für Volk und Vaterland gelassen. Sie brauchen nie mehr in den Krieg zu ziehen, sie haben auf dem Friedhof den ewigen Frieden gefunden.

Wir mieten ein Auto, um Feuerland zu erkunden. Unser Transportmittel ist, wie man an den vielen Dellen sehen kann, schon einige Male mit der rauen Natur und gegnerischen Straßenbenutzern konfrontiert worden. In der Windschutzscheibe verläuft nach einem komplizierten Muster ein Riss, aber wir gewöhnen uns schnell daran, dass wir die Straße zweiteilig sehen. An den Ufern der Magellanstraße entlang fahren wir zuerst zu der Autofähre, die uns über die breite Meerenge setzen wird. Die vielen Schiffswracks sind stille Zeugen von der Wut des Wetters und den Gefahren des Fahrwassers. An diesem Tag spiegelt die Sonne sich im Wasser, das aussieht, als ob es kein Wässerchen trüben könnte.

Die Straßen auf Feuerland sind staubig und nicht viel mehr als steinige Wagenspuren. Wir haben in einem Reisebüro ein Hotel mitten im Binnenland gebucht, aber bis dahin sind es noch 200 Kilometer. Die Nacht verbringen wir deshalb in dem einzigen anderen Hotel auf Feuerland, in dem Städtchen Porvenir. Das Hotel macht einen verlassenen Eindruck, aber es hat zu unserem Glück geöffnet. Der Besitzer/Empfangschef/Koch spricht ein altmodisches Deutsch, als hätte er die Sprache von Herrn Goethe persönlich gelernt. Er erzählt, dass er ein Nachkomme einer Gruppe deutscher Emigranten ist, die sich im Jahre 1850 im Süden von Chile niedergelassen hatte.

Auf dem Weg zu unserem Zimmer begegnen wir Marcello, dem Brasilianer, den wir auf der Fähre kennengelernt haben. Er läuft mit leerem Blick an uns vorbei, und wir finden es eigenartig, dass er uns nicht mal grüßt. Kurz nachher sehen wir seine Frau.

Karola fragt: »Was ist mit Marcello los? Er tut, als ob er uns gar nicht kennt.«

»Ja«, sagt sie, »das stimmt. Er hat sein Gedächtnis verloren. Wir sind in diesem Hotel hängen geblieben.«

Dann erzählt sie uns die ganze unglückliche Geschichte: Sie wollten zu viert mit dem Auto nach Ushuaia an der Südspitze Argentiniens und von dort aus zurück nach Hause, nach Brasilien. Unterwegs sind sie auf der sandigen Straße gerutscht, und das Auto hat sich mehrmals überschlagen. Keiner außer Marcello hatte Verletzungen. Er wurde aus dem Auto geschleudert und landete mit dem Kopf auf einem scharfen Felsbrocken. Das Auto lag völlig demoliert im Graben neben der Straße. Sie hatten Glück im Unglück, denn nach einer halben Stunde kam ein Auto vorbei, das sie und Marcello mit nach Porvenir nahm. Die zwei Freunde blieben bei den traurigen Resten des gestrandeten Autos. Sie ging mit Marcello zum Arzt und alarmierte die Polizei. Die Ordnungshüter waren froh über diesen unerwarteten Alarm. Mit dem nagelneuen Streifenwagen fuhren sie zu dem Unheilsort, um das Gepäck und die Freunde abzuholen. Mit Sirene und Blaulicht flog das Polizeifahrzeug auf dem – noch immer sandigen – Rückweg aus der Kurve und überschlug sich ebenfalls einige Male. Die Sirene war kaputt, das Blaulicht zerbrochen und das neue Polizeiauto ein Haufen Schrott. Der Unfallfahrer konnte mit dem noch funktionierenden Funkgerät einen Hubschrauber anfordern, der einen der beiden Polizisten ins Krankenhaus von Punta Arenas brachte. Der andere Unglücksrabe wurde in Porvenir mit viel Gips wieder auf die Beine gestellt. Die vier Freunde wurden in dem Hotel, das fast aussah wie ein Feldlazarett, wieder vereint und versuchten, sich von den Verletzungen zu erholen.

Mit dem Tagebuch in der Hand probiert Marcello vergeblich, sich an uns zu erinnern. An diesem Abend essen wir alle gemeinsam. Der Hotelier/Empfangschef/Koch ist nun auch Krankenschwester und schneidet liebevoll das Fleisch auf dem Teller seiner gehandicapten Gäste. Nach jedem Gang trinken wir der Reihe nach ein Glas Wein auf jeden einzelnen Verletzten und die baldige Genesung.

In der Früh machen wir uns auf den Weg zu dem Hotel, das wir bereits gebucht haben. Der verlockenden Broschüre nach zu urteilen, muss der Aufenthalt in dem Hotel ein einmaliges Erlebnis sein: Der Preis ist jedenfalls damit im Einklang. Wir haben die Voucher in der Tasche, also wer denkt da noch an Geld? Das Hotel liegt nicht nur irgendwo am Ende der Welt, mitten in der Tierra del Fuego, sondern auch noch auf einer kleinen Insel in einem See. Wir nehmen uns Zeit und fahren langsam. Auch wegen des Zustands der Straßen, die zum Ausrutschen wie geschaffen sind. Das Auto rattert gemächlich durch die endlose Pampa, die rotbraun in dem klaren Sonnenlicht glüht. Ab und zu grast eine Herde Fleischkühe ohne Hast in der einsamen Leere. In einem der wenigen Bäume sitzt ein unfreundlicher Raubvogel und wartet, bis einer der wandernden Steaklieferanten umfällt. Dieses Land kennt keine Gnade.

Fast unmerklich verschwinden die Kühe, und wir sehen unzählige Schafe, die uns mit mahlenden Kiefern und verständnislosen

Augen nachstarren. Als wir zum Spass hupen, flieht die ganze Meute mit großen Sprüngen fluchtartig, Schwanz in die Höhe. Es sieht komisch aus. Allmählich kriegen auch wir ein komisches Gefühl. Wir haben den ganzen Morgen noch kein einziges Auto gesehen, und die Landschaft wirkt inzwischen wild und gespenstisch. Die Urwälder an beiden Seiten des Weges sind nicht angepflanzt worden, sondern wachsen auf der Basis des Rechts der Starken. Hoch aufragende Baumriesen stehen zwischen vielen entwurzelten Bäumen, die verrottend herumliegen und warten, bis sie zu Erdöl werden. Sind sie aus Altersschwäche umgefallen oder in dem soundsovielten schweren Sturm gebrochen? Die Sonne ist verschwunden, und es hat angefangen zu regnen. Der Scheibenwischer knirscht nach links und rechts und hält jedes Mal bei dem Riss in der Scheibe kurz an, zögert und geht widerwillig weiter. Es ist kalt, unangenehm kalt. Wir verstehen jetzt, weshalb die Ureinwohner große Feuer anlegten. Am liebsten würden wir selber ein Feuer anzünden, um uns zu wärmen. Unser Mietwagen hat nur eine positive Eigenschaft: Er fährt, aber damit ist auch alles gesagt. Die Heizung ist, wie alle anderen Annehmlichkeiten, außer Betrieb. Wir freuen uns immer mehr auf das warme Hotel, mit einem knisternden Holzfeuer im Kamin, und auf das Glas Rotwein in der Hand, wie wir es in dem Werbeprospekt gesehen haben.

Es ist fast drei Uhr, als wir den See gefunden haben. Die Insel liegt gegenüber von der Stelle, wo wir halten. Es gibt einen kleinen Anlegesteg, und wir erblicken das romantische Hotel, halb verdeckt von hohen Bäumen. Laut den Anweisungen, die uns das Büro mit auf die Reise gegeben hat, sollen wir einige Male hupen. Dies ist das Signal für Pedro, uns mit seinem Boot abzuholen. Wir haben bald nicht nur ein paarmal gehupt, sondern die ganze Nationalhymne gespielt. Kein Pedro, niemand! Es wird schon dunkel. Mit den Scheinwerfern sende ich ein SOS, mein Kurs für Funkamateure macht sich endlich bezahlt, aber von der anderen Seite kommt keine Antwort. Alles bleibt finster. Ich sende zum Schluss noch: »Arschlöcher«, aber wieder keine Antwort.

Es gibt nur noch eine logische Schlussfolgerung: Das Hotel ist leer und verlassen. Wir werden nicht in dem gemütlichen Zimmer, das wir gebucht und bezahlt haben, übernachten können. Was machen wir jetzt? Wir haben nicht genügend Diesel für die Rückfahrt. Das Reisebüro hat uns hoch und heilig versprochen, dass wir beim Hotel tanken könnten. Unsere einzige Möglichkeit ist, zur argentinischen Grenze zu fahren und zu hoffen, dass es dort Menschen gibt und vielleicht sogar eine Tankstelle. Es sind mindestens 100 Kilometer. Mit ein bisschen Glück könnten wir es mit der Reservetankfüllung schaffen – falls dieses Fahrzeug einen Reservetank hat. Nur das letzte Stück werden wir vielleicht laufen müssen. Ich schalte in den ersten Gang, zweiten, dritten, vierten, und da bleibt der Motor, egal was passiert, um Sprit zu sparen. So kriechen wir durch die schwarze Nacht Richtung Grenze. Der Regen klatscht auf die Scheiben, und der Wind rüttelt an dem Auto.

Nach einer Ewigkeit flackert in der Ferne ein Licht. Der Motor verschluckt sich am letzten Tropfen Kraftstoff. Unser Auto stoppt bei drei Holzschuppen und einem kleinen Steingebäude, in dem ein Zollbeamter im Sitzen schläft. Wir sehen: eine Dieselpumpe komplett mit Peilglas und einem großen Pumpenschwengel. An einer der Holzbuden hängt ein verwittertes Aushängeschild, das knirschend im Wind hin und her schaukelt. In dem Licht einer Neonröhre entziffern wir die Reste des Wortes »Hotel«. Gut, brauchen wir wenigstens nicht im kalten Auto zu schlafen. Bewaffnet mit einer Spraybüchse Insektenvertilgungsmittel beziehen wir unser »Zimmer«. Nachdem wir unsere vielen Mitbewohner getötet und in einer Ecke auf einen Haufen gekehrt haben, hören wir dem Wind zu, der ungebrochen über die kahle, leere Landschaft jagt und im Vorbeigehen versucht, das Hotel weiter abzubrechen. Wir haben keinen Ofen und nur zwei Büchsen Bier. An der Zimmerwand hängt das vergilbte Poster einer notdürftig bekleideten Dame, die versucht, Autoreifen zu verkaufen. Aber sie kann die Kälte auch nicht vertreiben.

In Punta Arenas besuchen wir später noch einmal das Reisebüro. Dort haben sie mittlerweile ebenfalls entdeckt, dass das Hotel außerhalb der Saison geschlossen ist. Nachdem ich dem Besitzer des Reisebüros einige Kapitel aus dem Buch »Hinterhofsprache für Fortgeschrittene« vorgetragen habe, bekommen wir unser Geld zurück, außerdem die Kosten für den Mietwagen.

Um unser Endziel Puerto Williams zu erreichen, lassen wir uns auf kein weiteres Abenteuer ein und wählen den Luftweg. Als wir aus der Twin Otter auf die dürre Grasfläche steigen, sind wir auf dem Flugplatz der südlichst gelegenen Stadt der Welt. Ganz in der Nähe des berüchtigten Kap Hoorn. Es gibt einen chilenischen Kriegs-marine-Stützpunkt, ein paar Holzhäuser, einige »Logemente«, zwei Bars und ein Restaurant. Wir machen lange Wanderungen. An einem verlassenen Strand stehen wir plötzlich Auge in Auge mit einer Gruppe Pinguine. Sie sind kleiner, als ich gedacht hatte, und ähneln einer japanischen Reisegesellschaft, nur dass die Teil-nehmer ihre Kameras vergessen haben. Wir kommen an einer Art Yachthafen vorbei mit einem ausgemusterten Kriegsschiff als Club-haus. Hier liegen einige Blauwassersegler, die extreme Umstände lieben. Wir haben große Bewunderung für diese Leute, aber selber segeln wir lieber die Passatroute, dort finden wir schon mehr als genug Abenteuer.

In unserem Logement ist es eiskalt. Den Schornstein des großen Kachelofens hat es vom Dach geweht, also verbringen wir den Abend in einer der beiden Bars. Hier lodert ein Feuer im Ofen, während draußen ein eisiger Wind heult. Das lokale Getränk, Pisco Sour (Alkohol mit geschlagenem Eiweiß), wärmt uns von in-nen auf. Vom Hunger getrieben, gehen wir gegen den Wind zu dem einzigen Restaurant am Ort. Frierend stehen wir vor der geschlos-senen Tür. Ich sehe keinen Türknopf. Das gastronomische Zen-trum von Puerto Williams wird doch wohl nicht Ruhetag haben? Als ich an dem Bindfaden ziehe, der aus dem Briefkasten hängt, öffnet sich die Tür knirschend. In einem rauchigen Zimmer stehen vier ehemals weiße Holztische im Kreis. Im Mittelpunkt befindet sich ein altmodischer Kachelofen, dessen Bauch in dem schumme-rig beleuchteten Raum rot glüht. Mama, die von Wind und Wet-ter gegerbt ist, kocht und bedient. Wir essen, was auf den Tisch kommt. Was es auch sein soll, die Mahlzeit ist sättigend.

Auf dem Rückweg wollen wir mit einem Schiff durch den Beaglekanal nach Punta Arenas fahren und so in die Fußspuren von Charles Darwin treten. Doch erst in zwei Wochen geht ein Schnellboot der Kriegsmarine, und so lange halten wir es in die-ser Kälte nicht aus. Wir erfahren, dass am nächsten Morgen ein kleiner Frachter kommen soll, um Lobster für Punta Arenas zu la-den. Gegen Bezahlung von einigen Dollars dürfen wir mitfahren. Das Fahrzeug ist nur wenig größer als die Fähren, die auf der Elbe für die Verbindung von Ufer zu Ufer sorgen. Der Maschinenraum, einige Kabinen für die drei Besatzungsmitglieder und die Brücke befinden sich auf der einen, die Ladefläche mit je einer Klappe vorn und hinten auf der anderen Seite. Der Kühllastwagen mit Lobster passt genau auf das Deck; damit ist die Ladefläche besetzt. Für uns als zahlende Gäste hat der Kapitän seine Kabine entrümpelt. Wir bekommen einen Stoß Bettzeug und eine Glühbirne, die wir in die Fassung drehen, welche an einem Drähtchen von der Decke hängt. Für die Gemütlichkeit hat man uns einige platt getretene Pappkartons, in denen vor langer Zeit zwölf Büchsen Kondensmilch verpackt waren, als Teppich auf den Fußboden gelegt. Wir gehen in die Koje, denn es ist hundekalt, und das Schiff fährt erst nach Mitternacht los.

Wir werden aus unserem ersten Schlaf geweckt, als der Motor unter lautem Protest zu stampfen anfängt. Ein Zittern läuft durch das Schiff. Karola, die nun munter ist, muss zur Toilette, die sich einige Türen weiter, nach ein paar Schritten übers Deck, befindet. Als sie widerwillig die Schuhe anzieht, sind sie nicht, wie erwartet, eiskalt, sondern gemütlich warm. Unsere Kabine liegt genau über dem Maschinenraum! Das hören und fühlen wir.

Im ersten Morgengrauen gehen wir neugierig nach draußen und stehen, abgesehen von kurzen Pausen zum Essen oder zum Aufwärmen, wie festgefroren auf dem eisernen Deck, bis es dunkel ist und wir nichts mehr erkennen können. Unsere kleine Fähre pflügt mit sechs Knoten Geschwindigkeit durch das kalte Wasser des Beaglekanals. Steil ragen die hellweißen Schneespitzen des Cordillera-Darwin-Gebirges in den wolkenlosen blauen Himmel. Die Umrisse der Berge sind gestochen scharf. Mächtige Gletscher zwängen sich grünweiß glitzernd durch enge Täler bis an das Wasser. Nur das laute Donnern, mit dem riesige Eisbrocken abbrechen und ins Wasser stürzen, zeigt, dass die Landschaft nicht versteinert ist. Das ewige Eis der Gletscher bewegt sich mit unvorstellbarer Kraft unaufhaltsam vorwärts.

Die brutale Naturgewalt ist in vollkommenem Einklang mit dem rauen Klima. Der Wind rast unerwartet von null auf 60 Knoten, sodass wir Schutz hinter der Bordwand suchen müssen. Der Eisregen schmerzt im Gesicht, eine Schneebö nimmt uns den Atem. Eine Stunde später scheint die Sonne, und wässerige Wolkenpakete eilen am blauen Himmel entlang und zeichnen dunkle Schatten, die einander über Berge, Wasser und Gletscher jagen. Die untergehende Sonne hüllt die Schneelandschaft in eine rosafarbene Glut. Nur kurze Zeit später glühen die Wolken hoch über den

Bergspitzen in Rot- und Gelbtönen. Die Natur sieht aus, wie sie nur ein Kitschmaler pro Meter malen kann: Alle Farben gerade ein bisschen übertrieben, und als i-Tüpfelchen leuchtet die Sonne wie eine rote Nachttischlampe. Ich erinnere mich, dass Charles Darwin genau diesen Sonnenuntergang beschrieben hat, und versuche, mir vorzustellen, wie er und Kapitän Robert FitzRoy im Jahre 1834 mit der BEAGLE auf dem Weg zu den Galapagosinseln hier durchgekommen sind. Unwillkürlich halte ich Ausschau nach den wenigen Buchten, in denen sie vielleicht geankert haben, um Schutz gegen die unzuverlässigen Elemente zu suchen. Wie wäre es wohl, wenn wir hier mit unserer BORRACHO unterwegs sein würden? Einerseits darf ich nicht daran denken, andererseits nagt es tief in mir. Mit der Entschuldigung, dass die BORRACHO nicht für dieses Klima ausgerüstet ist, schiebe ich den Gedanken weit von mir. Lass uns lieber durch den Panamakanal zu den Galapagosinseln segeln statt um Kap Hoorn, schlage ich Karola vor. Es wird schon schwierig genug werden.

Als wir am letzten Morgen früh an Deck kommen, liegt eine weiße Schneedecke auf unserer tapferen Fähre. Wir biegen in die Magellanstraße ein und sehen in der Ferne Punta Arenas. Von dort aus wollen wir nach Hause fliegen, nach Trinidad, zur BORRACHO. Reisen mit nur einem Rucksack durch ein lang gestrecktes Land wie Chile ist fantastisch, aber nach einer so langen Zeit in Hotels und Logementen verlangen wir nach unserem eigenen Platz unter der Sonne. BORRACHO ist in den letzten Jahren unser Heim geworden. Dort haben wir unsere Sachen um uns herum, und überall da, wo BORRACHO ist, sind wir zu Hause. Gefällt es uns irgendwo nicht oder mögen wir unsere Nachbarn nicht, holen wir einfach den Anker hoch und suchen uns einen anderen Ort. Diesen Teil der Freiheit haben wir durch das Reisen mit unserem Schiff gefunden.

Die karibischen Inseln

Der Anker geht hoch, und wir segeln zur Insel Grenada. Nicht weil das grüne Trinidad mit seinen lebensfrohen Bewohnern, den Steelbands und dem Karneval uns nicht gefällt. Nein, aber in gut einem Monat beginnt in der Karibik die Orkansaison, dann müssen wir weg sein. In der uns verbleibenden Zeit wollen wir natürlich noch einige Inseln besuchen. Wir nehmen Kurs nach Norden, während der Passat aus Nordost bläst, und müssen etwa 80 Seemeilen hoch am Wind segeln. Unter dem gerefften Großsegel und der Arbeitsfock kämpfen wir gegen Wind und kurze steile Wellen an. Die Gischt fliegt wie ein Fächer über uns hinweg, die Sonne zaubert kleine Regenbogen in dem hoch aufspritzenden Wasser. Gegen den Passat zu segeln, ist eine nasse Angelegenheit. Aber die Sonne scheint, und das Meer ist so blau wie auf dem Foto eines Reiseprospekts. Sobald wir hinter der Insel im Windschatten sind, macht das Segeln richtig Spass.

Wir laufen durch einen schmalen Durchlass in die kreisrunde Bucht des Städtchens St. George. Die Bucht ist klein und voller Yachten. Gleich neben einem Riff finden wir einen Platz zum Ankern. Viel Raum, um genügend Ankerkette zu fieren, haben wir allerdings nicht. Wir nehmen eine Ankerpeilung, und als die letzte Peilung nach zwei Stunden noch immer die gleiche ist, gehen wir an Land. Karola rudert mit kräftigen Schlägen. Ich sitze mit vor der Brust gekreuzten Armen auf der Hinterbank. Eigentlich ist das Ruderboot zu klein für zwei Erwachsene, auch wenn wir uns manchmal kindisch benehmen, das Freibord kommt beängstigend nahe ans Wasser. Obwohl Karola sich mit den schweren Holzriemen mächtig anstrengt, schieben wir uns nur langsam an den vor Anker liegenden Yachten vorbei. Das gibt mir reichlich Zeit, bei jedem Schiff meinen Standardwitz zu rufen: »Na ja, noch einen kleinen Monat üben, dann kann ich hinter dem Beiboot Wasserski fahren.« Wir hören einen jungen Schwarzen noch lachen, als wir schon lange an Land sind.

Wir laufen um die Bucht und bewundern stolz die schönen Linien unserer BORRACHO. Wir schauen nochmals ...

»Um Himmels willen. Sie bewegt sich!«

Ich renne in einer Geschwindigkeit, mit der sogar ein gedopter

Ben Johnson nicht hätte Schritt halten können. Schwer hechelnd springe ich in das Beiboot eines erstaunten Seglers, der gerade seinen Außenbordmotor gestartet hat. Zum Glück begreift er sofort, was ich will, denn ich kann kein Wort rausbringen. Auf dem Deck der BORRACHO steht unser schwarzer Freund, der kurz vorher noch so heftig über uns gelacht hat, und versucht, zusammen mit einem Amerikaner mit der Hand den Anker hochzuziehen. Ich springe an Bord, starte die Maschine und schaffe es gerade noch, von dem drohenden Riff wegzubleiben. Mit der Ankerwinde, die sich von der besten Seite zeigt, holen wir den Anker hoch. Um das Eisen hat sich ein Fangnetz verwickelt. Kein Wunder, dass der Anker nicht gehalten hat, nachdem der Wind auffrischte. Der schwarze Junge entfernt das Netz, und bevor ich eingreifen kann, schmeißt er das fatale Ding über Bord. Bereit für den nächsten Anker. Vielleicht ist dies sein Standardwitz.

Sandy Island ist winzig. Ein weißer Sandstrand, vier hohe Kokospalmen, türkisfarbenes Wasser und ein Riff. Tagesüber teilen wir das Paradies mit einigen Charterbooten, aber am Nachmittag, so ab vier Uhr, haben wir die Insel für uns allein. Wie anders ist es dann in den Tobago Cays: Ein großes, fast kreisförmiges Riff, nur unterbrochen von einigen kleinen Inseln, umschließt eine geschützte Lagune. Wir zählen mehr als 80 Yachten, die hier vor Anker liegen. Die Besatzungen schwimmen, tauchen, schleppen mit Beibooten Kinder hinter sich her und was man sonst noch an Freizeitaktivitäten machen kann. Die einzige Möglichkeit, noch ein wenig Raum und Ruhe um BORRACHO zu schaffen, ist, in geringer Wassertiefe zu ankern. Der Seeboden ist sandig und das Wasser so klar, dass wir jede Muschel auf dem Grund liegen sehen. Wir fahren, bis wir nur noch zehn Zentimeter Wasser unter dem Kiel haben. Solange der Wind in derselben Ecke bleibt, haben wir kein Problem. Es gibt auch ein wenig Strömung, die von uns in Richtung der anderen Boote läuft, und das ist nachher beim Schwimmen ein beruhigender Gedanke: Auf den 80 Yachten sind mindestens 200 Leute mit ihren täglichen Bedürfnissen ...

Am nächsten Tag ergreifen wir die Flucht und segeln via Bequia nach Saint Vincent. Unterwegs wird es wieder nass. BORRACHO taucht wie ein Delfin in die Wellen, und wir suchen Schutz vor dem heftigen Spritzwasser. In der Nähe der Blue Lagoon können wir an einer Ankerboje festmachen: ein sicherer Liegeplatz, um BORRACHO für einen Tag allein zu lassen. Wir nutzen die Gelegenheit und mieten ein Auto, um die Insel zu erkunden, bevor wir wieder südwärts gehen.

Auf Saint Vincent wohnen noch ungefähr 1000 Indianer der ursprünglichen Bevölkerung in ärmlichen Verhältnissen. Die Straßen sind voller Schlaglöcher, manche davon sind so groß, dass ein Auto unserer Größe ohne Weiteres darin verschwinden kann.

Wir fahren durch endlose Bananenplantagen. Ein Mann wie Onkel Tom sitzt in einer Hütte aus Palmblättern.

»Warum kaufen wir hier keine Bananen, frisch vom Baum?«, fragt Karola.

Der Mann verschwindet hinter der Hütte und kommt zurück mit zwei Riesenstauden. »Wie viel kostet das?«

Zehn karibische Dollar. Wir haben nur Banknoten von 20 Dollar, und der Bananenmann kann nicht wechseln.

»Na, ist schon gut«, sagen wir, »kauf für die anderen zehn Dollar etwas Nettes für deine Kinder.«

Dies war ein Leichtsinnsfehler. Aus allen Richtungen tauchen aus der Plantage schokoladenbraune Kinder auf, mit staunenden, dunklen Augen und schwarzem Kraushaar. Jedes Kind hat entsprechend seinen Kräften eine größere oder kleinere Bananenstaude für uns. Das Auto ist bis zum Dach voll mit den grünen und gelben krummen Früchten. Mit Mühe kann ich mich zwischen den Bananen hinter das Lenkrad quetschen, während es Karola gelingt, auf Kosten einiger reifer Früchte die Tür auf ihrer Seite zu schließen.

Auf dem Schiff können wir uns kaum noch bewegen. Überall, sogar im Bad, hängen und liegen Bananen lose herum. Wir essen Bananenmus, Bananencurry, Bananenmarmelade, gebackene Bananen und Bananentorte. Wir haben am Morgen kaum ein Auge geöffnet, da wird schon die erste Banane in dünnen Scheiben serviert. Zum Mittagessen verspeisen wir minimal zwei Bananen pur, ebenso zum Abendessen und bevor wir schlafen gehen. Wir sehen allmählich schon etwas gelb aus und laufen leicht krumm.

Wir segeln zurück nach Grenada und haben nun Wind und Wellen schräg von hinten. Da macht das Segeln Spass! Die Reffs, die schon lange im Großsegel waren, gehen heraus. BORRACHO schnellt entspannt durch das blaue Wasser und schiebt eine weiß schäumende Bugwelle mühelos beiseite. Wir legen noch einen Zwischenstopp in der Chatham Bay von Union Island ein. Die Bucht ist geräumig, und wir sind wieder einmal ganz allein. Hier bleiben wir ein paar Tage, laufen am Strand entlang, schnorcheln am Riff und sehen ausgefallene Korallenfische: Kugelfische, die uns mit großen Augen erstaunt anschauen, mondrianfarbige Papageienfische, die mit scharfen Zähnen am Riff knabbern, während die Reste ihrer Mahlzeiten wie weiße Wölkchen hinten herauskommen, und den schwarz-weiß gestreiften Admiralsfisch, der sich jeden Tag hinter derselben Koralle versteckt.

Am Strand begegnen wir dem Fischer Alphonso. Er fängt hauptsächlich für seinen Bruder, der am Ende des Strandes ein Restaurant hat. Wenn wir Lust haben, können wir dort am Abend essen, sagt er. Auf der Menükarte stehen ein Lobster plus ein großer Fisch, beide werden auf offenem Feuer gegrillt. Die ganze Herrlichkeit kostet 25 karibische Dollar. Wir fragen, ob der Lobster und der Fisch frisch sind.

»Ja«, antwortet er, »wenn ihr für heute Abend einen Tisch reserviert, gehe ich sie jetzt fangen.«

Wir müssen selber Teller und Besteck mitbringen, und das Restaurant hat, so fügt er hinzu, keine Erlaubnis, alkoholische Getränke zu servieren.

Im letzten Tageslicht laufen wir mit Tellern, Besteck und einer Flasche Wein zu dem Platz, wo sich Alphonsos Beschreibung nach das Restaurant befindet. Der Besitzer ist schon dabei, auf einem rauchenden Holzfeuer unseren Lobster und zwei große Fische zuzubereiten. Das Restaurant besteht aus einem weitverzweigten Baum, unter dem ein Tisch steht, der aus angespültem Treibholz konstruiert ist. Das originelle Mobiliar wird vervollständigt von einer Bank unbekannter Herkunft. Eine alte, qualmende Öllampe, die an einem dicken Ast hängt, kreiert eine romantische Atmosphäre. Wir hoffen, dass Shark Attack, wie der Koch und Besitzer heißt, mit dem Kochlöffel besser umgehen kann als mit Hammer und Nagel. Übrigens ist uns nicht klar geworden, ob der Haifisch den Mann angegriffen hat oder umgekehrt. Sicher ist, dass das linke Bein von Shark Attack kürzer ist als das rechte. Diese Tatsache könnte auf einen erbitterten Kampf hinweisen. Ob der Haifisch ohne Blessuren aus dem Gefecht hervorgegangen ist, will der schwarze Koch uns nicht sagen. Shark Attack ist äußerst redselig, aber Haifische sind für ihn in der Unterhaltung tabu.

Alphonso hat die Rolle des Oberkellners auf sich genommen. Er hat ein weißes Hemd und Schuhe angezogen, was ihm ein vornehmes Aussehen verleiht. Nachdem wir den Tisch gedeckt und ein Glas Wein eingeschenkt haben, serviert er auf dem Deckel eines Ölfasses den Lobster und zwei goldbraune Fische. Mit viel Schwung platziert er den Deckel vor uns auf dem Tisch, und mit schmatzenden Geräuschen preist er die dampfende Mahlzeit an. Dann zieht er sich zusammen mit Shark Attack hinter den Baum zurück, und beide schauen diskret, aber aufmerksam zu, wie wir unser Dinner genießen. Die Mahlzeit ist so umfangreich, dass wir die Leckereien bei Weitem nicht schaffen können. Als wir uns zufrieden zurücklehnen, ist dies für die Zuschauer das Zeichen, auf das sie gewartet haben. Der Ober und der Besitzer nehmen schweigend bei uns am Tisch Platz und setzen wortlos, aber mit Appetit die Mahlzeit fort, bis nur noch Gräten auf unseren Tellern liegen.

Als das Restaurantpersonal und wir uns die Bäuche rund gegessen haben, kommt das Gespräch wieder in Gang. Der Fischer ist neidisch auf mich, weil ich eine Frau habe. Ihm ist das bis jetzt noch nicht gelungen.

»Für dich als geübten Fischermann kann es doch nicht schwer sein, eine Frau an den Haken zu schlagen«, sage ich.

»Sollte man denken«, meint er,« aber auf Union Island gibt es nur wenige Frauen im heiratsfähigen Alter, und die wenigen, die es gibt, beißen nicht an.«

Shark Attack hat sein eigenes Problem. Er hat Mühe, allabendlich sein Fischrestaurant vollzukriegen. Über meinen Vorschlag, Werbung zu machen, hat er schon öfter nachgedacht. Er hat Angst, dass das Restaurant dann zu voll wird. Und das möchte er auch nicht. So wie die Geschäfte jetzt laufen, kann er gut davon essen. Noch lachend laufen wir bei Vollmond am Strand entlang zu unserem Beiboot. Wir haben doch ein gutes Leben: Morgens ein wenig schnorcheln, gegen Mittag ein eiskaltes Bier, ein bisschen am Strand laufen und Muscheln suchen, und abends gehen wir schick essen. Außerdem haben wir noch ein Schiff voll reifer Bananen.

Die Orkansaison steht vor der Tür. Wenn wir nicht von einem solchen Megasturm überrascht werden möchten, müssen wir schnell weiter westwärts. Vorher wollen wir noch einmal nach Grenada zum Einkaufen. Wir liegen in der Nähe einer wunderschönen alten Yacht, welche die friesische Flagge führt. Mit dem Fernglas entziffere ich den Namen: ANTARES. Man sieht nicht oft Friesen außerhalb des eigenen Landes und schon gar nicht in Grenada. Voller Bewunderung lasse ich meine Augen über die klassischen Linien gleiten. Schließlich rudere ich mit dem Beiboot hinüber und klopfe an die Bordwand. Aus der Luke kommt eine junge Frau in der reizvollsten Unterwäsche, die ich in den letzten Jahren gesehen habe. Erfreut lasse ich meine Augen voll Bewunderung über die klassischen Linien schweifen. Sie heißt Antje aus Amsterdam. Hinter ihr erscheint ein Haarbüschel mit Schnurrbart. Gerrit ist mit einer Unterhose bekleidet, die schätzungsweise genauso alt ist wie das Schiff. Zuerst habe ich Angst, dass ich die beiden bei einer gewissen Indoor-Beschäftigung gestört habe. Später stellt sich heraus, dass diese Bekleidung ihre übliche Tracht an Bord ist, obwohl die Abwechslung bei Antje wesentlich größer ist als bei Gerrit. Und das freut mich sehr.

Die ANTARES ist wie BORRACHO konstruiert und gebaut von Frans Maas, sie ist nur noch einige Jahre älter. Wir verabreden uns für den Abend, um zusammen in einem kreolischen Restaurant zu essen. In dem »Club«, einem etwas höher gelegenen Gebäude mit Aussicht über die Bucht, gibt es jeden Tag eine Happy Hour. Das Clubhaus stammt aus der englischen Kolonialzeit. Obwohl es ein wenig heruntergekommen ist, blieb die Atmosphäre typisch britisch. Dunkelbraune Holzwände, abgesessene, verschlissene Ledersessel und eine offene Veranda. Hier treffen sich Segler aus der ganzen Welt. Manche liegen schon Jahre in der Bucht vor Anker, aber die meisten bereiten sich wie wir vor, Richtung Panama weiterzusegeln. Jeder Abend entwickelt sich zu einem ungeplanten Festabend.

Schließlich gehen wir mit einer ganze Gruppe zum kreolischen Restaurant. Wenn wir den Umfang der Dame, die den Kochlöffel hantiert, und den der Mädchen, die uns bedienen, in Betracht ziehen, muss das Essen schmackhaft sein. Nachdem wir etwa acht verschiedene Gerichte gekostet haben, meinen wir, dass es an der Zeit wäre für einen kleinen Nachtisch. Wir fragen die dicke Köchin mit der weißen Mütze, was sie Schönes als Dessert zubereitet hat. Sie wischt mit ihrer rot-weiß karierten Schürze den Schweiß von der Stirn.

Mit einem Lachen von Ohr zu Ohr, wobei die strahlend weißen Zähne in dem glänzenden Gesicht funkeln, sagt sie: »Aber das waren erst die Vorspeisen. Die Hauptgerichte kommen noch, und sie sind ganz speziell!«

Als wir Stunden später zu unserem Beiboot rollen, sehen wir den Damen des Restaurants bereits ähnlich.

Wir haben genug von Festen, wir haben auch genügend Menschen gesehen; wir wollen wieder unsere Freiheit und unsere Ruhe. Am Nachmittag geht der Anker hoch, wir winken nach links und rechts und segeln mit herrlichem Wind Richtung Los Testigos. Wir haben uns dort mit Antje und Gerrit verabredet. Tagsüber plagen uns lästige Kreuzseen, aber die Nacht ist ruhig. BORRACHO zieht eine vom Plankton fluoreszierende breite Bahn durch das sonst dunkle Wasser. Manchmal sehen wir einen Lichtblitz in unserem Kielsog, als ob jemand unter Wasser eine Lampe angeknipst hätte. Es muss ein Fisch sein, der zum Überleben eine Lampe mitbekommen hat. Über uns spannt sich die samtschwarze Himmelskathedrale mit Milliarden funkelnden Sternen. Nur in der Nähe des Vollmondes verblassen die Lichter.

Venezuela

Die Inselgruppe Los Testigos besteht aus drei kleinen Eilanden vor der Küste Venezuelas. Wir ankern morgens bei der Hauptinsel und melden uns bei der Coast Guard. Die paar Häuser der Niederlassung sind ärmlich. Auf der Stufe vor dem Eingang ihrer Hütte sitzt eine alte Frau mit einer klaffenden, verdreckten Wunde am Bein. Mit ihrem zahnlosen Mund versucht sie uns klarzumachen, dass es hier keinen Arzt gibt und dass sie Medikamente braucht. Könnten wir bitte helfen? Wir können, denn wir haben von zu Hause eine halbe Apotheke für Notfälle mitgenommen, da wird bestimmt etwas dabei sein. Ich rudere zurück und finde eine antibakterielle Wundsalbe. Ob sie für diese Wunde geeignet ist, weiß ich nicht, aber sie ist auf jeden Fall besser als gar nichts. Ich nehme auch noch Verbandszeug mit.

»Dreimal am Tag einschmieren«, verordne ich, meinen Hausarzt imitierend, mit ernster Miene, »und einmal am Tag den Verband wechseln.«

Das Ausüben der medizinischen Wissenschaft ohne Genehmigung wird man mir hoffentlich verzeihen. Einige Tage später sieht die Wunde, o Wunder, viel besser aus. Es hat sich wie ein Lauffeuer herumgesprochen: Es gibt einen Doktor! Jedermann auf der Insel hat ein medizinisches Problem. Nach zwei Sprechstunden ist die Apotheke zur Hälfte reduziert. Bevor ich aber eine Herztransplantation mit nur zwei Küchenmessern ausführen muss, fliehen wir zur nächsten Insel.

Wir liegen vor einem langen Strand mit abgerundeten Sanddünen, die 20 oder mehr Meter hoch sind. Nach einer mühsamen Kletterpartie durch den weichen Sand sehen wir auf der anderen Seite tiefe Spuren von Panzerkampfwagen, die den Strand umgewühlt haben. Wir erwarten, ein ruhiges Naturparadies zu finden, und dann fahren hier die venezolanischen Streitkräfte mit Panzern am Strand herum! Aber wie kommen die Panzer auf die Insel? Schiffe können wegen der Riffe nicht landen, und Panzer können, so viel weiß ich noch aus meiner Wehrpflichtzeit, nicht über das Wasser fahren. Klar! Es müssen Spuren von Riesenschildkröten sein, die ihre Eier am Strand abgelegt haben.

Als wir wieder auf dem Gipfel der Düne stehen, treibt ANTARES neben BORRACHO in dem tiefblauen Wasser. Es sieht aus, als ob die beiden Schiffe in einem luftleeren Raum über den Meeresgrund schweben.

»Heute ist Vollmond, vielleicht kommen die Schildkröten diese Nacht wieder.«

Mit Schlafsäcken ausgerüstet, suchen wir einen windgeschützten Unterschlupf. Der Reihe nach geht einer nach dem anderen von uns hinunter und schaut nach, ob sich etwas tut. Als ich kurz nach Mitternacht an der Reihe bin, sehe ich im Mondlicht eine riesige Leatherback-Schildkröte über den Strand schieben. Ich renne nach oben, aber ich hätte mir Zeit lassen können. Beim Eierlegen hat eine Schildkröte es keineswegs eilig. Zuerst zieht sie einige willkürliche Spuren, um eventuelle Eierliebhaber in die Irre zu führen. Dann fängt eine Periode des Reflektierens und Nachdenkens über die Frage an: Wo grabe ich das Loch auf diesem langen Strand? Nachdem sie sich entschieden hat, fängt das Schuften an, und das ist ohne geeignetes Werkzeug eine gewaltige Leistung für eine Schildkröte. Nach all diesen langwierigen Vorbereitungen schiebt sie sich in die richtige Position über das frisch gegrabene Loch. Von ganz aus der Nähe schauen wir fasziniert zu, wie sie in einem Stakkato eine große Menge Eier wie Tischtennisbälle aus ihrem Körper presst. Sobald die Sache erledigt ist, schiebt sie das Loch mit Sand zu, zieht noch einige neue irreführende Spuren in den unberührten Sand. Wir sind inzwischen vom Schlaf übermannt worden: Es ist einmalig zu sehen, aber es ist nicht gerade ein Action-Thriller.

Action sehen wir am nächsten Morgen, als wir vorbeischauen, ob Mama Schildkröte das Wasser schon erreicht hat. Aus den Eiern einer Vorgängerin sind soeben Mini-Schildkröten geschlüpft. Hunderte kleine Jungs und Mädchen rennen um ihr Leben über den breiten Strand zum rettenden Wasser. Über der ängstlichen Meute kreisen Fregattvögel mit breiten Flügelschlägen, und jeder Tiefflug beendet ein Leben, das gerade erst angefangen hat. Zu unserem Leidwesen stellen wir fest, dass auf diese Weise keine einzige Schildkröte das Endziel erreichen wird. Wir versuchen, in den natürlichen Lauf der Dinge einzugreifen. Wütend schmeißen wir Hände voll Sand nach den gefräßigen Fregattvögeln. Weil auch das nicht hilft, tragen wir die Kleinen zum Wasser, um sie zu schützen. Sie bewegen sich vor Freude über die unerwartete Hilfe in unseren Händen. Leider warten im Wasser hungrige Raubfische auf die

Neugeborenen. Tieftraurig über die unbarmherzige Natur gehen wir mit gesenktem Kopf zurück zum Boot. Nicht der Klimawandel, sondern die Fregattvögel sind das Problem. Wenn es so weitergeht, gibt es bald keine Schildkröte mehr, nicht einmal als Suppe in der Dose. Die Fregattvögel schweben majestätisch und dick zufrieden hoch über der Insel.

Das Festland Venezuelas wollen wir meiden. Laut den Berichten anderer Segler ist es dort nicht sicher. Einklarieren können wir auch auf der Insel Margarita. Die Insel ist nicht nur ein Touristen-, sondern auch ein Steuerparadies. Ideal zum Aufstocken unserer Vorräte. Bevor wir uns frei über die Insel bewegen dürfen, müssen wir durch die bürokratische Mühle. Zusammen mit ANTARES ankern wir vor der kleinen Stadt Porlamar, wo es ein Zollamt gibt. Mit Gerrit und Antje gehe ich gleich in der Frühe an Land. Karola bleibt zurück an Bord und bewacht unsere beiden Schiffe. Diebstahl ist, laut Restaurantbesitzer am Strand, hier an der Tagesordnung.

Bei wechselhaftem Wetter segeln wir an der Küste Margaritas entlang. Am Abend wollen wir in einer Bucht an der äußersten Westspitze der Insel ankern. Es ist zum Verrücktwerden. Blister hoch, Blister runter, Genua raus, Genua rein, Arbeitsfock reicht, Arbeitsfock ist zu klein, Großsegel dazu, Großsegel reffen. Als auf den letzten Meilen der Wind genau von vorn kommt, haben wir keine Lust mehr zu kreuzen. Ich starte die Maschine und hole die Segel herunter. Nach zehn Minuten schreit der Motoralarm. Wir haben uns an diesen Ton gewöhnt, denn bereits seit dem Mittelmeer läuft die Maschine ohne erkennbaren Anlass in den unpassendsten Momenten warm. Wir behandeln den Alarm wie das Geschrei eines Kindes, das Aufmerksamkeit verlangt. Kurz abkühlen lassen und unser alter Motor läuft wieder. Aber diesmal meint er es ernst. Was ich auch versuche, ich kann die Maschine nicht mehr zum Leben erwecken. Kurz bevor es dunkel wird, gelingt es uns, ohne Motor in die Bucht zu kreuzen und vor Anker zu gehen. ANTARES wartet schon seit Stunden auf uns, und Antje hat gekocht. Zum Glück, denn wir haben es satt: der verdammte Motor!

Am nächsten Morgen sind wir wieder frisch und munter. Zusammen mit Gerrit untersuchen wir die Maschine. Was wir auch machen, wie nett wir ihm zureden, wie vehement wir mit ihm schimpfen, der Motor schweigt still vor sich hin. Sogar per Hand können wir die Maschine nicht runddrehen. Wir vermuten, dass die Dichtung des Zylinders kaputt und der Motor festgelaufen ist. Ich habe mir inzwischen einige Kenntnisse angeeignet, aber die Maschine auseinanderzunehmen, ist doch eine Nummer zu groß. Das geht mit Sicherheit nicht an diesem Ankerplatz, schon ein Ausläufer eines Orkans kann uns Kopf und Kragen kosten. Es bleibt uns nichts anderes übrig, als zum Festland zu segeln. Ein Blick auf die Seekarte zeigt, dass Puerto La Cruz die beste Wahl ist. Es gibt einen Yachthafen, es gibt Werften und einen Stützpunkt der Coast Guard. Wir müssten dort auf jeden Fall sicher sein.

In der Nacht versucht eine »tropical wave« mit viel Regen und Starkwind uns Angst einzujagen, aber der Anker hält problemlos. Jetzt ist das Wetter gut für die Überfahrt zum Festland. Wir setzen die Segel und holen den Anker hoch. Mit einem Raumschotskurs müsste es möglich sein, die 50 Seemeilen bis nach Puerto La Cruz bei Tageslicht zu schaffen. Unterwegs besprechen wir immer wieder das Ankermanöver ohne Motor. Wenn es nicht zu tief ist, wollen wir vor dem Strand ankern und uns am nächsten Tag reinschleppen lassen. Wir geben es beide nicht zu, aber wir haben Angst.

Gegen vier Uhr sehe ich durch das Fernglas die Hafeneinfahrt: zwei steinerne Stege, die schräg ins Meer ragen. Leider kann ich nicht entdecken, wie es hinter der Pier aussieht. Die Aussicht auf eine Nacht in diesen hohen Wellen zieht uns nicht besonders an, aber wenn wir nicht wissen, wie viel Raum wir im Hafen haben, können wir das Risiko, unter Segeln einzulaufen, nicht eingehen.

Karola macht auf dem Vordeck den Anker fertig, während BORRACHO mit dem starken Seewind schräg von hinten auf den Strand zurast. Sobald der Tiefenmesser weniger als zehn Meter anzeigt, so haben wir abgesprochen, drehe ich BORRACHO gegen den Wind, bis sie ihre Geschwindigkeit fast verloren hat. Dann alle Segel los und den Anker rein. Mit schweißigen Händen stehe ich am Ruder. Wir haben ein solches Manöver noch nie ausgeführt. Wenn etwas schiefgeht, müssen wir am Strand aussteigen. Die Frage ist, ob wir BORRACHO dann je wieder flottkriegen. Nur nicht daran denken! Konzentriert schaue ich abwechselnd zum Tiefenmesser und zum rasch näher kommenden Strand. Die Tiefe nimmt langsam ab, noch 20 Meter Wasser unter dem Kiel ... noch 15 Meter ...

Dann ruft Karola plötzlich: »Schau, da drinnen ist genügend Platz!«

Tatsächlich, das könnte klappen. Innerhalb der Hafenmole sehe ich flaches Wasser, und hier draußen brechen sich die Wellen. Zeit zum Überlegen habe ich nicht mehr, der Tiefenmesser zeigt zwölf Meter an. Der Strand ist beängstigend nahe.

»Okay!«, rufe ich über das Donnern der Wellen hinweg. »Wir gehen rein!«

Es ist zu spät, um die Segel zu reffen. Die Gelegenheit ist zu schön, um sie zu verpassen. Ich ändere den Kurs. Einen Augenblick später knallen wir mit vollen Segeln und Höchstgeschwindigkeit zwischen den beiden Hafenmolen hindurch, wie eine Regattayacht mit zehn Mann Besatzung auf dem Weg zur Ziellinie des Fastnet Race. Im Hafenbecken drehe ich das Boot in den Wind. Die Genua ist los, und ich fiere das Großsegel. Die Segel schlagen wild. Ich luve weiter an, bis wir recht im Wind liegen. BORRACHOS Geschwindigkeit nimmt zwar weiter ab, aber nicht schnell genug! Die steinerne Pier wartet drohend vor uns. Dann rattert die Ankerkette, das Schiff bremst. Ich rolle die Genua ein, und unter Großsegel treiben wir langsam rückwärts. Karola lässt mehr Ankerkette raus. Wir liegen fest wie eine Burg! Als wir wieder Zeit haben, um uns umzuschauen, sehen wir, dass BORRACHO genau neben der Fahrrinne und vor dem Gebäude der Coast Guard liegt. Als ob wir tagtäglich mit einem solchen Manöver ankern würden.

Stolz sitzen wir mit einem Glas Rum-Cola in der Hand in der Plicht, um dieses wagemutige Manöver gebührend zu feiern. Ein Beiboot stößt an die Bordwand. Ein amerikanischer Segler hat uns hereinkommen sehen und bietet seine Hilfe an. Aber das ist nicht mehr nötig.

»Ah, I see, you take it easy.«

Im Beiboot rudere ich zum Yachthafen, um zu fragen, ob uns jemand reinschleppen könnte. Aber alles Notwendige hat ANTARES schon mit dem Hafenmeister abgesprochen. Hinter einem großen Schlauchboot mit einem noch größeren Außenbordmotor kommt BORRACHO, mit Karola am Ruder, Richtung Marina. Gerade in dem Moment, als BORRACHO in den Liegeplatz einfährt und das Schlauchboot sie abbremsen soll, stockt der Außenborder. Ohne Bremse treibt BORRACHO unaufhaltsam auf die Kaimauer zu, die bestimmt nicht weichen wird. Dank dem Hafenmeister, der ohne nachzudenken sein Gummiboot wie ein Stoßkissen zwischen Schiff und

Kaimauer lenkt, bleibt BORRACHO unbeschädigt. Der Mann hätte tot sein können!

Dann liegen wir in einem chicken Yachthafen, sogar mit Schwimmbad. Um die wohlbehaltene Ankunft zu feiern, wollen wir am Abend essen gehen. Im Hafenbüro fragen wir, wo wir ein nettes Restaurant finden, in dem auch die Einheimischen essen. Wir bekommen etwas ausweichende Antworten, verstehen aber, dass es gleich außerhalb der Marina eine Straße mit vielen Essgelegenheiten gibt. Einer der bewaffneten Wächter am Tor des Yachthafens zeigt uns die Richtung.

Schnell erreichen wir eine breite Schotterstraße mit kleinen Restaurants, die von Öllampen feenhaft beleuchtet werden. In dieser märchenhaften Umgebung ist die Auswahl groß. Als wir genauer hinschauen, entdecken wir, dass hier und dort die Farbe abgeblättert ist und nicht jede Fassade kerzengerade steht. Wir springen über einen offenen Abwassergraben, ignorieren den Gestank und die vielen Ratten, die Fangen spielen, und entscheiden uns für ein kleines, spärlich beleuchtetes Lokal. Einige abgenutzte Tische und Stühle erwarten uns einladend. Auf jeden Fall riecht es gut. Wir bestellen das Essen, während uns finstere Gestalten aus dem Halbdunkel anstarren, als kämen wir von einem anderen Stern. Die Blicke sind weder freundlich noch unfreundlich, sie sind leer. Im Hinblick auf die spielenden Ratten bestellen wir keine Fleischspießchen und gestalten das Menü so einfach wie nur möglich. Da während der Mahlzeit eine fette Kakerlake Antje über den Rücken läuft, verzichten wir auf den Nachtisch. Es ist traurig, dies zu sagen, aber wir sind froh, als wir wieder auf den sicheren Booten in der bewachten Marina sind. Wir haben schon manches erlebt, aber noch nie haben wir einen solch bedrückenden Gegensatz zwischen Reich und Arm gesehen, denn der Yachthafen ist Teil einer Luxussiedlung, die um eine Lagune gebaut wurde. Der protzige Reichtum ist hermetisch von der armen Außenwelt abgeriegelt: zwei völlig voneinander getrennte Welten. Nachdem wir die Welt außerhalb des hohen Stacheldrahtzauns gesehen haben, möchten wir so schnell wie möglich weg. Nein, dieser Ort ist nicht sympathisch!

Wir finden einen Mechaniker, einen Amerikaner, der sagt, dass er Flugzeugmechaniker sei. Ein einfacher Schiffsdiesel kann für ihn keine Geheimnisse haben. In nur wenigen Tagen zerlegt er unseren widerspenstigen Motor in tausend Teile. Täglich putze ich jedes dieser frei werdenden Teile und entroste sie wenn nötig. Zylinder, Kolbenstangen und Welle glimmen wie neu. So lerne ich gleichzeitig das geheime Innenleben des Motors kennen.

Die Stimmung an Bord ist nicht glänzend. Wir laufen einander im Weg herum und streiten uns über alles und nichts. Tagsüber ist es heiß wie in einem Backofen und staubig dazu. In der Nacht werden wir von Schwärmen hungriger Moskitos überfallen, die sich nicht um die künstliche Grenze zwischen Arm und Reich scheren. Wegen all der herumliegenden Teile können wir uns in der Sauna unter Deck kaum bewegen. Auch die Pumptoilette leckt und hat ihre beste Zeit hinter sich. Zur Erholung machen Karola und ich einen Ausflug mit dem Bus in die Stadt. Dort soll es einen Laden für Schiffszubehör geben. Vielleicht können wir da eine neue Toilette kaufen? Während wir den Laden suchen, greift jemand unerwartet Karola von hinten in den Nacken. Es ist bekannt, dass Maria Callas in der Lage war, mit ihrem hohen C leere Gläser zu sprengen. Das hohe C, das Karola erschrocken von sich gibt, sprengt alle Fensterscheiben in der näheren Umgebung und jagt den Straßenräuber mit geplatztem Trommelfell in die Flucht.

Ich setze zur Verfolgung an und schreie: »Haltet den Dieb!«

Mit seinen weißen Nikes ist er mir weit überlegen. Außerdem ist unsere Motivation grundverschieden. Ich renne nur aus Wut, er rennt um sein Leben. Als ich keuchend zurückkomme, hält Karola ihre Halskette, die der Dieb so gern gehabt hätte, triumphierend hoch. Die vielen Zuschauer klatschen Beifall.

Nach zwei Wochen intensiven Schwitzens stellt sich heraus, dass nicht nur eine Dichtung defekt ist, sondern auch die Kolbenstangen krumm sind. Der Mechaniker kann den Motor überholen, braucht dazu aber die Originalteile. Er fügt hinzu, dass die Teile importiert werden müssen, und das kann in Venezuela eine langwierige und kostspielige Angelegenheit werden. Mit anderen Worten: Vergiss diesen alten Motor! Nach langem Hin- und Herüberlegen beißen wir in den sauren Apfel: Wir kaufen einen neuen Motor. Die Vertretung der Motorenmarke unserer Wahl hat leider keinen Motor auf Lager, aber sie können ihn für uns bestellen. Allerdings muss der Motor importiert werden, und das könnte schon mal vier Monate dauern ... Vielleicht auch länger. Es ist zum Verrücktwerden! Wir sind in einem Land, das uns gar nicht gefällt und wo nichts geht. Wir sitzen in der Falle!

Ich grüble und grüble. Für jedes Problem gibt es doch immer eine Lösung?

»Weißt du was«, sage ich zu Karola, »BORRACHO ist ein Segelschiff. Wir segeln die nächsten 600 Meilen nach Curaçao ohne Motor. Die Insel ist noch immer eine holländische Kolonie. Wir lassen von Holland aus eine neue Maschine dorthin verschiffen.«

Einen Tag lang müssen wir uns an diese tollkühne Idee gewöhnen. Aber warum nicht? Es gibt keine andere Möglichkeit. Wir packen alle Motorteile in einen festen Plastiksack und verstauen das ganze Zeug da, wo es einmal als Maschine gestanden hat. Antje und Gerrit wollten auf uns warten und sind in der Zwischenzeit durch das Inland Venezuelas gereist. Sie haben nicht nur gewöhnungsbedürftig in Hängematten geschlafen, sondern Antje hat auch als Souvenir Denguefieber mitgebracht. Nach einigen Tagen und haufenweise Pillen geht das hohe Fieber zurück. Wir segeln zur Insel Tortuga. Das ist ein schöner Ort für die Kranke, um wieder zu Kräften zu kommen, und für uns, den Motorenfrust loszuwerden.

Wir lösen die Vorleine und lassen BORRACHO langsam rückwärts treiben. Dann rollt die Genua aus, steht voll im Wind und BORRACHO segelt stolz und stattlich zwischen den Hafenmolen aufs offene Meer. Ohne Motor, ruhig, als ob es die normalste Sache der Welt wäre. Früh am Morgen runden wir in sicherer Entfernung das Riff von Tortuga, das weit ins Meer hinausragt. Keine überflüssige Vorsorgemaßnahme, denn wir zählen drei Wracks von Segelyachten, die auf dem heimtückischen Unterwasserriff ihre letzte Reise beendet haben. Mühsam kreuzen wir in die Bucht Tortugas ein, bis wir nahe genug am Strand sind, um den Anker zu setzen. Wir liegen allein vor einem kilometerlangen, leicht gebogenen Strand mit feinem, weißem Sand. Am fernen Ende des Strandes, gleich hinter dem Riff, stehen einige windschiefe Holzhütten der Fischer. Die Insel ist flach wie ein Pfannkuchen, nur hier und da ragt eine Kokospalme hoch. Ein paar stachlige Kakteen wachsen dort. Außer den Fischern wohnen nur vier oder fünf Pelikane und einige Tölpel auf der Insel.

Eigenartig, dass ANTARES noch nicht vor Anker liegt. Die Freunde haben kurz nach uns Puerto La Cruz verlassen. Wir haben bei Nacht etwas getrödelt, weil wir bei Tageslicht um das gefährliche Riff segeln wollten. Na ja, sie werden wohl im Laufe des Tages ankommen. Am Abend ist ANTARES noch immer nicht da. Auch am nächsten Tag keine Spur. Wir versuchen, Funkkontakt herzustellen, aber aus dem Kopfhörer kommen nur Geräusche, doch keine Antwort. Wir machen uns große Sorgen. Man hört so viele Geschichten von Piraten vor der Küste Venezuelas. Vor weniger als zwei Wochen ist in dieser Bucht Tortugas eine deutsche Segelyacht von der Coast Guard in voller Bewaffnung überfallen worden. Sie glaubten, dass es sich um einen Drogentransport handeln würde. Die Besatzung der Yacht dachte, dass die schwarz gekleideten Angreifer Piraten wären, und schossen zur Abschreckung durch die Luke. Das ließ die Coast Guard sich nicht zweimal sagen und durchlöcherte mit mehreren Salven das Boot wie einen Schweizer Käse. Diese Geschichte und viele andere gehen uns durch den Kopf. Wir beschließen, am nächsten Morgen zurückzusegeln nach Puerto La Cruz. In der Früh wecken uns Stimmen und eine ratternde Ankerkette. Die ANTARES liegt neben uns. Sie waren kurz nach uns ausgelaufen, aber nach einiger Zeit hatte Antje wieder hohes Fieber bekommen, und Gerrit beschloss umzudrehen. Nach zwei Tagen Bettruhe sind sie aufs Neue gestartet.

La Tortuga ist eine ausgezeichnete Umgebung, um das ganze Elend des Festlands schnell zu vergessen. Wir schwimmen in dem türkisfarbenen Wasser, laufen viele Kilometer am Strand entlang, schauen stundenlang den tauchenden Pelikanen zu und schnorcheln im Riff. Manchmal fangen wir selber einen Fisch, manchmal kaufen wir bei den freundlichen Fischern frische Fische. Gegen Abend machen wir Feuer am Strand, grillen die Beute und trinken eine Rum-Cola. Gerrit, der ein guter Jazzpianist ist, hat ein Schifferklavier an Bord und spielt am Strand, im Licht der untergehenden Sonne, wehmütigen Blues oder Seemannslieder, die wir aus voller Brust mitsingen.

Nachdem wir tagelang gefaulenzt haben, sind wir ausgeschlafen und erholt. Es ist an der Zeit weiterzusegeln, nach Los Roques. Ein Korallenarchipel und Naturreservat, das aus ungefähr 350 Inseln, Sandbänken und Riffen besteht. Auf der Hauptinsel ist ein Dorf. Dort müssen wir eine Genehmigung kaufen, um innerhalb des Reservats segeln zu dürfen. ANTARES nimmt die kürzere Strecke, die südliche Route. In dem Riff an der Südseite der Insel soll es eine Passage geben, um in das geschützte Wasser der Lagune zu kommen. Wir nehmen die längere nördliche Route, weit außerhalb des Riffs. Ohne Motor scheint es uns sicherer, einen ehrfürchtigen Abstand zu Riffen zu halten. Um vier Uhr nachmittags verlassen wir das paradiesähnliche La Tortuga. Wir haben 96 Seemeilen vor unserem Bug. Wenn alles nach Plan läuft, haben wir mehr als genug Zeit, um am nächsten Tag im Hellen die Bucht von Gran Roques zu finden. Der Wind kommt von der Seite, und das mag BORRACHO. Mit vollen Segeln rauscht sie durch das Wasser, die Windsteueranlage braucht kaum zu korrigieren, und wir genießen in Ruhe den Sonnenuntergang.

Bereits um acht Uhr morgens runden wir den nördlichen Felsen von Gran Roques, und dann fängt das langwierige Kreuzen zum sicheren Ankerplatz nahe am Strand an. Allmählich kriegen wir Geschick beim Ankern ohne Motor. Mehr noch, wir finden Gefallen am Unterwegssein ohne Motor. Wir haben eine Sorge weniger, es überlastet die Arbeitsliste nicht mehr, und wir brauchen keinen Diesel zu kaufen. Andererseits ist ein Revier wie Los Roques nicht unbedingt geeignet, um es ohne Motor zu erkunden.

Nach drei Stunden haben wir schon vier der erforderlichen fünf Stempel von den verschiedenen offiziellen Instanzen. Beim letzten Bürokraten stellt sich heraus, dass unser Cruising Permit aus für uns unerklärlichen Gründen nicht in Ordnung ist. Trotzdem bekommen wir für die notwendigen Extra-Dollars eine Genehmigung für fünf Tage. Der kriegerisch aussehende Militär gibt barsch den Befehl, uns nach den fünf Tagen sofort in Puerto Cabello auf dem Festland bei der Coast Guard zu melden. Für den Fall, dass wir nicht pünktlich dort sein sollten, droht er uns mit Hölle und Verdammnis.

Wir sagen höflich: »Jawohl, Herr General, geht in Ordnung, Herr General«, und denken: Wir sind doch nicht so blöde, auf Befehl eines Feldwebels zweiter Klasse einen derartigen Umweg zu machen.

Viele Inseln des Archipels sind nicht breiter als 20 oder 30 Meter und einige 100 Meter lang. Wir erkunden die Strände, tauchen mit den Pelikanen nach Fisch und haben den Vorteil, dass keine Möwe auf unserem Kopf sitzt, wenn wir auftauchen. Obwohl, eines Mittags sitzt ein Pelikan auf dem Deck, und als ob das widerrechtliche

Betreten unseres Eigentums noch nicht genug wäre, scheißt sie oder er das Deck ausgiebig voll. Ein besseres Wort für diese Dreckhaufen produzierende Handlung fällt mir nicht ein. Der Abschied erfolgt nicht spontan. Ein Pelikan braucht eine Startbahn von Flughafenformat, um aufsteigen zu können, unser Vordeck reicht für diesen Zweck bei Weitem nicht aus. Nachdem der große Vogel auf mein Drängen hin zwei misslungene Startversuche gemacht hat, schiebe ich ihn trotz seines lauten Protests und Flügelschlagens unter der Seereling durch. Er fällt wie ein nasser Lappen ins Wasser und sucht schimpfend das Weite, während wir schimpfend mit nassen Lappen die unfeine Erinnerung beseitigen.

Wir sehen beim Schnorcheln viele Barrakudas, ziemlich große sogar. Die langen, schlanken Raubfische stehen unbeweglich im Wasser und können innerhalb von Sekunden von null auf 100 beschleunigen. Die mögliche Beute hat nur eine Chance aufs Überleben, wenn sie in einem kompakten Schwarm bleibt. Wir sehen einen Barrakuda im Wasser stehen, während ein Schwarm Fische verführerisch nahe um ihn herumkreist. Der Barrakuda kann in einer solchen Situation nicht entscheiden, welchen Fisch er angreifen soll. Aber wehe dem Fisch, der ein Individualist sein will, er sieht seinen Schwarm nie wieder. Man sagt, dass Barakudas mit ihrem Rachen voller messerscharfer Zähne nie Menschen angreifen, trotzdem schwimme ich lieber ganz nahe zu Karola hin.

Obwohl wir nur fünf Tage in dem Reservat geduldet werden, genießen wir die Zeit in vollen Zügen und länger als fünf Tage. Wir haben doch die Ausrede, dass unser Motor zusammengebrochen ist und wir zuerst die Teile aus dem Plastiksack zusammensetzen müssen, ehe wir weiterreisen können. Aber zum Glück sehen wir keine Coast Guard, die uns aus dem Paradies vertreiben will. Unsere letzte Insel des Naturreservates ist Isla Agua. Sie sieht aus wie ein Halbmond. Im Inneren der Bucht liegen viele heimtückische Riffe verstreut. Eine Bucht, in die man nicht ohne Motor und auch nicht mit Motor hineinfahren kann. Als wir ankommen, sehen wir aus der Ferne ANTARES an der Außenseite des Halbmondes ankern. Ich steuere dicht an einem Riff entlang, während Karola den Anker fertigmacht. ANTARES liegt voll in der Dünung. Das Schiff ruckt und zieht an der Ankerkette. Es ist kein guter Ankerplatz. Wir rufen hinüber, dass wir eine Runde um die Insel machen wollen, vielleicht finden wir einen besseren Platz. Doch die Wellen laufen an beiden

Seiten der Insel entlang. Es ist überall miserabel. Weit im Inneren der Bucht sehen wir eine Segelyacht, die zwischen den Riffen vor Anker liegt. So ruhig, als ob sie in einem Schwimmbad liegen würde, konstatieren wir neidisch. Eine ideale Gegend, um einige Tage zu bleiben, finden wir und werden übermütig. Wir rufen ANTARES über UKW und sagen, dass wir in die Bucht reinfahren.

»Okay«, ist die Antwort, »wir finden es hier draußen auch beschissen. Seid ihr sicher, dass ihr es ohne Motor schafft?«

»Nein, ganz und gar nicht!«

Wir setzen drei Reffs ins Großsegel und rollen die Arbeitsfock zur Hälfte ein, um nicht zu schnell zu segeln. Wenn wir schon auf einem Riff stranden, dann lieber etwas sanft. Karola steht auf dem Vordeck mit dem Anker in Bereitschaft und gibt mir Anweisungen. Wir versuchen, möglichst im dunkelblauen Wasser zu bleiben, dort ist es tief genug. Vorläufig geht alles bestens. Wir sind schon ein gutes Stück vorangekommen, als die Tiefe sich verringert. Das Wasser ist nun hellblau. An und für sich noch kein Problem. Die Farbe verrät, dass der Seeboden sandig ist. Dann sehen wir braune Flecken, große Blumenkohlkorallen schieben sich am Schiff entlang.

»Ein bisschen mehr Steuerbord«, ruft Karola, »jetzt wieder Backbord.«

Zwischen den Riffen ist noch genügend Raum zum Manövrieren. Als die Tiefe nur noch drei Meter beträgt und mein Herz schon einige Male stillgestanden hat, reicht es mir. Wir sind zwar noch ziemlich weit vom Strand entfernt, aber wir liegen hier auf jeden Fall ruhig und sicher.

»Anker!«, rufe ich, und Karola lässt die Kette ausrauschen.

Das Segel herunter, und wir liegen ganz ruhig. Gerrit versucht nach seiner Ankunft vorsichtig unter Motor, ob er noch weiter kommen kann.

Nach 50 Metern ruft er: »Hier ist es wieder vier Meter tief und nur Sand ohne Riffe!«

Wir setzen wieder die Segel, Karola hievt den Anker, und einige Minuten später liegen wir dicht neben ANTARES. Wir haben einen der schönsten und sichersten Ankerplätze auf dieser Reise gefunden. Als wir die Belohnung unserer unvernünftigen Tat genießen, frage ich mich, wie wir je ohne Motor aus diesem Irrgarten kommen werden. Aber das sind Sorgen für morgen.

Als ich am nächsten Tag am Strand entlangbummle, sehe ich etwas im Sand, das im Sonnenlicht hell aufleuchtet. Ich bücke mich und hebe eine Münze auf und noch eine und noch eine. Das Geld liegt auf der Straße. Zusammen mit der herbeigeeilten Karola putze ich die Münzen mit Sand blank. Nachher auf dem Boot können wir mit der Lupe bestimmt herausfinden, wo die Münzen herkommen. Es sind silberne Bolivars aus dem Jahre 1896. Etwas weiter finden wir am Strand und im Wasser Scherben von braunem Ton. Anscheinend stammen sie von Krügen. Auf einer der Scherben entziffern wir das Wort »Schiedam«, das ist ein Städtchen in Holland, bekannt wegen des Genevers. Es müssen also Geneverkrüge aus Ton gewesen sein, in denen früher der sogenannte Holland Gin abgefüllt und verschifft wurde. Aber wie kommen Scherben von Hunderten Geneverkrügen aus Schiedam auf diese entlegene Insel, weit vor dem venezolanischen Festland? Wir tauchen stundenlang, in der Hoffnung, die Lösung des Rätsels unter Wasser zu finden. Vergebens. Vielleicht ist ein holländisches Schmuggelschiff mit Mann und Maus, Geld und Genever hier untergegangen beim Versuch, in der von Riffen verseuchten Bucht Schutz vor schlechtem Wetter zu finden? Vielleicht war es ein Piratenschiff, und die Besatzung ist mit reicher Beute maßlos besoffen in die Bucht eingefahren?

Wir möchten auf keinen Fall das Schicksal teilen. Ausgerüstet mit Handlot und Kompass vermesse ich vom Beiboot aus die Bucht. Das kostet mich zwar den ganzen Tag, aber am Ende habe ich einen sicheren Ausweg aus dem Labyrinth gefunden und in einer Karte eingezeichnet, komplett mit Sichtpeilungen. Wir warten auf einen Tag mit ruhigem Wetter. Als die Sonne hoch am Himmel steht und die Sicht optimal ist, setzen wir die Segel. Vorwind fahren wir, wie in einem Slalomwettbewerb, den Parcours, den ich abgesteckt habe. Ohne Strafpunkte lassen wir die Riffe vollständig intakt zurück. Ich habe wieder einige graue Haare mehr auf dem schon kahlenden Kopf.

Warum nur lassen wir uns immer wieder auf diese Art von unvernünftigen Abenteuern ein? Ist es das Risiko wert? Ja! Es ist das Risiko mehr als wert! Wir kommen an Orte, wo kein Mensch hinkommt, wir haben Erlebnisse, die kein Mensch erlebt, wir machen Entdeckungen, die kein Mensch entdeckt. Vielleicht haben wir doch noch ein Quäntchen des Pioniergeistes von Abenteurern wie Marco Polo oder Christoph Kolumbus in uns.

Ehe wir nach Bonaire gehen, gibt es noch eine interessante Insel, die wir unbedingt besuchen wollen: Las Aves. Obwohl unsere Vorräte fast zu Ende sind, möchten wir ein paar Tage an diesem einmaligen Ort ankern. Vor allem Tausende Vögel, die Las Aves als eine Geburtsklinik benutzen, kennen die Insel. Am Morgen weckt uns das fröhliche Geschnatter von Hunderten Rotfußtölpeln. Sie wohnen zusammen mit ihren Nesthäkchen in den Mangrovenbäumen, die rund um die Insel wachsen. Wir trinken in der Koje, sobald es hell wird, immer einen Becher Kaffee und hören eine CD. Aber an diesem Tag kann das Requiem von Gabriel Fauré den Vogelchor nicht überstimmen. Nach einem dürftigen Frühstück rudern wir mit vorsichtigen Schlägen durch die Lagune. Hin und wieder lassen wir uns treiben. Tölpel, Pelikane, Strandläufer, Reiher, alles fliegt, schwimmt und läuft durcheinander: ein wahres Vogelparadies. Überall in den Mangroven sind Nester, und kleine, weiße wollige Tölpel schreien mit offenem Schnabel ungeduldig nach Nahrung. Die Eltern versuchen, nervös und gestresst, die vielen bettelnden Schnäbel zu füllen. Diese Vögel haben absolut keine Angst vor Menschen. Sie haben noch keine Erfahrung mit dieser Spezies und wissen noch nicht, wozu der Mensch in der Lage ist. Dasselbe gilt für die Fische, von denen die neugierigsten Exemplare auf unserem Grillfeuer schmackhaft braun backen. Frisch gefangene Fische mit etwas Reis und Knoblauch sind seit Tagen das Einzige auf unserer Speisekarte. Aber wer beklagt sich über das Essen, das wir selbst über einem Feuer am Strand zubereiten, mit einem Glas in der Hand, während die Sonne rot glühend im Meer versinkt? Gerrit improvisiert auf seinem Akkordeon »Summertime«, so schön, dass sogar die Vögel mal den Schnabel halten.

Die ABC-Inseln

Als wir die letzte Dose Bier getrunken haben, bleibt uns nichts anderes übrig, als uns auf den Weg nach Bonaire zu machen. Wir brechen schon früh am Morgen auf, damit wir die Insel bei Tageslicht erreichen. Der Wind ist leicht, nur ein Hauch berührt das Wasser. Die Wellen, die noch hoch sind von der letzten tropischen Störung, kommen von der Seite. Wir schlingern von rechts nach links, und weil der Wind zu wenig Druck liefert, schlagen die Segel. Jeder Klapp tut uns in der Seele weh. Wir versuchen alles Mögliche, um wenigstens vorwärtszukommen und das Leiden der armen BORRACHO und ihrer Besatzung auf ein Minimum zu beschränken. Es ist schon vier Uhr, als wir endlich in Lee der Insel sind. ANTARES, die neben uns treibt, gibt auf. Antje startet den Motor, und Gerrit fragt, ob er uns schleppen soll. Mir scheint es ein großzügiges Angebot zu sein, nur so schaffen wir es auf jeden Fall noch vor Einbruch der Dunkelheit bis Bonaire.

Aber Karola protestiert: »Wir sind schon Monate ohne Motor gesegelt, lass uns die letzten Meilen nun auch noch segeln.«

Eigentlich hat sie recht. Trotzdem sehe ich mit Bedauern ANTARES davonziehen und immer kleiner werden, bis sie wie ein weißer Punkt hinter der Westspitze Bonaires verschwindet.

Ein leichter Wind eilt herbei, und BORRACHO nimmt Fahrt auf. Die Sonne steht schon tief, als auch wir die Westspitze runden. Die ersten Lichter der Stadt Kralendijk blinken in der Ferne, als der Wind kräftiger wird. Unsere Geschwindigkeit geht auf fünf Knoten, während wir an Kralendijk entlangsegeln. Durch die Straßenbeleuchtung und die Leuchtreklamen, die für kaltes Bier und Restaurants werben, können wir die im Dunkeln liegenden Schiffe und Ankerbojen nicht unterscheiden. Wir können auch nicht sehen, ob noch eine Boje für uns frei ist. Ein winkendes Licht löst sich aus dem lang gezogenen Lichtermeer und kommt in unsere Richtung. Es sind Antje und Gerrit in ihrem Beiboot. Sie können mit BORRACHO unter Segeln nicht mithalten. Also drehen wir noch eine Ehrenrunde, während wir das rettende Licht genau im Blick behalten. Mit einer Taschenlampe leuchten die beiden eine freie Boje an. Auf Raumschotskurs segeln wir dorthin. Noch einmal lassen wir die Segel schlagen, um die Geschwindigkeit zu drosseln, und steuern im letzten Moment Richtung Boje. Schnell eine Leine an die Boje, und BORRACHO liegt fest. In Karels Bar gleich gegenüber unserer Boje bieten wir unseren Rettern als Ausgleich »für die letzten Schrecksekunden« eine Rum-Cola an. Als wir Stunden später nach mehreren Rum-Colas die Rechnung bekommen, erschrecken wir erst recht.

Am nächsten Tag sehen wir, dass wir in einem tropischen Aquarium liegen, wo die farbigen Papageienfische, die koketten Kofferfische und die gestreiften Sergeant-Majors in großer Anzahl um das Boot schwimmen. Einen Meter unter dem Kiel liegen vielförmige, blühende Korallen, in denen noch viel mehr Fische ihr Zuhause haben. Als Holländer fühlen wir uns hier auch daheim. Alle Menschen sprechen holländisch: Wir kaufen »komijnekaas, rookworst, krentebollen« und in einem »cafè« essen wir ein »broodje kroket«. Herrlich!

Die Insel ist trocken und flach, hier und dort wachsen einsame Kakteen oder ein stachliger Strauch. Die einzige nennenswerte Industrie ist die Salzgewinnung. Berge von Salz blitzen wie Schnee in der Sonne. Das Seewasser in den Salinas, wo das weiße Gold durch Verdampfung gewonnen wird, hat eine rosa Farbe. Genau wie die Farbe der Flamingos, die auf dünnen, scharnierenden Beinen im Wasser umherschreiten. Wer von wem rosa geworden ist, wissen wir nicht. Vielleicht ist es nur ein fabulöser Zufall? Neben der Salzindustrie gibt es noch die Tourismusindustrie, hauptsächlich wegen der wunderbaren Unterwasserwelt. Am Wochenende mieten wir einen uralten VW-Bus. Nach einer Testfahrt durch Kralendijk, bei der ich mich vertraut mache mit dem erheblichen Spiel im Lenkrad und dem Krach im Getriebe beim Schalten, wagen wir die Fahrt quer über die Insel nach Lac Bay. Dort feiern die Antillaner ohne Anlass den ganzen Sonntag am Strand. Jeder, der Musik machen kann oder singt, steht hinter einem Mikrofon. Der Rest ist fröhlich, lacht, tanzt die Salsa und swingt. Von Jung bis Alt, von Dick bis Dünn. Wenn um die Mittagszeit die kleinen Freiluftrestaurants mit herrlichen Düften von Holzfeuer, Rauch, Grillfleisch und Fisch um die Gäste konkurrieren, unterbricht man das Tanzfest und isst an langen Holztischen. Nach einer kurzen Pause, in der manche mit offenem Mund ein Nickerchen halten, haben die Tänzer wieder genügend Energie für den Rest des Tages.

Wir bekommen die Nachricht, dass in einigen Tagen unser

neuer Motor per Frachter in Curaçao ankommen wird. Als wir uns bei der Polizei in Bonaire abmelden, herrscht große Verwirrung.

»Ihr habt euch doch gestern schon abgemeldet«, meint der dickleibige Beamte.

»Nein«, antworte ich wahrheitsgemäß, »wir haben uns vor einer Woche angemeldet, und nun melden wir uns ab.«

Als der gewichtige Polizist beharrlich behauptet, dass wir uns schon abgemeldet haben, sage ich zum Spaß: »Dann gibt es zwei Möglichkeiten: Entweder ich habe vergessen, dass ich gestern mit Ihnen gesprochen habe, oder es gibt zwei Schiffe mit dem Namen BORRACHO.«

Ich weiß nicht, wegen welcher der beiden Varianten der Beamte so schallend lacht, dass sein Bauch fast über die Theke hüpft, aber für ihn ist damit alles in Ordnung.

Karola hält mit dem Fernglas Ausschau nach einem geeigneten Ankerplatz bei der Insel Klein Curaçao und staunt: »Da liegt schon ein Segelboot. Du wirst es nicht glauben, aber das Boot heißt BORRACHO.«

Als wir näher kommen, sehe ich tatsächlich in großen Buchstaben am ganzen Rumpf entlang den Namen BORRACHO. Es ist unsere BORRACHO, die wir vor Jahren auf Mallorca verkauft haben. Die Buchstaben hatten wir selber noch daraufgeklebt, der neue Besitzer hat nur den Rumpf in einer anderen Farbe gestrichen. Die halb spanische, halb venezolanische Familie hat das Schiff, so erzählen sie uns später, vor zwei Jahren über den Atlantik geschippert. Mit drei Kindern an Bord, von denen das eine erst vor Kurzem das Licht der Welt erblickt hat, segeln sie mit unserer alten 32-Fuß-BORRACHO jetzt zwischen den Niederländischen Antillen herum. Die Welt ist klein.

Der Hafenmeister der Marina, wo der neue Motor eingebaut wird, schickt uns per E-Mail den Rat, vor dem schmalen Eingang des »Spaanse Water« zu ankern. Sobald wir uns über UKW melden, wird er uns durch den Kanal zu seiner Marina schleppen. Der Eingang ist vom Meer aus schwer zu erkennen, aber glücklicherweise kommt gerade ein Schiff heraus. Nun wissen wir, dass wir die richtige Stelle gefunden haben. Wir segeln noch einmal an der Küste entlang und wieder zurück, damit wir in den natürlichen Kanal schauen können, der die weitläufige Lagune mit dem offenen Meer verbindet. Hier draußen in dem kräftigen Passatwind zu ankern und zu warten ist bestimmt nicht komfortabel. Der Wind steht quer zur Längsrichtung des Kanals. Warum segeln wir nicht einfach rein?

Sobald wir im Kanal sind, sind die Wellen verschwunden, aber auch der Wind. Wir treiben langsam nach Legerwall. Jedes Mal, wenn wir denken, gleich geht es schief, pustet der Wind wieder in die Segel, und wir können zur Luvseite des Kanals kriechen. Der Wind hat seine Kräfte aufgespart: Als wir aus dem Kanal kommen, macht er uns zum letzten Mal Schwierigkeiten. Mit 30 Knoten Wind auf dem Bug kreuzen wir, wie eine offene Jolle, die letzte Meile ohne Motor. Kurz vor der Marina geht der Anker runter, und wir rufen über Sprechfunk den Hafenmeister.

»Wo seid ihr?«, fragt er.

»Schau mal aus dem Fenster!«, lautet unsere Antwort.

Wir haben zwei Monate Übung im Segeln ohne Motor und keinen einzigen interessanten Ankerplatz ausgelassen. Stolz gehen wir davon aus, dass wir nun richtige Segler sind.

Zwei Tage später glänzt der neue Motor auf dem Steg neben dem Boot. Wir haben überall gefragt, ob jemand einen versierten Mechaniker kennt, der unseren Kraftprotz einbauen kann. Selber einen Motor einzubauen scheint mir noch etwas hoch gegriffen. Es fällt immer wieder der Name des Mechanikers Singh. Er ist ein kleiner, drahtiger Mann. Dieser Körperbau kann beim Arbeiten in einem kleinen Raum von großem Vorteil sein. Das Entfernen des alten Motors geht nahezu problemlos. Nur läuft das schwarze Motoröl aus dem Motorblock und hinterlässt eine breite Sirupspur im Salon.

Herr Singh kommentiert fröhlich: »Nicht weinen, Mister Cees. Rastafan macht alles wieder in Ordnung.«

Diesen Satz werde ich in den kommenden Wochen noch oft hören.

Stöhnend und quietschend unter dem Gewicht des neuen Motors schwenkt der Baum mittschiffs. Mir ist nicht wohl bei der Sache. Falls der Baum bricht, fällt die Maschine quer durch den Boden des Schiffes. Das heißt, falls er überhaupt durch die Luke geht. Wir passen und messen und drehen, und gerade als das Boot ausatmet und der Motor einatmet, gleitet die Maschine durch die Luke. Die tiefen Kratzer im Holz kann ich später ausbessern.

Nun will Herr Singh feststellen, ob und wie die Tragekonstruktion für den neuen Motor angepasst werden muss. Die neue Maschine schwebt über der Stelle, wo sich vorher der alte Motor befunden hat. Herr Singh bringt den schwebenden Motor in eine Linie mit der Propellerwelle und stellt fest, dass die Motorträger erhöht werden müssen. Morgen wird er zusammen mit seinem Freund Piet wiederkommen. Piet kann eiserne Platten herstellen, mit denen die Träger erhöht werden sollen. Der Motor bleibt, wie ein unüberwindbares Hindernis, stehen, wo er steht. Im Salon ist kaum ein Zentimeter Platz für uns. Ist nicht so schlimm, ist nur für eine Nacht.

Nach drei Tagen erscheint Herr Singh mit seinem Freund Piet, um Maß zu nehmen. Piet ist riesig und tiefschwarz mit Händen wie Kohlenschaufeln. Als er sich durch die Luke gepresst hat – jetzt halte ich die Atem an –, fängt er gleich mit den Messarbeiten an. Ich lasse den Motor herunter bis genau zu der Stelle, wo nach Meinung Herrn Singhs unser neuer Kamerad stehen sollte. Die beiden Spezialisten messen auf für mich nicht nachvollziehbare Weise und unterbrechen die Arbeit regelmäßig für Werkbesprechungen. Nach einer endlosen Schlussdiskussion kommt das erlösende Wort. Piet macht zwei T-Balken mit Zwölf-Millimeter-Löchern, in welche die Bolzen der Motorstützen passen. Eine einfache Sache! In zwei Tagen wird er die Hilfsteile geschmiedet haben. Das wäre am Freitag.

»Dann können wir am Samstag den Motor endgültig installieren«, stelle ich vergnügt fest.

»Überhaupt kein Problem!«, klingt es in multikulturellem Duett.

Wir sitzen am Freitagabend während der Happy Hour auf der Terrasse von Sarafundi, dem Treffpunkt der Segler am Spanish Water. Aber wir sind gar nicht happy. Wir haben diesen Freitag keinen Piet und keinen Rastafan gesehen, und der Motor steht noch immer in der Mitte des Salons. Wir sind zu der traurigen Schlussfolgerung gekommen, dass einen Motor einzubauen auf Curaçao keine einfache Sache ist. Um die ganze Operation erfolgreich abschließen zu können, wird es uns Blut, Schweiß und Tränen kosten. Nach einigen Gläsern Bier schlage ich den versammelten Seglern eine Wette vor. Wer das Datum errät, an dem die Maschine eingebaut ist und einwandfrei läuft, bekommt von uns eine Flasche Champagner. Und wir werden am Abend dieses memorablen Tages als

Besatzung der BORRACHO am Strand ein unvergessliches Fest veranstalten.

Montagnachmittag surft Piet in seinen Schuhen Größe 46 über den Steg und zeigt mir stolz die beiden T-Balken. Die Löcher sind exakt an den richtigen Stellen gebohrt, scheinen mir aber etwas klein für die Bolzen, die ich zufällig in der Hand habe. In der Tat: Die Bolzen passen nicht in die Löcher.

»Nicht weinen, Mister Cees. Wir haben die Maße der Löcher und die der Bolzen verwechselt.«

Einige Tage später sind die Löcher größer, aber jetzt stellt sich heraus, dass einer der T-Balken zu lang ist. Piet muss ein Stück absägen. Stunden, Tage, Wochen gehen vorüber. Die Maschine steht noch immer im Weg, der Flaschenzug und mehrere herumliegende Teile machen das Chaos komplett. Wir stehen kurz vor einem Nervenzusammenbruch, aber Herr Singh, wenn er da ist, bleibt fröhlich und glaubt noch immer an das Gelingen seiner Mission.

Endlich ist es so weit: Der Motor kommt auf seinen endgültigen Platz. Vorsichtig lasse ich das 200 Kilo schwere Gerät herunter. Alles passt, aber Herr Singh schaut erstaunt und mit Verständnislosigkeit im Blick auf die Maschine und die Propellerwelle. Jetzt sehe ich es auch: Der Motor steht zu tief!

Ich frage: »Hast du berücksichtigt, dass wenn die Maschine auf den Gummimotorstützen steht, die ganze Sache noch einige Zentimeter durchsackt?«

Ich denke, dass meine Bemerkung für jemanden, der regelmäßig Motoren einbaut, eine rhetorische Frage ist.

Das Gesicht von Herrn Singh leuchtet auf, und strahlend erklärt er: »Klar. Das ist es! Ich dachte schon, dass wir wieder falsch gemessen hätten.«

Jeden Tag gibt es einen möglichen Gewinner der Wette weniger. Selbst der meist notorische Schwarzseher sieht die Flasche Champagner an sich vorübergehen. Aber nach vier Wochen ist es so weit: Wir versuchen einen Probestart. Der Motor springt sofort an, und Herr Singh springt und tanzt. Wir sind völlig durchgedreht vor Freude und Erleichterung.

»Wir machen gleich eine Probefahrt!«

Alle kommen und gucken und gratulieren.

Ich stelle mich hinter das Steuerrad und rufe: »Leinen vorn los, Leinen hinten los!«

Ich schaue nach hinten, alles ist frei. Ich setze den Bedienungshebel in den Rückwärtsgang und gebe ein wenig Gas. BORRACHO fährt vorwärts und rammt den Steg mit einem Schlag, den man in Willemstad hören kann. Der Motor ist auf jeden Fall ganz schön kräftig.

»Nicht weinen, Mister Cees. Rastafan macht es in Ordnung.«

Nach einer Stunde hat Herr Rastafan Singh die Kabel für »vorwärts« und »rückwärts« gewechselt, und unsere Probefahrt fängt an. Stolz fahren wir an allen Booten vorbei, die in Spanish Water vor Anker liegen. Der Motor summt und schnurrt wie eine zufriedene Katze, die zusammengerollt im Sonnenlicht auf der Fensterbank liegt. BORRACHO ist wieder komplett.

»Heute Abend großes Fest am Strand!«, rufen wir.

Alle winken und sind froh, dass es nun doch noch geklappt hat, obwohl keiner das Datum auch nur annäherungsweise geraten hat.

Am Abend laden wir das Beiboot voller Getränke, vom Kasten mit Bier bis zu den letzten Flaschen Rum von der Isla Margarita.

»Weißt du was«, sage ich übermütig zu Karola, »lass uns noch einmal den Motor starten. Er hat so einen schönen Klang.«

Ich starte. Der Motor springt an, setzt ein paar Takte aus, springt wieder an, kommt mühsam in seinen Rhythmus und läuft. Plötzlich schneidet der Motoralarm durch die Abendstille. Große Wolken schwarzgrauen Rauchs qualmen aus dem Auspuff. Der Motor stoppt! Keine optimale Leistung für einen brandneuen Motor.

Was ich dann auch versuche, der Motor bleibt leblos. Was machen wir jetzt? Wir sind verzweifelt. Die Segler am Strand warten. Das Fest muss stattfinden, auch wenn der Patient gestorben ist. Niedergeschlagen fahren wir mit unserem Beiboot voll mit alkoholischen Getränken zum Strand. BORRACHO und der in seinem eigenen Qualm erstickte Motor bleiben einsam in der Marina zurück. Was kann bloß mit der Maschine los sein, überlege ich unterwegs. Dann erinnere ich mich an ein Gespräch mit Herrn Singh, in dem ich versuchte, ihm das Prinzyp eines »syphonbreak« zu erklären. Bei moderneren Motoren, belehrte Rastafan mich, brauche man so etwas nicht mehr. Ich fühlte mich damals sehr klein und altmodisch gegenüber dem Motoreinbauspezialisten. Jetzt denke ich: Alles deutet darauf hin, dass wir Wasser oder schlimmer noch: Salzwasser in unserem neuen Motor haben. Auch ein moderner Dieselmotor braucht anscheinend immer noch einen Syphonbreak, um zu verhindern, dass Salzwasser in den Motor fließt. Nach dem Fest, bei dem wir fast alleine den Inhalt des Beiboots auf die schlechte Gesundheit von Rastafan leer getrunken haben, fallen wir torkelnd in unsere Kojen.

Am nächsten Morgen kommt einer nach dem anderen unserer Gäste zu Besuch, um sich den abgesoffenen Motor anzuschauen, und jeder weiß eine Lösung für das Problem. Es geht von »mit Kerosin durchspülen« bis »einen neuen Motor kaufen«. Hoffnungslos verwirrt durch die vielen gut gemeinten Ratschläge, halte ich mir die Ohren zu.

»Ich will nichts mehr hören. Hört auf! Ich werde einen richtigen Mechaniker in Holland anrufen.«

Der Mann, den ich noch von früher kenne, ist deutlich und sagt mir ganz präzise, was ich machen soll.

Der alarmierte Herr Singh ist inzwischen eingetroffen und sagt: »Nicht weinen, Mister.«

Aber ich unterbreche ihn: »Ich weine, Mister Singh, und du machst ab heute genau, was ich sage, und ansonsten: Maul halten, bis die Maschine wieder läuft!«

Wir installieren einen Syphonbreak, den ein anderer Segler als Ersatzteil an Bord hatte, und führen alle Handlungen durch, die der holländische Mechaniker aufgelistet hat. Wir arbeiten den ganzen Sonntag, um den Motor zu entsalzen. Am Abend starten wir die Maschine: Sie läuft wie geschmiert, es gibt keinen Alarm mehr. Die Kopfschmerzen vom vorgegangenen Abend vertreiben wir mit einer Flasche Rotwein. Herr Singh bekommt eine Tasse Tee.

Wir hatten während der Wartezeiten beim Motoreinbau genügend Zeit, ein Auto zu mieten und die Insel zu erkunden. An der Südküste fanden wir einige wunderbare, einsame Buchten, die ausgezeichnet zum Ankern sind. Mit Karel und Mary, Freunden aus Holland, die uns besuchten, gingen wir mit BORRACHO auf Entdeckungsreise. Martha Bay hat einen schmalen, untiefen Eingang, aber gleich dahinter entfaltet sich eine große Lagune mit gutem Ankergrund. An der Seeseite gab es einen langen Strand mit einem Fünf-Sterne-Hotel ohne Gäste und einer Tauchschule ohne Schüler. Wir durften alle Einrichtungen benutzen, und dazu gehörte auch ein Kompressor, mit dem wir unsere Tauchflaschen füllten, eine unerwartete

Chance. 70 Meter vor dem Strand liegt ein schmales Riff, das wie eine Steilwand 30 Meter abfällt. Wir schwebten gewichtslos, wie Astronauten, mit unseren Flaschen auf dem Rücken in zehn Metern Tiefe an der Wand entlang. In der lautlosen Stille sprudelten die Luftblasen unseres Atems wie Perlen an einer Kette hoch. Wir bewunderten sprachlos die unendlich vielen Formen und Farben, die Mutter Natur in jahrelanger, geduldiger Arbeit kreiert hat. Kleine Fische kamen neugierig näher. Ein Stippelbarsch, einen Meter lang und mit hervorgeschobener Unterlippe, erschreckte uns mit barschem Gesicht. Ein Kugelfisch blies sich zu eindrucksvoller Größe auf. Seine Augen waren riesengroß vor lauter Staunen, so was wie uns hatte er noch nie gesehen.

In Kruisbaai ankerten wir in einer Felsenlandschaft. Tief in der Bucht fanden wir einen kleinen Strand mit einer Holzbar unter einem Schattenbaum. Ein alter grauhaariger Mann mit vom Wetter gegerbten Gesicht und nur zwei Zähnen, die weit auseinander standen, verkaufte eiskaltes Bier. Es war heiß an Bord, und wir hatten Lust auf ein herrliches Bier. Ich schwamm zum Strand, die andern ruderten hin. Der alte Mann hatte sich leider einen Tag freigenommen. Die Bar war geschlossen! Zwei uniformierte Ranger des Naturreservats kamen mit ihrem Pick-up-Truck, um nachzusehen, was wir da am abgelegenen Strand machten. Wir erzählten von unserem unstillbaren Durst und der Entäuschung über die geschlossene Bar. Sie kannten ein Lokal, wo wir ein kaltes Bier bekommen würden. Wir stiegen also auf die offene Ladefläche. Ich war froh, dass es an diesem Tag so heiß war, denn ich war nur mit einer Unterhose bekleidet. Auf der Kreuzung zweier staubiger Straßen befand sich ein Etablissement, wie man es in alten Western sieht. Eine leere Bank stand im Schatten unter dem Holzbalkon. Hinter dem Tresen war ein Brett, an dem nummerierte Schlüssel hingen. Ein Kühlschrank, worauf Coca-Cola stand, enthielt Bier. Wir erwarteten jeden Moment, dass Clint Eastwood mit den Händen am Halfter auftreten und fragen würde: »Was wünschen die Herrschaften?« Als wir im Schatten des Wirtshauses unser eisgekühltes Bier tranken, stolzierte eine Dame hüftenschwingend an uns vorbei. Sie trug einen eng anliegenden Catsuit von einer blendenden roten Farbe. Die Katze setzte sich in verführerischer Pose auf einen der Sessel, die zu diesem Zweck am Straßenrand standen. Sie brauchte nicht lange zu warten. Schon beim ersten Auto hatte sie den Fahrer am Haken. Mit Zimmerschlüssel und Freier im Schlepptau verschwand sie für eine lustige Viertelstunde im Inneren des Hotels. Und ich stellte fest, dass ich als Einziger für diese Gelegenheit passend gekleidet war.

Kolumbien

Mary und Karel versuchen sich inzwischen wieder in Den Haag an ein geregeltes Leben anzupassen. Wir räumen tagelang den Supermarkt in Willemstad leer, denn nun brechen wir wieder auf, und wir wissen nie, wo wir wieder werden einkaufen können. Wir gehen an der Küste von Kolumbien entlang nach Cartagena und weiter zum San-Blas-Archipel. Gerrit von der ANTARES segelt die Strecke ohne Antje. Sie ist Regisseurin von Beruf und hat einen Auftrag für eine TV-Dokumentation. Als Ersatz hat er ein männliches Teilzeitbesatzungsmitglied an Bord genommen, das, was Schönheit betrifft, Antje nicht das Wasser reichen kann.

Wir werden die Strecke vor der Küste von Kolumbien zusammen segeln. Über diese Route werden grausame Geschichten erzählt. Von Yachten, die verschwunden sind, und von Drogenbaronen, denen die Pistole locker in der Tasche sitzt. Ich kümmere mich nie so viel um diese Art von Horrorstorys. Selbstverständlich kann man mal zum falschen Zeitpunkt am falschen Ort sein. Dafür brauchen wir jedoch nicht unbedingt in Kolumbien zu sein. Aber trotzdem, ein vertrautes Boot in der Nähe gibt einem ein sichereres Gefühl.

Langsam verschwindet Curaçao im Dunst, bis wir nicht mehr sicher sind, ob wir die Insel noch sehen, oder ob es eine Wolke ist. Jedes Mal aufs Neue genießen wir die Stille des Meeres, den kühlenden Passatwind, das tiefblaue Wasser und das weiße Kielwasser, das BORRACHO für einige kurze Augenblicke als Erinnerung hinterlässt. Der Passatwind bläst uns Meile um Meile westwärts. Alles an Bord funktioniert, die Arbeitsliste ist in den letzten Wochen erheblich geschrumpft, und der Autopilot steuert. Wir lesen ein Buch oder schauen über die Wellen, die in einer ewigen Bewegung das endlose Wasser formen. Unser Plan ist es, bei Aruba zu ankern und am nächsten Tag weiterzusegeln. Aber warum eigentlich? Wir segeln im Moment fantastisch, und der einzige Ankerplatz bei Aruba hat keinen guten Ruf. Wir winken freundlich, als wir mit fünf Knoten Geschwindigkeit an der Küste entlangsegeln, und gehen in die Nacht.

Während meiner Wache sehe ich die unzähligen Lichter von dem Flugplatz und den Ölraffinerien Arubas langsam hinter mir im Dunkel verschwinden. Ich mache es mir im Cockpit mit zwei

Kissen gemütlich und schaue zu dem funkelnden Firmament. Doch bald beschleicht mich ein unbestimmtes Gefühl, dass irgendetwas mit dem Sternenhimmel nicht stimmt. Ich stehe auf und schaue mich um. Welche Lichter sind das da vorn? Welchen Kurs haben wir? Ich gucke auf den schwach beleuchtenden Kompass. Sch...! Die Kompassnadel zeigt nach Osten! Das ist Aruba, da vor uns! Der Autopilot funktioniert nicht mehr. Ich mache mich an die Arbeit, um die Windfahne betriebsbereit zu machen. Das hätte ich schon viel eher erledigen sollen, als es noch hell war. Na ja, der erste Tag auf See war so herrlich; wer denkt da an die Windfahne? Es gelingt mir nicht, das Steuersystem richtig einzustellen. Immer wieder läuft BORRACHO aus dem Ruder, und ich muss korrigieren. Bei Tageslicht sind wir in der Nähe der Insel Monjet. Wenn wir dort vor Anker gehen, kann ich in Ruhe darüber nachdenken, wie ich unsere Ruderprobleme lösen kann. Eine Nacht lang selbst zu steuern, kann auch mal Spass machen.

In den ersten Sonnenstrahlen sehen wir die Insel recht voraus. Monjet ist nicht mehr als ein Felsen mit einer winzigen Bucht. Die Coast Guard hat auf dem Felsen einen Stützpunkt. Die Bucht ist zu klein zum Ankern, aber man hat eine Trosse zum Festmachen quer über die Bucht gespannt. Drei französische Yachten haben bereits an der dicken Leine angelegt. Für uns ist gerade noch Platz, aber wir liegen Bord an Bord. Wir sind hundemüde. Obwohl der Krach des vorsintflutlichen Dieselaggregats auf dem Felsen, das seine Auspuffgase wie ein Minipassat über uns hinwegbläst, nicht zu überhören ist, schlafen wir sofort ein. Als ich am Nachmittag den Autopiloten auseinandernehme, entdecke ich einen korrodierten Kontakt. Mit einem Wattestäbchen und etwas Alkohol putze ich die lädierte Stelle sauber, und damit ist das Problem vorläufig gelöst.

Im Laufe des Nachmittags läuft eine leichte Dünung in die Bucht. Die vier Boote scheuern aneinander, aber mit einigen zusätzlichen Fendern geht es bestens. Gegen Abend schlingern die Boote schon unregelmäßig hin und her.

Als das Gerüst der Solarzellen unseres Nachbarn nur um Zentimeter an unserem Bimini vorbeischwankt, sage ich zu Karola: »Das wird ein großes Elend heute Nacht. Lass uns auslaufen, solange es noch geht.«

Wir lösen die Festmacher und fahren vorsichtig rückwärts. Der französische Nachbar erkundigt sich noch, ob wir schon ausgeschlafen haben.

»Non! Pas du tout«, antworten wir und verschwinden in der Nacht.

Nach einer Stunde begreifen wir, wo die Dünung herkommt. Der Wind fängt kräftig an zu blasen, und ein heftiges Gewitter nach dem anderen zieht über uns hinweg. Ich werfe den Motor an, wir haben schließlich den neuen Motor nicht umsonst an Bord, und versuche, so schnell wie möglich aus dieser Gewitterecke zu entfliehen. Karola sitzt mit einem Handtuch über dem Kopf auf dem Cockpitboden und zuckt bei jedem Donnerschlag zusammen. Ich konnte sie auch nie dazu bewegen, das Feuerwerkfestival in Scheveningen anzuschauen.

Im Morgengrauen sehen wir die Küstenlinie von Kolumbien. Noch zwölf Meilen, dann sind wir im Windschatten von Cabo de Vela. Hinter dem Kap ist eine weitläufige Bucht. Vorsichtig fahren wir hinein. In der Ferne sehen wir einige Strohhütten. Kleine Fischerboote treiben im Morgenlicht hinter ihren Bojen. Dort scheint ein guter Ankerplatz zu sein. Der Tiefenmesser zeigt an, dass der Boden flach ist und die Tiefe nur langsam abnimmt. Als der Anzeiger auf zehn Meter steht, lässt Karola den Anker fallen. Wir schlafen erst mal eine Runde.

Die Bucht ist einsam und verlassen. Nur selten kommt ein Fischer in einem armseligen Bötchen vorbeigepaddelt. Die Männer können mit dem Fischfang kaum den Kopf über Wasser halten. Wir grüßen freundlich, aber die Fischer rudern mit gesenktem Kopf weiter, als ob sie uns nicht gesehen hätten. Welch ein Unterschied zu den fröhlichen Menschen in der Karibik. In dieser elenden Armut gibt es auch wenig zu lachen.

Wir haben über Funk Kontakt mit der ANTARES. Gerrit ist noch auf dem Weg nach Monjet. Wir geben ihm den Rat, die Insel links liegen zu lassen und gleich weiter nach Cabo de Vela zu segeln. Er könnte im Lauf der Nacht hier sein. Ich gebe die Koordinaten für die Bucht durch und beschreibe, wie er einfahren kann. Wir werden Lichter anmachen, damit er uns schon von Weitem sieht. Am nächsten Tag erkennen wir im Licht der untergehenden Sonne ein Segelschiff, das um das Kap biegt. Die Jungs auf der ANTARES müssen ganz schön geackert haben, wenn sie jetzt schon hier sind. Ich schalte unsere Lichter ein, und im Dunkeln lässt Gerrit neben uns den Anker herunter. Beide sind müde, sogar für einen Toast auf die wohlbehaltene Fahrt reicht die Energie nicht mehr. Sie verschwinden gleich in der Koje.

Bis zur ersten der Five Bays sind es 130 Seemeilen. Bei beiden Booten geht der Anker hoch. Das Wasser in Küstennähe ist nicht tief, kaum zehn Meter. Das gefällt mir nicht, und als der Wind an Stärke zunimmt und die Wellen steiler werden, segle ich weiter ins Meer hinaus. Weg von der Küste, denn wo das Wasser tiefer ist, sind die Wellen weniger gefährlich. In der Nacht frischt der Wind bis 30 Knoten auf. Wir haben die Arbeitsfock auf Taschentuchgröße reduziert. In der Kajüte herrscht Chaos. Alles, was wir nicht befestigt haben, hat sich selbstständig gemacht und bewegt sich frei im Raum. Kein Wunder: Die Wellen rollen quer auf uns zu, und BORRACHO schlingert unermüdlich. Mein Kojensegel, eine nützliche Erfindung, die verhindern soll, dass man bei hohem Seegang aus dem Bett fällt, reißt, und ich rolle über den Boden. Nach einigen Umdrehungen liege ich fest unterm Tisch. Im Halbschlaf bleibe ich liegen, es ist gar kein schlechter Platz.

Über dem Festland wüten wieder heftige Gewitter. Karola, die Wache schiebt, zählt jedes Mal die Zeit zwischen dem Donner und dem Blitz. Es gibt aber so viele Blitze, dass die Entfernung nicht festzustellen ist.

Ich beruhige sie: »Weil wir weit von der Küste entfernt sind und das Gewitter über Land hängt, besteht keine Gefahr für Schiff und Besatzung.«

Doch als ich am Anfang meiner Wache aus der Luke schaue, beobachte ich ein beunruhigendes Schauspiel. Das Gewitter ist näher gekommen. Im Vordergrund rasen schäumende Wellen an uns vorbei. Weiter weg sieht es aus, als ob Hunderte Japaner die Küste von Kolumbien fotografieren. Unaufhörlich wird das Meer grell erleuchtet von Lichtblitzen, die senkrecht in die sich brechenden Wellen schießen. Der krachende Donner rollt gleich hinterher, manchmal gibt es einen Schlag, als ob eine Riesenhand unsere ängstliche BORRACHO in zwei Stücke brechen möchte. Zwischendurch sehe ich ein Naturwunder, das ich noch nie im Leben gesehen habe: Kugeln aus Feuer, die wie Ufos durch die Nacht fliegen. Die Küsten Kolumbiens und Panamas sind bekannt und berüchtigt wegen dieser schweren Gewitter. Einerseits hätte ich gern Panama ohne Gewitter erreicht, andererseits hätte ich die faszinierende Naturgewalt um nichts in der Welt missen wollen. Als das Gewitter weiterzieht und der Donner nur noch leise und harmlos klingt, schließe ich endlich die Luke.

Vorher rufe ich laut nach oben: »Denk daran, wenn wir morgen früh in die Bucht einlaufen, will ich gar nichts mehr hören!«

Die Bucht hat einen schmalen Eingang und ist von hohen Felsen umgeben. Hinten ist ein Stückchen Strand, wo ein verlassenes Haus von einem alten knorpeligen Baum gestützt wird. Ein schmaler Pfad führt ins Innere des Landes. Aber wir sind nicht allein. Die ANTARES kommt gerade herein, und die drei Yachten, die bereits vor Anker liegen, sind die Franzosen, die wir von Monjet kennen. Nachdem wir uns davongemacht hatten, waren sie die ganze Nacht damit beschäftigt, ihren durch das Unwetter erlittenen Schaden zu begrenzen auf einen verbeulten Bugkorb, einen Stoßrand, der bei der Ausübung seiner Funktion zersplittert war, und eine gebrochene Saling, als zwei Masten sich ineinander verkeilt hatten. Auch sie werden das nächste Mal nicht vor Monjet ankern.

Am Nachmittag – wir haben uns gerade ein bisschen erholt – kommt ein Mann mit zwei Kindern angerudert. Er macht es sich in unserem Cockpit mit zwei zusätzlichen Kissen bequem. Seine zwei Söhne sitzen brav und kerzengerade neben ihm.

»Wollt ihr eine Cola«, und an Guan gerichtet, so hat Papa sich vorgestellt, fragt Karola gastfreundlich, »eine Tasse Kaffee?«

»Na ja, wenn es Ihnen nichts ausmacht, hätte ich lieber ein Bier«, kommt die prompte Antwort.

Er wohnt an dem Pfad, den wir schon gesehen haben, lebt vom Fischfang und ein wenig von Landwirtschaft, baut Opium an. Ja, er weiß, dass es nicht in Ordnung ist, dass es viele hoffnungslose Drogensüchtige gibt. Aber was soll er machen? Er würde lieber Kaffee anbauen, aber Kaffee gibt dem Bauer nur harte Arbeit und ungenügende Erträge für ein anständiges Leben. Mit Opium wird er auch nicht reich, aber seine Kinder können in die Schule gehen und haben später hoffentlich ein besseres Leben als er selbst.

»Habt ihr noch ein Bier für mich?«

Die Bucht, in der wir liegen, ist seiner Meinung nach sicher. In der nächsten Bucht hat ein Drogenbaron sich eine Ferienvilla am

Strand bauen lassen. Dort feiern sie wilde Feste, für uneingeladene Gäste hat man dort wenig Verständnis. Wir sollen auch das Städtchen, etwas weiter die Küste runter, nicht besuchen. Täglich gibt es dort Schießereien, einen Anlass brauchen die Leute dort nicht. Nach dem dritten Bier und vielen Geschichten rudert er mit der Hoffnung auf ein besseres Kolumbien zurück zum Strand und lässt uns mit vielen Zweifeln und sehr nachdenklich zurück.

Cartagena, eine Stadt voller Geschichte, wollen wir trotz aller Gefahren nicht auslassen. Für die Strecke von unserem Ankerplatz in Five Bays nach Cartagena müssen wir wieder die Nacht durchsegeln. Wir wollen versuchen, noch bei Tageslicht das berüchtigte Kap Barranquilla zu runden. Es ist nicht nur wegen der harten Winde berüchtigt. Hier mündet der längste Fluss Kolumbiens, der Magdalena, ins Meer. Er schlängelt sich mehr als 1500 Kilometer zwischen zwei Ausläufern der Anden hindurch bis zum Karibischen Meer. Die Kombination von Strömung und kräftigem Wind kann gefährliche Wellen verursachen. Aber der Rio Magdalena hat noch mehr Tücken. Auf seiner langen Reise durch Urwälder sammelt er riesige Baumstämme, die er rücksichtslos ins Meer speit. Ein einziger Baumstamm reicht, um eine Yacht wie BORRACHO zu versenken.

Der Passat hat sich normalisiert, und die Wellen sind nicht so hoch wie in den letzten Tagen. In Ruhe betrachten wir die grüne, sanft gewellte Landschaft, an der wir vorbeiziehen. Gegen Mittag sehen wir höhere und steilere Hügel, der Wind nimmt an Kraft zu, und auch die Wellen werden höher und steiler. Es wird ein Wettlauf mit der Zeit. Werden wir das Kap noch vor der Nacht schaffen können? Ich entschließe mich, die Küste zu verlassen und das Kap in mindestens zehn Seemeilen Entfernung zu runden. Karola möchte lieber näher an der Küste entlangsegeln, weil es dort mehr zu sehen gibt. Ich erkläre ihr, dass wir weiter weg von der Küste weniger Gefahr laufen, von einem Baumstamm versenkt zu werden. Dieses Argument überzeugt, denn unsere Geschwindigkeit durch das Wasser beträgt sechs Knoten, und man darf gar nicht daran denken, dass wir in der Nacht einen solchen Urwaldriesen voll erwischen.

Ab und zu treiben Baumstämme vorbei, manchmal komplett mit Ästen. Ein Stamm kratzt an der Bordwand. Wir haben einen Moment nicht aufgepasst, aber BORRACHO schiebt das harte Holz ungeduldig beiseite. Bei Sonnenuntergang haben wir Barranquilla querab. Mit dem sicheren Gefühl, dass wir mit jeder Meile die Gefahrenzone hinter uns lassen, treten wir die erste Wache an. Den immer noch kräftigen Wind sehen wir nicht mehr als Problem, sondern als freundlichen Helfer. Am Ende meiner Hundewache wecke ich Karola mit einem Topf Filterkaffee und der »Fünften Symphonie« von Beethoven. Ta, ta, ta, taaaaa. Der neue Tag beginnt ruhig.

Als die graue Morgendämmerung Platz macht für die ersten Sonnenstrahlen, erblicken wir am Horizont die Silhouette Carthagenas. Die Stadt wurde kurz nach dem Jahre 1500 von den Spaniern gegründet und galt damals als uneinnehmbare Festung. Sir Francis Drake wurde mehrere Male zurückgeschlagen, bis es ihm 1585 gelang, die Stadt einzunehmen und zu plündern. Sir Francis war, wie so viele berühmte Seehelden, damals eigentlich nichts anderes als ein gewöhnlicher Pirat. Obwohl, so sagen die Geschichtsbücher, ein Pirat mit einem guten Herzen. 28 Engländer, neun Spanier und eine unbekannte Zahl von Galeerensklaven und Indianern verloren ihr Leben. Die Stadt blieb ein wichtiger Flottenstützpunkt für die Spanier, und die Verteidigung wurde dauernd verstärkt. Von 1711 bis 1778 haben Soldaten der Garnison sogar um die ganze Bucht eine Unterwassermauer gebaut. Genau diese Mauer ist an diesem Morgen unser Problem.

Wir müssen die schmale Einfahrt finden, durch die wir in die Bucht einlaufen können. Mit dem Fernglas spähe ich nach links ... nach rechts. Nichts, was auf einen Durchgang in der Unterwassermauer hinweist. Aber dann haben wir Glück. Der Wind hat sich in der Nacht gelegt, die frühe Sonne steht hinter uns und lässt das Wasser aufleuchten. Wir fahren langsam vorwärts. Dort sehen wir eine Verfärbung des Wassers, dort muss die Unterwassermauer sein. Vorsichtig fahren wir an der Mauer entlang. Ich suche immer wieder mit dem Fernglas die Passage. Halt, da sehe ich doch etwas ... Ich schwenke das Fernglas zurück. Dort stehen zwei Holzstäbe im Wasser. Als wir näher kommen, sehen wir, dass in längst vergangenen Zeiten der eine Stab grün war und der andere rot. »Ich kann mir nicht vorstellen, dass diese Dinger seit 1778 noch immer ihren Dienst tun«, sage ich, »ich traue der Sache noch nicht.«

Im selben Moment kommt ein rostiger Fischertrawler aus der

Bucht und rauscht mit einer hohen Bugwelle zwischen den beiden Stäben hindurch.

Wir ankern vor dem Yachtclub Cartagenas. An der gegenüberliegenden Seite sehen wir die schlanken grauen Schiffe der kolumbianischen Kriegsmarine. Am Ende der Bucht ist die ummauerte Stadt mit ihren vielen verschiedenen Kirchtürmen, die über die roten Dächer hinausragen. Oberhalb der Stadt thront die Burg San Felipe, die schon jahrhundertelang über das Schicksal der Bewohner wacht. Wir streifen lange Tage ohne Ziel in der mittelalterlichen Stadt aus der spanischen Kolonialzeit umher, mit ihren engen Gassen, sich weit öffnenden Plazas, majestätischen Kathedralen und kolonialen Palästen. Wir laufen über Märkte, wo Indianer aus dem Hinterland Handarbeiten verkaufen. Wir besuchen Museen mit moderner Kunst, die von der verloren gegangenen Kultur inspiriert worden ist. Wir steigen sogar zur Burg hoch, obwohl wir den Ausflug fast mit dem Tod durch Austrocknen bezahlen müssen. Es ist heiß, sehr heiß um die Burg herum, und es gibt nirgendwo etwas Trinkbares. Kein Wunder, dass es Drake zwar gelungen ist, die Stadt einzunehmen, aber nie die Burg.

Die Plaza Domingo ist unser bevorzugter Sitzort. In den vielen Restaurants kann man zum Essen oder auf ein Glas Wein im Freien sitzen. Als es dunkel wird und die Straßenlaternen mithilfe eines langen Stabes angezündet werden, verwandelt sich der Platz in einen märchenhaften Jahrmarkt. Überall laufen Händler herum und bieten Zigaretten, Hüte oder Blumen an. Wir sehen einen ärmlich gekleideten Mann mit zwei chic angezogenen Hunden, die zusammen in der Runde tanzen, einen Feuer speienden Feuerfresser, einen narrig karierten Jongleur mit drei Bällen, drei Jungs in traditionellen Kleidertrachten mit fettigen Haarschwänzchen und Bambusflöten, einen Gaukler mit einem weißen Kaninchen im Hut und einen Schlangenmenschen in einem Gewichtheberkostüm. Zwischen dem Gewühl aus Zuschauern und Artisten suchen zwei alte Leute mit einer Gitarre schlurfenden Schrittes ihren Weg. Er läuft gebückt vorne weg, sie schleppt sich fast mit der Nase am Boden zehn Meter hinter ihm her. Neben unserem Tisch fängt er mit seiner musikalischen Darbietung an. Noch hechelnd stimmt sie etwas später mit bebender Stimme ein trauriges Lied an. Für ihn das Zeichen, mit dem Hut herumzugehen. So versucht jedermann, in diesem armen Land etwas Geld zum Überleben zu verdienen.

San Blas

D ie Fahrt von Curaçao bis Cartagena ist schwierig. Andere Yachten erleiden durch schwere Gewitter viel Schaden an der elektronischen Apparatur. Das bleibt uns erspart. Der Autopilot weigert sich zwar manchmal, seine Arbeit zu verrichten, aber das hat nichts mit dem Gewitter zu tun, sondern mit dem Salzwasser. Mit einer Trockenkur im Ofen, den ich auf 80 °C vorgeheizt habe, kriege ich das elektronische Gerät meistens wieder hin.

Im Moment haben wir überhaupt keinen Wind, wir fahren unter Motor. Der frisch getrocknete Autopilot steuert, und wir lesen ein Buch oder schlafen im Schatten des Biminis, unserem Sonnensegel über der Plicht. Das Meer ist völlig leer und sieht aus wie geschmolzenes Blei. Plötzlich, keine 100 Meter vor uns, steigt eine Fontäne hoch. Vier Wale, jeder größer als unser Boot, schwimmen jeweils zu zweit vor BORRACHO. Sie würdigen uns keines Blickes und verfolgen unbeirrt ihren Weg. Dann heben sie, einer nach dem anderen, den mächtigen, breiten Schwanz hoch, schlagen kräftig zum Abschied aufs Wasser und verschwinden in der Tiefe des Meeres. Sie lassen uns glücklich und froh zurück. Glücklich, weil wir diese prächtigen Tiere von so nahe gesehen haben und nicht als Lebertran, den ich als Kind so gehasst habe, und froh, weil sie weit genug weg waren, als sie mit der Schwanzflosse winkten. BORRACHO hätte eine solche Berührung nicht überlebt.

Sobald wir nur ein wenig Wind haben, gehen die Segel hoch und der Motor aus. Der Wind bleibt veränderlich. Tag und Nacht bemühen wir uns, um das Boot Richtung San Blas zu treiben. Warum gibt es immer entweder zu viel Wind, sodass man nicht weiß, wohin, oder zu wenig Wind, sodass man auch nicht weiß, wohin? Warum nicht mal zur Abwechslung ein normaler Wind?

Mit einem Seufzer der Erleichterung sehen wir die ersten Inseln sich vom verschwommenen Horizont abheben. Kurz vor der Passage bei Holandes Cays kommt uns ein Schwarm Delfine zur Begrüßung entgegen. Sie schießen mit ihren hellgrauen, torpedoförmigen Körpern mühelos links und rechts am Bug vorbei. Ich bin nicht abergläubisch, aber Delfine sind immer ein gutes Zeichen.

Nachdem wir einklariert haben, ankern wir vor der Insel Chichime. Die Ankerbucht ist gut geschützt durch eine lange Hauptinsel, eine kleinere Insel gegenüber und ein Riff, das die beiden Inseln verbindet. Alle Inseln sind mit sich im Wind wiegenden Kokospalmen bewachsen. Auf der Hauptinsel wohnen mehrere Kuna-Indianerfamilien. Auf der kleinen Insel wohnt ein junges Kuna-Ehepaar mit zwei Kuna-Kindern. Die Kuna-Indianer sind die Ureinwohner Panamas, aber die Spanier haben sie buchstäblich ins Meer getrieben. Der San-Blas-Archipel besteht aus mehr als 300 Inseln, von denen 40 bewohnt sind. Hier und auf einem schmalen Küstenstreifen am Festland Panamas leben die 300 000 übrig gebliebenen Kuna-Indianer. Die Kunas haben jahrhundertealte Traditionen, fischen wie schon ihre Vorfahren in Baumkanus oder laufen über die Riffe auf der Suche nach Lobstern. Sie können nicht tiefer tauchen, als es die Lungen erlauben, denn Flaschentauchen ist verboten. Wo es möglich ist, bauen sie Gemüse an, und auf fast allen Inseln gibt es Kokospalmenplantagen.

Früher galt die Kokusnuss als Währung, aber die kleinen Indianer, im Schnitt nicht größer als 1,50 Meter, haben von den Seglern gelernt, dass der Dollar mehr Wert hat. Dollars verlangen sie deshalb für die Molas, ursprünglich ein Teil der traditionellen Kleidertracht, die heute als Kunstgewerbe an Segler verkauft werden. In den ersten Tagen nach unserer Ankunft werden wir andauernd von Baumkanus mit Frauen umrundet, die uns Molas anbieten. Es sind buntfarbige Tücher, die nach einem uns unbekannten Verfahren mit Mustern versehen werden, die sich aus der früheren Körperbemalung der Kunas entwickelt haben. Karola wird sofort schwach und kauft ein. Vor allem Lisa ist Spitzenverkäufer. Oder Verkäuferin. Lisa ist Transvestit und kommt fast täglich vorbei, um ein Schwätzchen zu halten, obwohl sie weiß, dass wir schon reichlich mit Molas gesegnet sind. Sie nimmt uns mit zu ihrem Dorf, eine Fahrstunde mit dem Kanu. Wegen ihrer männlichen Vergangenheit ist das Paddeln für Lisa kein Problem.

Das Dorf besteht aus mit Palmblättern gedeckten Bambushütten. Dazwischen verlaufen Sandpfade, wo die größeren Kinder spielen und die kleineren Bürger ängstlich versteckt hinter den bunten Röcken der Mütter zu uns schauen. Lisa macht anscheinend gute Geschäfte. Ihr Haus ist aus Stein, der Architekt hat allerdings wenig Fantasie walten lassen. Stolz zeigt Lisa uns ihren

Weihnachtsbaum, der in der Mitte des einzigen rechteckigen Raumes steht. Sie startet einen knatterenden japanischen Generator. Das Radio erwacht und spielt »Stille Nacht, heilige Nacht«, während die vielfarbigen Lichter am Baum im Takt der Musik an- und ausgehen. Wir sind voller Lob über dieses Wunder der Technik, und Lisa strahlt vor Stolz. Als Belohnung für unsere Begeisterung kleidet Lisa sich hinter einem Vorhang in eine Festtracht der Kuna-Indianer, die sie selbst entworfen und genäht hat. Als sie den Vorhang beiseiteschiebt, sieht sie bildhübsch aus in ihrem langen Rock, der Bluse mit Puffärmelchen und geschmückt mit zwei wunderbaren Molas. Die Arme und Fersen sind umhüllt von buntem Korallenschmuck. In ihrem langen schwarzen Haar steckt eine weiße Hibiskusblüte. Nun wissen wir wirklich nicht mehr, ob sie ein Mann oder eine Frau ist.

Noch vor den Feiertagen wollen wir das Archipel besser kennenlernen. Zwei Wochen lang streifen wir von einer Insel zur nächsten. Wir schwimmen, liegen in der Hängematte oder sitzen im Schatten einer Palme am Strand. Ich versuche, wie die Kunas Lobster zu fangen. Nach einigen Tagen habe ich entdeckt, wo ich sie finden kann. Zwischen den Riffen, wo es ein bisschen Sand gibt, sehe ich die langen Fühler sich langsam hin und her bewegen. Doch noch bevor ich bis zum Grund getaucht bin, hat das herrliche Gericht mich schon gesehen und sich schleunigst in seine Riffhöhle zurückgezogen. Am nächsten Tag gehe ich mit einem Stock bewaffnet auf die Jagd und versuche, das Tier aus seiner Höhle zu verscheuchen. Aber die Lobster lassen sich nicht von einem einfachen Stück Holz vertreiben. Ich verbessere meine Technik, indem ich einen Haken am Stock befestige, um meinen Gegner aus der Höhle zu ziehen. Manchmal hat die Lobsterhöhle ein Hintertürchen, manchmal kriege ich das Biest aus seiner Höhle, aber dann rennt es im Eiltempo über den sandigen Meeresboden und versteckt sich in seiner Zweitwohnung im nächsten Riff. Nach langem Nachdenken konstruiere ich, als Höhepunkt des menschlichen Genius, eine Art Galgen am Ende des Stocks. Sehr zum Verdruss von Karola komme ich jeden Tag mit leeren Händen nach Hause. Für Karola ist ein Lobster noch immer ein Leckerbissen. Für mich handelt es sich allmählich um einen intellektuellen Kampf zwischen dem Lobster und mir. Tief in meinem Herzen bin ich sogar froh, dass ich die im freien Verkauf so teuren Tiere nicht erwischen kann. Ein majestätischer Königslobster fühlt sich in seinem natürlichen Lebensraum bestimmt wohler als in einem Topf mit kochendem Wasser.

Gerrit ist nicht mehr solo. Antje ist für die bevorstehenden Feiertage aus Holland zu Besuch gekommen. Wir wollen gemeinsam mit der Kuna-Familie auf der kleinen Insel das Weihnachtsfest feiern. Wir werden ein Schwein kaufen, und die Kunas bereiten das Tier auf Kuna-Art zu. Ganz vorsichtig fragt der Mann, ob er ein paar Verwandte von der Nachbarinsel einladen darf.

»Selbstverständlich«, sagen wir, »je mehr Seelen, je mehr Freude.«

Am nächsten Tag steht das Schwein neugierig vorne im Baumkanu und setzt ein wenig ängstlich den Fuß auf fremden Boden. Dann läuft unser Ringelschwanz zufrieden grunzend zwischen den Palmen der Insel herum und weiß zum Glück nichts von den bevorstehenden Feiertagen. Es ist groß und fett genug, um für uns und ein paar Kuna-Indianer als Weihnachtsbraten zu dienen. Obwohl wir es uns noch nicht gut als Kotelett, gebratenen Speck oder Schweinshaxe vorstellen können. Schließlich bekommt man auch für ein Schwein nach einiger Zeit ein Gefühl der Zuneigung.

Am ersten Weihnachtsfeiertag gehen die Frauen mit Lisa zum Friedhof, den nur Frauen besuchen dürfen. Die Kuna-Gesellschaft ist matriarchal: Die Frauen sind die Herren der Schöpfung! Vielleicht ist Lisa deswegen Transvestit: If you cannot beat them, join them. Zum Glück sind die Frauen nicht da, denn unser geliebtes Schweinlein wird gegen seinen Willen von den Indianern zum Strand geschleppt; es hat endlich begriffen, dass es sein letztes Weihnachten ist. Ehe die Indianer seinen Kopf endgültig unter Wasser drücken, gibt es noch einen herzzerbrechenden Schrei von sich, der uns durch Mark und Bein schneidet. Wir schämen uns, ihm nicht das Leben gerettet zu haben. Gerrit und ich erklären, dass wir gegen Mittag zurückkommen, wenn sie mit der Zubereitung des armen Schweins anfangen. Wir möchten gern sehen, wie die Kunas das liebe Tier in Delikatessen verwandeln.

Als wir zurückkommen, ist es schon zu spät.

»Die Arbeit ist getan«, sagen die Indianer, »das Fleisch schmort in der Erde, bis es heute Abend gar ist.«

Schade, wir hätten gern den Küchenmeistern bei der Arbeit zugeschaut, aber ein Kuna-Koch ist anscheinend schneller als jeder durchschnittliche Fernsehkoch. Wir stellen fest, dass die Nachbarinsel dichter bevölkert ist, als wir dachten. Gut 30 Kuna-Indianer mit Kindern in allen Größen und Maßen sind zum Festmahl eingetroffen und laufen wie aufgescheuchte Hühner über unsere kleine Insel. Jeder Einzelne ist in bunte Festtracht gekleidet, und alle warten ungeduldig auf die Dinge, die da kommen werden. Es kostet uns viel Arbeit, das unvorhergesehene logistische Problem zu lösen. Wir hatten gedacht, dass ein Tisch und einige Stühle für die wenigen Gäste reichen würden. Nun müssen wir einen Freilichtfestplatz einrichten. Am Strand finden wir zwei Holzpaletten, aus denen wir einen Tisch basteln. Mit einem frisch gewaschenen Betttuch als Tischdecke sieht die Sache schon festlich aus. Allerhand Strandgut fungiert als Sitzgelegenheit, und alles, was wir auf den beiden Schiffen an Besteck, Tellern und Gläsern haben, transportieren wir zur Insel. Karola hat einen gigantischen Weihnachtsstollen gebacken, und Antje bringt einen überdimensionalen Nachtisch für die noch immer steigende Anzahl der Kunas mit. Endlich ist der große Moment gekommen! Jeder hat seinen Platz am Tisch gefunden. Zum Glück sind Kunas klein und kleine Kunas noch kleiner.

Mit viel Zeremoniell und lautem Jauchzen wird ein speziell für diese Gelegenheit gekaufter lilafarbener Plastikeimer von den beiden Köchen in der Mitte des Tisches platziert. Ohne viel Rücksicht auf seine Anatomie wurde das Tier in mundgerechte Brocken gehackt, die mehr als »well done« sind. Die schwarz verbrannten Fleischstücke erinnern eher an das Opfer einer Feuerkatastrophe als an unseren fröhlich grunzenden Freund. Das Schwein ist im Eimer. Das hohe Tempo, mit dem der Esseimer um den Tisch wandert, beweist, dass das Festessen den Kunas ausgezeichnet mundet. Ein Brocken Schwein mit Reis und garniert mit Weihnachtsstollen ist der haushohe Favorit. Wir vertreiben den Hunger, indem wir an den herrlichen Nachtisch denken, der noch auf uns wartet. Aber Kuna-Indianer sind nicht nur schnelle Esser, sie sind auch noch verrückt nach Süßigkeiten. Nur einen Moment lang denke ich mit einem Hauch von Neid an die beiden französischen Segler, die in unserer Nähe ankern und den ganzen Tag damit beschäftigt waren, ihr Schwein in Kotelettes, Filets und verschiedene herrliche Patés zu transformieren. Sie sind jetzt bestimmt dabei, die exquisiten Delikatessen zu genießen, während sie sich mit einem Glas Bordeaux zuprosten. Als ich die glücklichen Gesichter um uns herum sehe, bin ich versöhnt mit meiner Lage. Weihnachten ist schließlich nicht nur ein Fressfest.

Nachdem jedermann hörbar sein Bäuerchen gelassen oder gerülpst hat zum Zeichen, dass die Mahlzeit ausgezeichnet geschmeckt hat, folgt die Bescherung. Wir haben für Groß und Klein eine Kleinigkeit, wobei die Kunas vor allem vom Verpackungsmaterial, das sie sorgfältig aufbewahren, begeistert sind. Alle strahlen vor Freude. Antje hat ein Supervorteilspaket Wunderkerzen mitgebracht. Als wir das erste Exemplar anzünden und die Funken in die Tropennacht sprühen, machen alle Kinder verschreckt einige Schritte rückwärts und schauen aus sicherer Entfernung zu. Beim zweiten Exemplar kommt das kleinste Kuna-Kind vorsichtig näher und nimmt mit weit nach vorn gestrecktem Arm die funkelnde Wunderkerze in die Hand. Nun stehen alle Schlange für ein eigenes Feuerwerk und laufen stolz mit dem Sterne sprühenden Stäbchen um den ganzen Tisch herum. Wir haben noch nie solch glücklich strahlende Kinderaugen gesehen. Gerrit spielt leise Weihnachtslieder auf seinem Akkordeon. Bis spät in der Nacht sitzen wir unter den Palmen und dem Sternenhimmel. In der Ferne brandet das Meer schon seit Christi Geburt unermüdlich gegen das Riff. Ob Weihnachten ist oder nicht.

Unsere Vorräte sind restlos zu Ende, und schlimmer noch: Die Gasflaschen sind leer. Wir müssen weiter, nach Colón am Beginn des Panamakanals, wo wir die Flaschen wieder füllen können. Bis dahin bleibt die Küche kalt. Kurz vor Jahresende laufen wir in den Hafen ein. Stolz fahren wir zwischen unseren großen Kollegen hindurch zu den »flats«, wo Segelyachten ankern, die auf die Durchfahrt durch den Panamakanal warten. Die Stadt Colón ist besser als ihr Ruf. Dazu braucht es nicht viel, denn wir haben haarsträubende Geschichten gehört. Nur in einem Taxi ist man angeblich halbwegs sicher, es sei denn, man hat vergessen, die Tür zu verriegeln. Wir machen gern unsere eigenen Erfahrungen und suchen zu Fuß den Markt und den einzigen Supermarkt in Colón, um die Vorräte aufzustocken. Die Müllabfuhr strotzt tatsächlich nicht vor Übereifer. Für Straßen ohne Schlaglöcher hat man wenig Geld übrig, die Häuser sind meist abbruchreif und die Bewohner fast ausnahmslos arm. Trotz der Armut herrscht eine Atmosphäre, die lebendig, fröhlich und unbeschwert ist. Die verschlissene Wäsche weht an den schiefen Balkons an Leinen über den Gassen. Vater sitzt im Unterhemd mit Freunden auf wackligen Stühlen auf der Straße und trinkt eine Flasche Bier. Ein altes Radio, das an eine Autobatterie angeschlossen ist, spielt Flamencomusik. Die Kinder spielen Fußball mit einem selbst gemachten Ball. Hin und wieder kommt ein bunt bemalter Bus vorbei, der eine tiefschwarze Rauchgardine in der Straße hinterlässt. Das Spiel wird wegen schlechter Sicht für einige Minuten unterbrochen. Kein Mensch belästigt uns, wir grüßen freundlich, jeder grüßt freundlich zurück. Vielleicht haben wir wieder Glück, aber in welcher Stadt braucht man das nicht?

Wir legen Vorräte für vier Monate an. Die nächste gute Gelegenheit zum Einkauf ist Tahiti, und das ist noch weit weg. Das Boot wird bis zur Decke voll mit Ess- und Trinkwaren: 120 Flaschen Wein, 48 Flaschen Rum, 12 Kilo Mehl, 100 Dosen mit Konserven, 10 Kilo Kartoffeln, 10 Kilo Zwiebeln, 48 Eier und so weiter und so weiter. Hoffentlich finden wir alles wieder, sonst haben wir vielleicht Hühner an Bord. Wir sind noch dabei zu überlegen, wo wir in Gottes Namen die ganzen Flaschen mit Spirituosen sicher unterbringen können, als an die Bordwand geklopft wird. Antje und Gerrit gehen zum Yachtclub ein Bier trinken. Haben wir Lust mitzugehen? Jeder Vorwand, die Arbeit niederzulegen, ist uns recht. Wir sind fast an Land, als ein eiskalter Regenguss uns bis auf die Haut einweicht. Wir sind nass und frieren, keine Situation, in der man gern gemütlich ein kaltes Bier trinkt.

Karola hat die Lösung: »Lasst uns zum Waschraum gehen. Dort gibt es einen Trockner.«

Gerade als wir im Adams- und Evakostüm dastehen und unsere Kleidung sich eng umschlungen im Trockner dreht, wird die Tür des Waschraums geöffnet. Eine amerikanische Seglerin will ihre Wäsche waschen. Sie schlägt die Hände vor die Augen, lässt den Wäschesack fallen und zieht wahrscheinlich eine völlig falsche Schlussfolgerung. Mit einem Knall fällt die Tür hinter ihr zu, der Wäschesack ist das Einzige, was noch an unsere Besucherin erinnert. Sie hat ihre Chance verpasst.

Der Panamakanal

Alle Segler bereiten sich mental auf die Passage durch den Panamakanal vor. Alle haben Angst, jeder versucht die Abfahrt so lange wie möglich hinauszuschieben. Im Yachtclub macht jeden Abend eine neue Geschichte die Runde: von einer Yacht, die von einem Schlepper zerdrückt wurde, an der die Klampen aus dem Deck gerissen worden sind, wo der Mast gebrochen ist an den haushohen Schleusenwänden.

Weil Antje wieder nach Holland zurück muss und sie gerne die Fahrt durch den Panamakanal miterleben möchte, können wir die Abfahrt nicht länger aufschieben. Also wickeln wir die bürokratische Prozedur gemeinsam ab. Zuerst müssen wir ein vorgedrucktes Formular unterschreiben, in dem wir erklären, dass unsere Klampen nicht fest genug mit dem Deck verbunden sind, die Anlegeleinen nicht stark genug sind und der Motor – unser neuer Motor! – zu wenig Leistung hat, um der Gewalt in den Schleusen standzuhalten. Diese Erklärung trägt nicht dazu bei, uns unsere Angst zu nehmen, aber es gibt keinen Weg mehr zurück. Wir bezahlen die 500 Dollar für die Passage, zuzüglich einer Kaution für den Fall, dass unser Schiff den Panamakanal irreparabel beschädigt. Die Kanalbehörden vermessen BORRACHO von vorn bis hinten und von links nach rechts. Anschließend bekommen wir den Termin: In zwei Tagen geht es los.

Jedes Schiff muss während der Durchfahrt zuzüglich zum Skipper noch vier sogenannte Linehandler an Bord haben. Für ein Seeschiff ist diese Bedingung kein Problem. Die Yachten müssen allerdings die Besatzung zeitweilig verstärken. Bert und Gré von der SIRIS wollen eine Woche nach uns den Kanal passieren und möchten gern mit uns eine Übungsfahrt machen, genauso wie Marcel, ein französischer Einhandsegler und ehemaliger professioneller Baseballspieler. Zusammen mit Karola bringen wir es so auf die erforderlichen vier Linehandler. Wir kaufen zwölf alte Autoreifen, mit denen wir BORRACHO rundherum behängen und sind bereit!

Um fünf Uhr morgens, es ist noch völlig dunkel, kommt die Verstärkung der Besatzung an Bord. Einige Minuten später tauchen das rote und das grüne Navigationslicht des Lotsenschiffes aus der Finsternis auf. Jimmy, der sich als unser Lotse vorstellt, will sofort abfahren, damit wir beim ersten Licht des Tages vor der Schleuse sind. Ich hoffe insgeheim noch, dass der Motor nicht anspringt, aber er läuft sofort. Gut, dann muss es halt sein. Mit eingeschalteten Positionsleuchten laufen wir im Dunkeln in Richtung der ersten Schleuse.

1881 begann Ferdinand de Lesseps mit der Verwirklichung eines jahrhundertealten Traumes: einer Schifffahrtverbindung zwischen dem Atlantik und dem Pazifik. 1914 fuhr das erste Schiff durch den Kanal, der eine Länge von 81 Kilometern hat und quer durch den Isthmus Panamas gegraben ist. Die Anzahl der Arbeiter, die diese Hochleistung erbracht haben, wird auf ungefähr 80 000 geschätzt. Etwa 30 000 von ihnen starben während der Arbeit, die meisten wurden von Malaria befallen, andere wurden Opfer der vielen Unfälle. Das Graben eines Kanals bedeutete in jener Zeit, sich sein eigenes Grab zu graben. Der Panamakanal verbindet nicht nur zwei Ozeane auf unterschiedlichem Wasserniveau, sondern hebt quasi die riesigen Frachter über einen Hügelrücken. Auch wir müssen versuchen, drei Schleusen nach oben ohne Schaden zu meistern, und an der Pazifikseite noch drei weitere nach unten. Laut unseren Vorgängern sind die Schleusen nach unten noch gefährlicher als die Schleusen nach oben. Ich fühle mich schon nicht wohl bei dem Gedanken an die erste Schleuse nach oben. Jede Schleuse ist 33,50 Meter breit, 305 Meter lang und 26 Meter tief. In einer Zeitspanne von zehn Minuten werden pro Schleuse fast 200 Millionen Liter Wasser hinein- oder herausgepumpt. Viele Frachter sind so gebaut, dass sie genau in die Schleuse passen. Meistens bleibt vorn oder hinten noch etwas Platz übrig, und dort dürfen wir, gegen eine für unsere Schiffskasse ansehnliche Gebühr, unsere Segelyacht riskieren.

Bevor wir in die Schleuse fahren, kommt die ANTARES längsseits. Mit vielen Leinen binden wir die beiden Boote zusammen. Ein großes Containerschiff ist vor uns in die Schleuse gefahren und wird von sechs Lokomotiven, die auf den Kaimauern fahren, in Bezwang gehalten. Dahinter liegt ein Schlepper: Ich sehe keine Lokomotive, um BORRACHO unter Kontrolle zu halten. Lotse Jimmy sagt, dass ich neben dem Schlepper festmachen kann. Vorsichtig manövriere ich das Tandem BORRACHO und ANTARES Richtung Schlepper. Als ich neben dem Schlepper bin, setze ich den Rückwärtsgang ein und gebe kurz Gas. Anstatt dass das Heck wie erwartet in die Richtung des

Seeschleppers dreht, schießt das Heck zur Mitte der Schleuse. Ich habe einen Fehler gemacht, denke ich blitzartig. Weil ANTARES fest mit BORRACHO verbunden ist, wirkt diese Kombination wie ein Katamaran. Als ich mit dem Propeller bremse, treibt ANTARES einfach weiter und schleppt BORRACHO mit.

Zu unserem Glück hatte Karola die Achterleine schon zu dem Schlepper geworfen, und starke Hände ziehen BORRACHO längsseits. Ohne diese Leine hätte mein Fehler teuer werden können. Mit Vor- und Achterleine und Vor- und Achterspring sind wir nun felsenfest an unserem Nachbarn festgemacht. Das Schleusentor schließt sich hinter uns. Sofort verwandelt sich das Wasser in ein riesiges Schaumbad. Das Containerschiff, das fest mit den Lokomotiven verbunden ist, stört das wild wirbelnde Wasser nicht. Bei uns an Bord stöhnen die Klampen, die Leinen stehen straff wie Violinsaiten. Doch zehn Meter höher beruhigt sich das Wasser wieder. Wir schauen wie von einem Aussichtsturm. Unter uns liegen Seeschiffe, die warten, bis sie an der Reihe sind. Die vordere Schleusentür öffnet sich, und das Containerschiff gibt vorsichtig Gas. Sein Propeller mahlt durch das Wasser und verursacht eine Strömung, als ob jemand unversehens die Türe hinter uns aufgemacht hätte. Wieder stöhnen die Klampen und quietschen die Leinen, die zum Zerreißen gespannt sind, vor Schmerzen.

Die nächsten zwei Schleusen nach oben meistern wir problemlos. Wir entkoppeln die beiden Boote und fahren über den hoch gelegenen Gatúnsee. Der Lotse kennt eine Abkürzung, und da wir die Genua setzen, machen wir noch etwas mehr Geschwindigkeit. Vielleicht können wir den Panamakanal an einem Tag hinter uns bringen? Wir segeln durch ein weitläufiges Naturgebiet. Auf einem kleinen Sandstrand liegen zwei Krokodile in der Sonne. Das eine gähnt vor Müdigkeit oder Hunger, sein Partner ist bereits in tiefen Schlaf versunken. In den hohen Bäumen des tropischen Urwaldes schlingern schrill schreiende Affen von Ast zu Ast. Langsam senkt sich der Adrenalinspiegel in unserem Blut. Wir lassen uns ein kaltes Bier gut schmecken. Karola kommt mit einem gigantischen Topf ihrer in Seglerkreisen inzwischen berühmten Linsensuppe. Dem Lotsen muss, so steht es in den Reglementen, unterwegs eine warme Mahlzeit angeboten werden. Als wir wieder auf der normalen Route sind, müssen wir hin und wieder Platz machen für einen mehrstöckigen Riesen der Ozeane. Vor allem das letzte Stück, das man mit viel Sprengstoff durch die Berge gegraben hat, ist schmal. Bevor wir die erste Schleuse nach unten erreichen, machen wir aus ANTARES und BORRACHO wieder einen siamesischen Zwilling. Wir haben noch etwas Zeit übrig, um das ungewohnte Manövrieren zu üben. Vor allem das Abbremsen muss perfekt koordiniert erfolgen: Ein kleiner Fehler und die Schleusentür ist schwer beschädigt.

Dieses Mal müssen wir als Erste in die leere Schleuse. Zu meinem Entsetzen sehe ich keinen Schlepper zum Festmachen. Es ist Mittag, und ein kräftiger Wind bläst uns in die Schleuse hinein. Als zusätzliches Handicap läuft eine Strömung von fast drei Knoten in dieselbe Richtung. Um das Boot noch steuern zu können, werden wir schneller als die Strömung fahren müssen. Als unsere Zeit gekommen ist, bete ich, dass das Ende schmerzlos sein wird. Mit hoher Geschwindigkeit rasen wir in die Schleuse hinein. Die geschlossene Schleusentür erwartet uns am anderen Ende gnadenlos. Über uns auf der Kaimauer laufen Männer, die Stahlkugeln an einer dünnen Leine über uns hinweg werfen. Die Kugelwerfer sind dafür bekannt, dass sie aus 30 Metern Entfernung eine ungeschützte Solarzelle genau in der Mitte treffen können. Jetzt haben sie, Gott sei Dank, einen schlechten Tag. Marcel fängt mit dem Baseballhandschuh alle vier Kugeln. Wir knoten unsere 40 Meter langen, neuen Leinen an den dünnen fest. Die Schleusenwächter ziehen die Leinen wieder zurück. Mit wachsender Spannung und Ungeduld beobachte ich, wie die Leinen, meiner Meinung nach viel zu langsam, eingezogen werden. Die Zeit wird knapp! Das Ende der Schleuse nähert sich! Kurz vor der massiven, unbeweglichen, hochragenden Schleusentür geben wir auf ANTARES und BORRACHO gleichzeitig Vollgas rückwärts. Die Motoren heulen auf. Die vier Leinen werden an Pollern – hoffentlich halten die Dinger – festgemacht, und wir liegen wie eine Spinne im Netz. Das Schleusentor können wir fast mit der Hand berühren. Ich stehe hinter dem Steuerrad, meine Beine zittern unkontrolliert. Ich wische mir den strömenden Angstschweiß von der Stirn. Aber noch ist die Gefahr nicht vorbei.

Hinter uns, geschleppt von den Lokomotiven, schiebt sich eine rote Wand in die Schleuse hinein. An beiden Seiten ist zwischen Schiff und Wand nur ein paar Zentimeter Platz. Das gestaute Wasser kann nicht entweichen, und die PENDRECHT aus den Niederlanden presst eine hohe Bugwelle vor sich her. Es ist, als ob wir auf einem Kajak Wildwasser fahren. Das Wasser kommt von allen Seiten zurück. Wieder stöhnen die Klampen, wieder singen die Leinen ein Klagelied, wieder stöhne ich und leide gemeinsam mit der gequälten BORRACHO. Der Lotse Jimmy schimpft per Sprechfunk auf die Fahrer der Lokomotiven, weil sie die PENDRECHT zu schnell geschleppt haben. Endlich, endlich öffnet sich die letzte Tür. Der Pazifik liegt vor uns. Gerrit verschwindet unter Deck und holt sein Akkordeon. Wir singen alle lauthals die aufgestaute Angst heraus: »Auf den wogenden Wellen ...«

Kurz nach der Amerikabrücke, die Nord- und Südamerika verbindet, machen wir an einer Ankerboje des Balboa Yacht Club fest. Es ist ein paar Minuten nach fünf und höchste Zeit für einen Sundowner. Es wird ein Fest! Erst spät in der Nacht, als wir die Seeschiffe, die unaufhörlich an uns vorbeifahren, doppelt sehen, machen wir Schluss mit unserer Siegesfeier. Wir haben tausend Ängste ausgestanden, aber unsere Angst tausendmal überwunden.

Am nächsten Tag kommt ein Mann, der anbietet, dass er die alten Autoreifen kostenlos bei uns abholen könnte. Sein Gesicht kommt mir irgendwie bekannt vor. So gehen die Autoreifen in einem ewig während Zyklus durch den Panamakanal. Auf der einen Seite sind sie als Handelsware Geld wert, auf der anderen Seite sind sie wertlos. Ein Schulbeispiel für ein Lehrbuch der Ökonomie.

Die Perleninseln

In Balboa machen wir BORRACHO topfit für die langen Passagen im Pazifik. Ich verkürze die Arbeitsliste, wir kaufen größere Gasflaschen, Seekarten und Pilotbücher für die Stille Südsee. Wir ergänzen unsere Vorräte, denn es wird lange dauern, ehe wir wieder in der bewohnten Welt sind. Mit dem Tank voller Diesel und vollen Wassertanks verlassen wir Balboa und machen uns auf den Weg zum Archipiélago de las Perlas im Süden des Golfs von Panama. Dort wollen wir uns noch ein bisschen umsehen. Danach möchten wir das Gebiet der Indianer des Darién im Grenzgebiet zu Kolumbien wegen der Artenvielfalt der Urwälder besuchen und anschließend die Überfahrt zu den Galapagosinseln wagen.

Wir segeln zwischen kleinen hügeligen Eilanden, die mit dichtem sattgrünen Urwald bewachsen sind. Überall liegen Riffe und Unterwasserfelsen, und wir müssen höllisch aufpassen, weil der Tidenfall ungefähr sechs Meter beträgt. Daran müssen wir uns erst wieder gewöhnen. Hinter der Isla Espíritu Santo finden wir, zwischen zwei weiteren Inseln, den perfekten Liegeplatz, vom Meer abgeschlossen und gegen Wind und Wellen gut geschützt. Bei Niedrigwasser streifen wir über die breiten Strände, bei Hochwasser tauchen wir zwischen den Felsen und Riffen. Wir entdecken sogar auf einer der Inseln einen Süßwasserbach, in dem wir unsere Wäsche waschen können. An Land habe ich eine Malerwerkstatt eingerichtet, und im Schatten der hohen Bäume versehe ich die Bodenbretter und den Tisch mit einem neuen Klarlackanstrich. Am nächsten Tag besucht uns die ANTARES, aber Gerrit segelt lieber zu einer Bucht fünf Seemeilen weiter. Dort soll es laut Karte ein Dorf geben, und das Dorfleben findet er, nun wieder Einhandsegler, gemütlicher als unser einsames Paradies.

Wir genießen schon eine Woche lang die Stille, als unsere Ruhe brutal gestört wird. Ein knatterndes und keuchendes Motorboot kommt qualmend um die Landzunge und läuft in unsere Richtung. Das verwahrloste Boot kommt uneingeladen mit einem Knall längsseits, und vier Männer fordern in einem Ton, der keine Ablehnung zulässt, etwas zu essen und ein Bier. Alle sind unrasiert und sehen nicht gerade vertrauenerweckend aus. Der Anführer ist groß gewachsen, in seinem ärmellosen Hemd klafft am Rücken ein Loch, auf seinen Arm ist eine verführerische Dame tätowiert. Der Kleine hinterm Steuer wirkt wie ein heimtückisches Wiesel. Sein Kamerad hat eine Narbe im Gesicht, die nicht vom Rasieren herrührt. Der Vierte ist ein großer Schwarzhäutiger, der jedoch vergleichsweise sympathisch aussieht. Trotz des tiefen Kratzers an unserer Bordwand bleiben wir freundlich und erklären, dass wir schon lange unterwegs sind und nicht mehr viele Vorräte haben. Ich bleibe auf meiner strategisch günstigen Position im Cockpit, wo ich auf die Männer hinunterschauen und notfalls auf sie einschlagen kann. Karola holt vier Dosen Bier. Ich habe bei dieser Begegnung kein gutes Gefühl, und meine Nerven sind zum Zerreißen gespannt. Es sind solche Typen, denen man nicht gern im Dunkeln begegnet, und in einer Stunde ist es dunkel. Sie bekunden auch mehr als normales Interesse an der Ausrüstung von BORRACHO. Mit raschen Blicken taxieren sie unseren Besitz. Um die Spannung zu mildern, mache ich einen Spass, als ich das Bier über die Reling hinunterreiche, aber sie lächeln nicht. Sie zögern, diskutieren aufgeregt untereinander in schnellem Spanisch, trinken genauso schnell unser knappes Bier. Wir können der Unterhaltung nicht folgen. Anscheinend haben sie einen Beschluss gefasst. Einer startet den widerstrebenden Motor, und ohne höflichen Abschiedsgruß oder Dank für das köstliche Bier fahren sie fort.

Als sie um die Ecke der Insel verschwunden sind, hören wir, wie der stotternde Motor verstummt und der Anker ins Wasser plumpst. Wir haben das Gefühl, dass wir die Kerle noch nicht los sind. Was machen wir bloß? Die Dämmerung setzt schon ein, und in zwei Stunden ist Niedrigwasser. Dann ist es unmöglich, aus dem Labyrinth von Felsen und Riffen auf die offene See zu entkommen. Sollten die vier Männer uns in der Nacht überfallen, haben wir überhaupt keine Chance. Wir überlegen nicht lange. So leise wie möglich holt Karola den Anker hoch, während ich Radar, GPS und Tiefenmesser einschalte. Im allerletzten Moment starte ich den Motor, und wir manövrieren uns zwischen Riffen und Felsen hindurch und nehmen Kurs auf das offene Meer. Die Nacht ist zappenduster, kein Mond, keine Sterne sind zu sehen. Karola steht am Steuerrad, ich starre im gedämpften Licht einer Leselampe auf die Instrumente und die Seekarte und gebe den zu steuernden Kurs nach oben. Hoffentlich ist diese Detailkarte genau. Ich versuche, in dem Wirrwarr auf der Karte einen Kurs zu finden, mit dem wir einen möglichst großen Sicherheitsabstand zu den vielen Hindernissen beibehalten. Ich nehme sogar eine Lupe zu Hilfe, um in dem schummerigen Licht auf der Karte bloss keine Gefahrenstelle zu übersehen. Karola kann draußen im Dunkeln überhaupt nichts unterscheiden und muss sich völlig auf meine Angaben verlassen. Das Adrenalin rast durch unsere Venen, und jeden Augenblick erwarte ich den Rumms, mit dem wir auf ein Riff oder einen Felsen laufen. Warum bist du nicht einfach auf dem Ijsselmeer geblieben, du blöder Dackel, denke ich verzweifelt.

Als wir mit einem Zickzackkurs außerhalb der Gefahrenzone sind, rufe ich über UKW die ANTARES. Gerrit liegt zusammen mit einigen englischen Yachten in der nächsten Bucht vor Anker und hat zu unserem Glück sein Funkgerät eingeschaltet. Er gibt mir Hinweise, wie ich einige unbeleuchtete Felsen, die vor der Bucht auf uns warten, vermeiden kann, und verspricht, dass er und die anderen Yachten ihre Beleuchtung einschalten werden. Bald sehe ich zu meiner großen Erleichterung die Topplichter unserer Freunde. Noch nie haben Karola und ich uns so gefreut, andere Yachten zu sehen. Schweigend umarmen wir uns. Als ich bei Tageslicht entdecke, wo wir in der Nacht blind hindurchgefahren sind, läuft mir der kalte Schweiß wieder über den Rücken.

Mit der ANTARES in Sichtweite segeln wir Richtung La Palma, der Hauptstadt des Gebietes der Darién-Indianer. La Palma liegt 15 Meilen stromaufwärts an einem breiten Wasserlauf, dem Rio Sabana. Am Nachmittag erreichen wir den Ankerplatz bei der Insel Iguana im Golfo de San Miguel, wohin der Sabana mündet. Laut unserem Pilotbuch ist der Ankerplatz gut geschützt. Doch der Wind bläst ungehindert auf diesen »sicheren« Ankerplatz, und es ist unmöglich, dort zu ankern. Bis nach La Palma können wir es niemals vor Einbruch der Dunkelheit schaffen. Wir könnten ein Stückchen den Fluss hochfahren und einen Ankerplatz für die Nacht suchen. Höchstens noch drei Meilen, dann sind wir im Windschatten des Flussufers.

Die Mündung des Flusses ist bis zu 15 Meter tief. Als wir weiterfahren, bleibt der Tiefenmesser konstant auf 15 Meter. Der Wind ist unangenehm böig, noch ein paar Hundert Meter, und wir sind im Windschatten der hohen Urwaldbäume. Vorsichtig nähern wir uns unter Motor dem dicht bewachsenen Ufer. Noch immer 15 Meter tief. Ich suche schon eine Stelle zum Ankern.

»Halt«, ruft Karola, »der Tiefenmesser geht hoch.«

Im letzten Moment sehe ich es auch und gebe Vollgas rückwärts. Noch fünf Meter, noch vier Meter ... Zu spät!!! Mit einem lauten Knall donnern wir auf einen Unterwasserfelsen. BORRACHO macht 45° Schlagseite. Das Steuerrad wird Karola aus der Hand gerissen. Ich gehe zu Boden. Das war es dann, denken wir beide gleichzeitig. Ende der Weltreise. BORRACHO stößt noch zweimal krachend auf Felsbrocken und liegt dann still auf der Seite. Doch: Noch ein letzter Knall und die starke Strömung schiebt uns über die Unterwasserhindernisse hinweg. Wir sind wieder frei, und BORRACHO federt hoch. In einem großen Bogen nehmen wir Kurs auf die Mitte des Flusses. In der Ferne liegt ANTARES neben der Fahrrinne vor Anker. Fetzen der Genua wehen wie Fahnen traurig im Wind. Beim Hineinfahren in den Fluss, erzählt Gerrit später, ist die Genua in einer Windbö gerissen. Er ist stinksauer, genau wie wir. BORRACHO hat, so hat es den Anschein, wenig Schaden genommen, aber unser Selbstvertrauen umso mehr. Außerdem ist das Wetter ungemütlich und kalt. Wir flüchten mit schlechter Laune früh in die Koje. Vielleicht sieht die Welt morgen besser aus? Ich ziehe die Decke über den Kopf. Während ich dem Wind und dem Knarren der Ankerkette zuhöre, denke ich: Panama ist zwar schöner, als ich gedacht hatte, aber auch aufregender als alles, was wir bisher erlebt haben. Es wird Zeit für etwas Ruhe.

Als wir aufwachen, herrscht draußen, abgesehen vom gelegentlichen Geschrei einiger Papageien, Totenstille. Der Wind hat sich gelegt, und ANTARES und BORRACHO treiben friedlich neben einander an ihren Ankern. Leise murmelnd fließt das Wasser um die Boote. Nichts erinnert mehr an das Elend des vergangenen Tages. Immer wieder wundere ich mich über die Wandlungsfähigkeit des Meeres. Zwei Fregattvögel schweben in großen Kreisen hoch über uns. Einige Pelikane gleiten mit breiten Flügelschlägen tief über das glatte Wasser zu ihrem Jagdrevier. Ich hole meine Tauchsachen und inspiziere das Unterwasserschiff. Wie ich auch suche, ich finde keinen einzigen Kratzer. Viel Lärm um nichts. BORRACHO ist halt robust. Sobald die Flut einsetzt, holen wir den Anker hoch, und wir folgen unter Motor dem Flusslauf. Die Sonne steht hoch am Himmel, und wir können sowohl die Fahrrinne als auch die vielen Untiefen gut erkennen. Kurz hinter Palma sehen wir Bambushütten, die auf hohen Pfählen über dem Wasser gebaut sind. Eine architektonisch einfache Lösung des Sanitärproblems. Bald finden wir in der Nähe eines alten rostigen Stegs einen Ankerplatz.

Palma hat etwa 3000 Einwohner und besteht aus einer einzigen langen Straße am Fluss entlang. Dahinter beginnt der undurchdringliche Urwald. An der Straße stehen Holzhäuser, die erschöpft aneinanderlehnen. Wir finden einige kleine Läden, wo man wenig kaufen kann. Es gibt ein Restaurant mit einer Holzterrasse aus roh gehobelten Brettern über dem Wasser, wo wir abends essen, und einige Bars, wo wir gern gesehene Gäste sind. Es ist Karneval! Zwei Lautsprecher hängen an einem Pfahl und pusten knisternd und knatternd Musik über die Anwesenden. Hin und wieder läuft sogar jemand mit einem Spitzhut oder einer Festnase herum, in dem schwachen Versuch, die Stimmung auf eine höhere Ebene zu bringen. Zwei geschäftstüchtige Männer haben einen Stand aufgebaut und bieten undefinierbare Esswaren und Bier gegen Bezahlung an. Am Abend brennen neben der normalen Straßenbeleuchtung noch einige bunte Glühbirnen, die zu der so notwendigen Karnevalatmosphäre wesentlich beitragen. Die Festteilnemer flanieren vom einen Ende der Straße zum anderen und wieder zurück. Unterwegs wird ein jeder gegrüßt, als ob man sich gerade zum ersten Mal gesehen hätte, und man tauscht die letzten Neuigkeiten aus. Am Anfang der Straße ist eine Bar, die gut besucht ist. Am Ende der Straße ist das Gefängnis, das ebenso gut besucht ist. Die Gefangenen sitzen in einer Art Hühnerstall mit eingezäuntem Auslauf. Sie schauen, sich mit den Händen ans Gitter klemmend, voller Sehnsucht auf das fröhliche Treiben. Es herrscht ein großes Polizeiaufgebot, um die Ordnung während des Karnevals zu wahren und um täglich den Nachschub für das Gefängnis sicherzustellen.

Wir haben den bunten Karneval in Trinidad noch frisch in Erinnerung und haben nach einem Tag das Minimalfest in La Palma ausreichend mitgefeiert. Lieber wollen wir noch weiter den Fluss hinauf und einen Seitenarm, den Rio Iglesia, erkunden. Mit dem Flutstrom gehen wir in den Urwald. Ab und zu sehen wir dicht am Ufer ein Baumkanu treiben. Der Fischer, der im Kanu sitzt, ist versteckt vom Schatten seines breitrandigen Hutes und grüßt uns erstaunt. Am Ufer wachsen Mangroven. Hinter den Mangroven fängt der geheimnisvolle Urwald an. Die Stille wird nur von den schneidenden Schreien der Brüllaffen unterbrochen. Wir können sie nicht sehen. Sie müssen irgendwo tief im Urwald miteinander kommunizieren. Vielleicht warnen sie einander vor den möglichen Gefahren durch eine Segelyacht.

Je höher die Sonne steigt, umso wärmer und feuchter wird die Luft über dem braunen Wasser. Wir schwitzen still vor uns hin und suchen Schutz unter unserem Sonnensegel. Langsam gleiten wir durch die tiefgrüne Landschaft. Ein großer gelber Schmetterling lässt sich mit zusammengeklappten Flügeln auf dem Deck nieder. Etwas weiter teilt sich der Fluss. Langsam drehen wir in den Seiten-fluss hinein. Wir fühlen uns wie Entdeckungsreisende. Der Fluss wird immer schmaler. Wir fahren weiter, bis der Tiefenmesser nur noch fünf Meter Wasser unter dem Kiel anzeigt. Diese Tiefe müss-te reichen, um bei Niedrigwasser noch zu schwimmen. Der Anker geht ins Flussbett, der Motor geht aus. In der Stille hören wir am Abend das sachte Summen der Stechmücken. Das Wasser zieht sich immer mehr zurück, und zum Schluss liegen wir in einem braunen Schlammbett. Auf dem nun trockenen Ufer suchen sich weiße und blaue Reiher, nervös hin und her laufend, ihr Abend-mahl. Ein Tukan mit einem breiten gelb-schwarzen Schnabel bläst seine gelbfarbene Brust auf.

Am frühen Morgen legen wir uns in unseren Schlafsäcken ins Cockpit und werden mithilfe eines Bechers Kaffee langsam mun-ter. Der Urwald erwacht ebenfalls. Die ersten Sonnenstrahlen zeichnen breite Lichtbahnen in den Frühnebel, der zwischen den Bäumen schwebt. Sobald das Wasser hoch genug ist, fahren wir mit dem Beiboot durch ein Gewirr von schmalen Wasserwegen, die sich durch die Mangroven schlängeln. Wir müssen nur aufpassen, dass wir keine schlafenden Krokodile wecken. Wir dürfen auch nicht die Orientierung verlieren in diesem Wasserlabyrinth mit sei-nen vielen bunten Singvögeln und langarmigen Affen, die sich zwi-schen den Ästen hin und her schwingen. Spätestens zwei Stunden vor Niedrigwasser müssen wir zurück sein. Falls nicht, müssen wir durch den Schlamm waten. Das ist keine erfreuliche Aussicht. Man weiß ja schließlich nicht, wer oder was unter dem Schlamm steckt und auf eine Mahlzeit wartet.

In La Palma nehmen wir vorläufig Abschied von Gerrit. ANTARES geht an der Küste von Ecuador entlang nach Quito, wo Antje wie-der an Bord kommen wird. Wir wollen auf direktem Weg zu den Galapagosinseln.

Der Ostpazifik

Die ersten zwei Tage bläst der Wind uns ein gehöriges Stück in die richtige Richtung. Wir kreuzen die Schifffahrtsroute von Panama nach Südamerika, und ich versuche, den Humboldtstrom zu finden. Nach dem Stromatlas kommt er aus dem Süden und dreht später mit einem weiten Bogen zurück in Richtung Galapagos-Archipel. Wir könnten einen zusätzlichen Schub gut brauchen. Der Wind ist schwach und veränderlich, wir müssen immer wieder die Segel anpassen. So schleppe ich den schweren Spinnakerbaum von Steuerbord nach Backbord und zurück. Wir versuchen, jeden Hauch einzufangen, um wenigstens noch ein bisschen Fahrt zu machen. Gegen Abend habe ich es endgültig satt. Ich sehe kaum noch Windbewegungen auf dem Meer. Wir sind alleine mit der langen Ozeandünung und gefangen in einer feuchtheißen Windstille. Also holen wir die schlagenden Segel herunter, die uns schon den ganzen Tag genervt haben, und lassen BORRACHO treiben.

Karola legt eine CD von Cristina Branco, einer portugiesischen Fadosängerin, ein. In voller Lautstärke hören wir die gesungenen Gedichte von Jan Jacob Slauerhoff. Niemand beklagt sich, weil die Musik zu laut ist. Dann kommen einige Delfine angeschwommen. Sie springen meterhoch aus dem Wasser. Immer mehr Delfine schwimmen und springen um das Boot. Ich glaube, sie lieben Fadomusik. Auch die kleinen Delfine machen Sprungversuche, aber ihr Anlauf ist zu kurz. Es klappt noch nicht, und sie fallen mit viel Wassergespritze hilflos rückwärts. Je lauter Karola in die Hände klatscht, desto waghalsiger werden die Kapriolen. Als die CD zu Ende ist, nehmen sie einer nach dem anderen Abschied.

Am nächsten Tag sehen wir die typischen Kumuluswolken der Doldrums. Weiße Wolken, die sich im Nu zu gewaltigen Blumenkohlköpfen entwickeln und hoch in den Himmel hineinwachsen. Der Kalmengürtel nahe dem Äquator ist ein Gebiet von äußerst unstabilem Wetter. Windstille und heftige Gewitter mit schweren Regengüssen wechseln sich ab.

In der Nacht treiben wir mit fast zwei Seemeilen pro Stunde Richtung Galapagos, wir haben die Strömung erwischt. Nach einem kräftigen Frühstück nehme ich den Kampf mit dem Spinnakerbaum wieder auf. Hin und wieder zieht eine Regen- oder Gewitterbö über uns hinweg. Den Regen benutzen wir, um uns die Haare zu waschen. Wir haben das Pech, dass die Bö wegzieht, bevor wir fertig sind, aber der nächste Regenguss kündigt sich mit einigen kräftigen Windstößen schon an. Als die Himmelspforten sich öffnen, spülen wir die letzten Seifenreste aus den Haaren. Ich bin auf dem Weg zum Vordeck, um erneut meine Lieblingsbeschäftigung mit dem Spinnakerbaum aufzunehmen, als ich das Geräusch eines undichten Wasserschlauches vernehme. Mein Herz steht fast still. Haben wir bei dem Zusammenstoß mit dem Felsen in Panama doch einen Schaden davongetragen? Hat BORRACHO ein Leck, das ich übersehen habe? Ich drehe mich um und sehe knapp hinter dem Boot die Rücken von zwei wasserblasenden Walen. So sehr ich mich auch auf dem Vordeck anstrenge, um unsere Geschwindigkeit zu erhöhen, diese zwei Giganten sind schneller. Sie schwimmen auf weniger als fünf Meter an beiden Seiten von BORRACHO. Hoffentlich wollen sie nicht gerade jetzt Zärtlichkeiten austauschen. Sonst sitzen wir ganz schön in der Klemme. Sie sind zwar von unterschiedlicher Größe, aber alle beide weitaus größer als unsere Yacht. Sollen wir vielleicht den Motor starten? Sie wissen dann wenigstens, dass wir keine Artgenossen sind. Aber was passiert, wenn sie enttäuscht sind und böse werden? Wir machen lieber gar nichts. Mit Angst in den Knochen schauen wir fasziniert zu, wie diese intelligenten Riesen der Ozeane eine Runde um BORRACHO drehen. Dann haben sie genug gesehen und schwimmen ruhig weiter. Wir beobachten sie noch lange. An diesem Tag versuche ich auf keinen Fall mehr, schneller zu segeln.

Die Nacht ist schwül, ich liege während meiner Wache im Cockpit. Hin und wieder höre ich die Delfine, die uns schon seit Tagen begleiten. Wir wissen schon, dass sie Pianomusik lieben. Vielleicht kann ich versuchsweise feststellen, ob sie lieber ein Klavierkonzert von Mozart oder von Chopin hören wollen? BORRACHO lässt eine Spur aus fluoreszierendem Plankton hinter sich, und wenn in einem Regenguss schwere Regentropfen zischend ins Wasser fallen, leuchtet das Meer wie die Weihnachtsbeleuchtung in einer belebten Einkaufsstraße.

Heute, so habe ich errechnet, passieren wir um circa fünf Uhr den Äquator und kommen auf die südliche Halbkugel. Unterwegs trinken wir nie Alkohol, aber wenn man zum ersten Mal auf eigenem Kiel den Äquator überquert, hat man einen triftigen Grund für eine Ausnahme. Wir müssen Neptun auf jeden Fall einen Schluck spendieren, und warum sollten wir dann bei Sonnenuntergang nicht den restlichen Wein trinken?

Die Galapagosinseln

Nach acht Tagen auf See nähern wir uns den Galapagosinseln. Wir wollen zur Academy Bay der Insel Santa Cruz, wo sich das Darwin-Forschungsinstitut befindet. Wir freuen uns riesig auf dieses einmalige Naturgebiet, wo Charles Darwin 1853 fünf Wochen lang die Tierwelt studierte. Aufgrund seiner Beobachtungen entwickelte er die Evolutionstheorie, die das Denken über das Entstehen der Menschheit, das bis dahin mit Adam und Eva verbunden war, völlig auf den Kopf stellte. Wir erwarten ein paar arme Fischer und eine Handvoll Naturforscher in ziegenwollenen Socken anzutreffen, die gewissenhaft über das Wohlbefinden der exotischen Tiere wachen.

Als ich mit dem Fernglas die Bucht absuche, sehe ich eine weiße Wand: wie eine Stadt, die im Sonnenlicht blinkt.

»Schau mal«, sage ich zu Karola, »eine Fata Morgana.«

Karola schaut und legt enttäuscht das Fernglas hin. »Das ist keine optische Täuschung, dort liegen lauter Kreuzfahrtschiffe und Rundfahrtboote!«

Wir bahnen wir uns einen Weg durch die vielen großen und kleinen, alten und neuen Rundfahrtboote, die in der Bucht vor Anker liegen. Mit Mühe finden wir noch einen Ankerplatz, wo der Lärm von den Dieselgeneratoren der Touristenschiffe uns nicht zu sehr stören wird. Es ist, so hören wir, strengstens verboten, mit dem eigenen Schiff herumzufahren. Aber wir sind doch nicht so weit gesegelt, um auf einem Charterschiff in dieser so besonderen Inselwelt herumzugondeln. Wir hatten die Vorstellung, eines der seltsamsten Naturgebiete der Welt mit unserem eigenen Schiff zu erkunden, und sind in einem teuren Walt-Disney-Tierpark gelandet. Na gut, wir sind müde von der langen Passage, und die Tiere können schließlich nichts dafür, wenn der Mensch kein Verständnis für sie hat. Am nächsten Morgen wird die Welt vielleicht wieder anders aussehen.

Ich gehe früh auf die Suche nach dem Hafenmeister zum Einklarieren. Es ist ruhig im Ort. Die Touristen liegen noch in den Hotelbetten, und die Stühle in den Restaurants und Bars stehen umgekehrt auf den Tischen. Die ersten Andenkenläden sind schon offen, und die Besitzer dekorieren die Made-in-China-Souvenirs. Zwei Urzeitleguane schauen nach links und rechts, bevor sie auf dem Zebrastreifen im Schneckentempo die Straße überqueren. Sie haben sich an die Menschen und deren Regeln angepasst. Am Fischmarkt herrscht schon geschäftiges Treiben. Kleine Fischerboote fahren an und ab, viele Hände laden die Beute aus, machen sie sauber, sortieren sie nach Art und Größe und legen sie auf lange Tische. Die ersten Käufer suchen sich die schönsten Exemplare aus. Zehn, 20 Pelikane streiten sich um den Fischabfall. Sie haben längst begriffen, dass Fast Food vom Fischmarkt Zeit spart und dass es bequemer ist, als mühselig auf dem Meer nach frischer Beute zu suchen. Seehunde liegen blinzelnd auf einem Felsen in der Morgensonne und gucken gelangweilt den großen Vögeln zu.

Das Einklarieren geht zügig. Ich muss nur noch zum Quarantänebüro. Das Boot muss mit Insektiziden besprüht werden. Auf jeden Fall versucht man, denke ich, die einmalige Natur gegen schädliche Einflüsse von außen zu schützen. Das ist eine gute Sache. Das Zertifikat, das die Desinfizierung der BORRACHO bescheinigt, muss ich zur Kontrolle dem Hafenmeister vorlegen. Eine gründliche Desinfizierung kommt mir sehr gelegen, denn wir haben seit einiger Zeit große Kakerlaken an Bord, und es laufen auch kleine Ameisen unbeschwert im Salon herum. Der Kammerjäger, der das Boot desinfizieren muss, verlangt 20 Dollar für die tödliche Arbeit. Er füllt sofort mit zierlicher Handschrift das Zertifikat aus, in dem er bestätigt, an Bord alle Lebewesen mit Ausnahme der Besatzung getötet zu haben. Der Mann ist nie an Bord gewesen. Wir werden weiterhin mit den Kakerlaken und Ameisen zusammenleben müssen, es sei denn, sie verlassen hier freiwillig unser Schiff, um eine neue Kolonie zu gründen.

Beim Darwin-Institut begegnen wir zum ersten Mal den Riesenschildkröten, die wohl die bekannteste Spezies auf den Galapagosinseln ist. Sie leben in einer Art zoologischem Garten, der speziell für die Schildkröten errichtet worden ist. Die Tiere sind nicht, wie man so sagt, spielfreudig. Sie nehmen sich für alles viel Zeit. Dank dieser Lebensweise werden sie sehr alt, manche von ihnen wohl 200 Jahre. Sie müssen auch so alt werden, sonst erreichen sie in ihrem Leben gar nichts. Als sich eine Schildkröte bewegt, äußert sich die Lokalpresse über dieses sensationelle Ereignis am nächsten Tag ausführlich. Die bekannteste Schildkröte heißt Lonely Joe. Er ist über 180 Jahre alt und der langsamste der ganzen Bande. Er hat nie eine Frau finden können, was bei seinem Temperament auch nicht verwunderlich ist.

Wir wollen versuchen, auf eigene Faust Tiere in der freien Natur zu beobachten. In ungefähr einer Meile Entfernung liegt eine kleine Insel. Bei der Einfahrt in die Bucht haben wir dort Seehunde entdeckt. Wir fahren mit dem Beiboot hin. Ich nehme unseren Zwei-PS-Außenbordmotor. Der ist zwar langsam, dafür aber sehr leise. Vorsichtig nähern wir uns der Insel. Wir sehen am Strand schon viele Seehunde, die ihr Mittagsschläfchen halten. Die letzten 100 Meter rudern wir, um die schwarz glänzenden Tiere nicht zu stören. Leise lassen wir unseren kleinen Anker auf einem Streifen Sand herunter und genießen still das Spiel einiger junger Tiere. Dann düsen zwei Touristenboote mit Vollgas auf die Insel zu. Bei dem einen Boot rattert der Anker ins Riff. Das andere macht eine schnelle Drehung und kommt auf uns zugedonnert. Der Kapitän beginnt laut zu schimpfen: Es sei verboten, hier ohne fachmännische Aufsicht zu sein, und mit Dollarzeichen in den Augen fügt er hinzu, dass wir auf jeden Fall zahlen müssen. Die Aufregung ist zu viel für die Seehunde, sie suchen verstört das Weite. Wir in unserem schwankenden Beiboot haben wenig Lust auf eine Seeschlacht. Mit allem, was unser 2-PS-Motor hergibt, brummen wir zurück zu unserer BORRACHO, verfolgt vom wütenden Geschrei der Besatzung des Rundfahrtbootes und den aggressiven Bugwellen, die uns fast versenken. Aus Mangel an Seehunden fotografieren die Touristen unser Beiboot in Seenot.

Wir geben unsere eigene Entdeckungsreise durch die wunderbare Welt der Galapagosinseln aber noch nicht auf und finden einen Pfad, der laut einem Wegweiser zum Strand an der Ostseite der Insel führt. Die Wanderung soll zwei Stunden dauern, und so viel Zeit haben die Galapagostouristen meistens nicht an Land zur freien Verfügung. Früh machen wir uns auf den Weg und begegnen keinem einzigen Menschen. Vor uns entfaltet sich eine wogende Dünenlandschaft, die von niedrigen Sträuchern und einem vereinzelten Baum bewachsen ist. Nach einer Stunde haben wir schon fünf der 15 Finkenarten erkennen können, die Darwin damals identifiziert hat. Etwas weiter, in den Sträuchern, die es schwer haben, unter einer Schicht Vogelkot zu überleben, nistet eine Fregattvogelkolonie. Manche Vögel blasen ihre Kehle auf, sodass das Ergebnis wie ein prall gefüllter, feuerroter Luftballon unter dem Schnabel prangt. Das sind die männlichen Exemplare, die versuchen, die Frauen zu beeindrucken. Männer sind überall gleich! Wenn dem Weibchen etwas an dem Männchen gefällt, begutachtet es zuerst das Nest, das der Mann gebaut hat. Ist das Nest schöner als die Nester von anderen Männchen, steht der Liebe nichts mehr im Weg. Frauen sind überall gleich!

Auf der Isla Aves, die zu Venezuela gehört, haben wir Rotfußtölpel gesehen. Hier sehen wir eine Sorte Tölpel mit blauen Füßen. Eine seltsame Variante, die man nur auf den Galapagosinseln findet und die ausgezeichnet tanzen kann. Endlich erreichen wir den Strand, der still und verlassen daliegt. Mit einer Ausnahme. Ein jugendliches Paar versucht, im Schutz der Einsamkeit mit völliger Hingabe die Weltbevölkerung zu vermehren. Ungewollt entwischt uns ein Schrei des Erstaunens, als wir am Strand große Seeleguane mit sich hin und her bewegenden Schwänzen laufen sehen. Das junge Paar fühlt sich angesprochen und stoppt wehmütig seinen Versuch. Die Leguane sind bis zu einem Meter lang und schwarz. Mit ihrem gefährlich wirkenden Maul und einem gezackten Kamm auf dem Rücken sehen sie aus wie feuerspeiende chinesische Drachen. Sie sind nicht scheu und als Vegetarier für uns absolut ungefährlich. Auf dem nun verlassenen Strand liegen Hunderte dieser wunderbaren Monster in der Sonnenhitze. Ihr einziger Feind ist die Abkühlung. Wenn sie nämlich in dem kalten Wasser des Humboldtstroms nach Algen und anderen grünen Leckerbissen suchen, erkalten sie schnell und werden dadurch rasch unbeweglich. Wie in einem langsam abgespielten Film kommen sie aus den Wellen und bewegen sich dann schneckenartig bis zu einem geeigneten Platz, um sich in der Sonne wieder aufzuwärmen. Wir können sie ungestört aus der Nähe beobachten.

Obwohl es verboten ist, beschließen wir, auf eigenem Kiel zur Isla Isabela zu segeln. Als wir in die kleine Bucht einlaufen, sehen wir einige Fischerboote und die ANTARES mit Antje und Gerrit vor Anker liegen. Sie haben noch einen Freund dabei, der Gerrit auf der Passage zu den Marquesas begleiten wird, weil Antje mal wieder wegen ihrer Arbeit nach Hause muss. Der Hafenmeister hat überhaupt kein Problem damit, dass wir hier einige Tage bleiben wollen. Endlich genießen wir die Atmosphäre der Galapagos, so wie sie Darwin damals vorgefunden hat. Hier gibt es tatsächlich nur einige Fischer und eine Versuchsstation, wo Naturforscher sich bemühen, gegen den Strom zu rudern, um die Natur wiederherzustellen, so wie sie war, bevor der Mensch seinen Fuß an Land setzte. Das bedeutet unter anderem, dass sie die vielen verwilderten Ziegen, die der Mensch mitgebracht hat, eliminieren müssen. In den langen Wintermonaten können sie von den Haaren Tausende Ziegenhaarsocken stricken.

Wir schauen stundenlang zu, wie Seehunde versuchen, auf das Achterdeck eines Fischerbootes zu kommen. Unermüdlich springen sie mit ihrem muskulösen Körper hoch aus dem Wasser, meistens vergeblich. Bei manchen klappt es, dann liegen sie zufrieden schlafend auf dem Deck in der Sonne. Hin und wieder öffnen sie ein Auge, wenn ein Kamerad bei einem misslungenen Enterversuch zu viel Wasser verspritzt. Wir haben seit Kurzem einen ständigen Schläfer in unserem Beiboot. Wir sind darüber nicht sehr glücklich, denn er stinkt furchtbar. Aber wir haben Verständnis dafür, dass ein Seehund auch mal ein wenig Luxus haben möchte.

Karola hat das Buch bereits gelesen. Nach der letzten Seite schließe ich mit einem Seufzer das Buch »Aku-Aku« von Thor Heyerdahl. Wir sind beide fasziniert von den vielen Mysterien der Osterinsel. Obwohl die Passatroute für uns schon aufregend genug ist, beschließen wir in jugendlichem Leichtsinn, zu dem weit entfernten Eiland zu segeln. Anstatt der üblichen Route mit 3000 Seemeilen bis zum Marquesas-Archipel werden wir einen Umweg von mehr als 1000 Seemeilen über die Osterinsel, Pitcairn- und Gambierinseln machen. Eine Route, die nur wenige Segler wählen. Wir fragen uns nicht, weswegen. Die IRAMA DUNIA, die auch in der kleinen Bucht liegt, wird sich uns anschließen. Gerrit beschließt spontan, nicht direkt zu den Marquesas zu segeln, sondern in Gambier auf uns zu warten. Laut »World Cruising Routes«, der Bibel der Yachties, geschrieben vom Segelguru Jimmy Cornell, werden wir mit einer schnellen Überfahrt mit stetigem Wind von der Seite belohnt werden.

Unser Seehund, der treu jede Nacht im Beiboot geschlafen hat, wischt sich beim Abschied mit seiner Flosse ein Tränchen aus dem Auge. Langsam verschwindet die letzte Insel des Galapagos-Archipels unter der Kimm, bis wir nur noch die Spitzen der Vulkane sehen. Bei Sonnenuntergang sind auch diese verschwunden. Wir sind wieder allein auf dem großen, leeren Ozean, und es liegen fast 2000 Seemeilen vor dem Bug, bis wir wieder Land sehen werden. Die Nacht benimmt sich, wie es sich in diesen Breiten gehört: Sie zeigt einen funkelnden Sternenhimmel, einen ruhigen Wind und ist schön warm. Wir rauschen schäumend mit fünf Knoten Geschwindigkeit durch das glatte Wasser. Nicht weit entfernt ist unsere Begleityacht unterwegs, die IRAMA DUNIA: ein beruhigender Gedanke. Unsere Welt ist in Ordnung.

Die Osterinsel

Am nächsten Tag geht die Sonne rot auf und färbt den ganzen Himmel in derselben Farbe. Der bevorstehende Tag verspricht nichts Gutes. Der Wind fällt in sich zusammen, und ein leichter Regen legt einen undurchdringlichen Grauschleier über Meer und Schiff. Wir verlieren jede Orientierung, die gefürchteten Doldrums haben uns in ihrem windlosen Griff. Mit dem Mut der Verzweiflung versuche ich, BORRACHO vorwärtszutreiben. Als ich gerade die Genua über Backbord ausgestellt habe, kommt zögernd ein Windhauch aus der anderen Richtung. Ich hechte von Backbord nach Steuerbord und wieder zurück. Meine Anstrengungen spielen sich im erbarmungslos niederprasselnden Regen ab. Dies alles ist gut für meine Armmuskeln und BORRACHOS Wassertanks, aber schlecht für unsere Laune an Bord. Die hin und her schlagenden Segel machen uns nervös. Alles an Bord ist durchweicht oder fühlt sich feuchtklamm an. Wir streiten uns dauernd, aber keiner kann seinen Koffer packen und davonlaufen. Den Dieselvorrat wollen wir, mit so vielen Seemeilen vor uns, nicht in Anspruch nehmen. Unser Glaube an die Zuverlässigkeit von Segelgurus ist nicht mehr felsenfest.

Nach vier Tagen Treiben kommt endlich Wind auf. Zuerst noch zögernd, als ob er seine Richtung suchen müsste, dann aber allmählich kräftiger. Wir haben endlich den Südostpassat gefunden. Die Sonne, die sich so lange versteckt hat, bricht durch die Wolkendecke, und am fernen Horizont entdecken wir die ersten typischen Passatwolken. Bis zur Osterinsel kommen wir in den Genuss der uns versprochenen prächtigen Überfahrt. Die Kissen liegen nun im Cockpit, die nasse Kleidung hängt an Wäscheleinen und trocknet. Wir haben noch einige dicke Bücher, die Windfahne übernimmt die Steuerarbeit.

Plötzlich hören wir hinter uns ein Geschnaufe. Aber diesmal sind es keine Delfine, sondern fünf Grindwale. Sie sind ungefähr doppelt so lang wie ein erwachsener Delfin und haben einen viereckigen Kopf, ähnlich einer Bulldogge. Ruhig schwimmen sie hinter uns her und zeigen großes Interesse an BORRACHOS Windfahne. So etwas haben sie wahrscheinlich noch nie gesehen. Vorsichtig schnuppert dann einer am sich bewegenden Ruderblatt. Als das

Blatt seitlich ausschlägt und ihm einen leichten Stoß auf die Nase versetzt, darf der Nächste die komplizierte Konstruktion inspizieren. Sie finden es ein hübsches Spiel, und auch wir haben unseren Spaß. Dennoch sind wir froh, als sie genug von uns haben und unsere Windsteuerung unbeschädigt zurücklassen. Unser Glück dauert nur bis zum Abend. In der Nacht zieht eine fast ununterbrochene Reihe von Böen mit Starkwind und Regen über uns weg. Schließlich nimmt der Wind ab auf etwa 15 Knoten, aber die Wellen bleiben ungemütlich. Schimpfend gehe ich in jeder Bö nach draußen, um die Segel zu reffen. Gerade als ich müde, aber zufrieden wieder in meiner Koje liege, nimmt der Wind ab, und ich muss die Segel wieder ausrollen. Nach diesem Muster wird die restliche Passage ablaufen. Tagsüber herrscht der Südostpassat, und in der Nacht rauben schwere Böen uns den Schlaf. Es wird wohl El Niño oder der Klimawandel sein. Wir lassen uns auf nichts mehr ein. Die Segel bleiben Tag und Nacht gerefft! Das kostet vielleicht einen Tag, aber ich brauche wenigstens nicht dauernd nach draußen. Ich war schon immer lieber faul als müde.

Mit Wind und Wellen quer auf die Längsachse des Schiffes spielt sich das Leben an Bord ausschließlich unter Deck ab. Im Freien zu sitzen geht nicht, es ist zu nass und zu kalt. Die meiste Zeit liegen wir hinter dem Kojensegel und versuchen, uns so gut wie möglich festzuklemmen. Ein Buch zu lesen geht gerade noch. Die Luken haben wir alle geschlossen, damit wenigstens die Kojen trocken bleiben. Allmählich fragen wir uns: Was machen wir hier um Himmels willen? Und dann auch noch freiwillig! Haben die Roaring Forties sich vielleicht nach Norden verschoben? Wenn das Wetter nicht besser wird, kann uns die Osterinsel gestohlen bleiben, und wir nehmen Kurs nach Gambier. Dann haben wir den Wind von achtern, und das Boot wird wesentlich ruhiger im Wasser liegen. Wir brauchen uns schließlich nicht fortwährend zu quälen, so viele Sünden haben wir nicht begangen.

Die Drohung hilft. In der Nacht beruhigt sich der Wind, und am nächsten Tag ist der Himmel leer gefegt. Wir haben durch den starken Wind viele Meilen hinter uns gebracht. Im Laufe des nächsten Tages werden wir die Osterinsel erreichen können. Wir wissen jetzt, warum nur wenige Segler diese Route nehmen, und wir wissen auch, dass das Ankern vor der Osterinsel nur bei stabilem Wetter möglich ist. Wenn wir Pech haben, sind die Wellen zu hoch und laufen wie eine schwere Brandung in die Bucht. Doch der Wind ist bald nur noch eine freundliche Brise. Wir trinken Kaffee im Cockpit.

»Sehe ich da in der Ferne Land oder ist das eine Wolke?«, fragt Karola.

Ich suche mit dem Fernglas. »Ja, dieses kleine graue Dreieck muss die Spitze des höchsten der drei Vulkane sein!«

Am Samstag vor Ostern, 19 Tage nach unserer Abfahrt aus Isabel, sehen unsere vom Schlafmangel rot geränderten Augen die Osterinsel. Die ersten Vögel schweben neugierig über uns, ein Irrtum ist ausgeschlossen. Wir haben es wieder mal überlebt. Mit einer letzten Kraftanstrengung hissen wir unseren vielfarbigen Blister. Das große Segel entfaltet sich wie eine halber Luftballon, bunt im Wind als Ehrengruß an die Osterinsel, oder wie die Einwohner sie nennen: Rapa Nui.

Gegen Mittag erreichen wir die Bucht bei dem Ort Hanga Roa. Die IRAMA DUNIA liegt schon in der langen Ozeandünung vor Anker. Wir suchen nach gut haltendem Ankergrund.

»Hier sehe ich einen großen Streifen Sand«, ruft Karola, die auf dem Vordeck die Ankerwinde bedient.

Genau in der Mitte der Bucht, ungefähr eine halbe Seemeile von der Küste entfernt, geht der Anker in das 30 Meter tiefe Wasser. Zwei überlebensgroße Figuren starren von Land aus kritisch auf unser Ankermanöver. Wir liegen an derselben Stelle, wo auch Jacob Roggeveen, der Entdecker der Insel, vor fast 300 Jahren den Anker fallen ließ. In seinem Logbuch beschrieb er voller Staunen diese beiden Steinfiguren, die ihm ebenfalls zuschauten. Eine halbe Stunde, nachdem wir uns über UKW beim Hafenmeister gemeldet haben, rast ein überdimensionales Schlauchboot mit zwei brüllenden Motoren auf uns zu. Das Gefährt scheint ganz neu zu sein, und der Skipper unterschätzt offensichtlich die Kraft der reichlich bemessenen Pferdestärken. Er schießt zweimal, ohne Schaden zu verursachen, an BORRACHO vorbei. Erst beim dritten Mal hat er die beiden Motoren rechtzeitig unter Kontrolle und kommt vorbildlich längsseits. Die Maschinen schweigen, und eine ganze Delegation kommt an Bord. Wir stellen uns dem Hafenmeister vor, der sich zwei längliche Bücher unter den Arm geklemmt hat, einem Zollbeamten mit einer Taschenlampe, einem nautisch aussehenden

Militär in einer beeindruckenden Uniform, bestückt mit vielen Verdienstkreuzen, einem Tierarzt im weißen Kittel – der reguläre Arzt ist angeblich für einige Wochen auf dem Festland – und einer Dolmetscherin für Spanisch und Französisch mit ansteckendem Lachen.

Nach einigen Runden Coca-Cola wird es richtig gemütlich an Bord. Während die hübsche junge Übersetzerin die Sprachverwirrung für uns Englischsprachige auf die Spitze treibt, untersucht der Tierarzt unsere Gebisse und erklärt uns für gesund. Sollten wir gesundheitliche Probleme bekommen, er ist immer für uns da. Zum Glück fühlen wir uns so gesund wie die Fische im Wasser. In der Zwischenzeit notiert der Hafenmeister die Daten von Besatzung und BORRACHO in seinen Folianten. Der mehrfach dekorierte Militär schaut wichtig von einem zum anderen und nickt uns immer wieder beruhigend zu, während sich der Zollbeamte umsieht. Er zieht ein Schapp auf und entdeckt 36 Flaschen Rum, aber das stört ihn keineswegs. Wir bekommen einen fetten Stempel in den Pass, haben ordnungsgemäß einklariert und dürfen uns frei auf der Insel bewegen. Zum Abschied schütteln wir alle die Hände. Bevor der Hafenmeister in das Schlauchboot einsteigt, versichert er uns noch, dass er uns jeden Tag die Wettervorhersage durchgeben wird. Als alle sich hingesetzt haben, mit Ausnahme des Militärs, der zuerst die Hosenbeine hochzieht, damit er keine Knie in seine messerscharfen Bügelfalten bekommt, startet der Skipper, der die ganze Zeit ungeduldig gewartet hat, die Motoren. Noch ehe sich jemand versehen hat, und am wenigsten der Militär mit den scharfen Bügelfalten in der Uniformhose, springt das riesige Gummimonster wie ein bockiges Pferd nach vorn. Der Offizier verliert das Gleichgewicht und verschwindet rückwärts über die Kante ins Meer. Er kann gerade noch unsere Schwimmleiter packen, bevor das Gewicht seiner vielen Auszeichnungen ihm zum Verhängnis wird. Als er triefend und seiner Autorität beraubt wieder im Schlauchboot sitzt, nicken wir ihm beruhigend zu.

Die Osterinsel ist eine der entlegensten Inseln der Welt. Steht man auf der höchsten Bergspitze von Rapa Nui, sieht man rundherum nichts als Wasser. Die nächsten Nachbarn sind 2000 Seemeilen entfernt. Das Wetter kann sich hier schnell ändern. Dreht der Wind nach Westen, verwandelt sich, sagt der Hafenmeister, die Bucht in eine schäumende Waschküche. Wir könnten dann entweder in der Bucht von Anakena an der Nordküste oder vor Vinapu im Südosten Schutz suchen. Der kleine Marinehafen kommt für uns nicht in Betracht, denn er ist nicht viel mehr als ein schmaler Schlauch. Sollte die Dünung dort voll hineinlaufen, kämen wir niemals lebend heraus. Doch das Glück ist mit uns, das Wetter bleibt stabil, und wir können jeden Tag an Land gehen, um die vielen Mysterien der Insel zu besuchen, ohne eine Antwort auf die offenen Fragen zu finden.

Im Beiboot an Land zu gehen, ist nicht ohne Gefahr. Wir preschen auf der hohen Dünung zwischen ein paar jugendlichen Surfern und einigen scharfen Felsspitzen hindurch. Die Sportler warten auf die höchste Welle, wir auf die niedrigste und die scharfen Felsen auf uns. Auf dem höchsten Punkt der Welle reiten wir dann mit atemberaubender Geschwindigkeit mit. Den Außenborder müssen wir Vollgas fahren, um auf der schnell brechenden Welle zu bleiben. Kurz bevor diese an der Felsenwand zerschellt, stürzen wir links hinab in den winzig kleinen Fischerhafen. Erst hinter dem Wellenbrecher sind wir in Sicherheit. Wir mieten ein Auto, um den erloschenen Vulkan zu besuchen, der über die ganze Insel herrscht. Dort wurden vor langer Zeit die riesigen Figuren, wohl zehn bis 20 Meter hoch, aus der Felswand gehauen. Wir fahren durch eine Landschaft ohne einen einzigen Baum. Die eintönigen gelben Grasflächen werden ab und zu unterbrochen von einem kleinen weiß gestrichenen Haus mit einer Ananasplantage, welche wie verloren in der Landschaft stehen. Schon von Weitem sehen wir die Steinfiguren, als ob eine Riesenhand sie willkürlich zerstreut hätte. Obwohl jede mindestens so schwer wie eine alte Dampflok ist, wurden sie irgendwie den Hang hinuntergeschleppt und über die Insel zu ihrem letzten Standort am Meer transportiert. Hier wurden die Moais, wie die Einwohner sie nennen, aufgerichtet. Seitdem starren sie unbeweglich mit leeren Augen ins Nichts. Aufgrund der vielen Figuren, die noch am Hang warten und des Werkzeugs, das man gefunden hat, scheint es, als ob die Bildhauer von einem Moment auf den anderen beschlossen hätten, Hammer und Meißel auf den Boden zu werfen, um nie wieder Figuren zu erschaffen.

Es gibt viele Theorien, um zu erklären, wie die Moais transportiert wurden und weshalb die Einwohner die Schwerarbeit für immer eingestellt haben. Erich von Däniken meint, dass die Steinfiguren von außerirdischen Wesen hingestellt worden sind, aber die meisten wissenschaftlichen Theorien gehen davon aus, dass sie mithilfe von Baumstämmen befördert wurden. Als der letzte Baum gefällt war, mussten die Bildhauer die Arbeit gezwungenermaßen niederlegen. Bei allem Respekt für die gelehrten Männer und Frauen: Ich glaube nicht an eine solch unlogische Theorie. Man fängt doch nicht mit einer neuen Figur an, wenn so viele schon fertig für den Abtransport herumliegen, wenn es auf der ganzen Insel keine Bäume mehr gibt? Ich bevorzuge die lokale Legende: In mündlicher Überlieferung wird erzählt, dass die Steinfiguren aus eigener Kraft zu ihrem heutigen Platz gelaufen sind. Obwohl damit noch nicht erklärt ist, warum die Figuren später nicht mehr laufen wollten. Vielleicht war es ihnen unten am Meer zu voll geworden? Oder vielleicht hatten sie einfach keine Lust mehr, die beschwerliche Wanderung zu unternehmen, und die Bildhauer hatten keine Ahnung, wie sie ihre unleidlich aussehenden Ahnen – denn das sind die riesenhaften Steinfiguren – auf ihre Plätze verweisen konnten?

Sogar der Ursprung der heutigen Eingeborenen ist ungeklärt. Thor Heyerdahl versuchte, mit seinem Floß KON TIKI zu beweisen, dass die ersten Bewohner der Insel aus Peru kamen. Ein einheimischer Bildhauer, der im Schneidersitz vor seiner Hütte Figuren aus Holz schnitzt, erzählt uns, dass er von den ersten Siedlern abstammt, die mit dem Schiff aus Polynesien gekommen sind. Wer kann es besser wissen als ein Bildhauer? Vielleicht haben sowohl Heyerdahl als auch der polynesisch aussehende Bildhauer recht. In längst vergangenen Zeiten ist auf der Osterinsel ein blutiger Krieg zwischen den Langohren und den Kurzohren ausgefochten worden. Wenn ich mich umschaue, sehe ich nur ganz normale Ohren, die sich an beiden Seiten der polynesischen Gesichter befinden. Vielleicht kamen die Langohren aus Südamerika und sind während des ersten Ohrenkrieges jämmerlich ausgerottet worden? Menschen beginnen Kriege wegen kleinerer Unterschiede als lange und kurze Ohren.

Vorläufig bleiben die vielen Geheimnisse gut aufgehoben in den dicht beschriebenen Holztafeln, die Archäologen gefunden haben. Der Tag wird kommen, an dem es den Wissenschaftlern gelingt, die Rongorongo-Schrift der Ureinwohner Rapa Nuis zu entziffern und den Schleier über den Geheimnissen zu lüften.

Am zweiten Osterfeiertag besteigen wir einen Berg, auf dem sich ein Dorf befinden soll. Hoch über den Klippen finden wir einige sehr niedrige Steinbauten. Voller Ehrfurcht schauen wir über die steilen Hänge zu den Klippen hinunter. Weit unter uns sehen wir einen nahezu kahlen Felsen, eingerahmt von einer sich weiß brechenden Brandung. Hinter uns hören wir schleppende Schritte, die näher kommen. Wir drehen uns um und stehen vor einem alten zahnlosen Mann. Seine langen weißen Haare wehen im Seewind, und mit dem Bart, der fast bis zum Gürtel reicht, und dem groben Gewand wirkt er wie ein Priester. Er erzählt uns von einem Ritual: Jedes Frühjahr wird auf der Basis eines Wettkampfes ein neuer Anführer gewählt. Die Kandidaten übernachten in den niedrigen Schlafhäuschen, die wir soeben besichtigt haben. Der erste Sonnenstrahl am östlichen Horizont ist das Startzeichen zum Wettbewerb. Alle Teilnehmer müssen ohne Hilfsmittel über die fast 200 Meter hohen Klippen hinunter, die halbe Meile zu dem kleinen Felsen schwimmen und nach einem Ei des Fregattvogels suchen. Wer als Erster wieder zurück ist mit der unbeschädigten Beute, ist ein Jahr lang der »Vogelmann« und damit der Anführer. Vielleicht wäre das keine schlechte Idee für unsere westlichen Demokratien. Wir könnten uns den Gang zur Wahlurne sparen und hätten immer Staatsmänner oder -frauen, die bewiesen haben, über Mut, Ausdauer und Umsichtigkeit zu verfügen. Ob Angela Merkel diesen schweren Test bestehen würde?

Doch bevor ein derart vernünftiger Vorschlag vom Bundestag angenommen worden wäre, hätten die politischen Parteien leider so viele Änderungswünsche eingebracht, dass derjenige das neue Regierungsoberhaupt wird, der die meisten hart gekochten Ostereier im Schrebergarten gefunden hat.

Die Pitcairninseln

Zehn Tage lang untersuchen wir die mysteriöse Osterinsel. Dann zwingt uns das Wetter zum Abschied. Der Hafenmeister warnt, dass ein kräftiges Tiefdruckgebiet im Anmarsch ist. Es ist unklar, ob der Kern nördlich oder südlich an uns vorbeiziehen wird. Entschieden wir uns für einen der beiden anderen möglichen Ankerplätze vor der Osterinsel, wäre dies ein gefährliches Lotteriespiel. Niemand weiß, wie schwer der Sturm werden wird, und bei schlechtem Wetter in der falschen Bucht zu liegen, kann lebensgefährlich sein. Also wählen wir die am wenigsten schlechte Lösung: Wir verlassen die Osterinsel, um den Sturm auf offenem Meer abzuwettern. Auf See haben wir Raum und können auf jeden Fall nicht auf Legerwall geraten.

Früh am Morgen brechen wir zu unserem nächsten Ziel auf und nehmen Kurs zu der Pitcairn-Inselgruppe, dem Tief entgegen. Gegen Abend zeigen sich die ersten Zeichen der Sturmfront. Die Bewölkung nimmt zu, ebenso der Wind. An der Sicherungsleine gehe ich zum Mast und reffe das Großsegel. BORRACHO stampft schwer gerefft mit sieben Knoten durch die Wellen. Die Nacht ist dunkel. Unser Schiff hat noch keine Schwierigkeiten, aber für uns ist es draußen in der Gischt schon zu nass.

Ab zehn Uhr am nächsten Tag sinkt das Barometer schnell: fünf Millibar in zwei Stunden. Das verspricht wenig Gutes.

»Wir müssen das Schiff sturmbereit machen«, sage ich, »das wird schweres Wetter.«

In den nächsten Stunden holen wir das Groß herunter und zurren das Segel mit ein paar Extra-Leinen am Baum fest. Das Beiboot und alles, was sich sonst noch an Deck befindet, sichern wir ebenfalls mit zusätzlichen Leinen. Das Meer wird immer wilder. Der Wind bläst die Spitzen der Wellen in langen weißen Schaumfladen über das graue Wasser. Manchmal bricht eine haushohe Welle wie ein Wasserfall aus durchsichtigem blaugrünem Glas über uns herein. Wir rollen die Arbeitsfock bis auf Taschentuchgröße ein. Dieses Format müsste reichen, um später, wenn der Sturm seinen Höhepunkt erreicht, mit genügend Geschwindigkeit vor Wind und Wellen weglaufen zu können.

Eine halbe Stunde lang schaue ich zu, wie BORRACHO und die

Windfahne sich in dem schweren Seegang und dem immer stärker werdenden Wind verhalten. Hinter unserem Schiffchen türmen sich die Wellen zu hohen Bergen auf, bevor sie uns überholen. Jedes Mal denke ich: Jetzt geht es schief. Aber immer wieder hebt unsere tapfere BORRACHO elegant ihren hübschen Hintern, und die Welle rollt harmlos unter uns durch. Bald kann ich nichts mehr tun, und es wird zu gefährlich an Deck. Unten kontrollieren wir noch einmal, ob jede Luke sicher verschlossen ist, und fixieren alles, was uns eventuell bei einem Roller verletzen könnte. Dabei fliegt Karola durchs Schiff und verletzt sich das Knie. Hinter unseren Kojensegeln warten wir auf bessere Zeiten. 48 lange Stunden rast der Sturm über uns hinweg. Ich habe unseren Kurs geändert: schräg zum Vorwind, Richtung Süd, Richtung Roaring Forties. Wir lesen, essen etwas und versuchen zu schlafen, so vergeht die Zeit. Jeder Schritt, den wir machen, muss vorher überlegt und vorsichtig ausgeführt werden. Ein Unfall wäre dramatisch.

Auf dem Höhepunkt des Sturmes hält sich Karola mit den Händen die Ohren zu, um das Kreischen des entfesselten Windes und das Donnern der hämmernden Wellen nicht mehr zu hören und ruft: »Ich will nicht mehr. Ich möchte nach Hause. Ich gehe über Bord!«

Um ihre Stimmung zu heben, rufe ich über den Lärm des Windes und der Wellen hinweg: »Das würde ich nicht machen. Mit deiner Knieverletzung kommst du nicht weit!«

Ich mache mein Späßchen, aber im Grunde habe ich genauso viel Angst wie Karola. Wir sind in den ersten schweren Sturm unserer Reise geraten, und damit ist nicht zu spaßen. Aber ich bin der Skipper und muss gemäß der üblichen Rollenverteilung den Ritter ohne Furcht spielen. Aber am liebsten würde ich mir trotzdem die Decke über den Kopf ziehen. Warum habe ich bloß Angst, frage ich mich.

Die Wellen waschen über BORRACHO weg, die souverän mit der Situation fertigwird. Solange das Boot wasserdicht bleibt, schwimmt es in dem tobenden Wasser wie ein Korken. Selbst wenn BORRACHO durchkentert, wird sie wieder hochkommen. Unsere Situation ist nicht komfortabel, aber es droht keine Gefahr. Warum also habe ich solche Angst? Es ist der wütende Wind, der seit Hunderten Seemeilen ungehindert über den Ozean gerast ist, und plötzlich unsere BORRACHO als Hindernis trifft. Er wird abgebremst und zieht und drückt und rüttelt und heult und kreischt durch die Wanten und Fallen. Er versucht, uns mental kleinzukriegen. Ein Riese mit überirdischen Kräften, der unaufhaltsam das Wasser peitscht und uns aus dem Weg räumen will. Aber es ist in Wirklichkeit nur Luft, die von hohem nach niedrigem Druck strömt. An diesem Tag ein bisschen schneller als sonst. Um das Gekreische des Windes in der Takelage und das Donnern der sich an der Bordwand brechenden Wellen zu übertönen, schiebe ich die »Zweite Symphonie« von Gustav Mahler in den CD-Player und drehe die Lautsprecher voll auf. Aber nicht einmal die Musik kann die Kakofonie der Geräusche übertönen.

Irgendwann nimmt der Wind ab. Nach Tagen können wir uns wieder ohne Gefahr die Zähne putzen. Wir legen uns nasse Waschlappen übers Gesicht und fühlen uns erfrischt, als ob wir stundenlang in einem heißen Bad gelegen hätten. Vorsichtig öffnen wir die Luke und schauen über die schäumende See. Hinter uns steht über den gesamten Horizont eine dicke schwarze Wand. Wir waren mehr als zwei Tage mitten in dieser dantesken Finsternis. Vor uns sehen wir die ersten blassblauen Löcher am Himmel. Bei einer flüchtigen Inspektion finde ich kaum Schäden, nur ein Kanister mit Diesel ist über Bord gegangen. Schade. Ich markiere unsere Schiffsposition in der Karte. Wir sind 80 Seemeilen vom Kurs abgekommen, bis zu den Pitcairns sind es noch etwa 400. Bevor wir von zu Hause aufgebrochen sind, hatte ich mir drei Ziele vorgenommen: immer die Welt mit einem Lächeln betrachten, jedem Sturm ausweichen und jeden Morgen einen Topf frischen Filterkaffee kochen. Einen Punkt von den dreien muss ich nun streichen.

Ich schaue über die hohen Wellen und stelle mir vor, wie die Überlebenden der MOBY DICK sich damals gefühlt haben. Nachdem ein wütender Wal das Schiff versenkt hatte, versuchten die überlebenden Seeleute, in einem offenen Rettungsboot den Westwind zu finden in der Hoffnung, Chile zu erreichen. Genau in dieser Gegend hat sich das Drama abgespielt, das Herman Melville in grausamen Einzelheiten beschrieben hat. Die Schiffbrüchigen trieben mit dem kleinen Boot ohne Essen und Trinken in diesem furchterregenden Wetter und nagten an den ungekochten und ungewürzten Knochen eines weniger glücklichen Kameraden. Da ist unsere Lage doch weit besser. Liebevoll schaue ich zu Karola hinüber, meiner eisernen Reserve.

Am Ende der Wache koche ich einen Topf Filterkaffee und begrüße den neuen Tag mit dem Violinkonzert von Brahms. Bevor ich mich mit meinem Kaffee hinter das Kojensegel zurückziehe, spähe ich im kalten, noch grauen Licht den Horizont ab.

»Land in Sicht!!«

An diesem Tag nehmen wir den Kaffee im Cockpit, ich drehe die Lautstärke der CD voll auf. Zusammen sehen wir den Felsen von Pitcairn langsam größer werden. Die 45 Einwohner der Insel stehen wahrscheinlich schon mit den Händen die Augen beschattend in der Morgensonne und halten neugierig Ausschau übers Meer.

»Wer kommt denn da aus Osten? Es werden doch nicht die Weißen sein? Das wäre reichlich früh dieses Jahr.«

Nach einer langen Irrfahrt hatte auch Christian Fletcher 1790 mit acht Meuterern und zwölf tahitianischen Frauen die abgelegenen Pitcairninseln gefunden. Vorher waren Kapitän Bligh und die restliche Besatzung der BOUNTY von ihnen in ein Ruderboot gesetzt worden. Die Meuterer brauchten eine unbewohnte Insel, um sich niederzulassen. Diese Insel sollte für die englische Justiz möglichst unauffindbar sein. So warf die BOUNTY in der Bucht Anker, die heute Bounty Bay heißt. An Land gab es Süßwasser, einen Überfluss an Früchten, kleine essbare Tiere und im Meer jede Menge Fische. Nachdem alle Habseligkeiten an Land gebracht worden waren, wurde die BOUNTY angezündet und versank in der Ozeandünung. Die Meuterer hofften, dass ihr Paradies von niemandem gefunden werden würde. Doch sie lebten nicht lange und nicht glücklich. Während zahlreicher Streitereien wurde einer nach dem anderen ermordet. Auch die Frauen sahen beim Morden nicht tatenlos zu. John Adams überlebte als einziger Mann das Gemetzel, zusammen mit zehn Frauen und 23 Kindern, Halbwaisen, deren Väter nun unter dem gepflegten Rasen des Friedhofs ruhen. Nur John Adams lebte lange genug, um eine halbwegs funktionierende Gesellschaft zu gründen.

Die heutigen Bewohner Pitcairns sind Nachfahren der Meuterer. Ich rufe den einzigen Amateurfunker auf Pitcairn an und frage Christian Fletcher, wie sich das Wetter in den kommenden Tagen entwickeln wird.

»Weiß ich nicht«, ist die etwas kühle Antwort, »ich habe noch nicht aus dem Fenster geschaut.«

»Wo können wir am besten ankern?«, ist meine nächste Frage.

Aus meinem Kopfhörer klingt genau die gleiche Antwort.

»Danke schön. Over und aus.«

Ich habe verstanden: Besucher sind offenbar immer noch nicht gern gesehen.

Zuerst versuchen wir, in der Bounty Bay zu ankern. Dort kann man, so lautet unsere Information, am einfachsten an Land gehen. Die Wellen, noch aufgewühlt von dem gestrigen Sturm, sind zu hoch zum Ankern, und mit dem Beiboot an Land zu gehen wäre lebensgefährlich. Unsere zweite Option ist Ted Side, auf der anderen Seite der Insel. Hier sind die Wellen kaum weniger hoch. Trotzdem versuchen wir, näher an Land zu kommen. Als wir die großen Felsbrocken unter Wasser sehen, geben wir unser Vorhaben auf. Falls sich der Anker hinter einem Felsen verklemmt und eine Welle das Boot anhebt, würde die Ankerwinde samt Decksplanken vom Schiff gerissen. Enttäuscht, dass wir den Fletchers und Adams nicht die Hand drücken konnten, drehen wir Pitcairn den Rücken zu. Die 20 Briefe, die wir geschrieben haben, um sie von dem Postamt abzuschicken, hauptsächlich wegen der in Heimarbeit hergestellten Briefmarken, zerreißen wir. Die Papierfetzen treiben als weiße Spur hinter uns. BORRACHO macht sich ohne Ruhepause wieder unter Segeln auf den Weg zu den Gambierinseln.

Jeden Abend versuche ich, Funkkontakt mit einem Sender am Festland herzustellen. Wenn es klappt, bekommen wir nicht nur Wetterinformationen, sondern auch E-Mails von Freunden. Wir lieben die Mails, die aus einer weit entfernten Welt kommen.

»Hé«, rufe ich froh, »eine E-Mail von Antje aus Holland!«, und erstarre vor Schreck, als ich den Notruf identifiziere.

Gerrit ist kurz vor den Gambierinseln auf ein Riff gelaufen, und die ANTARES ist möglicherweise verloren. Können wir Schiffe in ihrer Nähe alarmieren? Haben wir selbst eine Chance, Gerrit zu retten? Ich antworte sofort, dass wir alle Segel setzen, aber frühestens in zwei Tagen bei ihm sein können. Ich versuche stundenlang, Schiffe über Funk zu erreichen, aber kein Mensch antwortet.

Wir segeln BORRACHO wie ein Regattaschiff durch die düstere Nacht. Die Arme seufzt und stöhnt unter der Gewalt von zu viel Segelfläche und donnert wild durch die Wellen: Rumpfgeschwindigkeit, schneller geht's nicht. Alles an Bord scheppert und rasselt, genauso wie unsere Nerven und die Solarzellen. Als ich nachsehe, was mit den Solarzellen los ist, komme ich noch gerade rechtzeitig. Der Sturm hat eine ansehnliche Havarie verursacht. Alle Relingstützen, die das Gerüst der Solarzellen tragen, sind gebrochen, und die ganze Konstruktion hängt nur noch an zwei Bolzen. Mit einem Ersatzfall binde ich die Solarzellen provisorisch fest und notiere wieder mal einen Punkt auf der Arbeitsliste.

Am nächsten Morgen trifft die erlösende Nachricht ein. Es ist Antje gelungen, telefonisch die Küstenwache in Tahiti zu alarmieren. Ein Rettungsboot aus Gambier ist zur Strandungsstelle gefahren und hat die ANTARES-Crew lebend an Bord genommen und nach Gambier gebracht. Wir atmen erleichtert auf und preschen weiter mit Höchstgeschwindigkeit.

Die Gambierinseln

Es ist noch zappenduster, als wir uns nähern. Das Archipel setzt sich zusammen aus mehreren Inseln, die innerhalb eines ausgedehnten Riffs liegen. Normalerweise warten wir beim Anlaufen von unbekannten Inseln auf Tageslicht. Jetzt lassen wir uns dafür keine Zeit. Wir wollen beim ersten Licht schon an der Durchfahrt im Nordwesten des Atolls sein. In der dunklen Nacht segeln wir am Riff entlang. Ich halte einen Kurs mit einem Sicherheitsabstand von zwei Seemeilen, das sollte reichen, um weg vom Riff zu bleiben. In der Ferne entdeckt Karola plötzlich ein rotes und ein grünes Blinklicht. Dort muss die Passage durch das Riff sein. Die Fahrrinne zu der Hauptinsel Mangareva ist klipp und klar mit Blinklichtern ausgestattet. Angesichts der wenigen Schiffe, die Mangareva besuchen, scheint uns diese Festbeleuchtung etwas übertrieben. Später erzählt uns ein Deutscher, der als Fremdenlegionär hier stationiert war und inzwischen sein Glück beim Bier und einer einheimischen Dame gefunden hat, dass Mangareva die Logistikbasis für die Atombombenversuche auf Mururoa war, einem Atoll ganz in der Nähe. In der Blütezeit der Atompilze wurde die Fahrrinne Tag und Nacht befahren. Wir werfen den Anker vor Rikitea. Unsere Ankunft spricht sich schnell herum, und die unglückliche Besatzung der ANTARES begrüßt uns traurig auf dem Betonsteg. Dann hören wir die Geschichte des Schiffbruchs.

Es war eine Nacht ohne Sterne und Mond. Düster, mit viel Wind und hohen Wellen. Aus der geschlossenen Wolkendecke prasselte dichter Regen. Hin und wieder fegte eine schwere Bö mit pechschwarzen Wolken über das Schiff. Dabei wurde die Windfahnensteuerung beschädigt. Gerrit versuchte, die Anlage zu reparieren. Zufällig schaute er nach vorn und sah einen schwarzen Schatten. Das wird wohl wieder eine Bö sein, dachte er. Bevor er den Gedanken beenden konnte, knallten sie mit einem riesigen Schlag auf das Riff einer winzig kleinen Insel, die in 25 Meilen Entfernung von Gambier kaum aus dem Wasser ragt. Sie gerieten auf Legerwall, und jede brechende Welle setzte die ANTARES härter auf das scharfe Riff. Der beinharte Wind, die gewaltigen Wellen und das heimtückische Riff begannen sofort ihr zerstörerischs Werk an der wehrlosen Yacht. Über Satellitentelefon konnte Gerrit Antje in Amsterdam erreichen. Als das Rettungsboot aus Mangareva eintraf, hatten Gerrit und sein Begleiter ein paar Habseligkeiten am Strand der kleinen Insel in Sicherheit bringen können. Es war nicht viel Brauchbares übrig. Die armseligen Überreste liegen nun zum Trocknen im Gras. Sein geliebtes Akkordeon ist dabei, aber das Salzwasser hat dem Instrument nicht gutgetan.

Einige Tage später nehmen die beiden Männer Abschied und fliegen über Tahiti zurück nach Holland. Als Gepäck haben sie nur eine geliehene halb leere Weekendtasche bei sich. Wir bleiben traurig zurück, das Wrack der ANTARES wird noch lange als Warnung auf dem Riff liegen.

Damit wir auf andere Gedanken kommen, nehme ich mir die Arbeitsliste vor. Ein Spruch ist in Gambier wörtlich zu nehmen: »Rund um die Welt zu segeln bedeutet: ein Boot zu reparieren an exotischen Orten, ohne die richtigen Ersatzteile.«

Die Bevölkerung von Gambier zählt 600 Seelen, die alle auf der Hauptinsel wohnen. Wir sind zum alljährlichen Fest in Rikitea eingeladen. Es sollte eigentlich ein Fest unter Palmen auf dem Dorfplatz sein, aber dunkle Wolken ziehen sich über dem Berg zusammen, und die Temperatur fällt rasch. Die Feierlichkeiten werden deswegen in einen Schuppen verlegt, den die französische Regierung etwas außerhalb des Dorfes hat bauen lassen, um die Einwohner gegen Strahlung zu schützen, während man auf Mururoa Atomkrieg spielte. Nun spielt ein Lifeorchester polynesische Musik, und alle sitzen fröhlich an langen Tischen und schlemmen dampfenden Reis, gebratene Hühner und Schwein à la Polynesien: Das Schweinefleisch wird zusammen mit heißen Steinen in Palmblätter gewickelt und unter der Erde geschmort. Ein schmackhaftes Rezept.

Die Veranstalter des Festes haben das Wetter richtig eingeschätzt. Gewaltige Donnerschläge rollen den steilen Hang des Berges herunter. Der Regen prasselt laut auf das Wellblechdach und übertönt die Musikanten. An einigen Stellen verschieben Männer die Tische, denn der Atomschutzkeller ist nicht wasserdicht. Immer wieder zuckt ein heller Blitz durch die Nacht, unmittelbar gefolgt von einem krachenden Donnerschlag. Das Licht in der Festbaracke geht aus: Der Blitz ist in den Generator eingeschlagen!

Aber die Anwesenden lassen sich keineswegs den Spaß verderben. Jedermann strahlt im Dunkeln, und das Fest geht ungebrochen bis tief in die Nacht.

Eine der Inseln in dem Atoll liegt am Außenriff. Dort wollen wir ein paar Tage lang tauchen. Wir gehen über fünf Metern Tiefe vor Anker und kontrollieren gewissenhaft, ob der Anker sich gut im Sand eingegraben hat. Unser Privatstrand bietet Aussicht über das gesamte Atoll. Das Wasser ist ruhig und schimmert in allen denkbaren Blautönen. Im Hintergrund ragen die unregelmäßigen Konturen der Berge von Mangareva in den tiefblauen Himmel. Als die Sonne untergeht, färben sich die Bergspitzen und kleine Wolken am Horizont rot. Nachdem sie verschwunden ist, sehen wir die vereinzelt flimmernden Lichter von Rikitea und wissen, dass wir nicht alleine auf der Welt sind.

Die Ozeanwellen brechen sich Tag und Nacht mit viel Getöse auf dem Außenriff und singen für uns in der Nacht ein ewig währendes Schlaflied.

Am nächsten Tag finden wir einen schmalen Durchgang in dem Riff, allerdings läuft dort eine starke Strömung. Schwimmen wir kurz vor Niedrigwasser nach draußen, laufen wir keine Gefahr, von der Strömung in die Antarktis verschleppt zu werden. Wir bewundern die fantasievollen Formen der Riffe und die bunten Fische. In der schmalen Passage schaue ich arglos zurück. Mein Herz setzt drei Takte lang aus, und mein Atem stockt. Zwei Haie bewegen sich gezielt in unsere Richtung! Diese heimtückischen Räuber mit ihrem Maul voller scharfer Zähne kommen auf uns zu. Nur keine Panik, denke ich. Es sind Schwarzspitzenhaie, und sie, habe ich mal gelesen, sind nicht angriffslustig. Hoffentlich wissen auch die Haie, dass die Wissenschaft sie so einschätzt. Ohne uns auch nur eines Blickes zu würdigen, schwimmen sie an uns vorbei. Mit dem Kopf über Wasser diskutieren wir unsere nächsten Schritte. Ich erwarte jeden Moment, dass so ein gefräßiges Biest anfängt, an meinen unter Wasser strampelnden Beinen zu knabbern. Ich will sofort zurück zum sicheren Boot. Karola hat weniger Angst, aber alleine zwischen den Haien zu schwimmen geht ihr doch zu weit. Auf dem Heimweg weiche ich jedesmal höflich zur Seite, wenn sich ein weiteres torpedoförmiges Großmaul nähert. Ich zähle insgesamt 13 Exemplare. Das muss schiefgehen. Plötzlich befinde ich mich Auge in Auge mit einem Grauhai, der unter Tauchern – die sich noch dazu äußern konnten – einen schlechten Ruf hat. In meinem verzweifelten Versuch, dem Hai zu entkommen, schwimme ich Karola auf mehrere Längen davon und finde erst wieder meine Ruhe, als wir beide keuchend und blass im Cockpit sitzen.

Der Marquesas-Archipel

Durch den Umweg über die Osterinsel sind wir weit nach Süden abgetrieben. Um die Passatroute wieder zu erreichen, müssen wir einen Kurs segeln, der in keinem Pilotbuch beschrieben ist. Unser Ziel sind die Marquesas, in einer Entfernung von mehr als 800 Seemeilen. In der Nacht vor unserer Abfahrt tobt der Wind, und der Regen hämmert auf das Deck. BORRACHO zieht und stöhnt an der Ankerkette. Uns soll es recht sein. Wir verschieben unsere Abreise und drehen uns noch mal in der Koje um. Die Wettervorhersage spricht von einem 40-Knoten-Wind, da ist es vor Anker unter einer warmen Decke wesentlich gemütlicher als draußen auf dem offenen Meer.

Unsere Vorräte nehmen rapide ab, und auf der Insel gibt es kaum etwas Essbares im Angebot. Das Transportschiff, das jeden Monat die neue Ware bringt, ist vom stürmischen Wetter aufgehalten worden, und kein Mensch weiß, wann das Mehl und die Kartoffeln eintreffen werden. Wenn unterwegs nichts Besonderes passiert, haben wir gerade genug zum Essen, um nicht abgemagert die Marquesas zu erreichen. Weswegen sollten wir auf den Frachter warten? Das Tiefdruckgebiet ist weitergezogen. Der Wind ist günstig, also Anker hoch und so schnell wie möglich in Richtung Fatu Hiva, unserer ersten Insel der Marquesas. Der Name allein schon klingt herrlich polynesisch, und ich bekomme Visionen von hüfteschwingenden Schönheiten in Schilfröckchen.

Die ersten beiden Tage kommen wir flott voran. Wir segeln mit Großsegel und Genua an einer Palmeninsel entlang und sehen einen wunderschönen Ankerplatz mit einem blütenweißen Strand. Wir erreichen mit unseren fast 100 Quadratmetern Segelfläche mehr als sechs Knoten Geschwindigkeit. Das Meer ist ruhig und tiefblau, kein Wölkchen zeigt sich am Himmel. Es wäre schade, jetzt zu stoppen. Einen so perfekten Segeltag gibt es nur selten, und wir sehnen uns nach einem großen Beefsteak mit Pommes frites.

Am nächsten Tag geraten wir in ein windloses Loch. Ziellos treiben wir mit schlaff hängenden Segeln auf einem Meer, das wie ein unendlich großer Spiegel erbarmungslos das Licht der Sonne reflektiert. Kein Vogel, kein Fisch, kein Schiff, nichts. Sogar der

Horizont hat sich im Dunst versteckt, Himmel und Wasser gehen nahtlos ineinander über. Schwitzend versuchen wir vorwärtszukommen und suchen Schatten unter den wirkungslosen Segeln. Mit Eimern voll Seewasser kühlen wir das glühend heiße Deck und uns selbst. Durch den langen Umweg haben wir zu wenig Diesel, um unter Motor zu fahren. Erst der Abend, als die kupferfarbene Sonne endlich im Dunst versinkt, bringt etwas Abkühlung. Am nächsten Morgen trage ich den Schiffsstandort in der Seekarte ein: Wir sind zwei Seemeilen zurückgetrieben.

Aus lauter Langeweile schalte ich gegen Abend das »Günther-Netz« ein. Segelyachten, die von den Galapagosinseln auf dem Weg zu den Marquesas sind, halten mit Günther Funkkontakt und geben ihre Position – was nichts mit Sex zu tun hat – und das lokale Wetter durch. Günther gibt seinerseits die Wettervorhersage für die kommenden Tage. Mit zunehmendem Neid hören wir, wie sich alle beklagen über Starkwind und Tagesstrecken, die wir uns gar nicht mehr vorstellen können.

Bei uns ist es jeden Tag das gleiche Elend: »Günther, notiere mal dieselbe Position wie gestern.«

Bis ich endlich melden kann, dass wir fast eine Meile in der Stunde machen und noch 300 Meilen vor uns haben. Jeder hat Mitleid mit uns und versucht, uns Mut zu machen.

Aber: »Ein bisschen Wind ist auch Wind«, sage ich optimistisch zu Günther.

Nachmittags ist es am schwierigsten. Wir liegen ausgelaugt im Salon und hören Opern. Gestern war es »Lucia di Lammermoor«, heute erklingt »Die Zauberflöte« aus dem Lautsprecher. Karola singt aus Verzweiflung das hohe C der Königin der Nacht mit. Barbara Bonney tut, was sie kann, aber gegen einen derartig hohen und langen Ton hat sie keine Chance. Es kann jedoch so nicht weitergehen. Wir haben nur noch wenige ungehörte Opern in unserem CD-Vorrat, und unser Proviant geht zur Neige. Wir essen Reis mit Zwiebeln und Knoblauch, Reis mit Knoblauch und Zwiebeln, und für den nächsten Tag haben wir als Henkersmahl Reis mit Zwiebeln, Knoblauch und, als Leckerbissen, die letzte sorgfältig aufgesparte Büchse mit Corned Beef. Karola backt noch zwei Brote. Das Mehl ist dann alle, und die übrig gebliebenen stinkenden Eier müssen wir über Bord werfen.

Nach der Oper hängen wir im Cockpit. Niedergeschlagen starre ich über das leere Meer, schaue mit großen Augen zu Karola, starre wieder über das Meer in die Richtung meiner Vision und schaue strahlend vor Freude zu Karola.

»Ich sehe Falten, Furchen, Runzeln!«

Etwas gereizt antwortet sie übel gelaunt: »Das brauchst du mir nicht zu sagen. Ich kann selbst in den Spiegel schauen.«

»Nein, nein«, rufe ich, »das meine ich nicht. Das Meer, es ist nicht mehr glatt!«

Alles Leid ist vergessen. Mit einem Freudenschrei gehen wir an die Arbeit. Der Wind frischt auf bis 15 Knoten. Wir trimmen die Segel, und BORRACHO erinnert sich, dass sie in jungen Jahren eine Regattayacht war. Das Meer ist noch flach, es kräuselt sich nur, ideal. Wir fegen frohgemut Richtung Fatu Hiva. Als wir nach einer Fahrt von zwölf Tagen in die Bucht einlaufen, liegen schon einige Boote, die wir von dem Günther-Netz kennen, vor Anker.

Alle rufen: »Da ist ja die BORRACHO schon. Ein bisschen Wind ist auch Wind!«

Fatu Hiva

Bereits auf unserem ersten Erkundungsgang durch das kleine Dorf, das in einem Palmenwald hinter der Bucht liegt, muss ich meine Vision der Wirklichkeit anpassen. Die Dorfschönen sehen eher aus wie die etwas schwer gewachsenen Damen, die Paul Gauguin auf den Marquesas gemalt hat. Ich folgere aus dieser Tatsache, dass es auf dieser Insel genügend Nahrung geben muss, um unseren erschöpften Vorrat aufzufüllen. Auf der Schwelle vor ihrer Bambushütte sitzen zwei wohlgenährte Damen. Die eine hat ein nacktes Kind auf dem Schoß, das sich in Zukunft leicht mit seiner Mama wird messen können. Wir fragen, wo der Supermarkt ist. Sie müssen herzlich lachen: Es gibt keinen Laden auf Fatu Hiva. Aber sie haben Fleisch, Früchte und Brot und wollen gerne Tauschgeschäfte machen.

Am nächsten Tag sitzen wir mit Anahu auf ihrem Rasen im Schatten einer großen Palme. Insbesondere der Kurs für Tau wird heute an der Börse hoch notiert. Für eine Leine von sechs Metern Länge erwerben wir ein ansehnliches Stück Fleisch. Eine Flasche Parfum in Supermarktqualität bringt eine Bananenstaude, und

Nagellack der gleichen Qualitätsklasse liefert uns einen Rucksack voller Papayas. Auf dem Weg zurück zum Strand geben wir einem Kind einen roten Lutscher: Es strahlt vor Freude. Das war ein gravierender Fehler. Als wir eine Weile später mit dem Beiboot am Strand landen, wartet der gesamte Dorfnachwuchs auf uns. Wir wollen freilich die Kinder nicht zum Betteln erziehen und lösen dieses Problem pädagogisch. »Für einen Lolli müsst ihr eine Gegenleistung erbringen in Form einer Zitrone, einer Pampelmuse, einer Kokosnuss oder etwas Ähnlichem.«

Wieder falsch! Unser Beiboot sinkt unter der Last der Früchte.

Die Ankerbucht ist ein Südseemärchen. Die Hänge, die mit sattem Grün bewachsen sind, erheben sich steil aus dem glasklaren Wasser. Es gibt einen weißen Strand mit einem kleinen Steg für die einheimischen Fischerboote und dahinter grün wogende Palmen. Weiter weg verwandelt die Landschaft sich fast unmerklich in tropischen Urwald, aus dem zwei messerscharf gezackte Bergspitzen schwarz und unnahbar herausragen. Mehrere Wasserfälle stürzen senkrecht nach unten. Die vielen Pflanzen und Blumen verbreiten einen schweren, süßlichen Duft, besser als jedes Parfum, auf jeden Fall besser als unser Supermarktparfum. Die vielen bunten Vögel singen in höchsten Tönen. Hier braucht man nichts weiter, um glücklich zu sein.

Hiva Oa

Auf der nächsten Insel, Hiva Oa, ist ein Supermarkt, in dem wir laut Anahu alles kaufen können, was wir brauchen. Wir haben Vollmond, und es weht eine leichte, kühle Brise. Mitten in der Nacht lichten wir den Anker für die 40 Seemeilen zu der Insel, auf der sowohl Paul Gauguin als auch Jacques Brel gelebt haben, nachdem sie der westlichen Zivilisation entflohen waren. Hier fanden sie Ruhe und ewigen Frieden. Hell erleuchtet vom Mondlicht sieht die Insel, die sich im Meer spiegelt, unwirklich aus. Die Bergspitzen gleichen mittelalterlichen Burgen, die im Licht baden. Ab und zu erscheint die Silhouette einer Palme wie ein Scherenschnitt vor der runden gelben Mondscheibe. Schweigend bestaunen wir die Nachtlandschaft. Sogar BORRACHO flüstert in dem stillen Wasser.

In der Frühe, kurz vor unserem Ziel, schiebt sich die schwarze Wand einer tropischen Bö langsam vor die Insel, als ob eine Riesenhand einen halb zerrissenen Vorhang zuzieht. Eine Segelyacht, die ungefähr eine Meile vor uns läuft, verschwindet schlagartig in dem schwer niederprasselnden Regen. Wir haben Zeit und bleiben auf dem offenen Meer, bis wir wieder genügend Sicht haben, um die Bucht sicher anlaufen zu können. In dem strömenden Regen waschen wir uns, damit wir nachher sauber und frisch riechend die Insel betreten können. Die Bö verzieht sich schnell, und die Sonne scheint so heiß wie vorher. Die Yacht, die vor uns fuhr, ist am Eingang auf den Felsen gelandet. Felsenfest. Später erzählt uns der untröstliche Skipper, dass er in vollem Vertrauen auf seine elektronischen Seekarten und Radar gefahren ist. Nach dem Bild auf dem Monitor befand sich sein Schiff genau in der Mitte der Passage. Die Wirklichkeit sah anders aus. Er hörte einen gewaltigen Knall, und die Yacht saß auf den Felsen. Totalschaden!

In einer vornehmen Strohhütte finden wir die örtliche Bank, wo wir Geld wechseln können. Im Supermarkt liegt die Kleidung neben der Wurst. Wir kaufen Camembert, Baguettes, Paté, Roquefort und Rotwein. Welch ein Glück, dass wir uns in einer französischen Provinz befinden. Bei diesem Einkauf schauen wir gar nicht hin, welchen Preis wir für diese Gottesgaben aus Frankreich bezahlen müssen. Im Museum entdecken wir viele Gemälde von Gauguin. Sie sind wunderschön, auch wenn es nur Kopien sind. Mitten im Dorf steht das einmotorige Flugzeug von Jacques Brel, mit dem er hin und wieder Kranke ins Hospital von Nuku Hiva transportierte.

Wir laufen gemächlich den Hügel hinter dem Dorf hoch in Richtung Friedhof. Die Blumen blühen üppig, und die Vögel trällern. Karola pflückt zwei Sträuße Feldblumen. Wir genießen die lebhafte Natur und die sich immer erneuernden Ausblicke. Auf dem kleinen Friedhof herrscht Totenstille. Sogar die Vögel unterbrechen gelegentlich ihr Konzert. Am Grab von Paul Gauguin liegen bereits frische Blumen. Wir sind nicht seine einzigen Bewunderer und legen mit Dank einen der beiden Sträuße neben die anderen Blumen. Um den Grabstein von Jacques Brel zu finden, brauchen wir etwas länger. Sein markanter Kopf ist zusammen mit dem seiner polynesischen Frau in Stein gehauen. Hier legen wir den zweiten Strauß nieder. Dieser Friedhof gefällt den beiden berühmten Künstlern ganz bestimmt. Paul Gauguin liegt im vollen Sonnenlicht mit einem farbenfrohen Fernblick über das Dorf, die Bucht und das Meer, Jacques Brel etwas zurückgezogen, im dunklen Schatten eines großen Baumes. Als wir uns entfernen, hüpft ein Vogel auf seinem Grabstein und singt schmetternd. Ruhe in Frieden!

Früh morgens wandern wir außerhalb des Dorfes über einen schmalen Pfad, der einem klaren Bach folgt. Wir sehen auf der anderen Seite ein Häuschen. Als wir stehen bleiben, kommt ein Mann aus der Hütte, springt über eine Reihe von Steinen im Bach, schüttelt uns die Hand und stellt sich als Willem vor. Er sammelt schon über 30 Jahre Bilder von Segelyachten, welche die Insel besuchen. Fünf Minuten später sitzen wir zwischen Großmutter, Ehefrau, Kindern und Ziegen im Wohnzimmer und haben ein abgegriffenes Fotobuch auf den Knien. 30 Jahre Geschichte vom Langstreckensegeln ziehen in vergilbten Fotos, ungeübten Zeichnungen und vielsprachigen Texten an uns vorbei. Die Ehehälfte serviert Pommes frites wie eine Art Snack, und somit essen wir am frühen Vormittag um neun Pommes und trinken ein großes Glas Limonade. Mit dem heiligen Versprechen, am nächsten Tag ein Blatt Papier mit Foto von BORRACHO und einigen Zeilen über Skipper und Besatzung vorbeizubringen, verabschieden wir uns. Willem schenkt uns noch eine Plastiktasche voll mit tropischen Früchten und heimischer Wasserkresse. Ich vergesse, ihn zu fragen, wo er seinen Namen herhat.

Nuku Hiva

Via Ua Huka segeln wir entspannt zur Hauptinsel Nuku Hiva. Am Abend gönnen wir uns nach langer Zeit mal wieder ein Festessen in einem Restaurant direkt am Strand. Die Mahlzeit ist versalzen, dafür die Rechnung gepfeffert. Wir tanken zum ersten Mal seit vier Monaten Diesel und verursachen im Supermarkt einen nachfolgenden Versorgungsengpass, als wir unsere Vorräte ergänzen. Die etwa 40-jährige Monique, die dauerrauchend hinter der Kasse steht und die Zigarette nur aus dem großzügig geschminkten Mund nimmt, um lungenzerreißend zu husten, gibt uns statt Sparmarken ein Stück Fleisch von zwei Kilo als Zugabe. Entweder sie findet uns nett, oder wir sehen nach so vielen Jahren Unterwegssein ein wenig ärmlich und unterernährt aus.

»Bonjour, bonjour«, hustet sie mit tiefer, verrauchter Stimme. Wir mieten für einen Tag einen Jeep und erkunden die Insel, fahren durch die mannigfaltige, wild wachsende Natur im Inland. Über steile Wege erreichen wir die fast 1000 Meter hohe Spitze eines in Urzeiten erloschenen Vulkans. Vor uns breitet sich ein weitläufiges Panorama aus, in der Ferne begrenzt von der Küstenlinie, die sich wie ein weißes Band um die Insel schlingt. Dort müsste es Buchten geben, in denen man perfekt vor Anker liegen kann! Unser Weg endet bei einer dieser Buchten. Hinter dem Strand stehen ein paar Häuser, ein kleines Restaurant blinkt weiß getüncht in einem tropischen Garten. »Chez Yvonne« steht auf dem Werbeschild geschrieben. Yvonne, so erzählt sie uns, ist die Tochter des Bürgermeisters von Taio Hae, und sie serviert ihren Gästen abends ohne falsche Bescheidenheit das schmackhafteste, traditionell zubereitete Schwein in ganz Französisch-Polynesien. Wir sagen ihr, dass wir in ein paar Tagen mit dem Schiff zurückkommen und dann gern bei ihr essen möchten. Die nächste Bucht empfiehlt sie uns als ausgezeichneten Ankerplatz.

Wir finden im Norden, in der Bucht Anaho, einen verlassenen, nahezu völlig vom Meer abgeschlossenen Ankerplatz. Yvonne hat uns nicht zu viel versprochen. Zum ersten Mal in den Marquesas liegen wir in einer Bucht, wo BORRACHO nicht Tag und Nacht in der Dünung schaukelt. Wir schlafen wie Seerosen. Wir sitzen faul am Strand und bewundern unsere Yacht, die ruhig hinter dem Anker treibt.

Auf einmal ruft Karola: »Sei doch nicht so albern! Warum beschmeißt du mich mit Sand?«

Ich protestiere überrascht. Wir kriegen uns gehörig in die Haare, und Karola dreht mir wütend den Rücken zu. Schweigend sitzen wir da. Plötzlich sehe ich, wie ihr Rücken sich allmählich verändert, als ob sie mit Brennnesseln geschlagen worden wäre. Ich setze die Brille auf und sehe Hunderte winzig kleine Stechfliegen. Die berüchtigten Nonos der Marquesas haben einen Angriff gestartet. Mein Blut schmeckt den Mini-Draculas offenbar nicht, aber Karola flüchtet ins Wasser, um den Feind abzuschütteln.

Zwischen unserer Bucht und der Bucht von Yvonne befindet sich ein Hügel. Wir wissen nicht, ob das Restaurant am Abend voll besetzt ist, es scheint uns besser, einen Tisch zu reservieren. Ein kurzer Spaziergang kann ja nicht schaden. Nach drei Stunden

Hinweg und zwei Stunden, um wieder zurück auf den kleinen Berg zu gelangen, sehen wir erschöpft BORRACHO weit unter uns friedlich in der geschützten Bucht liegen. Wir lassen uns unter einen Baum fallen, um in seinem Schatten auszuruhen und die Aussicht zu bewundern. Ehe meine müden Augen zufallen, schaue ich nach oben und sehe Äste voll mit herrlichen reifen Mangos. Hellwach ziehe ich mein T-Shirt aus, knote die Ärmel zusammen und ernte ein Hemd voll. Bevor ich unter dem Baum einnicke, denke ich: Wo in der Welt läuft man einen halben Tag, um einen Tisch im Restaurant zu reservieren, und kommt mit seinem Hemd, prall gefüllt mit Mangos, nach Hause?

Kurz vor Sonnenuntergang fahren wir zu der Bucht von Yvonne und ankern quasi vor der Tür. Als wir den Garten des Restaurants betreten, kommen uns Yvonne und der Duft von gebratenem Schweinefleisch schon entgegen. An unserem reservierten Tisch unter Palmen mit sanftem Wellengeräusch genießen wir das saftige Fleisch und eine Flasche Rotwein. Stunden später, nachdem wir unserer Gastgeberin mit ihrem Schwein viele Komplimente gemacht haben, nehmen wir Abschied. Wenn es nach uns ginge, bekäme ihr Restaurant nicht nur drei Sterne, sondern einen ganzen Sternenhimmel.

Ua Pou

Ua Pou ist die für uns letzte und vielleicht sogar die schönste Insel des Archipels. Falls eine solche Steigerung möglich ist. Das Dorf ist ohne jeden Zweifel typisch für Polynesien. Vielleicht weil die Jugend jeden Abend für den Tanzwettbewerb übt, der alljährlich rund um den »quatorze juillet« auf Tahiti ausgetragen wird. Sie proben auf dem Sand des Dorfplatzes. Stundenlang bewundern wir die graziösen Bewegungen der Tänzer und Tänzerinnen und hören der harmonischen Musik zu, die mit der Stille der Nacht verschmilzt. Hier ist meine Vision von der Südsee Wirklichkeit geworden.

Ein Mann in einheimischer Tracht spricht uns auf der Straße an. Er stellt sich als der Kurator des örtlichen Museums vor und möchte gern eine Führung für uns machen. Wir können uns gut vorstellen, dass er nur einige Male im Jahr auf potenzielle Kunden für sein Museum trifft, und geben ihm gern diese Chance. Für unsere gute Tat werden wir reichlich belohnt. Wir entdecken eine Schatzkammer. Mit viel Liebe und Geduld wurde eine Sammlung von Handarbeiten zusammengetragen, und es werden alle Materialen, die dazu gebraucht werden, gezeigt: vom Rohstoff bis zum fertigen Produkt. Einheimische Musikinstrumente, mit Stickereien geschmückte Kleidung und kunstvoll geschnitzte Masken vervollständigen die Kollektion. Unser Museumsführer ist ohne Zweifel selbst das beste Artefakt der Sammlung. Er ist eine sprudelnde Quelle von Legenden. Der Felsen in der Bucht, erzählt er, ist kein Felsbrocken, sondern der Kopf eines Riesen mit Namen Mouaotu. Dieser Riese terrorisierte die ganze Insel, alle lebten in ständiger Angst. Eines Tages lag er am Strand, um zu schlafen, weil auch ein Riese hin und wieder müde wird. Die Bewohner sahen eine einmalige Chance, die Schreckensherrschaft zu beenden, und schlichen auf Zehenspitzen an den Unmenschen heran. Der stärkste Mann, Uru, trennte mit einem gewaltigen Schlag seiner Axt den Kopf des schlafenden Riesen vom Rumpf. Zusammen schleppten sie den Kopf zum Wasser, und mit vereinten Kräften schleuderten sie den Kopf weit hinaus in die Bucht. Und wenn wir die roten Streifen in der Felsformation betrachten, wollen wir auf keinen Fall glauben, was die Geologen sagen. Wir wissen jetzt ebenso sicher wie die Einwohner von Ua Pou: Es ist das Blut von Mouaotu!

Die Tuamotuinseln

Mit einem Boot voller Mangos und zwei riesigen Bananenstauden, die unter dem Bimini hängen, segeln wir Richtung Tuamotuinseln. Die Tuamotus ist eine Hunderte
Seemeilen lange Kette von Atollen, die wie eine gefährliche Barriere zwischen den Marquesas und Tahiti liegt. Früher, als man noch
mit dem Sextanten den Schiffsort bestimmte, fuhr man in einen
großen Bogen um dieses gefährliche Riffgebiet. Auch wenn in unserem GPS-Zeitalter die Atolle noch immer jährlich ihren Tribut
an gestrandeten Yachten fordern, wollen wir doch quer durch das
Inselreich segeln.

Am letzten Tag vor den Tuamotus drosseln wir unsere Geschwindigkeit, damit wir zu der berechneten Zeit das Atoll erreichen. Es ist das erste richtige Atoll, in das wir einlaufen wollen,
und ich möchte nicht das kleinste Risiko eingehen. Ein Atoll ist
umschlossen von einem Riff und läuft mit der Flut voll. Die gleiche Menge Wasser strömt mit der Ebbe wieder aus. In den meisten
Fällen gibt es nur eine einzige befahrbare Passage, durch die sich
das Wasser mit hoher Geschwindigkeit und viel Gewalt presst. Als
wir die Zufahrt gefunden haben, ist gerade Niedrigwasser, und die
Sonne steht in unserem Rücken. Die ideale Situation, um problemlos hineinzugehen. In dem durchsichtigen Wasser zeichnen sich
die Riffe links und rechts von uns klar ab, als wir langsam unter
Motor die Passage durchqueren. Viele Fische wuseln zwischen
den bunten Korallen herum. Bestimmt ein interessanter Platz zum
Tauchen. Vorsichtig kriechen wir zwischen mehreren grimmigen
Blumenkohlriffen durch, ehe wir den Anker vor dem Palmenstrand
werfen. Etwas entfernt sehen wir kleine Häuser und eine weiße
Holzkirche. Das Dorf strahlt Ruhe und Harmonie mit der Umwelt
aus. Ich nehme eine Ankerpeilung vor: borracho rührt sich nicht
von der Stelle und treibt friedlich im Wasser. Wir sind Teil dieses
kleinen Paradieses geworden.

Gerade als wir ein wohlverdientes Nickerchen machen wollen,
stört ein Geräusch unsere Mittagsruhe. Drei Jungs, schätzungsweise 18 Jahre jung, haben ihr Baumkanu längsseits an borracho
festgemacht. Sie fragen, ob wir Perlen kaufen wollen, die hier auf
Ahe gezüchtet werden. Die erste Wahl ist nicht billig. Wir dürfen

zwei Perlen auswählen für 40 Dollar oder eine Flasche Rum. Wir sagen, dass wir Abstinenzler sind und somit keine alkoholischen Getränke an Bord haben. In unserem Fall eine ziemlich gewagte Lüge, aber wir wollen die jungen Männer nicht zu Trinkern machen. Wir haben wenig Ahnung von Perlen. Allerdings fällt uns auf, dass sie schwarz sind anstatt grau oder weiß und groß. Als Taraku zum Vergleich die zweite Wahl auf den Tisch legt, ist uns der Unterschied klar. Die Perlen der ersten Wahl sind nicht nur größer, sondern auch vollkommen rund. Eigentlich finden wir die unregelmäßigen Perlen der zweiten Wahl interessanter, aber wir wollen die freundlichen Polynesier nicht in ihrem Berufsstolz verletzen. Sobald der Kauf der beiden Perlen abgeschlossen ist, ohne dass wir den Preis heruntergehandelt haben, schenken sie uns noch eine Handvoll der zweiten Wahl als Bonus. Fröhlich lachend und winkend zu »Kies« und »Karula« paddeln sie zurück zum Strand. Hätten wir vielleicht doch den Preis drücken müssen? Was soll's. Mit einer kalten Rum-Cola in der Hand betrachten wir unseren Perlenschatz, der im Licht der untergehenden Sonne funkelt.

Die Männer der Insel gehen tagsüber auf Fischfang oder putzen die Perlen. Die Frauen hüten die Kinder und das Dorf. Wir fragen eine Frau, der wir auf dem schmalen Sandweg begegnen, ob es in der Bucht Haie gibt. Sie stellt ihre Schubkarre ab, die von innen mit Decken und Kissen gepolstert ist und in der ein molliges Baby mit dem Daumen im Mund zufrieden schläft. Sie beruhigt uns, es gibt in der Lagune keine Haie. Also schnorcheln wir tagelang zwischen den Riffen und sehen immer wieder Korallenfische, wie wir noch keinen begegnet sind: große Schleierfische und sogar ein paar Angst einjagende Riffteufel, die uns mit großen Augen und wilden Blicken hinter ihren Stacheln auflauern.

Tahiti

Wir werden unruhig. Nach langer Einsamkeit lockt die große Stadt auf Tahiti, Papeete, mit ihren Festivitäten rund um den französischen Nationalfeiertag. Wir wollen dieses Fest miterleben. Im Ofen bäckt bereits das Brot, und im Schnellkochtopf dampft die Linsensuppe. Das heißt: Aufbruch! Der Duft von frischem Brot steigt auf, als der Anker triefend aus dem Wasser kommt. Der Tag ist sonnig und das Wetter ruhig. So soll es auch sein, denn in der Nacht müssen wir zwischen zwei Atollen durchsegeln. Die Passage lässt wenig Raum für Fehler. Jede Stunde trage ich gewissenhaft unsere Position in die Seekarte ein und kontrolliere den Einfluss von Strömung und Wind auf unseren Kurs. Ich habe berechnet, dass wir bei dieser Geschwindigkeit um Mitternacht zwischen den beiden Atollen sind. Ausgezeichnet, denn um zwölf Uhr beginnt meine Wache.

Die Entfernung zwischen den beiden Atollen beträgt vier Seemeilen. Wenn ich genau auf die Mitte ziele, haben wir an beiden Seiten eine Sicherheitsmarge von zwei Seemeilen. Diese Entfernung sollte genügen, um eventuelle Fehler in der Seekarte und den Effekt der zusätzlichen Strömung in dem Durchgang aufzufangen. Kurz vor zwölf weckt mich Karola. Sie hat gute Arbeit geleistet. Wir sind noch immer unter Segeln und genau auf der geplanten Kurslinie. Noch drei Seemeilen bis zur Gefahrenstelle. Mit dem Segel als Antrieb und ohne Motor kann ich die Brandung auf dem Riff hören, falls wir zu nahe kommen. In der mondlosen Nacht kann ich nichts erkennen außer einem strahlenden Sternenhimmel. An beiden Seiten des Schiffes müssen Riffe liegen, die auf den kleinsten Fehler unsererseits warten. Nach unserer Position halten wir genau die Mitte. Ich vertraue meiner Navigation, nichtsdestotrotz horche ich gespannt in die Nacht. Es ist ein eigenartiges Gefühl, in der Dunkelheit blind durch ein Gebiet voller Obstakel zu segeln. Ich weiß, dass sie da sind, sehe sie aber nicht. Mit gespitzten Ohren, um keinen Laut zu überhören, und mit angespannten Nerven sehe ich die Minuten auf meiner Armbanduhr verrinnen. Karola schläft hinter ihrem Kojensegel und träumt gewiss schon von dem nächsten Ankerplatz. Erleichtert übergebe ich zwei Stunden später die Wache. Die Tuamotos liegen hinter uns, der Weg nach Tahiti ist frei!

Nach und nach erhebt sich die Silhouette von Tahiti aus dem Meer. Wir segeln am Riff entlang in die Richtung, wo sich die Passage befinden soll.

»Dort kommt ein Fischerboot raus«, ruft Karola, »da muss der Eingang sein.«

Ich nehme das Fernglas und entdecke neben dem Fischer noch ein Segelschiff gleich beim Eingang. Da muss wohl der Einlass sein. Zur Sicherheit lese ich noch einmal die Ansteuerungshinweise in dem Pilotbuch und überprüfe zum soundsovielten Mal unsere Position. Nein, das kann die Passage nicht sein. Irgendwo müsste eine Boje liegen, und wir müssten außerdem den Flugplatz sehen können. Als wir näher kommen, sehen wir, dass die Segelyacht fest auf dem Riff liegt. Die Fetzen von den Segeln wehen traurig in dem frischen Passatwind. Sie dachten auch, dass die Passage hier wäre. Doch es war nur das Ende einer Weltreise!

Wir finden schließlich die Ansteuerungsboje und fahren unter Motor in dem ruhigen Wasser hinter dem Riff zu dem Ankerplatz einige Seemeilen weiter. Wir müssen noch die Verlängerung der Startbahn des Flugplatzes kreuzen. Über UKW rufe ich die Fluglotsen. Wir sollen kurz warten. In einigen Minuten startet ein Flugzeug, direkt danach können wir weiter. Wir hören die Motoren auf die erforderliche Drehzahl brüllen, dann rast ein Flugzeug in Nasenhöhe vor uns über das Wasser. Man muss hier schon aufpassen, wenn man seinen Mast nicht verlieren will.

Unser Ankerplatz ist vor Maeva Beach. Das Riff schützt uns gegen die Wellen, der Passatwind allerdings pfeift ungehemmt durch BORRACHOS Takelage. Wir ankern extra gewissenhaft, damit wir auch bei Starkwind keine Probleme bekommen. Dann haben wir Zeit, unsere Umgebung anzuschauen. Ostwärts ist eine kleine Marina mit Landungssteg für Beiboote. Dahinter wellt sich die grüne Hügellandschaft von Tahiti. Im Westen haben wir ungestörte Aussicht auf die rollende Brandung am Außenriff und in der Ferne auf die zackigen Bergspitzen der Insel Moorea. In der Bucht liegt ein internationales Dorf von Langstreckenseglern vor Anker. Auf Tahiti bleiben die meisten Segler gern etwas länger, insbesondere da die Feiertage bevorstehen.

Auch vor den eigentlichen Feierlichkeiten feiert man Feste. Fast jeden Tag gibt es auf irgendeinem Boot einen Anlass dazu. Sei es eine neue Genua, ein Ersatzteil, das endlich eingetroffen ist, ja sogar ein Geburtstag kann Grund zum Feiern sein. Am Abend feiert Franco, ein brasilianischer Einhandsegler, seinen fünfzigsten Geburtstag. Alle 36 Gäste, die er eingeladen hat, sind erschienen und wimmeln auf dem Boot herum, das knapp neun Meter misst. In der Kombüse ist sogar noch ausreichend Platz, um kleine Häppchen zuzubereiten und komplizierte Getränke zu mixen. Segler können sich zu gewaltigen Proportionen aufblasen, aber wenn es notwendig ist, so wie heute, auch unvorstellbar klein machen. Das Gelächter schallt bis Moorea übers Wasser. Ich behalte nicht nur das Niveau in meinem Glas scharf im Auge, sondern auch das Wasser, das unter dem ungewohnten Gewicht fast über das Deck schwappt.

In den Morgenstunden des 14. Juli beginnt ein Tag voller Sport auf tahitianische Art und Weise. Für die Männer gibt es eine Doppelachter-Baumkanuregatta ohne Steuermann, 100-Meter-Rennen mit zwei Bananenstauden auf dem Rücken, Bambusspeerwerfen und Steinestossen. Die Frauen tragen Wettbewerbe aus, die weniger physische Kraft erfordern: fünf Kokosnüsse schälen und Blumenkränze flechten. Der Höhepunkt, aus meiner Sicht, ist der Tanzwettbewerb. Gruppen aus dem ganzen Archipel sind in ihren Schiffen angereist, um an diesem Tag auf Tahiti für die Ehre des Heimatdorfes zu kämpfen. Meine Vision wird hundertfach Wirklichkeit!

Rund um einen Platz am Meer sind Tribünen errichtet. Das hübsche Mädchen in hiesiger Tracht, das uns die Plätze anweist, würde bei uns zu Hause sofort zur Miss Vaterland gewählt werden. Dazu bräuchte es keine monatelange, langweilige TV-Casting-Show. Als sie mich strahlend anlächelt, werde ich rot bis hinter die Ohren. Ich habe kaum Zeit, ihr mit schmachtenden Augen nachzuschauen. Die erste Gruppe betritt, nein schwebt elegant wogend auf die Wettkampffläche. 100 Mädchen in Schilfröckchen stellen sich in Viererreihen auf. Im Hintergrund bescheint der Vollmond, der gelb über dem Meer aufsteigt, lächelnd das liebliche Bühnenspektakel. Die Musik setzt mit einem langsamen Rhythmus ein, der schlagartig in einen schnelleren Takt übergeht. 100 Hüften zucken genau im selben Takt mit der temporeichen Musik hin und her. Die Musiker spielen langsamer, und 100 Hüften schwingen langsamer und sensuell. 100 Schilfröcke wehen und gleiten an 200 wohlgeformten

Beinen entlang. 100 schöne Münder singen ein betörendes Lied. 100 Gesichter lachen mir verführerisch zu, als ob sie einzig und allein für mich singtanzen. Ich habe volles Verständnis für die Meuterer der BOUNTY. Was ich nicht verstehe, ist, dass sie nur zwölf Exemplare mitgenommen haben. Ich würde sie am liebsten alle 100 mitnehmen. Aber leider, als Kapitän kann man nicht meutern, und ich befürchte, dass Karola bereits die Macht ergreifen würde, sollte ich nur eine Einzige mitnehmen. Als wir nach Ende der Augenweide zurück zum Beiboot laufen, erzählt Karola mir, dass sie die Männer in ihren kurzen Lendentüchern sehr aufregend fand. Ich habe überhaupt keine Männer gesehen, aber das sage ich mal lieber nicht.

Ich muss zur Werft, weil ich einen Termin brauche, um die Schäden des Sturmes vor den Pitcairns reparieren zu lassen. Die gebrochenen Seerelingstützen müssen geschweißt werden, die Dichtung der Propellerwelle leckt, und die Rollreffanlage der Genua hat sich festgefressen. Danach will ich selbst den Wassermacher, mit dem wir aus Salzwasser Süßwasser gewinnen, wieder in Ordnung bringen. Unser Trinkwasser schmeckt salzig, und das ist nicht Sinn der Sache. Zuerst ersetze ich alle Gummidichtungen, und das sind nicht wenige. Mit dem ausführlichen Handbuch neben mir an Deck nehme ich konzentriert, mit der Zunge zwischen den Zähnen, das ganze komplizierte Gerät auseinander. Sogar Karola hält den Atem an. Schweigend, um mich nicht aus meinem Trancezustand zu entrücken, serviert sie mir Kaffee und, wenn die Stunden vergehen, Bier, um mich bei Laune zu halten. Diese Fummelarbeit macht mich, weiß sie, nervös. Systematisch lege ich alle Teile in die richtige Reihenfolge, nehme den Satz mit den Ersatzdichtungen und fange an, während ich simultan die Arbeitsanleitung lese, den Wassermacher wieder zusammenzutüfteln.

Als ich die letzte Schraube festgedreht habe, liegen zu unser beider Erstaunen keine losen Teile mehr an Deck. Die Operation muss demnach gelungen sein. Bevor ich den Apparat wieder unter unsere Koje einbaue und an den Strom anschließe, möchte ich mit der Handbedienung prüfen, ob die Sache einwandfrei funktioniert. Ich betätige die Pumpe, der Druck steigt, steigt weiter, und mit einem Knall wie bei einem Gewehrschuss wird ein Metallklemmring aus dem Wassermacher katapuliert und verschwindet in hoher Flugbahn über Bord. Eine geschlagene Stunde schiebe ich mit meiner

Tauchflasche wie ein Staubsauger über den Meeresboden. Außer einer leeren Cola-Dose finde ich nur Sand und Muscheln. Also bestelle ich bei dem Hersteller in Amerika einen neuen Satz Ersatzteile. Sollten sie eines Tages auf Tahiti ankommen, haben wir wieder einen Grund für ein Fest.

Ich habe übrigens auch eine Winde in ihre Teile zerlegt, und Karola säubert sie vom Fett. Komisch eigentlich, denke ich auf einmal, wir laufen hier in grau verwaschenen T-Shirts, Hosen mit abgeschnittenen Beinen und in heruntergetretenen Bootsschuhen herum. Nichts erinnert mehr an die Designerkleidung, die Karola als Modedesignerin getragen hat, als sie unterwegs war zwischen Paris, Frankfurt oder New York. Meine gebügelten Nadelstreifenanzüge, mit denen ich als Vorstandsmitglied einen seriösen Eindruck erweckte, werden schon lange bei der Heilsarmee aufgetragen. Unsere Berufe gehören der Vergangenheit an. Für segelnde Wandervögel ist Vergangenheit, Herkunft oder frühere Betätigung bedeutungslos. Wir sind alle Kollegen, Blauwassersegler, haben die gleichen Ziele, machen die gleichen Erfahrungen. Egal ob du Fliesenleger, Blumenzwiebelzüchter, Direktor, Lehrer, Arzt, Sozialhelferin, Modedesignerin oder Doktor in Astrophysik warst. In diesem Moment, in diesem Leben ist dein Beruf Langstreckensegler und Wanderer. Die Freiheit ist dein Lohn.

Zwischendurch erkunden wir die Insel. Die Berge sind mit dichtem Urwald bewachsen. Hier und da ragen haushohe Bäume aus dem üppigen Grün heraus, ein weiß schäumender Wasserfall hat sich mühsam einen Weg gebahnt und stürzt donnernd in die Tiefe. Wir pflücken Früchte, vor allem Zitronen, die überall im Überfluss wachsen, und leben glücklich wie die Tahitianer. Wir gleichen uns sogar an. Karola lässt sich ein geschwungenes Band um die Fußknöchel tätowieren. Ich entscheide mich für eine stilisierte Sonne auf meinem Oberarm, die, wie manche meinen, eher einem Zahnrad gleicht. Eine lebenslängliche Erinnerung an schöne Zeiten. Der Mann, der tätowiert, ist ein wahrer Artist. Aus dem Kopf malt er die komplizierten Motive auf die Haut. Wir gucken noch stundenlang zu, wie andere Opfer unter seinen Kunststichen leiden.

Die meisten Segler sind schon ausgelaufen, die Zeit läuft uns davon. Wir müssen vor Beginn der Orkansaison Neuseeland erreichen. 3000 Seemeilen weiter. BORRACHO ist wieder fit. Die Seereling ist geschweißt, eine neue Propellerwellendichtung montiert und gleichzeitig die Maschine in Linie mit der Welle gebracht – und dieses Mal besser als in Curaçao. Die Rollreffanlage, die ebenfalls neu ist, läuft wie der geölte Blitz. Das Bevorraten in dem großen Supermarkt war allerdings ein teurer Spaß. Es war schwierig, sich zwischen den vielen Arten von Käse, Wurst und Patés zu entscheiden. Also lieber von jedem etwas.

Mit Schmerzen im Herzen verlassen wir das himmlische Tahiti. Wir wollen noch alle anderen Inseln von Französisch-Polynesien zwischen hier und Bora Bora besuchen, dann via Cookinseln nach Tonga segeln. Zum Schluss erwarten uns die kräftigen Westwinde während der gefürchteten Passage nach Neuseeland. Aber daran möchten wir jetzt noch nicht denken.

Die Sonne strahlt wie gewohnt, und BORRACHO schneidet flott unter den beiden Passatsegeln durch das ruhige Wasser. Wir essen gerade ein paar Schnittchen, als die Angelschnur mit hoher Geschwindigkeit ausläuft.

»Mist, was haben wir jetzt bloß an der Angel? Es sieht aus wie ein Hai!«

Ein heroisches Gefecht entwickelt sich zwischen mir und dem großen Fisch. Wie in »Der alte Mann und das Meer« von Hemingway wollen wir beide, gegen besseres Wissen, nichts vom Aufgeben hören. Nach 90 Minuten habe ich meinen Gegner längsseits: eine Riesengolddorade, die man hier Mahi-Mahi nennt. Als ich vorsichtig versuche, ihren enormen Kopf übers Wasser zu heben, macht meine Rivalin noch eine letzte Kraftanstrengung. Ich kann sie nicht halten, und die Leine rollt wieder aus. Als ich den Fisch, den ich mittlerweile zu respektieren gelernt habe, nach einer halben Stunde wieder längsseits hole, sind wir beide erschöpft. Mit Handschuhen bewaffnet hebe ich die müde Dorade stöhnend in das Cockpit. Eine Waage haben wir nicht an Bord, aber dafür ein Maßband: ein Meter und fünfundsechzig!

Huahine

Als ich mit dem Ausnehmen fertig bin, haben wir einen Eimer voll herrlicher Stücke frischen Fisches. Wir laufen eine Bucht bei der Insel Huahine an. Dort liegt zu unserer großen Freude die BUALI vor Anker. Frankie, der Skipper, war in seinem bisherigen Leben Koch. Ein zweites Boot in der Bucht hat eine Musikband an Bord. Die Musiker versuchen, auf den Inseln Geld zu verdienen und Geld zu sparen, indem sie auf Yachten von Insel zu Insel hüpfen. Mit zehn Leuten schlemmen wir bei der professionell zubereiteten Fischmahlzeit. Die tapfere Dorade hat dieses schmackhafte Ende mehr als verdient. Die Musiker spielen noch lange leise auf ihren Gitarren. Die melancholische Melodie des Saxofons verflüchtigt sich in der Tropennacht. Wir liegen auf dem Rücken und schauen schweigend zum Mond, jeder mit seinem eigenen Traum beschäftigt, der hier Wirklichkeit geworden ist.

Hinter dem Außenriff legen wir noch einen Zwischenstopp ein und ankern in der Nähe einer kleinen Privatinsel mit Hotelbungalows, die teilweise über dem Wasser gebaut wurden. Ein französisches Hochzeitspaar kommt in einem Ruderboot, erschöpft, aber mit fröhlichen Augen und kräftig eingeölt, langsam vorbeigepaddelt. Statt einer Hochzeitsfeier haben sie für eine Woche einen Überwasserbungalow für die runde Summe von US$ 3000 gemietet. Die ganzwöchige Benutzung des Ruderbootes ist im Preis inbegriffen. Bei Sonnenuntergang, mit einem Glas Wein in der Hand und der Aussicht auf Bora Bora, das sich in der Ferne scharf im späten Licht abzeichnet, rechnen wir nach, wie viel Geld wir hier an Bord mit den gleichen Annehmlichkeiten wie die Honeymooners pro Tag sparen. Außerdem sind wir schon verheiratet.

Bora Bora

Bora Bora war schon immer mein Traum. Warum, weiß ich nicht. Vielleicht weil die Insel in vielen Büchern von Weltumseglern erwähnt wird. Fast alle unsere Vorgänger haben bei dem berühmten Bora Bora Yacht Club an einer Boje gelegen. Aus Nostalgie wollen wir dort ebenfalls eine Nacht verbringen. Wie oft im Leben hat man eine solche Gelegenheit? Als wir an Land gehen, verliert die Insel einiges ihrer Magie, denn am späten Nachmittag schleppen sich ganze Horden Touristen über die staubigen Straßen von einem Souvenirladen zum nächsten. Gebeugt und mit sauren Gesichtern, als wäre Urlaub eine jährlich wiederkehrende Strafe, die man nun mal absitzen muss, obwohl man doch gar nichts getan hat.

In der Abenddämmerung, in der Ruhe unseres Schiffes, das friedlich hinter der Boje schaukelt, im Hintergrund die Umrisse des Berges von Bora Bora, erleben wir wieder etwas von unserem Traum. Eigentlich, so überlegen wir, leben wir in einer ganz eigenen Welt. Wir lesen keine Zeitungen mehr, hören keine Nachrichten, und Fernsehen ist ein Zeitvertreib aus der Vergangenheit. Wir bleiben von allen solchen traurig machenden Errungenschaften der modernen Welt verschont. Auch wenn die Inflation um 1,03 Prozent gestiegen ist, erfahren wir diese lebenswichtige Tatsache nicht. Aber wollen wir dies überhaupt wissen, wenn wir gerade zwei Meter Tau gegen zehn Mangos getauscht haben? Wollen wir ein TV-Breitbild, wenn wir abends vor Anker und auf der Cockpitbank liegen, tausend Sterne über uns funkeln und ein später Vogel sein Lied singt? Welch ein gestochen scharfes HD-Bild und welch ein überwältigender Surroundklang!

Wir segeln Richtung Tonga. Via Cookinseln und Raratonga erscheint uns eine interessante Route zu sein. Nachdem ich die Wetterkarten gründlich studiert habe, befürchte ich, dass wir später auf der Strecke von Raratonga nach Tonga einen schwierigen Kurs steuern müssen. Segeln wir dagegen via Niue, bläst der Passatwind bis Tonga ständig schräg von achtern. Karola hat starke Rückenschmerzen und liegt außer Gefecht hinter dem Kojensegel. Sie ist mit allem einverstanden, solange wir noch Schmerztabletten an Bord haben.

Ich verlege unseren Kurs Richtung Niue. Unter Fock und Genua, voll ausgestellt, machen wir gut sechs Knoten in der Stunde. Der Passat wird nach und nach kräftiger. An und für sich müsste ich reffen, aber ich bin alleine im Cockpit und habe wenig Lust, auf das schwankende Vordeck zu turnen. Lass es bleiben, denke ich. BORRACHO fühlt sich gut und stürmt mit Rumpfgeschwindigkeit durchs Wasser. In den nächsten 24 Stunden stellen wir einen neuen Rekord auf: 167 Seemeilen!

Auf einmal höre ich die Ankerkette rausrattern. Ich renne nach vorn. Irgendetwas in dem elektrischen Schaltkreis der Ankerwinde hat einen Kurzschluss verursacht, dadurch hat die Winde sich selbstständig gemacht und ohne jeden Auftrag fast 60 Meter Kette rausgelassen. Eine schwere Kette ist nicht immer ein Vorteil, vor allem nicht, während BORRACHO vorwärtsprescht und ich die Kette von Hand Glied für Glied hereinholen muss. Ich lege Anker und Kette fest, so gut es geht, ziehe trockene Sachen an und ergänze die Arbeitsliste. Ich muss mir eine bessere Lösung für die Handhabung der Winde überlegen. Unser selbst gebasteltes Bedienungsgerät ist nicht das Problem. Unter Deck ist noch eine geheimnisvolle »black box«. In ihren Innereien muss sich der Fehler befinden.

Niue

Zwölf Uhr nachts erreichen wir Niue. Im Pilotbuch haben wir gelesen, dass es einige Bojen zum Festmachen gibt. Für den Fall, dass die Bojen belegt sind, müssen wir auf 30 Metern Tiefe über dem Riff ankern. Ein solches Manöver geht nur bei Tageslicht. Wir gehen beiliegen mit nur einem kleinen Stück Großsegel, sodass BORRACHO sich kaum noch bewegt, und machen ein Nickerchen, bis es hell wird.

Die weißen Kreidefelsen von Niue leuchten auf in den ersten Sonnenstrahlen, als wir uns dem Ankerplatz nähern. Leider sind alle Bojen besetzt.

»Zum Glück haben wir in Trinidad die Ankerkette auf 100 Meter verlängert«, sage ich zu Karola. »Die 30 Meter Tiefe sind kein Problem. Du kannst den Anker fertigmachen.«

Karola hangelt sich vorsichtig nach vorn, um bei der hohen Dünung nicht über Bord zu fallen. Am Bug geht sie auf die Knie, um die Sicherung des Ankers zu lösen. Aber es ist nicht mehr nötig. Der Anker ist verschwunden! Während der schnellen Segelei haben die über Deck waschenden Wellen vermutlich den Anker losgerissen. Oder ich habe – aber wer gibt sich schon selbst gern die Schuld –, als die Kette unterwegs ausgerauscht ist, den Anker nicht gut festgemacht. Wie dem auch sei, einen verlorenen Anker im Ozean zu suchen, wäre, wie eine Stecknadel in tausend Heuhaufen zu finden. Wir haben noch einen schweren rostigen Danfort-Anker als Ersatz an Bord, also befestige ich den Reserveanker an der Kette und zusammen gelingt Karola und mir, den bleischweren Anker über die Seereling zu heben. Diese Art Anker mit seinen beiden scharfen Flunken ist ganz und gar nicht geeignet für ein Riffgebiet. Sollten sich die Flunken unter ein Riff schieben, wird es nahezu unmöglich, den Anker wieder hochzukriegen. Aber wir haben keine andere Wahl. Wenn es Probleme gibt, werden wir das schon merken.

Niue ist eine der größten Koralleninseln der Welt und eine der kleinsten Republiken. Mit einem eigenen Präsidenten als Staatsoberhaupt und einem Parlament. Es ist Teil des britischen Überseegebiets. Zum Anlanden fahren wir mit dem Beiboot zu einem hohen Betonsteg. Karola klettert eine eiserne Leiter nach oben und betätigt den elektrischen Hebekran. Mithilfe dieses Krans können wir unser Beiboot aus dem Wasser hieven und sicher auf den Steg setzen. Einklarieren können wir unmittelbar gegenüber vom Steg. Es gibt einen Getränkeladen, einen Mini-Supermarkt und einen überdachten Marktplatz. Einmal in der Woche ist Markttag, und wir können dort die einfachen Bedürfnisse des Lebens befriedigen.

Frisches Gemüse kaufen wir im Gefängnis, etwas außerhalb des Dorfes. Das schwere Eisentor ist einladend geöffnet. Wir treten zögernd ein und sehen die zwei einzigen Sträflinge, die im Schrebergarten beschäftigt sind. Der Gefängniswärter, der mit einem dicken Bambusstock bewaffnet ist, führt die Aufsicht. Das Leben im Gefängnis scheint entspannt und vergnüglich zu sein. Beide Gefangenen sind Mörder. Der eine Bösewicht sieht sympathisch aus. Er war der vorherige Aufseher der Strafanstalt und hatte damals nur einen Kunden zu beaufsichtigen, aber dieser Mann ging ihm fürchterlich auf die Nerven. Sein Stress am Arbeitsplatz wurde so hoch, dass er kurzentschlossen seinen Häftling ermordete. Damit konnte er ohne verantwortungsvolle Arbeit doch im Gefängnis bleiben. Sein Leidensgenosse sieht gutmütig, aber etwas dümmlich aus. Er hat das Leben seiner Schwiegermutter schonend beendet. Eine vielleicht durchaus verständliche Handlung, doch wie überall in der Welt ist eine solche Affekttat auch in Niue verboten. Die beiden Männer haben jedenfalls das große Los in der Lotterie des Lebens gezogen und leben wie im Paradies. Das Tor steht Tag und Nacht offen, der Fernsehsender ist gleich um die Ecke. Das Gefängnisgelände grenzt direkt an einen »18 Hole Golfcourse« mit Clubhaus und Bar. Die gekonnte Bewegung, mit der einer der beiden mit einem Stock einen Käfer von einem Grünkohl schlägt, lässt mich vermuten, dass sie des Öfteren nach Feierabend eine Runde golfen. Trotzdem wäre uns der Preis, um ins Paradies gelangen, zu hoch, viel zu hoch. Das Gemüse, das wir hier kaufen, ist frisch geerntet und wird pro volle Tüte gegen ein geringes Entgelt abgerechnet. Der Ertrag geht an eine Stiftung zum Wohl der Inhaftierten.

Ein schwedischer Segler besitzt eine Segelmacher-Nähmaschine. Wir bekommen die Erlaubnis, in der Markthalle unsere Segel zu reparieren. Nach der kräftezehrenden Strecke im Pazifik hat jeder Neuankömmling irgendeinen Schaden am Tuch, und bis Neuseeland sind es immerhin noch 2000 harte Seemeilen. Überall auf den Markttischen liegen viele Segel herum, und die Nähmaschine summt und zickzackt durch eines nach dem anderen. Ich bin nicht sehr gut im Nähen und schaue mich lieber ein wenig um. Als ein blitzsauberes Auto anhält und ein hochgewachsener Herr im dunklen Anzug aussteigt, ergreife ich mit beiden Händen die Gelegenheit, ein Schwätzchen zu halten. Ich erkläre dem grauhaarigen Besucher, was wir gerade hier in der Halle machen und aus welchem Land jeder Einzelne dieser globetrottenden Segler stammt.

Ich frage interessiert: »Wohnen Sie hier auf Niue?«

»Ja«, antwortet er.

»Sind Sie denn auch hier geboren?«

Wieder ist die Antwort: »Ja.«

Als ich weiterbohre: »Was machen Sie denn als Beruf?«, lächelt der freundliche Herr, gibt mir seine Visitenkarte und steigt wieder in sein Auto. Mit der Hand aus dem Fenster zum Abschiedsgruß winkend, fährt er weiter. Ich schaue auf die Karte und sehe die gelbe Nationalfahne und darunter in Goldschrift: Government of Niue, Hon. Mitaiagimene Young Vivian, President of Niue.

Das Wasser rund um die Insel ist außergewöhnlich klar. 30 Meter unter uns können wir die Riffe in ihrer ganzen Vielfalt sehen. Eine der Yachten hat einen Kompressor an Bord. Wir füllen die Tauchflaschen und erkunden dieses Unterwasserparadies. Mit dem Beiboot fahren wir dann noch zu einem Revier, wo es nicht nur Riffe gibt, sondern auch Unterwasserhöhlen. Schwerelos schweben wir an steil abfallenden Riffwänden entlang, durch Felstore und kleine verwinkelte Höhlen. Es ist eine lautlose Unterwasserwelt mit unerwarteten Ausblicken, skurrilen Felsformationen und verästelten Riffgebilden. Dazwischen wimmelt es von bunten Fischen, die manchmal langsam, dann wieder pfeilschnell vorbeiziehen, hin und wieder einzeln, meist aber zu Tausenden. Mit unserer Tauchmaske und den entweichenden Luftblasen sehen wir zwar den Fischen keineswegs ähnlich, werden aber von den meisten Unterwasserbewohnern als Artgenossen betrachtet. Sie sind absolut nicht scheu und schauen uns staunend an. Nur die Haie trauen der Sache nicht, aber dieses Gefühl beruht auf Gegenseitigkeit.

Wir hatten vorher noch nie im Leben von Niue gehört und sind glücklich, dass wir diese kleine Insel im Pazifik kennengelernt haben. Aber die Orkansaison kommt drohend näher, und wir möchten gern noch Tonga besuchen. Im Morgengrauen geht deshalb der Anker hoch für die 300 Seemeilen bis zur Vava'u-Inselgruppe des Königreichs Tonga. Beim Auslaufen haben wir ein Problem: Wie wir schon befürchtet hatten, sitzt der Anker so fest wie einbetoniert. Wir versuchen, nach vorn zu fahren, wieder zurück, nach links, nach rechts. Wir haben die Misere: Der Danfort-Anker hat sich unter ein Riff geschoben. Es gibt nur noch eine Lösung. Ich muss mit der Taucherflasche nach unten und den Anker aus dem Riff ziehen.

Vom letzten Tauchgang ist noch ein wenig Luft in der Flasche, dies sollte ausreichen für einen kurzen Ausflug auf 30 Meter Tiefe. Ich seile mich schnell an der Ankerkette entlang nach unten und siehe da, der Anker liegt tatsächlich unter einem Riff. Ich ziehe und zerre, aber er rührt sich nicht. Ich prüfe auf dem Manometer, wie viel Luft ich noch habe. Verdammt noch mal, ich muss nach oben. Noch ein Versuch! Der unwillige Anker bewegt sich einige Zentimeter. Ich gebe noch einen Ruck, und schlagartig löst sich das verdammte Ding. Jetzt ruhig bleiben, langsam aufsteigen und nicht vergessen, auf halbem Weg anzuhalten. Würde ich zu schnell nach oben gehen, platzen meine Lungen, und ich habe den Anker völlig sinnlos frei gemacht. Zu meinem Entsetzen sehe ich, dass der Zeiger des Manometers im roten Bereich steht. Die Luft ist fast alle. Nicht die Nerven verlieren! Langsam, langsam nach oben. Nun kurz anhalten und die Zeit nehmen, um tief auszuatmen! Nimm dir die Zeit! Sonst bist du erledigt. Die Luft wird dünn, es gibt nicht mehr viel auszuatmen. Es gibt auch nichts mehr einzuatmen. Ich habe nur noch eine Möglichkeit: so schnell wie möglich an die Oberfläche! In dem Augenblick, als es mir leicht schwummrig im Kopf wird, sehe ich das Licht am Ende des Tunnels. Nach Atem japsend erreiche ich die rettende Luft.

Tonga

Der Anker kommt nach der fast fatalen Rettungsaktion ohne Probleme aus 30 Metern Tiefe. Ich schnüre das sperrige Gerät auf dem Vordeck fest. Bis Neuseeland wird dieses unhandliche Ding wohl unser Hauptanker bleiben. Unterwegs fühle ich mich jedes Mal, wenn ich aufstehe, schwindlig. Auch wenn man nicht schwindelanfällig ist, sind die täglich anfallenden Arbeiten auf einem schwankenden Schiff, wie Segel zu reffen, Windfahne einzustellen, kleinere Reperaturen auszuführen oder einfach nur zu essen, schwierig. Ich erledige alles noch vorsichtiger als sonst, damit Karola nicht merkt, dass ich nur mit halber Kraft funktioniere. Warum sollte ich sie ohne triftigen Grund beunruhigen? Kurz vor Tonga passieren wir die internationale Datumsgrenze. Dies bedeutet, dass wir sozusagen gestern in Tonga ankommen werden. Obwohl ich doch nicht ganz von gestern bin, habe ich große Mühe, dieses Phänomen zu durchschauen. Haben wir jetzt einen Tag mehr zum Leben?

Wir liegen sicher vor Anker. Ich gehe an Land zum Einklarieren, während Karola auf dem Boot Ordnung macht. Ich fühle mich noch immer schwindlig, als ich aus dem Beiboot steige und die Straße überquere. Schlagartig versagt mein Gleichgewichtsgefühl, und ich greife wild um mich, aber es gibt so mitten auf der Straße nichts zum Festklammern. Gestreckt liege ich am Boden wie ein Boxer nach einer linken Geraden. Bert, der Skipper von der CIRIS, sieht mich umkippen und hilft mir wieder auf die Füße. Innig Arm in Arm laufen wir wie ein verliebtes Pärchen die Straße entlang auf der Suche nach dem Krankenhaus. Ohne Unterstützung kann ich nicht mehr laufen. Eine im Dienst des Herrn ergraute und verrunzelte Nonne bringt uns die Rettung. Sie lenkt, während sie die Nase an die Vorderscheibe presst, mit Gottes Hilfe ein Vorkriegsauto. Auf unser Winken hin hält sie an. Weil die wenigen Straßenbenutzer das lärmende Gefährt offensichtlich kennen und auf wundersame Weise rechtzeitig die Straße frei machen, kommen wir wohlbehalten im Krankenhaus an.

Ich selbst denke, dass mein Wackelproblem vom Tauchen herrührt, der Arzt im Krankenhaus meint allerdings, dass ich ein Virus im Ohr habe. Ich fange keine Diskussion an und muss, ausgerüstet mit einer Einkaufstasche voll mit den unterschiedlichsten Arzneien, drei Tage lang das Bett hüten. Eine dieser Pillen, Tabletten oder scheußlichen Getränke muss die richtige Medizin gewesen sein, denn ich habe anschließend nie wieder Schwierigkeiten mit dem Gleichgewicht gehabt. Höchstens mal nach einem Fest, aber da kann ich mit Kopfschmerzen die Ursache erklären.

Das Königreich Tonga besteht aus drei Inselgruppen: die Vava'u-Gruppe im Norden, wo wir gerade vor Anker liegen, die Ha'apai-Gruppe in der Mitte und die große Insel Tongatapu mit der Hauptstadt Nuku'alofa im Süden. Tonga ist als einziger Staat im Pazifik nie von ausländischen Völkern besetzt gewesen. Der holländische Entdeckungsreisende Willem Cornelisz Schouten war zusammen mit Jakob Le Maire 1616 der Erste, der Tonga anlief. Abel Tasman, auf dem Weg nach Australien, besuchte die Inseln 1643. Zu der Zeit hatte Tonga schon eine Geschichte, die bis 3000 Jahre vor Christus zurückreicht.

Die Ha'apai-Gruppe wird selten besucht. Es gibt kaum Seekarten für dieses Gebiet, und das Meer zwischen den vielen Inseln wimmelt nur so von Riffen. Dort gehen wir auf Entdeckungsreise. Ich habe im Museum einige Seekarten kopiert. Damit können wir auf jeden Fall unsere Inseln finden.

Der erste Ankerplatz ist auch zugleich der schönste. Wir liegen zwischen zwei Riffen. In einer halben Stunde laufen wir über einen unberührten weißen Strand um das ganze Eiland herum. In früheren Zeiten war es bewohnt, zwischen wild wuchernden Palmen finden wir die Überreste von Steinhäusern. Seit wann die Insel verlassen ist, wissen wir nicht. Jedenfalls sind wir hier ganz alleine. Wir sitzen am Strand mit den Füßen in dem warmen Wasser. Gleich vor uns in der Lagune schneidet unerwartet die schwarze Rückenflosse eines Hais durchs Wasser. Sicher ist sicher, denke ich, und ziehe meine Füße aufs Trockene. Als wir später am Strand begeistert den Sonnenuntergang bewundern, sehen wir nicht nur die Sonne, die sich langsam zum Horizont neigt, sondern auch hohe Wasserfontänen, die von der Sonne rot angeleuchtet werden. Es sieht aus wie eine lautlose Wasserorgel. Ein ganzes Rudel Wale! Dann und wann erhebt sich die Schwanzflosse eines tauchenden Wals weit über den Horizont.

Wir haben Pech: Der Wind dreht in die falsche Richtung und frischt auf. Die äußerste Spitze des Riffs schützt uns noch gerade vor den Wellen, die schon weiße Schaumkronen tragen. In dieser verlassenen Gegend wollen wir keine unnötigen Risiken eingehen und segeln zur Insel Lifuka. Dort müssten wir sowieso hin, um die Genehmigung einzuholen, in der Ha'apai-Gruppe segeln zu dürfen. In der Lagune können wir gut geschützt vor Wind und Wellen ankern und besseres Wetter abwarten. Wir haben bis Lifuka den Wind von vorn, und das heißt: kreuzen durch ein Gebiet voller Riffe, die teilweise nicht in der Karte eingezeichnet sind. Das Schwierigste jedoch kommt noch. Wir müssen die Passage finden, die laut unseren spärlichen Informationen schmal und untief ist. Das Meer ist inzwischen aufgewühlt, und eine dichte Wolkendecke hat einen Grauschleier über Land und Wasser gelegt. Kein idealer Umstand, um eine unbekannte Durchfahrt zu suchen. Mir ist gar nicht wohl. Als wir glauben, dass wir die Passage gefunden haben, kreuze ich noch einmal hin und her. Nirgendwo sonst sehen wir etwas, das wie ein Fahrwasser aussieht. Diese Unterbrechung im Riff muss der Einlass sein. Der Wind kommt von vorn, das ist günstig. Wenn wir langsam fahren, können wir schlimmstenfalls das Riff berühren, aber es kann nicht viel schiefgehen. Der Wind bläst uns gegebenenfalls wieder zurück. So langsam, dass ich gerade noch steuern kann, tasten wir uns hinein. Als der Tiefenmesser noch drei Meter angibt, schlägt Karola die Hände vor die Augen. Mit von Spannung verzogener Miene fahre ich noch etwas weiter.

»Die Tiefe in der Passage beträgt laut Karte zwei Meter fünfzig, das reicht dicke«, versuche ich Karola und mich selbst zu beruhigen.

»Der Tiefenmesser zeigt zwei Meter fünfzig«, ruft Karola.

BORRACHOS Tiefgang misst zwei Meter fünf. Gerade in dem Moment, als ich den Rückwärtsgang einlegen will, geht der Tiefenmesser auf zwei Meter sechzig, siebzig. Minuten später liegen wir, gut geschützt gegen das scheußliche Wetter, über fünf Metern Tiefe vor Anker. An Land sehen wir durch den Regen hindurch ein unansehnliches Dorf. Für diesen Tag reicht es. Am nächsten Morgen werden wir uns dort melden.

In der Hauptstadt Nuku'alofa müssen wir dann ausklarieren für unsere letzte und vielleicht schwierigste Überquerung dieses Jahres. Die Schreckensreise nach Neuseeland steht kurz bevor.

Die Hauptstadt ist ein wohlgepflegter Ort mit vielen Gartenanlagen, saftigem Grün und blühenden Blumen. Sogar der Friedhof sieht lebensfroh aus, mit vielen Blumen und farbenfreudigen Tüchern, die im Wind flattern, und auf denen ausschließlich Gutes über die Toten geschrieben steht. Die Kirche ist neben dem Palast zweifelsohne der zentrale Punkt, denn die Einwohner glauben an den Herrn der Missionare. Der Palast des Königs ist auffallend groß. Ebenso der König, der Taufa'ahau Tupou IV. heißt, und satte 200 Kilo wiegt. Jeden Morgen singt ein Mädchenchor für ihn die Nationalhymne. Das Lied heißt: »Koe Fasi Oe Otu Tonga«. Übrigens meint der Leibarzt, dass Tupou IV. zu schwer ist. Seine Hoheit muss jeden Morgen durch das Dorf Fahrrad fahren. Zwei Leibwächter, die neben ihm laufen, um den schwergewichtigen König samt speziell angefertigtem Fahrrad senkrecht zu halten, sind mittlerweile bis auf die Knochen abgemagert. Am späten Nachmittag steht das Schwimmen in Begleitung des ganzen Hofstaates auf dem Fitnessprogramm. Bei dieser Sportart braucht der König keine Unterstützung. Sein Treibvermögen ist ausreichend.

Das Minerva-Riff

Damals, als man nur einen Sextanten an Bord hatte, um die Schiffsposition zu bestimmen, fuhren Schiffe auf dem Weg nach Neuseeland im großen Bogen um das heimtückische Minerva-Riff. Wir kennen die GPS-Koordinaten des Eingangs im Riff und wollen versuchen, innen einige Tage zu ankern. Das Minerva-Riff ist ein erloschener und versunkener Vulkan mit einem Riff ringsum. Den Namen verdankt das Riff, das mitten im Pazifischen Ozean liegt, dem Walfänger MINERVA, der vor fast 200 Jahren hier Schiffbruch erlitt. Noch viele Schiffe und Besatzungsmitglieder beendeten im Laufe der Jahre ihr Leben auf dem Minerva-Riff. Selbst in unserer Zeit, mit GPS und genauen Seekarten, gehen Yachten auf dem Riff oder innerhalb des Riffs verloren. Die vielen Schiffsleichen sind beliebte Ziele für Taucher und Schnorchler.

Wir sind gewarnt vor den manigfaltigen Gefahren und gehen mit gespannter Vorsicht durch die schmale Passage hinein. Gerade noch hatten wir die hohen Wellen der stillen Südsee, und einen Augenblick später laufen wir durch das sich leise kräuselnde Wasser der Lagune, die einen Durchmesser von ungefähr drei Meilen hat. Der flache Sandboden ist nicht mehr als zehn Meter tief. Die Ruhe ist aber trügerisch! Ich stehe auf dem Vordeck und spähe ins Wasser. Überall sind unter Wasser Korallenblöcke, die aus dem Nichts auftauchen. Karola steuert BORRACHO an allen Gefahrenstellen entlang.

»Etwas Steuerbord, gut!«

»Jetzt geradeaus, etwas mehr Backbord.«

Dann geht der Anker über Bord. Karola springt noch kurz ins Wasser, um nachzusehen, ob der Anker sich gut im Sand eingegraben hat. Wenn er nicht hält, sind wir verloren. Es ist fast Hochwasser. Kein Baum, kein Strauch, nichts zu sehen. Nur die Brandung, die einige Hundert Meter weiter auf das Riff donnert und schäumt, das bei Hochwasser unsichtbar ist. Unglaublich, ein so ruhiger Ankerplatz mitten im fast unendlichen Ozean! Wir schnorcheln und laufen bei Niedrigwasser stundenlang über das trockene Riff und suchen Hummern und Muscheln. Hin und wieder kneife ich mich in den Arm, um zu überprüfen, ob ich wach bin oder vielleicht nur träume.

Wir versuchen, die Abfahrt so lange wie möglich hinauszuschieben. Die letzte Strecke nach Neuseeland liegt vor uns wie ein schwer bezwingbarer Berg. Alle Geschichten, die wir gehört haben, erzählen von stürmischen Winden genau von vorn und vielen Schäden unterwegs am Schiff und seiner Besatzung. Das Hauptproblem sollen die harten Südwestwinde sein, wenn wir uns Neuseeland nähern. Wir kriegen dann sowohl den Wind als auch die Wellen von vorn. Aber ich werde klüger als der Wind sein. So lange es geht, wollen wir einen Kurs segeln, der westlicher ist als die gerade Linie zum Zielort. Wenn wir den Westwinden begegnen, haben wir sie wenigstens nicht voll auf dem Bug.

Wir verlassen das ruhige Minerva-Riff und kommen übergangslos in die hohen Wellen des Ozeans. Karola hat wie immer vor dem Auslaufen einen großen Topf Linsensuppe gekocht und ein Brot gebacken. Wir sind für die ersten Tage ausreichend mit Nahrung versorgt, ohne kochen zu müssen. Mit gemischtem Gefühl nehmen wir Kurs auf Neuseeland. Froh, dass wir nicht als Wrack auf dem Riff zurückbleiben, und wehmütig, weil wir diese einmaligen, einsamen Riffe zum letzten Mal gesehen haben. In unserem Alter ist eine Wiederholung dieses Besuches nicht sehr wahrscheinlich. Wir haben Angst vor dem gnadenlosen Wetter, das uns in Kürze erwartet.

Noch fast 900 Seemeilen haben wir vor dem Bug. Das Wetter ist weit besser als erwartet. Die Überfahrt nach Neuseeland ist eigentlich gar nicht so schlimm. Die vielen Erzählungen über unmenschliche Entbehrungen werden wohl übertrieben sein. Als die Reststrecke noch 500 Seemeilen beträgt, werden wir von zwei Hochdrucksystemen in die Zange genommen. Im Radio hören wir, dass in Neuseeland das Wetter schlecht ist: mit viel Wind und Regen. Wir dagegen haben kaum noch Wind, und das bisschen Wind, das es noch gibt, kommt aus Südost. Genau aus der Richtung, in die wir nun segeln müssen. Der Wind hat mir wieder einen Streich gespielt. Ich schwöre, dass ich in Zukunft jederzeit, was immer auch passiert, geradewegs auf mein Ziel zulaufen werde. Gleichwohl ist unsere Position nun viel weiter westlich als nötig. Ich unterdrücke eine ganze Reihe an üblen Schimpfworten über die Laune der Natur. Das Wetter verschlechtert sich rasch, ebenso unsere Stimmung. Wir kreuzen mit wenig Wind gegen Wellen, die zusehends höher werden. Das verspricht wenig Gutes! Mitten in einem Regenschauer rauscht die Angelschnur mit Höchstgeschwindigkeit aus. Im strömenden Regen stelle ich mich meinem Gegner: Es ist die größte Dorade, die ich je gesehen habe. Karola schärft die Messer bereits und sucht neue Fischrezepte. Nach dem vielen Corned Beef der letzten Tage läuft mir das Wasser im Mund zusammen. Langsam, ganz langsam wird unsere Mahlzeit für die nächsten Tage müde. Vorsichtig hole ich die Angelschnur ein, Zentimeter für Zentimeter. Endlich habe ich einen Fisch von über zwei Metern längsseits. Gebändigt und abgekämpft lässt er mich seinen Kopf aus dem Wasser heben. Nach Luft ringend fügt er sich in sein Schicksal. Als ich den Kraftprotz fast völlig über Wasser habe, bin ich mir meiner Beute sicher. Auf diesen Moment der Unaufmerksamkeit meinerseits hat der Fisch gewartet. Mit letzter Kraft schlägt er mit seiner mächtigen Schwanzflosse durchs Wasser. Ich kann ihn nicht mehr halten. Die Angelrute bricht. Am Abend gibt es wieder Corned Beef.

Der Wind nimmt weiter an Kraft zu und kommt verdammt noch mal stetig aus Südost anstatt aus West. Das war so nicht abgesprochen. Wir kreuzen gerefft, so scharf es geht, gegen Wind und Wellen an. Laut unserem Geschwindigkeitsanzeiger segeln wir ziemlich schnell, aber die Strecke, die wir in 24 Stunden unserem Ziel näher kommen, wird von Tag zu Tag kürzer: 80 Meilen, 65 Meilen, 24 Meilen. Als der Windmesser 35 Knoten anzeigt, noch immer aus Südost, und wir in 24 Stunden nur sieben Meilen näher an Neuseeland gekommen sind, geben wir uns geschlagen. Wir sind beide müde, sterbensmüde. Vor allem die ständig gegen die Bordwand krachenden Wellen machen uns seelisch mürbe. Doch auch der heulende Wind und der peitschende Regen malträtieren unsere Nerven. Wir haben inzwischen einen ausgewachsenen Sturm genau von vorn und haushohe Wellen, die unaufhaltsam drohend auf uns zu rollen. Da ist kein Vorankommen mehr möglich! Das Meer ist grau, der Himmel ist grau, alles ist grau. Werden wir hier je lebend herauskommen? Gibt es überhaupt in dieser grauenvollen, schäumenden Wasserwelt noch ein Land, das Neuseeland heißt? Wir geben die Hoffnung auf.

BORRACHO lahmt und sucht mühsam und ohne jede Überzeugung ihren Weg zwischen den wild wogenden Wellenbergen. Manche rollen mit viel Getöse unter dem Schiff durch, andere waschen wie eine Wasserwalze über das Deck. Bei jedem Wellenschlag, den das Boot kassiert, zittert der Mast wie ein dünnes Rohr.

»Wenn wir BORRACHO weiterhin so belasten, bricht uns bald der Mast oder schlimmer noch. Wir gehen beiliegen, bis das Wetter besser wird«, schreie ich über den Lärm hinweg.

Wir kommen dann zwar keinen Meter weiter, treiben vielleicht sogar zurück, können aber wenigstens das Boot vor Schaden bewahren und selber ausruhen und möglicherweise etwas schlafen.

Doch ein Unglück kommt selten allein. Als ich die Arbeitsfock einrolle, klemmt die Reffleine sich ein. Ich muss trotz dieser Achterbahnbedingungen zum Vordeck, um die Leine wieder gängig zu machen, sonst verlieren wir die Fock und können nicht mehr beiliegen. Teils unter, teils über Wasser krieche ich auf den Knien nach vorn. Ich muss höllisch aufpassen. Jedes Mal, wenn eine Welle auf das Boot zurast, klammere ich mich mit Händen und Füßen fest und warte, bis das Boot sich wieder stabilisiert. Ich sehe bald, wo das Problem liegt. Die Leine hat sich in der Trommel verklemmt. Ein kräftiger Ruck und die Leine sitzt wieder, wie es sein soll. Wenn ich schon mal hier bin und sowieso nass, kann ich auch gleich nachschauen, ob der Anker noch fest sitzt. Unerwartet trifft mich die wild im Sturm herumschlagende Fockschot genau ins Auge. Mit Tränen in den Augen belehre ich mich: »Du sollst vorsichtig sein. Das hätte ganz schön ins Auge gehen können.«

Sobald BORRACHO mit nur wenigen Quadratmetern Großsegel beiliegt und wir erschöpft hinter dem Kojensegel liegen, geht das Schiff nur noch langsam hoch und runter, als ob wir vor Anker liegen würden. Nur der Wind heult draußen wütend durch die Takelage, und Karola heult unter Deck um die sieben Meilen, die wir an diesem Tag ganz bestimmt nicht schaffen werden.

Endlich nimmt der Wind etwas an Kraft ab. Die Wettersysteme bewegen sich wieder. Allmählich zeigt der Himmel hier und da blassblaue Stellen und mein Auge dunkelblaue. Der Wind dreht, die Fock rollt aus, wir können fast in gerader Linie zum Ziel segeln. Der Wind dreht weiter in die gewünschte Richtung und wird schwächer. Wir nähern uns dem Hochdruckgebiet, das sich inzwischen über Neuseeland geschoben hat. Ich habe berechnet, dass wir noch 50 Seemeilen segeln müssen, ehe wir den Motor einsetzen können. Wir haben dann gerade genug Kraftstoff, um die Bay of Islands in Neuseeland unter Motor zu erreichen. Wir sehnen das

Ende dieser erbärmlichen, auf die Knochen gehenden Überfahrt herbei. Wir sind mit einer dicken Schicht Salz bedeckt. Die Wasserpumpe ist kaputt, wir haben uns schon seit Tagen nicht mehr waschen können und stinken eine Stunde gegen den immer mehr abnehmenden Wind. Wir haben Halluzinationen einer heißen Dusche, eines Riesensteaks mit Kartoffeln und mindestens zwei Flaschen Wein. Notfalls Lammkoteletts mit einem großen Glas Bier.

Zu guter Letzt geht der Motor an. Mit fünf Knoten Geschwindigkeit motorsegeln wir in Richtung Opua, wo wir einklarieren wollen. In der Nacht legt sich der Wind vollständig, der Motor brummt vor Freude. Als Karola ihre Wache beginnt, denkt sie zuerst, dass überall um uns herum Fischerboote fahren. Aber es sind Sterne, die sich im glatten Wasser spiegeln. Nichts erinnert mehr an die stürmische See vor einigen Tagen. Am Sonntagmorgen, als der Vollmond gerade gelb unter der Kimm verschwindet und gegenüber das erste Licht der Sonne erscheint, fahren wir unter Motor wie Sonntagssegler über eine spiegelglatte Wasseroberfläche.

»Land in Sicht«, rufe ich in den Salon hinunter, wo Karola ihren wohlverdienten Schlaf genießt.

Es ist genau acht Uhr. Karola, normalerweise kein schneller Aufsteher, stürmt nach draußen. Ja, es ist Land, es ist Neuseeland. Ich wische eine Träne aus meinem Auge, das momentan aussieht, als ob ich bei einer ehelichen Auseinandersetzung jämmerlich verloren hätte. Zwölf Tage waren wir unterwegs für 900 Seemeilen; normal brauchen wir für eine solche Strecke noch nicht mal eine Woche. BORRACHO hat keinen einzigen Schaden, wir dagegen sind ramponiert. Trotzdem werden wir immer fröhlicher, je weiter wir in die weitläufige Bucht hineinfahren. Ausgelassen winken wir den vielen Sportbooten zu, die an diesem schönen Sonntagmorgen spazieren fahren oder zum Angeln in die Bay of Islands unterwegs sind. Alle grüßen zurück.

Wir machen am Quarantänesteg in Opua fest. Alle Lebensmittel werden konfisziert, aber mit Ausnahme von etwas Reis ist die Ernte bei uns nicht groß. In dem Moment, als der Zollbeamte fragt, ob wir Tiere an Bord haben, landet eine Ente auf dem Deck.

»Ja«, sage ich, »aber das ist nicht unsere Ente.«

In dem kleinen Yachthafen von Opua ruft der weibliche Hafenmeister uns in unverfälschter Amsterdamer Mundart zu, wo wir
unseren Liegeplatz finden können. Hier ist für das kommende
Halbjahr unser Zuhause.

Neuseeland

Bevor wir festgemacht haben, ist das ganze Cockpit bereits voller Segler, die vor uns angekommen sind. Jeder ist heilfroh, in Neuseeland zu sein. Die gebrochenen Masten, gerissenen Segel und kaputten Motoren sind nicht zu zählen. Eine Yacht ist kurz vor dem Ziel sogar von einem Frachter überfahren worden. Skipper und Besatzung haben es überlebt, das Boot nicht. Wein ist das Sicherheitsventil für allen Stress der letzten Wochen. Essen können wir später noch. Jeden Tag kommt irgendein Schiff herein, das wir von unterwegs kennen, und jeden Tag bedeutet eine solche Ankunft das nächste improvisierte Fest.

Auf dem Steg sitzt ein Engländer, der gerade eingelaufen ist, und sagt mit schwerer Zunge: »Ich bleibe drei Tage lang besoffen.«

Er hat Wort gehalten!

Der erste Eindruck von unserem zeitweiligen Vaterland ist, dass es ein geordnetes Land ist mit vielen Kühen und Schafen, und außergewöhnlich grün. Der Nationalsport scheint Rasenmähen zu sein. Ständig knattert irgendwo ein Rasenmäher, und die vorbildlich eingezäunten Gärten sehen aus wie Golfgreens, aber selbstverständlich ohne Loch. Aber dieser Eindruck kann doch nicht alles sein, denken wir. Wir kaufen einen alten Jeep, ersetzen die Rücksitze durch Matratzen, suchen ein langes Brett, auf dem wir einen Gaskocher befestigen können, und nehmen die Kaffeekanne aus dem Boot, damit wir unterwegs Filterkaffee kochen können. Nun ist unser Jeep ein Campervan, denn fürs Zelten sind wir allmählich zu alt geworden.

Wir fahren in den Norden, zum Ninety Miles Beach, um uns langsam unsere Sucht nach Sand und Meer abzugewöhnen. Stunden fahren wir mit unserem Vierradantrieb-Camper-Jeep über den verlassenen Strand. Ab und zu halten wir an, um die salzige Seeluft tief einzuatmen, eine besondere Muschel aufzuheben oder zuzuschauen, wie die Möwen im Gleitflug kreischend über die Wellen schweben. Sobald das Wasser den Strand hochkriecht und uns keinen Platz mehr lässt, suchen wir in den Dünen eine erhöhte Stelle mit Meerblick für die Nacht. Wir sammeln trockenes Holz und machen ein Feuer. Im silbernen Abendlicht grillen wir ein saftiges neuseeländisches Steak und trinken eine Flasche Rotwein. Vergnügt schauen wir auf das Meer, das zu unseren Füßen liegt. Nun kann der Sturm toben, so viel er will.

Die Westküste entlang fahren wir südwärts durch eine Hügellandschaft mit dichten Wäldern. Hier wachsen die berühmten Kauribäume, die es nur in diesem Land gibt. Sie sind jahrhundertealt und heißen zu Recht die Könige der Urwaldriesen. Der ungekrönte König heißt Tane Mahute, Herrscher des Waldes. Er ist über 1200 Jahre alt, 52 Meter hoch und 13 Meter breit. Die Bäume sind in der Vergangenheit schonungslos gefällt worden für die Holzverarbeitung, aber mittlerweile sind sie geschützt. Tane Mahute sogar mit einem Holzzaun.

Der südliche Teil der Nordinsel ist vulkanischen Ursprungs. Wir fahren durch einen ausgedehnten Naturpark. Überall sprudelt kochendes Wasser in großen Blasen aus der Erde, blubb, blubb, blubb, als ob die Erde Winde lassen würde. Sie stinken ungehörig nach faulen Eiern. Wir setzen uns in das heiße Wasser eines Baches und riechen ebenfalls tagelang nach Schwefel. Ein rotgelber See kocht und dampft in sich immer ändernden grellen Farben wie die Hölle von Dante. Doch auch in diese kochende Natur hat der Mensch eingegriffen. Eine kreisrunde Tribüne ist um eine Art von Turm aus Kalkstein gebaut. Oben im Turm ist ein Loch. Um zehn Uhr dreißig wird der Geysir aktiv werden, meldet ein großes Schild. Mit der Stoppuhr in der Hand nehmen wir auf der Tribüne Platz: Das möchten wir doch mal sehen! Um zehn Uhr fünfundzwanzig kommt ein Ranger und wirft ein wenig Seifenwasser in das Loch. Genau um zehn Uhr dreißig spritzt der Geysir unter lautem Donnern dampfend heißes Wasser mehr als 20 Meter hoch in die Luft. Einen solchen natürlichen Zaubertrick haben wir noch nie gesehen. Mehrere Wochen streunen wir über die Nordinsel. Meistens schlafen wir in unserem Jeep. Wenn wir riechen, dass es Zeit für ein reinigendes Bad wird, übernachten wir in einem Motel. Die Zimmer sind nicht teuer und ausgestattet mit allem denkbaren Komfort wie Küche, Brausebad und Fernseher. Für uns als Segler ein ungewohnter Luxus.

Mit einer organisierten Tour gehen wir zu einem Tanz- und Singfestival der Maoris. Ein größerer Unterschied zu den graziösen tahitianischen Frauen, die mir so verführerisch zugelacht haben, ist kaum denkbar. Die Maoris haben die üble Angewohnheit, während des Tanzens und Singens immerfort die Zunge weit herauszustrecken. Eine Gewohnheit, die den Kindern in Holland schon im ersten Schuljahr ein für alle Mal ausgetrieben wird. Der Höhepunkt des Abends ist der Busfahrer maorischer Abstammung. Auf dem Heimweg steuert er mit kreischenden Reifen den großen Autobus mit hoher Geschwindigkeit dreimal um einen Kreisverkehr, während er ins Mikrofon singt: »… and she is coming round the mountain when she comes …« und dabei ein Verkehrschaos verursacht.

In Auckland schauen wir uns staunend die America's-Cup-Yachten an. Mit einem solchen Schiff möchten wir nicht gern in See stechen. Da ist uns unsere BORRACHO lieber. Zwei Wochen später sehen wir den Stolz der Segelnation Neuseeland fast buchstäblich untergehen gegen das schweizerische Bergvolk. Der Verlust des traditionsreichen Cups ist eine nationale Tragödie. Der Skipper der siegreichen Schweizer Yacht ist ein Neuseeländer. Am nächsten Tag wird er in den Zeitungen als Landesverräter beschimpft.

Wir müssen nach Hause, um unser Schiff wieder in Topkondition zu bringen. Viele Yachten bleiben in Auckland oder Whangarei zum Überwintern. Ein wohl ganz besonderes Schiff ist die SANTA MARIA, ein Nachbau des Schiffes von Magellan. Der Portugiese legte 1519 ab mit fünf Schiffen zu einer Reise um die Welt. Nur ein Schiff vollendete die Reise, die voller Entbehrungen war. Magellan selbst fiel in einem Gefecht bei den Philippinen. Der Nachbau, der von einer Gruppe Tschechen in deren Freizeit erstellt wurde, folgt jetzt der Route Magellans. Als er in Portugal ablegte, waren 20 Menschen an Bord, jetzt sind nur noch drei übrig. Die anderen sind nicht als Meuterer über Bord geworfen worden oder wie die Besatzung zur Zeit Magellans an Krankheiten oder Skorbut gestorben, nein, sie sind mit oder ohne Erlaubnis desertiert.

Dann findet die alljährliche Tallship-Regatta in der Bay of Islands statt, und die SANTA MARIA ist für dieses Rennen angemeldet. Ein alter lokaler Segelfuchs, der die Bucht wie seine Westentasche kennt, hat als Navigator und zusätzlicher Joker angeheuert. Karola und ich und noch einige Weltumsegler ergänzen die dezimierte Besatzung. In aller Herrgottsfrühe montieren wir die bleischwere Bugspriet, damit wir alle Segel, die an Bord sind, auch setzen und die Regatta als Sieger abschließen können. Wir haben einen phänomenalen Start und treiben als Erste über die Startlinie. Danach sehen wir bedauerlicherweise, wie ein Tallship nach dem anderen uns einholt und davonsegelt.

Bei dieser Regatta ist es Tradition, dass die Zuschauer in kleinen Booten zwischen den Tallships kreuzen und die Besatzungen mit Luftballons und mit Wasser gefüllten Kondomen bombardieren. Die SANTA MARIA ist kaum vorwärtszubewegen, und wir bieten denn auch für diesen Missbrauch von Kondomen eine fruchtbare Zielscheibe. Obwohl wir jedes zur Verfügung stehende Segel setzen und unser Schiff unter Vollsegel eindrucksvoll und majestätisch vorwärtstreibt, reicht unsere Geschwindigkeit nicht aus, um die Strecke vor Einbruch der Dunkelheit zu bewältigen. Als wir erst am späten Abend die Ziellinie überqueren, gibt es keine Zuschauer mehr, die uns anfeuern. Der Bürgermeister hat schon vor Stunden die Preise verliehen. Weil wir sowieso keinen Preis mehr gewinnen konnten und es unklar war, ob wir noch am selben Tag das Rennen beenden würden, haben die Organisatoren es auch nicht für nötig gehalten, mit dem Festessen auf uns zu warten. Als wir müde und abgekämpft an den langen, fast leeren Tischen anlangen, sitzt nur noch eine Handvoll notorischer Esser am Nachtisch der gesponserten Mahlzeit. Wir räumen mit den sparsamen Resten auf und müssen leider feststellen, dass man auch mit den Getränken nicht mit der trainierten Mannschaft der SANTA MARIA gerechnet hat. Frustriert gehen wir in die Koje. In der Nacht strömt der Regen. Und nicht nur draußen. Das Himmelswasser fließt ungehemmt durch die vielen Ritzen im Deck und überschwemmt unsere Kojen. Kein Wunder, dass die meisten Mitglieder der ursprünglichen Besatzung die SANTA MARIA verlassen haben.

Wir teilen unsere Zeit zwischen Arbeiten an der BORRACHO und dem Kennenlernen unseres vorübergehenden Vaterlandes auf. Die Arbeitsliste ist auf einen akzeptablen Umfang geschrumpft. Wir haben einen neuen CQR-Anker gekauft und einen neuen Laptop installiert. Der alte PC hat nach einigen Salzwasserbädern seine Arbeit endgültig beendet. Mit einer Kur im Backofen hatte ich das Gerät zwar noch einmal zum Leben erweckt, aber danach ging gar nichts mehr.

Weihnachten feiern wir zusammen mit ein paar benachbarten Seglern bei uns an Bord. Die Speisekarte weist zwölf Gänge auf. Die burgundische Mahlzeit dauert von 19.00 Uhr am Heiligen Abend bis 05.00 Uhr morgens am ersten Weihnachtsfeiertag. Die restlichen Feiertage brauchen wir, um alle Töpfe, Bratpfannen, Teller, Besteck und Gläser abzuwaschen und die leeren Flaschen zu entsorgen. Im Cockpit finden wir noch einen der Gäste, der dachte, dass er schon im Bett wäre.

Zu Silvester nehmen wir uns vor, nie wieder Weihnachten mit einem Zwölf-Gänge-Menü zu feiern, das heißt auf jeden Fall nicht bei uns an Bord.

Zum Abschied gehen wir für einen Monat zur Südinsel. Die Insel ist überwiegend von Schafen bevölkert, die vorzugsweise in großen Gruppen auf den wenigen Durchgangsstraßen nach Nahrung suchen. Als wir im Schritttempo durch die geschlossene Herde drängen, weichen sie widerwillig und böse blökend zur Seite, um sofort hinter uns die Reihen wieder zu schließen. Nachdem wir die kackenden und furzenden Wollsäcke passiert haben, begreifen wir, weswegen das Ozonloch ausgerechnet über Neuseeland so groß ist.

Die Landschaft ist urwüchsiger als auf der Nordinsel. Jeden Tag finden wir einsame Stellen an wild strömenden Flüssen, wo wir uns morgens im eiskalten Wasser waschen oder auf der Spitze eines Berges stehen, wo wir weit unter uns das saftig grüne Land sehen mit einem Fluss, der sich silbrig seinen Weg durch das Tal bahnt. Wir schlafen unterhalb des Abel-Tasman-Gletschers und hören am frühen Morgen statt des Singens der Vögel die lauten Donnerschläge von abbrechendem Eis. Am Abend kochen wir eine einfache, doch nahrhafte Mahlzeit auf einem Holzfeuer und trinken, während wir in die Flammen starren, eine Flasche Wein. Nichts und niemand stört uns, mit Ausnahme der sandflies: kleine, angriffslustige, stechende Mücken, die in der Morgendämmerung zu Milliarden hungrig warten, bis wir die Autotür öffnen. Wir schieben den Zeitpunkt so lange wie möglich hinaus. Die Mücken wissen allerdings ganz genau, dass ab einem bestimmten Moment der allmorgendliche Druck so hoch wird, dass wir wohl oder übel nach draußen müssen. Das ist der ultimative Moment, in dem sie massiv angreifen. Karola als Frau kann die Sache schnell erledigen und sich wieder in Sicherheit bringen. Ich als Mann brauche meine Zeit, muss mich wesentlich länger blossstellen und werde ihr schmerzgeplagtes Opfer.

Der Milford Sound, tief im Südwesten, ist ein unwirtliches Gebiet. Wir fahren Stunde um Stunde über schmale Wege, die sich an kahlen Bergen entlangwinden. Die Wolken werden dichter, und es fängt an, sachte zu regnen. Links und rechts sind schwarze Felswände, und der Wind pfeift durch die engen Täler. Es ist kalt, nass und ungemütlich. Als wir das Wasser des Sunds sehen, regnet es in Strömen aus dunklen, hochschwangeren Wolken. Dies ist das normale Wetter hier. Mit einem Rundfahrtboot fahren wir in Richtung Tasmanische See. Trotz andauernden Platzregens stehen wir an Deck und bestaunen mit offenem Mund die vorbeiziehende Landschaft. Die ganze Natur ist in Trauer gewandet, mit allen Abstufungen von Grau bis Schwarz. Die Hunderte Meter hohen Felswände an beiden Seiten sind pechschwarz. Der tropisch anmutende Wald, der sich krampfhaft an und zwischen den Felsen festklammert, ist grau. Wasserfälle stürzen geisterhaft finster in die Tiefe, an Nachschub fehlt es nicht. Pinguine stehen mit gebeugtem Kopf still und traurig an Land und tropfen im Regen. Etwas weiter haben zwei Seehunde unter einem Überhang einen trockenen Platz gefunden, den sie gegen jeden Eindringling wütend verteidigen. Es wird immer früher dunkel, und die Nächte werden länger und kälter. Der Herbst kündigt sich an. Dafür ist unser Wohnmobil nicht gebaut und wir selber ebenfalls nicht. Wir kehren zurück zur BORRACHO.

Die Stille Südsee

Hinter uns verblasst Neuseeland zu einer grünen Erinnerung. Wir haben 1000 Seemeilen vor uns. Der Wind ist ruhig, und das hilft uns beim Einschaukeln nach einem halben Jahr Landleben. Aber die Überfahrt nach oder von Neuseeland weg ist selten eine Spazierfahrt.

Bei 25° Süderbreite denke ich: Diesmal haben wir Glück, der schwierigste Teil der Strecke liegt hinter uns. Jeden Moment muss der Südostpassat einsetzen. In der Nacht dreht der Wind in alle Richtungen, ein gutes Zeichen, er sucht seine endgültige Passatrichtung. Im Laufe des nächsten Tages aber fängt er an, aus Nordost zu blasen. Wir müssen hoch am Wind segeln, um auf Kurs nach Suva, der Hauptstadt der Fidschiinseln, zu bleiben. Fünf lange Tage und fünf lange Nächte boxen wir mit dreimal gerefftem Großsegel und einem kleinen Stück von der Arbeitsfock gegen Wind und Wellen an, mehr unter als über Wasser. BORRACHO liegt schräg und bis ans Deck im Wasser. Nur an der unten liegenden Seite können wir uns abwechselnd in der Koje festklammern und versuchen zu schlafen. Wir haben täglich Funkkontakt mit einem brasilianischen Einhandsegler, der sich in der gleichen Lage befindet, nur braucht er nicht die einzig nutzbare Koje zu teilen. Gemeinsam über Funk auf das Wetter zu schimpfen, verschafft Luft.

Die Fidschiinseln

In Suva ankern wir zwischen rostigen koreanischen Fischerbooten vor dem Royal Suva Yacht Club. Das Einklarieren besteht aus dem Ausfüllen von den immer wieder gleichen Angaben über Schiff und Besatzung auf immer wieder unterschiedlichen Formularen. Insbesondere der Zollbeamte ist unermüdlich im Heranschleppen von mannigfaltigen Papieren, die er, nachdem wir sie ausgefüllt haben, in einer nicht nachvollziebaren Reihenfolge zusammenheftet. Manchmal macht er dabei einen Fehler, verzeihlich bei dieser Prozedur, und zieht mit den Zähnen die sorgfältig angebrachten Heftklammern wieder heraus. Der Beamte hat, wie die meisten

Einwohner von Fidschi, auffallend starke Zähne, die blütenweiß im dunkelbraunen, gegerbten Gesicht strahlen.

Die Bewohner von Fidschi waren bis zum Ende des 19. Jahrhunderts Kannibalen. 1897 haben sie den ehrwürdigen Missionar Thomas Baker zu einem reichhaltigen Festessen eingeladen. Für Thomas Baker war es zu spät, als er herausfand, dass er nicht Ehrengast, sondern Hauptgericht war. Nur mit seinen Schuhen konnten die feiernden Eingeborenen wenig anfangen. Sie stehen heute im örtlichen Museum, zusammen mit dem Messer und der Gabel, die beim Festschmaus benutzt wurden. Thomas Baker war ein praktischer Mensch. Er brachte nicht nur den Glauben, sondern den von ihm Bekehrten auch gutes Benehmen bei, unter anderem wie man gepflegt mit Messer und Gabel isst.

Nach dem Einklarieren nehmen wir eine Dusche im Royal Suva Yacht Club, um das Salz von fünf Tagen abzuspülen. Die Türen in den Duschkabinen fehlen, und wir müssen von Tropfen zu Tropfen rennen, aber die wenigen Tropfen sind heiß, sehr heiß. Seit die Engländer Fidschi verlassen haben, hat die Instandhaltung des Clubs keine hohe Priorität mehr. Trotzdem ist die ehemalige Grandesse des Clubhauses noch immer spürbar. Oft sitzen wir abends mit anderen Seglern auf den verschlissenen lederbezogenen Barhockern, trinken ein Bier und schauen durch die scheibenlosen Fenster zu den Schiffen, die in der weiten Bucht vor Anker liegen. Einige Fidschianer und ein paar Engländer, die nach der Kolonialzeit hängengeblieben sind, spielen hinter uns begeistert Bingo. Suva ist eine Stadt, die herrlich unordentlich ist, mit Rauchwolken hustenden Autobussen, Menschen in allen Farben zwischen Braun, Schwarz und Gelb, mit einem bunten Gemüsemarkt, wo Fidschianer, Inder und Chinesen zwischen den frisch angebotenen Waren herumwuseln, und mit dem alles übertönenden Duft von Gewürzen, der zu einer Stadt im Pazifik gehört. Welch ein Unterschied zu dem ordentlich gemähten Land, das wir erst vor einer Woche verlassen haben.

Laut Pilotbuch ist die Passage in die Lagune der Insel Makongai mit einem Richtfeuer gekennzeichnet. Wenn wir die beiden Leuchtfeuer genau hintereinander sehen, können wir sicher durch die schmale Einfahrt in die Lagune finden. Wir suchen und suchen, aber finden nichts, was auch nur im Entferntesten auf ein Richtfeuer hinweist. Wir überlegen gerade, ob es nicht besser wäre, einfach weiterzusegeln, als ich voraus die Wellen auf das Riff donnern sehe. In der Seekarte ist ein Riff eingezeichnet, das direkt neben der Durchfahrt querab läuft. Mit Höchstspannung fahren wir unter Motor an der Rückseite des Riffes entlang zu dem Punkt, wo laut Karte die Passage anfängt. Hoffentlich stimmt die Karte. Ja, sie stimmt!

Auf der Insel Makongai war früher eine Leprastation. Das abbruchreife ehemalige Krankenhaus beherbergt heute ein seebiologisches Untersuchungszentrum. Die Betonbecken sind teilweise mit Wasser gefüllt, der einzige Bewohner ist eine grün bewachsene Seeschildkröte. Der Leiter des Forschungsteams, Bill, erklärt uns, dass sie die Fortpflanzung der Seeschildkröten studieren. Leider mangelt es an einem geeigneten Partner für die verzweifelt einsame Schildkröte in dem Betonbecken. Grund, weshalb das Forschungsvorhaben noch nicht weit fortgeschritten ist.

Das Wetter ist sauschlecht. Es regnet, und ein kräftiger Wind fegt über die Insel. Die Palmen biegen sich stöhnend unter der Gewalt. Schwarze Wolkenschleier hetzen am blassgrauen Himmel entlang. Die Bucht von Makongai ist zwar gut geschützt, aber die Atmosphäre auf der Insel ist gespensterhaft, als ob die Geister der verstorbenen Leprakranken noch heute herumirren würden. Die Gerippe der Krankenhausbetten sind ins Wasser geworfen worden und mit dem Riff zu bizarren Formen verwachsen. Die Grabsteine auf dem ungepflegten Friedhof sind von tropischen Schlingpflanzen überwuchert. Jemand hat den Kopf einer Ziege an einen Pfahl genagelt. In den hohen Bäumen hängen Riesenfledermäuse, die abends ausschwärmen. Irgendwo knirscht eine rostige Kette.

Schließlich bessert sich das Wetter. Wir holen schnell den Anker hoch und fliehen von dieser Spukinsel, segeln nach Vanua Levi. Wir legen BORRACHO an eine Ankerboje in dem Fluss, der seinen Ursprung weit im Binnenland der Ufer hat. Am Ufer liegt das Dorf Savusavu mit seiner einzigen ungepflasterten Straße, die dem Flusslauf folgt. An dieser Straße steht eine Ansammlung kleiner Häuser, manche mit einem Puppengarten. Es gibt zwei oder drei Restaurants und hier und da einen Tante-Emma-Laden. Das Dorf strahlt Ruhe und Behäbigkeit aus. Hier erleben wir zum ersten Mal eine Kava-Zeremonie. Kava wird hergestellt, indem man die Wurzel der Kavapflanze fein reibt und das Mehl mit Wasser knetet. Es ist ein betäubendes Getränk und in diesem Teil des Pazifiks genauso üblich wie bei uns das Bier. Es sieht aus wie Schlammwasser, ist aber weniger schmackhaft. Wir trinken Bier meist völlig formlos, es sei denn, man ist auf dem Oktoberfest. In diesem Teil der Welt trinkt man Kava nach einem festen Ritual. Wir sitzen in einem Kreis vor der Hütte des örtlichen Stammesältesten. In der Mitte steht ein Eimer mit dem gerade erst gebrauten Getränk. Der Chef hat eine halbe Kokosnussschale, mit der er die Kava aus dem Eimer schöpft. In abnehmender Reihenfolge des sozialen Status wird die Kokosschale herumgereicht. Das Bestreben ist, die Schale in einem Zug zu leeren. Wenn diese Handlung erfolgreich beendet worden ist, klatscht jeder, einschließlich des Opfers, dreimal in die Hände. Ich komme als Letzter an die Reihe, finde allerdings, dass dreimaliges Klatschen für eine derartige Leistung ein spärlicher Beifall ist. Das Schlimmste ist, dass ich nicht einmal high bin!

Die kürzeste Strecke von Savusavu zur Yasawa-Gruppe im Westen von Fidschi führt durch die Nasonisoni-Passage. Wir müssen auf den ersten 25 Seemeilen unseren Weg quer durch das Namena Barrier Reef suchen, um an die andere Seite in das tiefe Wasser des Bligh Water zu kommen. Auf der Seekarte habe ich das Gebiet ausgiebig studiert. Die Abkürzung zwischen den gefährlichen Riffen hindurch wird anscheinend oft benutzt, denn wie ich in der Karte sehe, ist dieser Abschnitt mit vielen Baken deutlich gekennzeichnet. Die Passage durch das Außenriff finden wir erst, als wir genau davor sind. Aber das beunruhigt uns noch nicht. Wir fahren in einem natürlichen Kanal von etwa einer halben Meile Länge. Links und rechts fallen die Riffe fast senkrecht in bodenlose Tiefe. Das Wasser in der Einfahrt ist ruhig und tiefblau. An der Außenlinie an Backbord und Steuerbord brechen sich die Wellen schäumend weiß auf dem Riff. Trotz meines erhöhten Adrenalinpegels genieße ich die furchterregende Konstruktion von Mutter Natur.

Bald aber vergeht uns der Spaß: Die vielen Baken gibt es nur in der Seekarte. In unserer Wirklichkeit entdecken wir nur in der Ferne einen abgebrochenen Ast. Sonst wird die unendliche Wasserfläche, die im Licht der Sonne silberfarben blinzelt, durch gar nichts unterbrochen. Sichtpeilungen, um unsere Position festzustellen, sind nicht möglich. Wir wissen, dass unter dieser unschuldigen Oberfläche unsichtbare Riffe lauern. Ob die Riffe auch tatsächlich dort liegen, wo sie in der Seekarte eingezeichnet sind, ist mehr als fraglich. Indem wir die kürzeste Strecke gewählt haben, befinden wir uns in einer äußerst prekären Lage.

Ich entscheide mich dafür, die Riffe, die wir auf unserem Weg passieren müssen, eines nach dem anderen zu suchen. Die Methode funktioniert. Sobald wir in die Nähe des Riffs kommen, sehen wir an der Verfärbung des Wassers und manchmal an der Richtung der Wellen, wo sich das Riff befindet. In einem Bogen fahren wir um die Korallen herum. In der Seekarte zeichne ich minutiös unsere Kurslinie ein. Auf diese Weise weiß ich immer, wo wir uns befinden. Solange die Sonne hoch am Himmel steht, kann Karola von ihrer Position hinter dem Steuerrad alle Unterwasserobstakel klar erkennen. Doch es ist jedes Mal spannend, wenn wir uns einem neuen, unbekannten Hindernis nähern. Ich gehe als zusätzliches Augenpaar nach vorn und lotse Karola an der Gefahrenstelle vorbei. Der Schweiß strömt reichlich und das nicht nur von der Sonne. Ich bin froh, dass ich bei dieser Methode nicht als Ausguck in den Mast muss, wie wir das oft bei anderen Yachten beobachten, denn Mastklettern ist erst recht lebensgefährlich.

Gegen Abend sind wir auf der anderen Seite des Barrier Reef. Langsam wird das Wasser tiefer. Wir sind im Bligh Water und haben 60 Seemeilen Ruhe, bevor wir die nächste Gefahrenstelle erreichen: eine untiefe Passage, die wir nehmen müssen, um an der Leeseite der Yasawainsel in ruhiges Gewässer zu gelangen. Zuerst nehmen wir einen Sundowner auf alle Ängste, die wir heute überwunden haben, und auf Captain Bligh, der damals in einem offenen Rettungsboot dieselbe Route bewältigt hat wie wir. Nachdem er durch die Meuterer der BOUNTY über Bord gesetzt worden war, wollte er hier versuchen, seinen spärlichen Wasservorrat aufzufüllen. Obwohl er und seine Männer großen Durst hatten, wagte er nicht, an Land zu gehen, aus Furcht vor den Kannibalen.

In der Nacht, wir können das wirklich nicht brauchen, wird der Wind stärker. Wir segeln viel zu schnell. Ich muss Karola wecken. Zusammen reffen wir die Segel, bis wir nur noch unter Arbeitsfock fahren und unsere Geschwindigkeit gedrosselt wird. Ich möchte unter keinen Umständen die gefährliche Passage in der Dunkelheit durchqueren. Um sechs Uhr morgens erscheint das fahle Licht im Osten, aber es wird nicht richtig hell. Dunkle Wolkenfetzen und heftige Regenschauer ziehen kalt über uns hinweg. Mit sturmartigem, böigem Wind von achtern kommt die schmale Passage beängstigend schnell näher. Laut Seekarte beträgt die Tiefe bei Niedrigwasser in der Mitte der Durchfahrt sieben Meter. Für Captain Bligh mit seinem Ruderboot mehr als genug, auch für uns, vorausgesetzt wir treffen die Mitte! Obwohl ich mit Sichtpeilungen auf die Inseln an beiden Seiten und mit GPS ständig kontrolliere, ob wir auf die Mitte zupreschen, klopft mir das Herz in der Kehle. Angsterfüllt beobachten wir beide das Echolot: 30 Meter, 20 Meter, zehn Meter, neun, acht, sieben sechs …: Mein Herz stockt. Habe ich einen Fehler gemacht? Segeln wir nicht in der Mitte?

In dem Augenblick nimmt uns ein schwerer Regenguss die Sicht.

»Lass uns umdrehen!!«, schreit Karola.

»Zu spät!«, rufe ich, wütend auf mich selber, weil ich mich nur noch auf mein Seglerglück verlassen kann.

Dann zeigt das Echolot wieder sieben Meter, acht, zehn. Beide atmen wir erleichtert auf, wir haben am Ende doch keinen Fehler gemacht. Sofort nach der Passage gehen wir an der Leeseite der Insel Yasawa vor Anker. Kräftige Fallwinde lassen die Ankerkette knarren, aber der Anker liegt fest im Sand, und wir haben auf dieser Seite der Insel keine Wellen. Der Regen stört uns nicht. Wir sitzen gemütlich trocken im Salon und erholen uns von der nervenzerreißenden Fahrt mit einer heißen Tasse Filterkaffee. Wir sind uns einig, dass das Segeln in fidschianischen Gewässern für uns zu aufregend ist. Unser einziger Wunsch ist es, eine ruhige Bucht mit weißem Sandstrand, ohne Wellen und ohne Wind zu finden.

Zwei Tage später entdecken wir unsere Traumbucht: Land Harbour im Südwesten der Insel Yasawa. Wir liegen zwischen zwei Riffen wie in einem Schwimmbecken, an einem waschmittelwerbungweißen Palmenstrand. In dieser friedlichen Einsamkeit können wir uns in aller Ruhe erholen. Kein Mensch, keine Yacht weit und breit. Lediglich ein alter Fischer, der nach dem Erzengel Gabriel benannt worden ist, paddelt jeden Tag mit langsamen Schlägen in seinem Baumkanu vorbei. Auf der Hinfahrt hebt er seine Hand mit tropfendem Paddel hoch, und auf dem Rückweg, kurz vor Einbruch der Dunkelheit, macht er bei uns fest und bringt einen frisch gefangenen Lobster. Als wir ihm ein paar Dollar geben, strahlt sein von Salzwasser und tausend Falten durchfurchtes Gesicht. Ein einzelner brauner Zahn hat stolz das Alter überstanden. Nach unserer Diät aus Spaghetti mit Corned Beef und Bohnen mit Corned Beef sind die Lobster Gabriels ein Geschenk des Himmels.

Zwei Wochen leben wir in den Tag hinein, bis wir erholt sind, unruhig werden und keinen Lobster mehr sehen können. Langsam ziehen wir nordwärts. Auch hier treffen wir wieder täglich auf Felsen und Riffe, die uns das Leben schwer machen, aber wir segeln an der Leeseite einer Kette von Inseln. Das Wasser ist ruhig und kristallklar, die Unterwasserhindernisse können wir leicht erkennen.

In der Blue Lagoon, wo der Film mit dem gleichnamigen Titel gedreht wurde, haben wir kein Glück. Es ist nordeuropäisches Herbstwetter mit einem kalten Dauerregen und unangenehmem Wind. Als wir mit dicken Regenjacken am Strand entlangspazieren, kommt ein Mann auf uns zu und verlangt für dieses nasskalte Vergnügen einen Dollar. Wenn Brooke Shields am Strand liegen würde, hätte ich ihm glatt einen Dollar gezahlt, aber bei diesem Wetter ist seine Chance minimal.

Nach einigen Zwischenaufenthalten mit schlechten Ankerplätzen wollen wir die schon wieder angespannten Nerven in Musket Cove beruhigen. In dieser Bucht kann man 100 Prozent sicher ankern, und Musket Cove ist deswegen der Treff für alle Segler, die Fidschi besuchen. Für wieder einen Dollar werden wir Mitglied auf Lebenszeit im Musket Cove Yacht Club. Die heißen Duschen und BBQ-Einrichtungen des Feriendorfes, das unter den Palmen rund um die Bucht gebaut ist, stehen den Yachtclubmitgliedern kostenlos zur Verfügung. Ich stelle fest, dass es einen direkten Zusammenhang geben muss zwischen kostenlosen Annehmlichkeiten und der Anzahl der Yachten vor Anker. Für viele Langstreckensegler ist Musket Cove das Einzige, was sie von Fidschi sehen. Vor allem die Amerikaner, die sich täglich wahre Feldschlachten um die Besetzung der BBQs liefern, schauen uns mitleidig an, weil wir, anstatt Fleisch und Würstchen zu grillen, zwischen gefährlichen Riffen zu unbekannten Inseln segeln, wo es nicht mal BBQs gibt. Wir sind drei Tage hier und haben die Gemütlichkeit und das hektische Leben zur Genüge genossen. Wir suchen wieder die Einsamkeit und neue Eindrücke. Wir segeln weiter Richtung Vanuatu.

Vanuatu

Ein Archipel, von dem wir kaum etwas wissen. Früher nannte man diese Inselgruppe Neue Hebriden, und bis zu den Sechzigerjahren wurde Vanuatu sowohl von England als auch von Frankreich verwaltet, heute sind die Inseln eine selbstständige Republik. Wir segeln vier Tage zu der ersten der mehr als 80 Inseln des Archipels. In der dritten Nacht sehen wir im Westen den roten Widerschein des Vulkans Yasur auf der Insel Tanna. Port Resolution, den Namen hat sich Kapitän Cook 1774 ausgedacht, ist eine geräumige Bucht mit schmalem Einlass. Sie liegt am Fuß des Vulkans und ist nicht sehr tief, nur ungefähr vier Meter. Solange die Dünung nicht in die Bucht läuft, liegen wir sicher und geschützt. Hoch über uns auf einem Felsvorsprung liegt das Clubhaus vom Tanna Yacht Club, wo Stanley nach dem Rechten sieht. Der Yachtclub ist mit Ausnahme des Gästebuchs geschlossen, und die dazugehörigen Gästehäuser warten schon jahrelang auf Gäste. Ungeachtet dieser Tatsache versorgt Stanley die gesamte Anlage mit liebevoller Hingabe und ist froh über jede Yacht, die in der Bucht vor Anker geht. Er zeigt uns das Dorf, das einige Kilometer weiter in einem breiten, von einem Fluss durchzogenen Tal, liegt. Zwischen den runden Strohhütten spielen nackte Kinder, suchen Hühner nervös hin und her laufend nach Körnern und wühlen kleine Ferkel vergnügt im Dreck. Die Anzahl der Schweine gilt in Vanuatu als Symbol des Reichtums, wie bei uns das Bankkonto. Das Dorf ist wohlhabend: Die öffentlichen Bankkonten sehen gesund aus und sind reichlich mit Fettpolstern versehen. Elektrizität, Gas oder Telefon gibt es nicht. Die Frau des Hauses kocht auf einem Holzfeuer, das ständig in der Hütte glimmt. Abends flimmert kein Fernseher und scheint kein elektrisches Licht, das heißt: Man geht gleichzeitig mit den Hühnern ins Bett. Nachwuchs ist folglich in genügender Anzahl vorhanden. Trotzdem oder gerade wegen dieser Art von Leben, ohne unsere westlichen Errungenschaften, sind die Menschen zufrieden und glücklich. Jeder, dem wir begegnen, grüßt uns fröhlich.

Auf der Wetterkarte sehen wir, dass der Wind sich in den kommenden Tagen wahrscheinlich aufbauen und nach Nordost drehen wird. Wir würden gern noch den Vulkan besteigen, der in der Nacht unser Schiff erleuchtet. Aber bei Starkwind aus Osten traue ich der untiefen Bucht nicht. Wenn die Wellen vom offenen Meer in die Bucht laufen, verwandelt sich, so befürchte ich, das zurzeit noch ruhige Wasser in einen kochenden Dampfkessel. Wir gehen keine unnötigen Risiken ein und hieven den Anker, verzichten auf unsere Nachtruhe und segeln nach Port Vila, der Hauptstadt von

Vanuatu auf der Insel Efate. Schon in der Nacht kündigen die ersten Regengüsse die Sturmfront an, die sich rasch nähert. Das Barometer fällt, und der Wind dreht wie erwartet nach Osten. Trotz des stürmischen Windes, der die Wellen mit weißen Schaumkronen vor sich herjagt, ist die Ansteuerung vor Port Vila nicht schwierig und der Ankerplatz bei der Quarantänetonne geschützt. Zwei Tage später erfahren wir, dass eine 18 Meter lange Luxusyacht bei dem Versuch, dem Wildwasserritt in Resolution Bay zu entfliehen, bei 35 Knoten Wind von Grundseen auf das Riff geworfen und von der Besatzung als verloren aufgegeben wurde.

Port Vila ist ein modernes Städtchen mit Supermärkten, Internet-Cafés und gemütlichen Restaurants. Wir brauchen uns in den nächsten Tagen keine Sorgen wegen des Wetters zu machen, denn wir haben BORRACHO an einer der stabilen Bojen des Yachtclubs festgemacht. Port Vila ist nicht typisch für Vanuatu. Hier sind wir eindeutig im 21. Jahrhundert, auf den meisten anderen Inseln leben die Einwohner noch wie in der Steinzeit. Hier stehen die Schweine als Spareribs auf den Speisekarten der Restaurants, und wir bezahlen in Dollar-Währung für den Genuss; dort ist das Schwein noch ein wichtiges Zahlungsmittel, zum Beispiel um eine Braut zu erwerben.

Wir sind abfahrbereit für die nächste Insel. Ich drehe den Startschlüssel, aber der Motor bleibt still. Nur ein kurzer Klick. Alle nur denkbaren Störungen, die in meinem Handbuch beschrieben sind, habe ich mit dem alten Motor schon erlebt. Diese Störung allerdings ist mir neu bei dem neuen Motor. Die einzige Störung, mit der ich noch nicht das Vergnügen hatte, ist ein kaputter Anlasser. Das muss es sein! Als ich mit Schweiß und Mühe den Anlasser aus seinem Versteck befreit habe, ist alles klar. Rost! Der Kühlwasserschlauch des Salzwasserkreislaufs hat tropfenweise geleckt. Während der vielen langen Monate hat das Wasser sich geduldig durch die Wand gefressen mit dem Erfolg, dass die Innereien des Anlassers verbrannt sind. Zum Glück haben wir diesen späten Gruß unseres Freundes Singh aus Curaçao erst hier an der Boje in Port Vila bekommen. Mit einem Expresskurier kommt ein neuer Anlasser innerhalb von zwei Wochen aus Australien an. Ich kann wieder einen Arbeitsgang von der Liste streichen.

Die erste größere Insel auf etwa 60 Meilen heißt Epi. Wir lassen den Anker in Lamen Bay auf schwarzen Vulkansand fallen. Wir liegen windgeschützt, aber leider läuft eine Dünung in die Bucht. BORRACHO rollt ständig von links nach rechts, und alles an Bord scheppert und klappert. Nicht gut für die Nerven und einen gesunden Schlaf. Mit dem Beiboot bringe ich den Leichtgewichtanker samt Kette 30 oder 40 Meter weit weg. Mithilfe dieses zweiten Ankers ziehen wir BORRACHO mit dem Bug in Richtung Wellen. Nun geht das Schiff langsam hoch und runter, wir werden wie Babys in den Schlaf geschaukelt und genießen eine herrliche Nachtruhe.

Als ungewöhnliche Attraktion kommt ein Dugong jeden Morgen zum Grasen in die Bucht. Ein Dugong oder eine Seekuh ist ein Säugetier, ist drei bis vier Meter lang, mit einem Kopf wie eine gutmütige Bulldogge, zwei Schwimmflossen wie eine Schildkröte, einem Körper und einer Schwanzflosse wie ein Wal. Er oder sie, ich weiß nicht, wo ich nachschauen muss, grast wie ein Staubsauger über den Meeresboden und muss alle fünf Minuten an die Oberfläche, um Luft zu holen. Stundenlang schwimmen wir im warmen Wasser mit ihm mit. Das elegante, freundliche Tier würde auf einer saftigen grünen Wiese bestimmt ein einfacheres Leben haben. Beim Aufsteigen sitzt Karola fast auf seinem Rücken, aber es lässt sich nicht aus der Ruhe bringen und frisst gemächlich weiter. Nur schnelle Außenbordmotoren hasst es, genau wie wir.

Nach einem Zwischenstopp auf den Maskelynes Islands, wo wir friedlich hinter einer Sandbank die Nacht verbringen, segeln wir nach Ambrym. Diese Insel mit ihren beiden aktiven Vulkanen ist ein Sammelplatz für die guten und bösen Geister und das heilige Zentrum der schwarzen Magie. Wir haben erfahren, dass in einer Woche im Norden der Insel das alljährliche ROM-Festival stattfinden wird. Vielleicht gibt es eine Möglichkeit, diese geheimnisvollen Tänze zu sehen? Vor dem Dorf Ranon finden wir einen Ankerplatz auf offener Reede. Der Ankergrund besteht aus hartem, vulkanischem Sand, und das ist genau nach dem Geschmack unseres CQR-Ankers. In der Dämmerung färbt die sinkende Sonne die Kegelspitzen der beiden Vulkane rot glühend und verschwindet etwas später mit einem grünen Blitz hinterm fernen Horizont. Endlich sehen wir den als so sensationell gerühmten grünen Zacken mit eigenen Augen. Als die breiten Silberstreifen der Sonne am Himmel verblassen, steigt der Vollmond langsam wie ein leuchtender gelber Lampion über den Bergen hoch. In der nun dunklen

Nacht spiegelt sich die Glut der Vulkane rosa gegen die schwebenden Wolken. Atemlos begreifen wir die Magie von Ambrym. Dieser Abend ist einer der Momente, die alles Elend einer Weltumsegelung vergessen lassen. Ja, der einen die Welt vergessen lässt.

Bis zum Tanzfestival bleiben uns noch einige Tage. Wir wollen uns die gespenstisch drohenden Feuerberge etwas näher ansehen. Ein verwegener Entschluss. Häuptling Douglas hat für uns zwei Mädchen in der Blüte ihrer Jugend als Fremdenführer ausgewählt. Ich, der im Herbst des Lebens angelangt ist, bin dem Chief anfangs dankbar für seine wohlüberlegte und hübsche Wahl. Elf lange Stunden hetze ich dann keuchend und mit der Zunge bis auf meine Bergstiefel hängend hinter den jungen Mädchen her, während sie leicht- und barfüßig wie Rehe bergauf huschen. Drei Stunden geht es durch dichten Urwald, wo uns immer mehr Äste im Weg liegen, und eine Stunde über eine glühende Ascheflache, wo Karola sich geschlagen gibt. Zu schlechter Letzt klettern wir noch eine Stunde steil nach oben zum Kraterrand. Nur mit Willenskraft kann ich den Mädchen verbissen zeigen, dass dieser alte Bock noch zu einigem in der Lage ist. Als ich erschöpft auf dem Kraterrand stehe, kann ich mein Selbstbild nicht länger aufrechthalten. Der Rand ist schmal, der Rauch dicht und erstickend, der Wind hart, die Schlucht des Kraters tief und heiß und meine Höhenangst groß. Wie ein getretener Hund mit dem Schwanz zwischen den Beinen quäle ich mich wieder nach unten. Der Abstieg ist eine Tortur ohne Ende. Die beiden Führungsgrazien hüpfen fröhlich über Steine und dürre Äste und unterhalten sich blendend. Zu allem Unglück ist auch das Trinkwasser alle. Mit letzter Kraft kann ich noch »Wasser, Wasser« flüstern. Kein Problem, wie der Blitz sitzen die Mädchen schon oben in den Palmen und pflücken Kokosnüsse. Als ob das ganz normal wäre. Halb tot und wieder mit beiden Beine auf dem Boden der Realität kommen Karola und ich bei unserem Boot an. Ich habe nur noch einen Wunsch: gleich in die Koje. Ich versinke auf der Stelle in einen traumlosen Schlaf.

Am Tag des Festivals marschieren wir eine Stunde lang durch den Urwald, bis eine Lichtung vor uns auftaucht. Die Sonnenstrahlen, gefiltert von den Blättern der Waldriesen, bescheinen wie die Lichtbündel von Spotlights einige Tamtams, das sind große Metallgongs, und lebensgroße Holzfiguren. Dieses magische Naturtheater ist die Nasara von Häuptling Sekor Naime und seinem

Dorf: der geweihte Platz, wo das jahrhundertealte Ritual stattfinden wird. Wir schütteln ehrfürchtig dem Chief die Hand, wobei sein sich stolz nach vorn hochstreckender »Namba« als Beweis seiner ungebrochenen Manneskraft zwangsläufig für die nötige Distanz sorgt.

Sekor Naime begleitet uns mit ernstem Zeremoniell zu unserer Ehrenloge: ein liegender Baumstamm, auf dem wir unsere müden Beine ausstrecken können. Aber nicht lange. Aus dem dunklen schattigen Urwald erklingen dumpfes Trommeln, ein rythmischer Gesang und heftiges Stampfen von Hunderten nackten Füßen. Stampfüßend kommen viele Männer aus dem Wald hervor. Sie tragen Vogelmasken und sind mit Palmblättern bekleidet. Andere Männer, die in einer chaotischen wilden Gruppe folgen, sind ausschließlich mit einem Namba, diesem geflochtenen und, wie ich annehme, hochgebundenen Penisrohr bekleidet. Zum Schluss erscheint eine Gruppe Frauen hüfteschwingend aus dem Busch. Alles hängt, zuckt, bebt und flattert. Es ist offensichtlich, dass das hiesige Schönheitsideal völlig anders ist, als Regisseure es uns in Filmen wie »South Pacific« glauben lassen wollen.

Enttäuscht verlagere ich meine Aufmerksamkeit auf die Choreografie des Tanzes. Der ROM-Tanz ist ein ritueller Tanz, in dem die Männer eines Stammes eine höhere Stufe auf der hierarchischen Leiter erringen können. Die Geister – die Männer mit den Palmblättern – unterstützen die Männer in ihrem Bestreben oder versuchen, sie zu behindern, je nachdem wie der Geist gelaunt ist. Der Tanz erinnert im Wesentlichen an den bayerischen Schuhplattler, aber ohne Lederhosen wirkt das Ballett weniger elegant und geschmeidig. Das Stampfen und Klatschen allerdings ist eindeutig aufregender. Damit hört jeder Vergleich auf. Wir hören Urlaute, sehen Urbewegungen, Urzeitmenschen, die noch nach jahrhundertealter Tradition leben, auf Inseln, wo die Zeit stillsteht. Diese Menschen gelten vielleicht nach den Maßstäben der westlichen Zivilisation als primitiv, aber sie sind es absolut nicht. Sie haben sich bewusst für diese Art Leben entschieden und sind damit glücklich und zufrieden. Können wir das von uns sagen? Wie lange wird es noch dauern, bis unsere Errungenschaften sie überrollen?

Als wir nach dem Tanzfest an den Strand zurückkommen, ist die Kava-Bar geöffnet. Sie besteht aus einer Strohhütte mit einem Baumstamm als Theke. Auf dieser Theke steht ein Eimer mit frisch gebrauter Kava. Am Boden sitzen in dem schummerigen Licht einige schweigende Gestalten in Gedanken versunken. Wir wollen gern herausfinden, ob die Kava von Vanuata anders ist als die von Fidschi. Kein Vergleich! Gleich nach der ersten Kokosnussschale vom Fass sind meine Lippen und die Zunge halbwegs taub, und ich fühle mich angenehm entspannt. Zusammen mit einem brasilianischen Segler erproben wir, wie viele Schalen Kava wir trinken und trotzdem unser Boot wiederfinden können. Zu unserem Glück müssen wir nach drei Kavas das Experiment abbrechen, weil der Eimer leer ist. Wir sind sprachlos, finden mühelos das Boot und schlafen sofort ein.

Durch die vielen Riffe und den kräftigen Wind war das Segeln in den Fidschis schwierig und nervenaufreibend. Vor Vanuatu fahren wir in Tagestörns entlang der Leeseite der Inseln. Es gibt keine nennenswerten Wellen, und die Riffe erstrecken sich höchstens bis 100 Meter von der Küste. Mit stetigem Wind gleiten wir relaxt an Palmenstränden entlang wie in einer Werbung für Bounty-Schokoladenriegel. Ab und zu taucht ein Dorf mit Strohhütten halb verdeckt unter den Bäumen auf. Baumkanus sind hoch auf den Strand gezogen. Ein paar Kinder winken uns zu. Die Welt ist friedlich. Gegen Ende des Tages finden wir auf der Insel Pentecost einen menschenleeren Ankerplatz vor einer steilen Felswand und hinter einem kleinen Riff. Ich bin gerade dabei, uns den täglichen Sundowner einzuschenken, als zwei Mädchen zu uns paddeln.

In ihren ausgebleichten und durchlöcherten T-Shirts fragen sie fröhlich, ob sie uns ein paar Grapefruits schenken dürfen, denn, so sagen sie: »Wir freuen uns, dass ihr hier ankert. Es bedeutet, dass ihr unsere Insel schön findet und dass wir demnach auf einer schönen Insel wohnen.«

Eine Logik, die in sich geschlossen ist und eines Einsteins würdig. Als Gegenleistung überreichen wir den beiden hübschen und vor allen Dingen geistreichen Mädchen einige BORRACHO-T-Shirts als Ergänzung zu ihrer Garderobe, die sichtlich erneuert werden muss. Bevor sie uns ausgelassen wieder verlassen, erzählen sie uns, dass in der vergangenen Woche, genau an der Stelle, wo wir soeben geschnorchelt haben, ein Hai den Priester des Dorfes gefressen hat. Kann es sein, dass die Überbringer der frohen biblischen Botschaft besonders gut schmecken? Chief Nelson auf der Insel Maéwo bestätigt am nächsten Tag diese Geschichte. Er hat auch eine

Erklärung für das vorzeitige Ableben des Geistlichen. Der Priester hatte zuvor den Medizinmann des Ortes beleidigt. Nachdem dieser aus Altersschwäche in den hiesigen Himmel gegangen war, ist er als Hai zurückgekommen und hat seinen aufgestauten Rachegelüsten freien Lauf gelassen. Mir scheint die Erklärung schlüssig, zumal der Hai uns unbehelligt hat schwimmen lassen.

Die Asanvari-Bucht ist eine der schönsten Buchten von Vanuatu, wenn man von »schöner« reden kann bei so viel Schönheit. Die Bucht ist rund wie eine Schüssel mit einem weißen Rand aus Sand und immer wogenden Palmen. Verborgen zwischen grünen Bananensträuchern, die sich unter ihrer Last biegen, und unter hohen kerzengeraden Kokospalmen liegt das Dorf. Ein gelbes Strohdach schimmert, und hin und wieder fällt eine weiße Blüte von einem breit verästelten Cambodia-Baum auf die Erde. Unter dem Baum sitzt ein alter Mann und schnitzt mit viel Geduld Holzfiguren, ein Kind schaut mit großen Augen zu. Hühner und ein Hund streunen umher. Ein gewaltiger Wasserfall stürzt aus großer Höhe donnernd und schäumend in einen grüngläsernen Süßwasserpfuhl, der harmonisch kontrastiert zum Blau der Bucht. Wir waschen unsere Kleidung in dem Süßwasser, waschen uns selbst unter der prasselnden Kaskade und sitzen später einfach nur im Cockpit und schauen zu dem beruhigenden Wasserfall hinüber.

Chief Nelson hält nicht nur die alten Traditionen seines Dorfes in hoher Ehre, sondern macht zweifelsohne die stärkste Kava in der gesamten Stillen Südsee. Die Dorfbewohner planen am Abend ein Fest. Nach einigen Tänzen mit viel Geklingel von Glöckchen an den Füßen und einer üppigen Mahlzeit kommt die frisch bereitete Kava auf den Tisch. Nach zwei Kokosnussschalen ist die Zunge gelähmt, und wir können kein Wort mehr sagen. Aber weswegen sollte man noch reden, wenn man sich vollkommen entspannt fühlt. Am nächsten Tag blättere ich durch einige alte Illustrierte an Bord der BORRACHO, und zufällig fällt mein Blick auf einen Artikel über Kava. Ein Mediziner schreibt, dass Kava schlecht für die Leber ist und sogar tödlich wirken kann. In Deutschland wurden deswegen, laut Artikel, alle Heilmittel auf der Basis von Kavawurzeln aus dem Verkehr gezogen. Später am Tag nimmt Nixon, der Sohn von Chief Nelson, uns mit zum Dorf. An einem Waldpfad zeigt er uns ein Grab mit einem roh gezimmerten Kreuz obendrauf. Dort liegt, erzählt er uns, sein älterer Bruder Kennedy begraben. Als ich die Jahreszahl auf dem weißen Kreuz lese, frage ich, woran sein Bruder so jung gestorben ist.

»An einer Lebererkrankung«, ist die Antwort.

Für uns keine Kava mehr.

Durch die Hitze und den damit zusammenhängenden Durst hat unser Biervorrat rapide abgenommen. Der Wein ist schon lange rationiert. Die einzige Möglichkeit, um aus dieser unerfreulichen Lage zu kommen, ist, sofort aufzubrechen und nach Luganville auf der Insel Espiritu Santo zu segeln. Dort soll es einen Supermarkt geben. In Hinblick auf unseren Mangel an Spirituosen ist der Name der Insel vielversprechend. Nach einem guten und einem sehr schlechten Ankerplatz auf der Insel Ambae, wo James Mitchener die Inspiration für sein Buch »Tales of the South Pacific« fand, erreichen wir Luganville in dem gelobten Land. Wir ankern rollend in den Wellen vor der Ortschaft und erledigen schnell unsere Einkäufe.

Vor der Küste bei Luganville haben die Amerikaner nach Ende des Zweiten Weltkrieges das ganze nutzlose Kriegszeug mit Bulldozern ins Meer geschoben. Diese Stelle heißt vollmundig der »Million Dollar Point«, obwohl man momentan für einen derartigen Betrag keinen Krieg mehr führen könnte. Man kann davon noch nicht mal einen mittelmäßigen Fußballspieler kaufen! Etwas weiter liegt das Wrack der PRESIDENT COOLIDGE auf dem Meeresboden, ein ehemaliges Kreuzfahrtschiff, das in der Zeit als Truppentransportschiff unglücklicherweise einer Mine begegnete. Das Kriegsmaterial ist nun ein bevorzugtes Tauchrevier, viel mehr Zerstreuung hat Luganville nicht zu bieten.

Malakula hingegen scheint uns interessanter zu sein. Wir haben die Insel als Dessert bis zuletzt aufgehoben. Segelyachten, die Vanuatu besuchen, ziehen meist an der Ostküste entlang, wo es die besseren Ankerplätze gibt. Wir wollen an der unbekannten Westküste entlangsegeln, wo viele Dörfer durch die unzugänglichen Berge im Hinterland völlig von der restlichen Welt isoliert sind. Durch die vollständige Isolation haben sich auf Malakula im Lauf der Zeit 36 verschiedene Sprachen entwickelt.

Wir segeln dicht an der Küste, und jedes Mal, wenn wir unter den Palmen eine Ansammlung von Hütten sehen, läuft das ganze

Dorf zum Strand. Sie rennen mit uns mit, hüpfen, winken und rufen uns zu. Wir verstehen nicht, was sie rufen. Wir haben uns nicht der Mühe unterzogen, die lokalen Sprachen zu lernen. Auch Kapitän Cook wusste nicht, was die Eingeborenen wollten, als er hier entlangfuhr und das gleiche Schauspiel sah. Er stellte sich wahrscheinlich die Frage wie wir: Können wir hier vor Anker gehen oder nicht? Er hatte Angst vor Menschenfressern, wie sein Kollege Bligh. Und mit Recht! Noch 1968 haben Einwohner Menschen im Topf gar gekocht und verspeist. Wir sind uns nicht sicher, ob sie uns aus Herzlichkeit zuwinken oder womöglich denken: Hmmmm, heute Abend endlich mal wieder Fleisch im Topf.

Wir segeln lieber weiter bis zur Südwestbai. Diese Bucht, so habe ich in der Seekarte gesehen, ist geräumig und nicht sehr tief. Unmittelbar vor der Bucht liegt das Dixon-Riff, das wir runden müssen. Ich habe einen Kurs mit einem ausreichenden Sicherheitsabstand in die Karte gezeichnet. Plötzlich überkommt mich das unbestimmte Gefühl, dass etwas nicht stimmt. Aber was stimmt nicht? Ich schaue beunruhigt um mich her. Was ist los? Auf einmal weiß ich, was los ist. Ich höre keine Wellen mehr, die gegen das Boot klatschen. Das Meer wurde ohne Übergang so flach wie ein Spiegel. Verflucht, das Dixon-Riff liegt genau vor uns! Karola reißt das Ruder herum, und um Haaresbreite verfehlen wir die ersten Ausläufer des Riffs, die sich begierig nach BORRACHO ausstrecken. Nachdem wir wieder in sicherem Gewässer sind, atmen wir tief durch. Ich kontrolliere dreimal unseren Schiffsstandort. Unsere Position stimmt, aber das Riff befindet sich nicht an der Stelle, die in der Seekarte angegeben ist.

Die Südwest-Bucht haben wir für uns allein. Wir lassen den Anker vor dem Dorf Lembinwen fallen und stellen rasch fest, dass die Bewohner herzensfreundlich sind. Das Dorf besteht aus Strohhütten, die scheinbar willkürlich zwischen den hohen Palmen verstreut liegen. Es gibt keine Elektrizität, kein Telefon und keine Wege. Das einzige Transportmittel ist das Baumkanu, mit dem die ganze Familie im Morgengrün zu den Gemüsegärten rudert, die weit entfernt vom Dorf angelegt sind. Im letzten Sonnenlicht des Tages rudern sie friedlich wieder heim. Fast alle kommen kurz längsseits auf einen Gruß oder um uns eine Papaya, eine Pampelmuse oder ein Paar Zitronen zu schenken. Wir haben mehrere Kilo Lutscher für die Kinder und viele T-Shirts für die Erwachsenen. Pro

Jahr kommen, sagen sie, nur drei oder vier Yachten. Für sie ist unser Besuch eine Freude, für uns auch!

Als wir am Sonntagmorgen mit dem Beiboot am Strand landen, wartet Juliet in ihrem geblümten Sonntagskleid auf uns. Schüchtern fragt sie, ob wir mit zur Kirche kommen. Warum nicht, denken wir, schaden kann es auf keinen Fall. Die Kirche, zu der Juliet uns führt, ist eine längliche Strohhütte. Die Gemeinde sitzt schon: die Frauen links auf Baumstämmen, die Männer rechts, nur ich sitze falsch. Für die Predigt zeigen alle wenig Interesse, und auch wir können der Geschichte des Pfarrers, der barfuß im schwarzen Anzug den Gottesdienst leitet, nicht folgen. Die Kinder spielen munter im Sand des Mittelgangs. Einige Babys wühlen und pinkeln gleichzeitig. Wenn ein Säugling zu nachdrücklich mit seinem Geschrei den Pfarrer übertönt, kommt die prall gefüllte Brust aus der Bluse, und schon kehrt wieder die stille Andacht ein. Nach der Predigt kommt das Singen an die Reihe. Auf diesen Moment haben die Gläubigen gewartet. Ein Psalm nach dem anderen steigt aus voller Brust bis weit über die Palmen hinauf. Der Vater von Juliet ist Küster und spricht wie die meisten kein Englisch. Er bittet uns über seine Tochter, zusammen mit ihm und dem Pfarrer das Mittagsmahl einzunehmen. Aber zuerst müssen wir mit allen Kirchenprälaten und dem Pfarrer am Ausgang der Kirche in einer Reihe stehen. Wie bei einem Geschäftsempfang oder Begräbnis schütteln uns die Gottgläubigen beim Heraustreten die Hand.

Als Mittagessen bekommen wir das Nationalgericht serviert, das die Mutter von Juliet auf einem Feuer in der Kochhütte zubereitet hat. Das Gericht heißt LapLap, und so sieht es auch aus. Auf einem Holzbrett liegt ein dreieckiges Etwas, das eine weit entfernte Ähnlichkeit mit einer zu kurz gebackenen Pizza hat. Vereinzelt liegen ein kleiner Fetzen Fleisch und ein Krümel Fisch oben drauf. Das ganze Dorf sitzt in einem Kreis um uns herum und schaut gespannt zu, wie lecker wir diese göttliche Speise, für die der Pfarrer sich im Gebet herzlichst bedankt hat, wohl finden werden. Karola versucht, so viel wie möglich von der klebrigen Substanz in ihren Wangen unterzubringen. Mir gelingt es, der Herr sei gepriesen, jeden Bissen hinunterzuschlucken. Als ich meinen Mund abwische, die Lippen lecke und den Daumen hochhalte, strahlen die Zuschauer, und ein freudiges Raunen geht durch die Reihen. Der unvorhergesehene Erfolg ist, dass die Gastgeberin mir noch ein extra großes Stück LapLap auf den Holzteller legt. Ich gebe mich nicht geschlagen und beiße tapfer in den sauren Apfel. Weil ich so deutlich erkennbar die Mahlzeit genieße, bekommen wir für den Abend an Bord noch ein Riesenstück mit. Die Fische, die normalerweise immer um das Boot schwimmen, lassen sich tagelang nicht mehr blicken.

Juliet, die ein wenig Englisch spricht, erzählt uns einiges über ihre Familie und das Leben im Dorf. Sie ist 28 Jahre alt und hat noch nie die Insel verlassen. Ihr ältester Bruder ist der Häuptling, und alle ihre Schwestern haben soziale Aufgaben im Dorf. Sie selbst ist Gärtnerin und liebt ihre Arbeit. Fast jeder im Dorf ist mit jedem verwandt, doch es gibt strenge Regeln, wer wen heiraten darf. Warum die Regeln sind, wie sie sind, weiß keiner. Die Vorschriften werden von Generation zu Generation mündlich überliefert. Immerhin ist jeder gesund und fühlt sich mit dem Dorf verwachsen. Geld haben sie nicht, nur ihre Gärten und den Fischfang. Keiner ist arm, keiner ist reich und vor allem: Keiner hat Stress.

In einem Dorf etwas weiter an der Küste, erzählt Juliet, wohnt eine Frau aus Australien. Wir fahren mit dem Beiboot in die angedeutete Richtung und haben Susan bald gefunden. Sie hatte ein »Foster Parent Kid«, das ist eine Art Fürsorgesystem, in dem Dorf, in dem sie jetzt wohnt. Das Kind heiratete, und Susan wurde zur Hochzeit eingeladen. Auf dem Hochzeitsfest machte ein einheimischer Mann ihr mir nichts dir nichts einen Heiratsantrag. Als sie wieder zurück in Australien war, dachte sie: Warum eigentlich nicht? Nun wohnt sie schon seit vielen Jahren mit ihrem Mann auf Malakula. Der Ehemann ist Analphabet, aber er kennt alle überlieferten Geschichten seines Stammes. Jedes Mal, wenn er eine solche Geschichte erzählt, benutzt er exakt dieselben Worte, als hätte er sie gelesen. Susan weiß nicht genau, wie alt ihr Mann ist. Weil er sich noch an Pater Gregorius erinnern kann, muss er jedoch mindestens 60 Jahre alt sein.

Als wir nach zwei Wochen in aller Frühe den Anker hieven, ist das ganze Dorf am Strand versammelt und winkt uns zum Abschied. Zwischen den vielen Menschen sehen wir deutlich Juliet stehen in ihrem knallroten BORRACHO-Bodywarmer. Am Vortag hat sie uns noch einige selbst gebastelte Geschenke gebracht und zwei Briefe, die wir für sie auf dem Postamt in Port Vila abgeben sollen. Adieu, Juliet, adieu, Vanuatu! Wir hoffen, dass ihr noch lange glücklich und zufrieden seid mit euren Baumkanus, euren Gärten, eurem einfachen Leben. Möge das viele Wasser, das uns bald wieder trennt, noch lange eine Barriere zwischen euch und der westlichen Kultur bleiben.

Neukaledonien

Manche Orte haben einen magischen Klang wie Tahiti oder Bora Bora. Neukaledonien hat das gar nicht. Wenn Segler darauf zu sprechen kommen, reden sie von der Hauptstadt Nouméa und den vielen Supermärkten, wo man alles kaufen kann. Was wir im Laufe der Zeit über die Insel gehört haben, zieht uns kaum an, mit einer Ausnahme: Wir möchten gern das Kulturzentrum Jean-Marie Tjibaou in der Nähe von Nouméa besuchen. Das Zentrum wurde entworfen von dem berühmten Architekten Renzo Piano, der auch das Centre Pompidou in Paris entworfen hat. Auf dem Weg von Vanuatu nach Australien kommen wir fast an Neukaledonien vorbei. Wir können gut einige Tage Halt machen. Zum Glück, denn wir sehen nicht nur eine architektonische Höchstleistung, erbaut aus einheimischem Hartholz, sondern entdecken gleichzeitig ein interessantes Segelparadies.

Nach drei Tagen hart am Wind laufen wir unter vollen Segeln in die Havanapassage. Wir sind in der zweitgrößten Lagune der Welt, fahren in ruhigem Wasser an Riffen und Sandbänken vorbei, auf denen zu unserem Erstaunen lebensgroße, strahlend weiße Baken stehen, die wir meilenweit sehen können. In den vergangenen Monaten waren wir schon heilfroh, wenn wir einen abgebrochenen Stock als Markierung einer Gefahrenstelle entdecken konnten. In diesem sicheren Gewässer fühlen wir uns reich wie ein König. Wir gehen vor Anker in einer der zahllosen Buchten, die wir entdecken, als wir mit der Abendbrise gemütlich zwischen Außenriff und Küste segeln. Wir liegen vor einem rötlichen Strand. Diesmal zur Abwechslung ohne wogende Palmen, sondern mit hoch gewachsenen, frisch duftenden Pinien. Im Hinterland ragen schroffe, durch rote Wunden verunstaltete Berge hoch. Neukaledonien verdankt seine Wirtschaftsexistenz den Nickelminen. Riesige Bagger fressen sich wie unersättliche Monster durch die Berge und laden die rote Erde auf Lastwagen mit mannshohen Rädern und Ladeflächen, auf denen ein halbes Fußballfeld Platz hätte. Trotzdem wirkt die Landschaft in der untergehenden Sonne, wenn die letzten Lichtstrahlen zärtlich über die Schandflecken streichen, wie verzaubert.

Wir treffen viele Bekannte, als wir zwischen den ankernden Yachten hindurch zum Quarantänesteg fahren. Das Einklarieren geht zügig. Nur die Pampelmusen aus Vanuatu müssen wir abliefern oder auf der Stelle konsumieren, verlangt die elegante Quarantänedame streng. Wie es sich für sparsame Holländer gehört, entscheiden wir uns für die zweite Möglichkeit, trinken unter den wachsamen mandelförmigen Augen der Autoritätsperson einige Liter Pampelmusensaft. Kaum haben wir den Vitaminschock verkraftet, trifft der Zollbeamte ein. Wir hätten mehr Wein als erlaubt ist, sagt er barsch.

Ängstlich frage ich: »Wie viel Zeit kriegen wir, um alles zu trinken?«

Ohne auch nur eine Flasche zu versiegeln, geht er lachend von Bord. Das ist das französische Erbe.

Im Supermarkt trauen wir unseren Augen nicht: So viele schmackhafte Würste, herrliche Käsesorten, leckere Brötchen, saftige Fleischwaren haben wir seit Neuseeland nicht mehr gesehen. Wir haben allerdings ein kleines Problem. Wir können nirgendwo Geld abheben. Alle Geldautomaten weigern sich, uns auch nur einen Franc zu geben. Unsere Bankkarten sowie die Kreditkarte haben ihr Ablaufdatum überschritten, und unsere Bank in den Niederlanden, wo die neuen Karten schon bereitliegen, will die Karten nur hergeben, wenn wir sie persönlich abholen. Zu unserer eigenen Sicherheit, sagen sie. Wir lamentieren, dass es unser Geld ist, dass wir erst in zwei oder drei Jahren in Holland sein können, dass wir bis dahin schon lange den Hungertod gestorben sind. Nichts hilft. Wir telefonieren für unser letztes Geld mit dem Callcenter, das nach der siebenunddreißigsten internen Reorganisation geformt ist, mit der neu entstandenen Kundendienstleistungszentrale und zuletzt mit dem gleichfalls neu eingerichteten Bankshop. Anstatt des netten Mädchens, das uns früher so flott bedient hat, kriegen wir nun einen sprechenden Computer ans Telefon, der unser Problem nicht im Programm hat. Wütend geben wir den Kampf um unser Geld auf.

»Warte mal, bis wir wieder in Holland sind, dann kaufen wir eure miese Bank!«

Gottlob haben sich in der Bilge im Laufe der Zeit etwa 80 Dosen mit Bohnen und 30 Dosen mit Corned Beef angesammelt. Wir werden in diesem Schlaraffenland nicht verhungern. Dennoch fühlen wir uns wie das Mädchen mit den Schwefelhölzchen, als wir uns die Nasen am Fenster des Supermarktes platt drücken und uns das Wasser im Mund zusammenläuft.

Damit wir nicht tagtäglich mit den Verführungen der Großstadt konfrontiert werden, gehen wir die Lagune erkunden. Die Hauptinsel, Grande Terre, ist fast komplett vom Außenriff umschlossen. Innerhalb der Lagune liegen kleine Inseln, jede mit einem eigenen Riff oder einer Sandbank. Laut Pilotbuch sind die Ankerbuchten der meisten Inseln nur sicher, wenn der Südostpassat weht. Die Lagune ist freilich nur zehn Meter tief, und wir finden bei jedem Wind und Wetter einen gut geschützten Ankerplatz. Die Insel Mbe, die sich auf halbem Weg zwischen Mba und Mbo befindet, ist unsere Trauminsel, nicht mehr als ein Sandhügel, der von einigen Bäumen und Sträuchern zusammengehalten wird. In fünf Minuten laufen wir ringsherum. Zehn Runden reichen für unser tägliches Fitnesstraining. Am Strand finden wir in den ersten Tagen viele uns unbekannte Muscheln, welche die Sammlung von Karola bereichern. Wir haben die ganze Insel nur für uns. Im Hintergrund sehen wir die Berge der Hauptinsel mit Nouméa und ihre für uns unerreichbaren Supermärkte.

Wenn am Wochenende einheimische Yachten bei unserer Insel vor Anker gehen und die Passagiere wie Speckschwarten glänzend eingecremt auf dem nun muschellosen Sand braun backen, verziehen wir uns zum Außenriff. Wir ankern so nahe wie möglich am Riff in flachem Wasser, den Sandboden können wir deutlich sehen. Wir sind wiederum alleine. Nur zwei Mantarochen schweben mit breiten Flügelschlägen um unser Boot, wie prähistorische Wasserschmetterlinge. Sie stören uns nicht, wir stören sie nicht. Weiter im Süden der Lagune finden wir ebenfalls entlegene und verlassene Buchten. In Port du Carenage, einer Bucht, die wie ein Sund weit ins Inland schneidet, liegen wir zwischen dicht bewachsenen grünen Hügeln und kahlen roten Sandbänken. An Land folgen wir einem ausgetretenen Waldpfad und erreichen einen schmalen Fluss mit Wasserfällen, Stromschnellen und Tümpel mit klarem Wasser. Wir schwimmen zwischen den Forellen und spülen unsere Salzschicht ab. Eine Forelle mit der Hand zu fangen ist noch schwieriger, als einen Lobster zu erwischen. Immerhin haben wir immer noch ausreichend Corned Beef.

Aus einem Stopp von einigen Tagen wird ein Aufenthalt von fast einem Monat. Wir können nicht ewig bleiben, es ist höchste Zeit aufzubrechen. Die Bankkarten unserer neuen Bank warten schon in Australien auf uns. Wir müssen sie persönlich am dortigen Postamt abholen.

Australien

Auf der Wetterkarte von heute sehe ich einen stabilen Passatwind, der Richtung Australien weht. Zwar liegt in der Nähe der Tasmansee ein ausgedehntes Tiefdruckgebiet, und ein kleines Tief hängt über Nordaustralien, aber die sind beide weit weg von meiner Koje, schätze ich. Die ersten Tage genießen wir in vollen Zügen ein Meer ohne wahrnehmbare Dünung, einen leichten, aber konstanten Passatwind und viel Sonne. Am Tag vier türmt sich gegen Abend vor uns eine drohende schwarze Wolkenwand auf. Die ersten Tropfen fallen aufs Deck, und der Wind frischt auf. Wir ahnen Schlimmes. Das dritte Reff geht in das Großsegel, und wir rollen die Arbeitsfock bis zur Hälfte ein. Mit dieser minimalen Besegelung brauchen wir auf jeden Fall während der Nacht nicht aus der warmen Koje, um noch weiter zu reffen. Gegen neun Uhr geht der Regen über in einen Platzregen. Ohne Vorwarnung kracht genau über uns ein Gewitter los. Der Wind dreht um 90° und brüllt und heult mit Sturmkraft durch die Takelage. Alles klappert und scheppert wie wahnsinnig. Wir sind noch schneller als der Blitz aus unseren Kojen und an Deck. In der rabenschwarzen Nacht können wir uns kaum orientieren. Als der Wind nach einigen Minuten, die wie eine Ewigkeit dauern, etwas an Kraft abnimmt, schaue ich im Vorbeigehen auf das Windmessgerät: 45 Knoten. Ich muss das Großsegel neu trimmen. Langsam gewöhnen sich meine Augen an die Dunkelheit. Ich bekomme den Schreck meines Lebens. Die Hinterseite des Großsegels flattert in Fetzen. Noch ein lautes Donnern, aber diesmal ist es nicht das Gewitter. Genervt spähe ich über das dunkle Deck und sehe das nächste Unheil. Das Kutterstag, das auf Mallorca angefertigt wurde, schwingt, einschließlich der Rollreffeinrichtung, über Bord. Die Arbeitsfock rollt sich in ganzer Länge aus und schlägt wild im Wind. Das Ganze hängt nur noch an der Spitze des Mastes fest und schlägt wie ein Rammbock unaufhörlich gegen den Rumpf der armen BORRACHO. Wenn das Demolieren so weitergeht, wird nichts mehr aus unserer Weltreise. BORRACHO ist schon lange vor Australien zertrümmert und abgesoffen.

Ohne nachzudenken, renne ich nach vorn.

»Blödmann, du bist nicht angeseilt!«, schreit Karola in höchster Not hinter mir her.

Ich war früher Torwart und höre hinter dem Grauschleier der Zeit die Worte meines alten Torwarttrainers, der schon seit einiger Zeit dabei ist, die Engel in die feinen Kniffe des edlen Fußballspiels einzuweihen: »Nicht auf das Publikum achten, nur den Ball im Auge behalten.« Ich habe die ganze Sache sofort beim ersten Angriff fest im Griff, werde aber beim nächsten Roller des Bootes fast über Bord gezogen. Entgegen meiner früheren Gewohnheit, lasse ich den Schlinger los. Auf diese Weise wird es mir nie gelingen. »Eine Leine, ich brauche eine Leine!«, rufe ich in den brüllenden Wind. »Ja, du musst dich anleinen«, ist die Antwort. Als ich endlich die Leine habe, fange ich beim nächsten Anschlag auf das Schiff die Rollreffeinrichtung und binde schnell den Schlinger von Foucault am Hauptstag fest. Ich wische mir das Salz von der Stirn und den Regen aus den Augen und versuche, als Nächstes das wild klappernde Segel in den Griff zu kriegen. Nachdem das Segel mir einige kräftige Schläge um die Ohren versetzt hat, fange ich an, klar zu denken. Ich löse das Fockfall und ziehe die Fock, wie es sich gehört, herunter. Schließlich gelingt es mir, alle losen Teile provisorisch festzumachen. Wir sind von dem Schrecken und der hektischen Arbeit völlig erschöpft. Für heute lassen wir alles sein. Auf den Resten des Großegels gehen wir beiliegen. Morgen kommt ein neuer Tag, bis dann werden die Böen hoffentlich vorbeigezogen sein.

Beim ersten Licht des Tages machen wir Inventur. Der Schaden ist nicht so schlimm, wie es in der Nacht aussah. Die Wandpütting, mit der das Fockstag einschließlich Reffeinrichtung am Boot befestigt ist, hat sich an der Schweißnaht gelöst. Außerdem ist das Großsegel nun ein Kleinsegel geworden. Mit einem Stück Stahldraht bastle ich auf dem Vordeck eine neue Befestigung, an der wir die Arbeitsfock hissen können. Zusammen mit der Genua haben wir wieder die altgewohnten Passatsegel. BORRACHO prescht in dem frischen Passatwind vorwärts, der weiße Kämme auf den blaugrünen Wellen formt. Australien wartet ungeduldig. Die aktive Kaltfront, die sich zwischen den beiden Tiefdruckgebieten entwickelt hatte, ist weitergezogen, und die Sonne scheint, als ob nichts geschehen wäre. CIRIS, die etwa 30 Seemeilen vor uns und etwas mehr nördlich fuhr, hat überhaupt nichts bemerkt. Allerdings kommen ihre Leute aus einem streng christlichen Dorf, wo man seit alters her ein gutes Verhältnis mit dem Übernatürlichen pflegt.

Zerfetzt stolpert BORRACHO in den Hafen von Bundaberg an Australiens Ostküste hinein. Hier können wir einklarieren. Joan, die Quarantänedame, nimmt ihre Aufgabe sehr ernst. Vor allem den Geschenken von Juliet aus Vanuatu widmet sie ihre ganze Energie. Über einem weißen Blatt Papier schüttelt sie jedes Souvenir und schaut mit einer Lupe, ob sich vielleicht ein nichtheimisches Insekt illegal in das Land schleichen will. Sie ist mit ihren Recherchen so angespannt beschäftigt, dass sie eine Kakerlake, die in Höchstgeschwindigkeit durch den Salon eilt, nicht wahrnimmt. Einen Strauß bunter Hühnerfedern, der als Erinnerung an Vanuatu an der Wand hängt, kann sie nicht gutheißen und konfisziert ihn. Als ich argumentiere, dass sich an den Federn doch kein Huhn mehr befindet, erklärt Joan, dass an den Federn noch Blut kleben könnte, von dem australische Hühner möglicherweise krank werden könnten. Neben allen uns bereits bekannten Bedrohungen wie lebensmüden Kängurus, die unerwartet vor dein Auto hüpfen, Krokodilen und Haien, die blutrünstig im Wasser auf uns lauern, Schlangen, die sich unter einem Stein verstecken, um blitzschnell einen tödlichen Biss zu versetzen, und hochgiftigen Skorpionen, die geduldig in deinen Schuhen warten, bis man diese nichts Böses ahnend anzieht, müssen wir nun auch noch auf Hühner achtgeben, die sich in unseren Salon widerrechtlich Einlass verschaffen, um sich mit fremden Federn zu schmücken. Wir sind einklariert. Hi, Mate (sprich: ›Haai Maaiid‹), welcome in Australia!

In Mooloolaba, es dauert ungefähr zwei Monate, ehe wir den Namen richtig aussprechen können, haben wir einen Liegeplatz in dem Yachthafen gebucht.

Als wir neben einem Boot aus Neuseeland anlegen, hören wir aus dem Inneren des Nachbarbootes lautes Geschrei aufsteigen: »Yes, yees, yeeees …, go, gooo, gooo…, ooooh, ooh, yeees!« Eifersüchtig schauen wir die blonde Dame an, die kurze Zeit später glücklich strahlend mit feuerrotem Kopf aus der Luke schaut und sich für den Krach entschuldigt. Das Rugbyspiel zwischen Neuseeland und Australien kam im Fernsehen. Ihre Kiwis haben gewonnen.

Karola hat keine Lust mehr. Immer wieder die langen Überquerungen. Immer wieder der Stress, der sich anhäuft, wenn das Wetter unterwegs verrückt spielt. Besonders der unendliche Indische Ozean macht ihr Angst. Zwischen Australien und dem Roten Meer erwarten uns ausschließlich lange Überfahrten. Außerdem sind die Passatwinde dort stürmisch und von hohen Wellen begleitet, und zum Schluss lauern die gefürchteten somalischen und jemenitischen Piraten. Karola will hier in Australien ausmustern und zurück nach Europa. Ich habe auch Angst, aber in welch einer Welt leben wir, wenn der Kapitän deswegen seine Kündigung einreicht? Und bei wem soll ich die Kündigung einreichen? Ich sage, dass ich auf jeden Fall weitermache, selbst wenn ich als Einhandsegler die letzte Strecke hinter mich bringen müsste.

»Lass das Problem bis zum nächsten Frühjahr ruhen«, schlage ich vor. »Jetzt können wir erst mal ein halbes Jahr das Landleben in Australien genießen und uns erholen.«

BORRACHO liegt sicher an dicken Leinen in der Marina, und wir brechen auf, um den ganzen Kontinent Australien zu erforschen.

Zu diesem Zweck kaufen wir einen 20-jährigen Kleinbus, der als Bushcamper umgerüstet ist. An der Vorderseite ist eine beeindruckende Stoßstange aus dicken Metallröhren gegen auf der Straße herumstreunende Kängurus angebracht. Die Frontscheibe ist mit einem handfesten Rasterwerk gegen Fliegen, Schmetterlinge, Heuschrecken und was sonst noch so in diesem Land herumfliegt, geschützt. Eine Schaufel, ein Hackebeil und ein ausklappbarer Klodeckel tragen weiter zu dem robusten Aussehen bei. Wir sind für das Outback gerüstet.

Das Outback

Wir fahren zuerst an der Goldküste entlang in Richtung Sydney. Natürlich erwarten wir nicht, dass wir Gold finden werden, aber dass wir noch nicht mal Sand sehen, enttäuscht uns zutiefst. Über schwarze Asphaltstraßen mit Tausenden Verkehrsampeln fahren wir an endlosen Reihen von Wolkenkratzern entlang. Schlaffabriken aus Beton, Vergnügungsparks, Heimlieferrestaurants und Andenkenläden mit bunten Luftmatratzen, Strandbällen aus Plastik und all dem, was der Badegast braucht, um den Urlaub erträglich zu machen.

»Ist dies das ungehobelte Australien?«, fragen wir uns.

Mit unserem Hackebeil, Spaten und tragbarem Klo kommen wir

uns deplatziert vor. Doch nach den ersten 1000 Kilometern haben wir Sydney schon fast wieder vergessen. Wir erreichen die Great Ocean Road. Diese Panoramastraße ist zwar sehr besucht und touristisch, aber die überraschenden Ausblicke auf schroffe Felsformationen, an denen die hohe Dünung des Ozeans sich in Tonnen von schäumendem Wasser donnernd bricht, lässt unsere Enttäuschung zerschmelzen. Auf einem Felsen hoch über dem Meer finden wir unseren ersten Stellplatz für die Nacht in der freien Natur. Langsam fangen wir an, uns für Australien zu begeistern.

Als wir von dem Fährschiff in Tasmanien herunterfahren, ist es bitterkalt. Verständlich, denn wir sind hoch im tiefen Süden. Mit klappernden Zähnen finden wir einen Laden, in dem man warme Kleidung verkauft. Eingepackt in wattierte Hosen und dicke Fleecejacken fahren wir durch die verlassene Landschaft Tasmaniens. Die Insel ist ungefähr so groß wie Holland. Die nur 800 000 Einwohner leben überwiegend in den Städten. Wir parken einige Tage auf der Spitze einer Düne, laufen stundenlang über den einsamen endlosen Strand und wärmen uns im Schutz von riesigen Granitblöcken in den noch schwachen Strahlen der Frühjahrssonne. In der Nacht rasen die furchterregenden Winde der Roaring Forties über uns hinweg und schaukeln unseren Camper so heftig, als ob sie versuchen wollten, unsere Bleibe von der Düne herunterzublasen. Am nächsten Tag prügeln haushohe Wellen den Strand und brechen krachend in Wasserfontänen an den Felsbrocken. Ich sehe am Strand etwas weiß glitzern, das die Wellen frei gespült haben. Wir graben einen halben Tag lang, um das Gebiss – denn darum handelt es sich – freizulegen. Nach dieser Knochenarbeit können Karola und ich uns im freigelegten Oberkiefer eines Wales wie in einem bequemen Strandstuhl ausruhen.

Tasmanien ist schroff und nahezu unberührt. Wir kampieren an der Schneegrenze, aber ebenso unter jahrhundertealten Eukalyptusbäumen, die, wenn es regnet oder morgens früh, wenn der Nebel alle Formen noch verhüllt, herrlich duften. Kakadus und der Kookaburra, eine australische Vogelart, wecken uns sehr früh, aber wir gehen auch früh ins Bett. Wir grillen unsere Steaks über dem Holzfeuer und backen in der Glut ein paar Kartoffeln. Ich werfe noch einige Äste ins Feuer, das in gelben Flammen hoch auflodert. Erwärmt von der Gluthitze trinken wir in Gedanken versunken eine Flasche Wein. Schon bald fällt das Feuer zusammen, es wird zu kalt, um draußen zu sitzen. Mit sämtlichen warmen Kleidungsstücken, die wir auftreiben können, und dicken Socken steigen wir ins Bett.

Zurück am Festland steigt die Temperatur rasch. Wir fahren in den warmen Norden Richtung Flinders Range. Unterwegs sehen wir viele tote Kängurus am Straßenrand liegen. Selbstmörder oder Opfer des Fernverkehrs? Lebendige Hoch- und Weitspringer haben wir leider noch nicht gesehen. Schließlich verstecken wir uns am Ufer eines Flusses hinter hohen Büschen. Draußen wellt sich eine Graslandschaft bis zum Horizont. Gegen Abend kommen Kängurufamilien zum Grasen und um Neuigkeiten auszutauschen. Die Männer sind um einen Kopf größer als ich, die Weibchen etwas kleiner. Kinder in allen Größen hüpfen fröhlich im hohen Gras herum. Die Allerkleinsten gucken neugierig mit ihrem Kopf aus dem Beutel in die fremde Außenwelt. Manche dürfen schon draußen spielen, aber sobald Gefahr droht, sind sie hopp-hopp wieder bei Mutter im sicheren Beutel.

Für ihre Kondition trainieren die Männer-Kängurus Kickboxen. Wie ausgebildete Profis drehen sie sich umeinander, landen ab und zu mit den kurzen Vorderpfoten einen ulkigen Stoß zur Ablenkung, und wenn der Gegner kurz nicht aufpasst, kassiert er einen handfesten Tritt von den muskulösen Hinterpfoten. Benommen verschwindet der Verlierer mühsam hüpfend durch das hohe Gras, wobei ihm die mitleidigen Blicke der Känguru-Frauen folgen.

Flinders Range ist ein Naturreservat. Wir wollen quer durch diese 500 Kilometer breite Wüste und die Berge nach Mooloolaba. Sicher ist sicher: Bevor wir aufbrechen, fragen wir einen Ranger, ob die Strecke schwierig ist.

»Habt ihr gute Reifen und mindestens vier neue Ersatzreifen und ist euer Allradantrieb in perfektem Zustand?«, fragt der Mann. Als ich kleinlaut bekenne, dass die Reifen schon eine unbekannte Anzahl an Jahren unseren alten Camper fortbewegen und dass ich nicht weiß, wo sich der Ersatzreifen befindet, schaut er uns streng an: »Sogar mit einer ausgezeichneten Ausrüstung ist es schwierig, für euch bedeutet es reinen Selbstmord.«

Es gibt allerdings einen Rundweg, der weniger gefährlich ist und trotzdem einen guten Eindruck des Naturreservats vermittelt.

Wenn wir umsichtig fahren und genügend Wasser mitnehmen, könnten wir das Risiko eingehen.

»Wenn etwas passiert, eine Panne oder sonst was: Bleibt beim Auto.«

Wir versprechen, vernünftig zu sein und auf den Rat des erfahrenen Rangers zu hören.

»Gute Fahrt, Blokes«, ruft er, bevor wir langsam in einer Staubwolke verschwinden.

Die Natur ist ausgetrocknet und der Weg steinig. Hier und dort kämpft ein Strauch oder niedriger Baum mit dem Mut der Verzweiflung, um im Sand und zwischen Steinen zu überleben. Nichts. Leer. Wüst. Kein Mensch oder Tier, so weit das Auge reicht. Auffällig sind die vielen kaputten Autoreifen am Straßenrand. Wir fangen an, sie zu zählen. Als wir bei 100 sind und zehn Kilometer weiter, kriegen wir leichte Herzbeschwerden. Und dazu ist es heiß, heiß wie in der Hölle. Etwas von dem Schotterweg entfernt entdecken wir einen einsamen kläglichen Baum. Wir fahren holpernd hin. Ob wir auf oder neben der Steinstraße fahren, macht im Hinblick auf den Fahrkomfort kaum einen Unterschied. In dem mageren Schatten des krummen Baumes parken wir für die Nacht. Wir stehen auf einem ausgedehnten steinigen Gelände, das in der Ferne von einer steilen Felswand begrenzt wird, die wie eine Torte von vielen horizontalen Farbschichten durchzogen ist. Die Sonne senkt sich langsam und verändert die Landschaft in einem schnell wechselnden Farbenspiel. Vor wenigen Minuten war die Natur noch eine brennende Wüste mit flimmernder Luft, die alle Formen verwischte. Nun sehen wir die Landschaft mit gestochen scharfen Schatten in Grau und Schwarz und hellen Flecken, die sich ausdehnen und wieder zusammenziehen. Die Bergwand im Hintergrund glüht erst tiefrot und verblasst dann langsam. Wir haben den weltberühmten Ayers Rock mit Tausenden Touristen auf Bildern gesehen, die dort den Sonnenuntergang anschauen. Schöner als die Flinders Range bei Sonnenuntergang kann es dort auch nicht sein. Der wesentliche Unterschied ist, dass wir mit unserem Camper hier ganz allein »in the middle of nowhere« stehen. Mit offenem Mund bestaunen wir das Lichtspektakel der unberührten Natur. Spät am Abend liegen wir draußen auf einer Decke und schauen hoch zu den Milliarden Sternen. Wir sind uns ausnahmsweise einig: Das australische Outback ist noch Natur pur.

Die Sonne steigt am nächsten Tag wie ein roter Feuerball hoch, und die Temperatur steigt noch schneller. 30, 40, 50 °C in der Sonne und nirgendwo auch nur eine Andeutung von Schatten. Wir kriechen im ersten Gang weiter und versuchen, um jeden Stein herumzufahren. Eine Reifenpanne wäre in diesem Bratofen katastrophal. Eine solch glühende Hitze haben wir noch nie erlebt. Hätten wir Eier, könnten wir sie tatsächlich auf der Motorhaube backen, »well done«. Der Schweiß strömt uns über Gesicht und Hals den Rücken hinunter. Dann sehen wir ein trockenes Flussbett mit einigen Eukalyptusbäumen und hoffen, dass es keine Fata Morgana ist. Im Schatten warten wir ausgelaugt, bis die kupferrote Sonne sich verabschiedet. Wir haben kaum noch Trinkwasser, und die letzte Flasche Wein ist wie ein Tropfen auf einem heißen Stein. Von dem Wasser im letzten Kanister kochen wir noch einen Topf Tee. Die Nacht bringt kaum die erhoffte Abkühlung. Schlafen geht nicht in dieser Hitze. Mitten in der Nacht hören wir das Motorengeräusch von einem Auto, das schnell näher kommt. Ein Fernlicht strahlt, ein Lichtbündel streift über uns hinweg, und schon sehen wir die roten Rücklichter im Staub verschwinden. Klar, das ist die Lösung! Die letzten 60 Kilometer bis zur bewohnten Welt fahren wir durch die Nacht.

Die ersten Vögel singen schon, als wir vor dem Prairie Hotel in einem verlassenen Dorf den Motor ausschalten. Ein zerfallener Bahnhof wartet an der Eisenbahnstrecke, die links von Nirgendwo kommt und nach sich ins Nichts auflöst, auf einen Zug. Das kleine Hotel ist halb unterirdisch, die fünf Zimmer haben Airconditioning, kühle weiße Betttücher, und es gibt Bier ... eiskaltes Bier. Im Hotel finden wir den schlafenden Besitzer mit dem Kopf auf dem Tisch. Er ist das einzige Lebewesen in dieser gottverlassenen Gegend. Wie dem auch sei, heute nacht bleibt unser Camper leer.

Frisch wie ein Biber nach einem kalten Bad kommen wir gegen Abend in die rauchige Bar. An der Theke sitzen sture Kerle, die stundenlang in ihren verbeulten Pick-up-Trucks fahren, um hier ein Bier zu trinken. Sie tragen karierte Hemden und verschlissene lederne Hüte. Ihre Haut ist genauso ledern, und die Brusthaare quellen aus dem offenen Hemd hervor. Sie hüllen sich in den Rauch von vielen Zigaretten und trinken schweigend mit kleinen Schlucken das goldgelbe Bier. Als wir Neuankömmlinge ein paar Fragen stellen, brechen die aufgestauten Erinnerungen wie die Lava bei einem Vulkanausbruch aus ihnen heraus. Über das Dorf, das früher bewohnt war und voller Leben und Betriebsamkeit. Über die Eisenbahn, die täglich für Nachschub sorgte. Über die Wasserquelle, die dann versiegte, und über die Leute, die wegzogen. Über die harte Existenz in dieser Wüste, die sie für nichts in der Welt aufgeben würden. Auch über Harvey Keitel, der mit einer Filmcrew einige Wochen im Hotel gewohnt hat, um in dem einmaligen Licht der Flinders Range zu drehen. Über das Glück, dass sie vor einiger Zeit bei einer Bohrung Wasser gefunden haben.

Nach einer üppigen Mahlzeit mit Kamelmettwurst und Emu-Pastete als Vorspeise, über Holzfeuer gegrilltem Känguru-Steak und angereichert mit einer Flasche-Flinders-Range-Wein schlafen wir zwischen den weißen Betttüchern wie Wüstenmurmeltiere.

Langsam gewöhnen wir uns an die großen Entfernungen auf diesem Kontinent. Noch 2000 oder 3000 Kilometer und wir sind wieder zu Hause auf dem Boot. Die wenigen Straßen verschwinden wie mit dem Lineal gezogen in der Ferne. Stunde um Stunde fahren wir durch das leicht hügelige Gelände. Bei jeder kleinen Erhebung denken wir: Dahinter wird die Landschaft sich bestimmt ändern. Erst nach einem ganzen Tag und vielen, vielen Kilometern bemerken wir, dass hier etwas mehr Bäume wachsen, das Gebiet einen Ton grüner ist. Es gibt im Outback nur wenige Dörfer, sie tragen klangvolle Namen wie Broken Hill. Dort kaufen wir die Lebensmittel für unterwegs.

Das Picknicken erfordert eine gründliche Vorbereitung mit spezieller Ausrüstung und einer angepassten Art zu essen. Das erste Mal hatten wir ein schattiges Plätzchen gesucht. Alle Herrlichkeiten lagen einladend auf einem bunt karierten Geschirrtuch, und als wir mit Appetit in das reichlich belegte Brot bissen, hatten wir den Mund voller Fliegen. Die uneingeladenen Gäste fliegen in wolkenartigen Verbänden und führen Angriff auf Angriff aus. Namentlich Mund, Nase, Augen und Ohren sind bevorzugte Ziele. Zwei Hände reichen bei Weitem nicht, um die aggressiven Insekten abzuwehren. Einer der Pioniere in dem Prairie Hotel hat uns erzählt, dass Outback und Fliegen Synonyme sind. Der ganze Mist habe angefangen, als man in der Gründerzeit Kühe einführte, sagte der Farmer. Kühe verseuchen nicht nur die Luft mit Kohlendioxydwinden, sondern bedecken auch große Teile von Australien mit Fladen. Das Problem ist, dass es in ganz Australien keinen einzigen Mistkäfer gibt, um die Sachen wegzuräumen. Die Fliegen aber, die bis dahin während Tausenden Jahren ein kümmerliches Dasein fristeten, fanden in den überall erscheinenden Haufen eine perfekte Geburtsklinik. Die Folge war eine Bevölkerungsexplosion. Wir kaufen Hüte mit einem eingebauten Fliegennetz, die wir außerhalb des Campers tragen. Wenn wir zum Picknick anhalten, wickeln wir zuerst alle Esswaren in Servietten ein als Schutz gegen die erste Angriffswelle. Danach muss alles schnell gehen: Serviette auffalten, Fliegennetz hochheben, einen Bissen nehmen, Fliegennetz fallen lassen, Serviette zufalten. Unseren Wein können wir mittlerweile ohne großen Geschmacksverlust durch das Fliegennetz trinken.

Schließlich wird es Zeit, zum Boot zurückzukehren. Eine lange Arbeitsliste wartet auf uns. Die Segel bringen wir zur Reparatur in die Werkstatt und bestellen ein neues Großsegel. Während der Weihnachtsfeiertage heben wir BORRACHO aus dem Wasser für einen neuen Anstrich mit Antifoulingfarbe. Wir arbeiten lieber am Boot, als in der Hitze Weihnachten zu feiern. Mit einer weißen Weihnacht wird es in diesem Jahr sowieso nichts. Gleich neben der Werft gibt es ein typisch australisches Restaurant. Die Essgelegenheit ist für viele Gäste ausgelegt. Wir gehen zuerst zu einer langen Theke, hinter der viele Mädchen hin und her laufen. Weil die Feiertage nahen, sind sie alle in Rot gekleidet und haben Hirschgeweihe auf dem Kopf. Wir bestellen einen Salatteller, Bratkartoffeln und ein Jumbo-Steak, bezahlen bei dem Kassenhirsch und bekommen ein Gerät, das eine Ähnlichkeit mit einem Vibrator hat. Es ist allerdings nicht dafür gedacht, die Zeit damit totzuschlagen. Sobald wir am Tisch sitzen und das Ding anfängt, rot zu blinken und zu vibrieren, wissen wir, dass unser Essen fertig ist und wir unser Dinner an der Theke abholen können.

Nicht alle Restaurants sind derart effizient. Am Fischereihafen gibt es ein vornehmes Restaurant mit sich tief verneigenden Obern, einem Sommelier mit einer Lederschürze und einer gleichfalls ledernen Weinkarte. Am Nebentisch nimmt ein älteres Ehepaar Platz. Obwohl sie sich nach den vielen Ehejahren etwas gelangweilt ansehen, haben sie eindeutig einen Anlass zum Feiern. Erstaunt sehen wir, dass der Herr eine Plastiktüte einer Billigsupermarktkette zwischen den zwei Kerzen auf die Damasttischdecke legt. Er setzt die Lesebrille auf und studiert ausgiebig den Inhalt der Tüte: Am Ende entscheidet er sich für eine Flasche Weißwein, die ich im

Supermarkt für 1,98 australische Dollar gesehen habe. Nachdem er die Einkaufstasche unter den Tisch gesetzt hat, winkt er den Kellner und bittet um einen Weinkühler mit Eis, um den Wein zu temperieren. Der Ober, ergraut in seinem Beruf, verbeugt sich und bringt, ohne auch nur eine Miene zu verziehen, das Gewünschte. Als wir bezahlen, frage ich den Besitzer, ob das Mitbringen von Wein seinem guten Namen und dem Renommee seines exquisiten Restaurants nicht schadet.

»That is the Australian way of life, aber ich berechne fünf Dollar Korkgebühr für jede mitgebrachte Flasche«, antwortet er.

Aus Edelstahl habe ich neue Püttinge für das Kutterstag einschließlich einer soliden Befestigungsplatte anfertigen lassen. Die Platte muss ich zuerst im Ankerkasten anbringen. Was auch immer ich versuche, ich kann nicht weit genug in den engen Kasten kriechen, um in der äußersten Spitze des Bootes die Mutter auf den Bolzen zu drehen. Mühsam säge ich einen Teil der Wand des Ankerkastens weg. Wenn ich mit der Arbeit fertig bin, werde ich dieses Teil wieder einlaminieren. Nun quetsche ich mich bis zur Taille in den Ankerkasten. Zuerst einen Arm, dann den zweiten und mit den Zehen schiebe ich mich vorwärts. Viel Raum zum Arbeiten habe ich zwar nicht, aber ich kann beide Hände bewegen, um die Mutter auf dem Bolzen festzudrehen. Den Schweiß, der mir von der Stirn läuft, kann ich nicht abwischen. Ich muss allen vier Muttern noch eine viertel Umdrehung geben, und die Arbeit ist erledigt.

So, dieses Problem habe ich doch ohne fremde Hilfe gelöst, sage ich mir zufrieden. Da habe ich ein kaltes Bier verdient. Vorsichtig versuche ich, mich rückwärts aus dem Ankerkasten zu entfernen. Aller Anstrengung zum Trotz: Ich sitze fest wie in einer Zwangsjacke! Keine Panik, vor allen Dingen keine Panik, denke ich in meiner Not. Karola ist ja im Salon, sie kann mich aus meinem Gefängnis befreien. Ich schreie, bis ich heiser bin, aber im Salon singt Cristina Deutekom gerade die Wahnsinnsarie aus »Lucia di Lammermoor«. Der Text beruhigt mich keinesfalls. Kein Mensch hört mich. In einem Film habe ich mal gesehen, dass Gefangene sich mit Klopfsignalen verständigen. Ich klopfe mit der einzigen Hand, die ich noch bewegen kann, SOS und anschließend das gesamte Morse-Alphabet. Leider kennt Karola keine Morsezeichen und denkt: Der Arme ist in der Hitze noch immer dabei zu hämmern. Ich werde ihn mal lieber nicht stören.

Ich versuche, meine Gedanken auszuschalten, schließe meine Augen und warte in meinem Gefängnis. Bevor wir Richtung Great Barrier Reef aufbrechen, wird Karola bestimmt den Anker kontrollieren wollen. Schließlich und endlich macht Karola sich doch Sorgen und entdeckt meine Beine. Zusammen mit einem Segler, den sie alarmiert hat, ziehen sie an meinem Laufgestell. Wie ein widerspenstiger Korken plumpse ich aus dem Ankerkasten. Ich habe wieder etwas gelernt: Versuche zuerst, ob du auch wieder herauskommen kannst, bevor du in deinen Ankerkasten kriechst.

Im neuen Jahr fahren wir in unserem alten Camper nach Darwin. Die Entfernung entspricht ungefähr der Strecke von Amsterdam bis Istanbul. Wir nehmen nicht die Küstenroute, denn dort werden wir in einigen Monaten entlangsegeln. Wir gehen gleich ins Outback. Tagelang fahren wir über schmale, schnurgerade Wege in Richtung Arnhem Land, das Land der Aborigines. So weit das Auge reicht: kein Haus, kein Mensch weit und breit, nur Prärie mit wogendem Gras und hier und dort eine Herde von Kühen. Manchmal sehen wir in der Ferne eine Staubwolke, die schnell näher kommt. Wir müssen sofort von der Straße herunter, so ein Roadtrain ist ein Lkw mit drei Anhängern und einer Gesamtlänge von mehr als 50 Metern. Mächtige Trucks mit einem glänzenden stählernen Auspuff, der rauchend über alles hinausragt, silbrig glänzender Edelstahl-Stoßstange und bunt bemalter Kabine mit dem Namen der Frau oder Freundin des Fahrers darauf. So besorgt man hier den Gütertransport über die Fernstraßen. In der Kabine sitzen dicke Trucker mit Baseballmützen auf dem Kopf, die auf der ganzen Fahrt von Darwin bis Melbourne selten die Bremse benutzen. Bei einer derartig schweren Last, die mit hoher Geschwindigkeit durch das wüste Land rast, würde eine Bremsung ohnehin nicht viel nützen. Manche Kühe sind weniger intelligent als wir und bleiben mit staunendem Blick regungslos auf der Straße stehen, wenn das Unheil heraneilt. Aufgedunsene Kadaver am Straßenrand sind die stillen Zeugen der alles überrollenden Gewalt, mit der die Roadtrains durch das Outback donnern.

Von Müdigkeit befallen, verlassen wir gegen Abend die Straße und suchen ein Quartier für die Nacht. Wir finden einen kleinen See. Zwischen zwei Birken liegt Karola bald in der Hängematte und genießt die Abendstille. Vögel pfeifen noch ein letztes Lied, und eine späte Biene summt auf dem Weg zu ihrer Königin. Auf dem See schnattern einige Enten, und der Reiher am Ufer blickt verstört auf. Ich zünde ein Holzfeuer an für das Abendessen. Überall in Australien darf man ein Lagerfeuer anbrennen, es gehört zum »Australian way of life« und ist eine Errungenschaft der Pionierzeit. Es würde mich nicht wundern, wenn das Recht auf Lagerfeuer im Grundgesetz festgelegt wäre.

Wir nähern uns dem Äquator. Allmählich wird das Wetter wärmer und feuchter. Kunstvolle Bauten schmücken die Landschaft. Sie sehen aus wie Ritterburgen, wie sie in Märchenbüchern gezeichnet werden. Manche sind mehr als zwei Meter hoch. Wir halten an, um nachzuschauen, wer die Architekten dieser fotogenen Formen sind. Es sind komplette Städte mit Vorratskammern und sogar einer Art Airconditioning. Die Bewohner sind kleine rote Termiten, die unermüdlich Material für den weiteren Ausbau herbeischaffen. Ein schwerer Regenguss jagt uns in unseren Camper und die Termiten in ihren Hügel. Am nächsten Tag stehen die niedrig gelegenen Stellen der Straße unter Wasser. Abwechslungsweise läuft einer von uns vor dem Camper, um zu loten, wie tief das Wasser ist. Das Wasser kühlt unsere heißen Füße, der Camper schafft es immer wieder durch die Pools. Bis wir auf dem Stuart Highway, 60 Kilometer vor Darwin, in einen Stau geraten. Die Insassen der zwei Pkws, die vor uns angekommen sind, haben es sich gemütlich gemacht und schauen entspannt den Fischen zu, die über die Straße schwimmen. Drei Aborigines-Kinder schwimmen ebenfalls über die Straße, während ihre Mutter im Schatten eines Schildes mit der Aufschrift »Vorsicht! Krokodile!« sitzt.

Der einspurige Highway ist die einzige Straßenverbindung zwischen Darwin und dem Rest des Kontinents. Die Australier sind es gewohnt, mit den Tücken der Natur zu leben, und warten geduldig, bis das Wasser wieder sinkt, auch wenn dies manchmal Tage dauert. Vielleicht ist Australien einer der letzten Plätze auf Erden, wo man die Natur Natur sein lässt. Es werden keine Flüsse eingedämmt oder Waldbrände gelöscht. Überschwemmungen und Waldbrände sind in diesem unermesslichen Land nicht Wasser und Feuer, sondern gehören seit ewigen Zeiten zu der urwüchsigen Landschaft. Auf diese Art und Weise wird immer wieder das Leben von Pflanzen und Tieren erneuert. Nur uns gefällt es ganz und gar nicht, denn wir wollten an diesem Tag noch Darwin erreichen, aber das Wasser ist für unseren Camper zu tief. Nach vielen Stunden des Fischezählens hören wir in der Ferne ein viertes Auto. Tief brummend nähert sich ein Roadtrain. Die beiden Autos vor uns im Stau lassen den Motor an. Wir wissen zwar nicht weswegen, aber wir folgen ihrem Beispiel. Der überdimensionale Lkw mindert seine Fahrt, und die vielen Räder teilen das Wasser. Die zwei Personenautos schließen sich sofort an, und zu dritt fahren wir im Kielwasser auf die andere Seite, wie eine motorisierte Version von Moses' Gang durch das Rote Meer.

Während der Regenzeit gibt es im Kakadu National Park mehr Regen als Touristen. Trotz morastartiger Campingplätze, die voller Wasserpfützen seicht und verlassen daliegen, sind wir froh, in der nassen Einsamkeit die überwältigende Natur erleben zu können. Drei Tage fahren wir kreuz und quer durch das Naturreservat. Die Flüsse sind hoch über die Ufer getreten, und die Wasserfälle stürzen Unmengen von ihrem Nass in die tiefen Schluchten. In den Felshöhlen, wo die Aborigines in längst vergangenen Zeiten ihre Graffiti hinterlassen haben, ist es trocken, und kein Mensch stört uns, während wir die Zeichnungen zu deuten versuchen. Wir können uns vorstellen, dass die Ureinwohner hier genau wie wir beim Dauerregen Unterschlupf suchten und sich die Zeit mit Zeichnungen auf den Felsen vertrieben haben. Wir haben leider keine Kreide dabei. Am Adelaide-Fluss übernachten wir ein letztes Mal, ehe wir zu unserer BORRACHO zurückkehren. Ein Farmer warnt uns: Wir stehen mit dem Camper zu nahe am Fluss. Es wimmelt nur so von Krokodilen, erzählt er, und die Biester sind weitaus schneller als wir. Erst in 30 Metern Entfernung vom Wasser droht uns keine Gefahr mehr, denn ein Krokodil kann höchstens einen Sprint von 20 Metern schaffen. Zur Sicherheit fahre ich den Camper 200 Meter vom Ufer weg. Man weiß es schließlich nicht, es könnte sich ja auch mal ein durchtrainierter Marathonläufer unter den Tieren befinden.

Irgendwann ist der Stuart Highway wieder vom Wasser befreit, und nach eineinhalb Tagen erreichen wir die erste Kreuzung. Geradeaus geht es zum Ayers Rock. Wir fahren nach links. Wir haben die Atmosphäre von Urwüchsigkeit und Leere Australiens auf uns wirken lassen und kein Bedürfnis, wie Ameisen in einer Schlange über das Heiligtum der Aborigines zu klettern.

Das Great Barrier Reef

Wir sind sechs Monate und gut 30 000 Kilometer über die größte Insel der Welt gestreift. Von dem fast polarkalten Tasmanien bis zu dem tropisch heißen Darwin. Während dieser ganzen Zeit hat BORRACHO sich an doppelten Landleinen in der Marina erholt. Wir sind richtige Landbewohner geworden: höchste Zeit, um wieder das Wasser zu suchen. Schließlich wollen wir um die Welt segeln, und wir haben noch eine schwierige Strecke vor uns. Karola macht auf jeden Fall zur Freude des Kapitäns bis Darwin mit.

Der nächste Abschnitt führt uns zum Great Barrier Reef und zur gefürchteten Torresstraße. Wenn ich mir die Übersichtskarte anschaue, wird es mir ziemlich mulmig. 1000 Seemeilen durch ein Labyrinth von Inseln, Felsen und Riffen bis Cap York, anschließend durch die Torresstraße und dann noch 800 Seemeilen bis Darwin. Wir haben Angst, wieder aufs Meer hinauszusegeln und ergreifen jeden Vorwand, um das Auslaufen hinauszuschieben. Aber die Orkansaison ist vorüber, alles am Boot funktioniert perfekt, wir haben sogar ein neues Großsegel, der tapfere Camper ist verkauft, die Wettervorhersage für die nächsten Tage ist gut, und die Hafenausfahrt ist ausgebaggert. Ich gehe noch kurz zur Coast Guard in der Hoffnung, dass sie möglichst noch ein Wölkchen am Himmel sehen, aber auch hier steht die Ampel auf Grün.

Mit der Genua an Backbord und der Arbeitsfock an Steuerbord macht BORRACHO gute Fahrt. Fast fünf Knoten und als Bonus anderthalb Knoten Strömung. Nach unserem Gefühl ist das Meer ziemlich aufgewühlt, und Karola fängt schnell an zu gähnen: Die Seekrankheit liegt auf der Lauer. An der Spitze von Fraser Island holt uns ein roter Containerfrachter langsam ein. Ich behalte ihn gut im Blick, aber er wird, so schätze ich, uns ziemlich nahe kommen. Das gefällt uns gar nicht. Man hört öfter Geschichten von Containern, die über Bord fallen, oder von Frachtern, die bei ihrer Ankunft im Hafen feststellen, dass eine Yacht vorn am Bug hängt. Sicherheitshalber rufe ich das Schiff über UKW. Ja, er hat uns gesehen und: »Ja, die Container sind fest auf Deck verzurrt.« Der Frachter ist auf dem Weg nach Taiwan, und sein Kapitän klagt über die kräftige Gegenströmung. Ich betrachte unser GPS. Tatsächlich, wir haben zwei Knoten Gegenstrom. Ich hatte mich schon gewundert, warum wir so langsam an den weißen Sanddünen von Fraser Island vorbeischoben. Aber was macht es, wir haben Zeit, mehr Zeit jedenfalls als jeder Containerfrachter aus Taiwan.

Der Wind frischt auf und dreht nach Ost. Die Genua muss zusammen mit dem Baum auf die andere Seite. Karola bekommt fast einen Nervenzusammenbruch, als sie mich auf dem Vordeck herumstolpern sieht. Ich gebe zu, alles geht noch ein wenig ungeschickt. Der Baum scheint mir länger und schwerer zu sein als vor einem halben Jahr, meine Rettungsleine bleibt überall hängen, und es stehen weit mehr Hindernisse an Deck herum, als ich mich von früher erinnern kann. Und die Wellen erleichtern die Arbeit auf dem Vordeck keineswegs. Aber trotz des Gestolpers gelingt das Manöver am Ende doch.

Nach 330 Seemeilen erreichen wir unseren ersten Ankerplatz: Pearl Bay. Obwohl wir eine Pütz mit Wasser am Ende des Spinnakerbaumes aufgehängt haben, rollt das Boot gehörig hin und her, nur im Vergleich zum offenen Meer ist es hier ruhig. Um den Schlafmangel der vergangenen Nächte aufzuholen, gehen wir bereits um sieben in die Koje. Am nächsten Morgen um fünf Uhr, es ist noch völlig dunkel, sind wir beide hellwach. Warum kochen wir nicht erst einen Topf Filterkaffee und hören eine Oper im Bett? »Norma« von Bellini scheint uns eine ausgezeichnete Wahl. Wir liegen ganz alleine in der Bucht, und Maria Callas schmettert in voller Lautstärke in die australische Leere. Hin und wieder knirscht die Ankerkette wie eine Ergänzung des Orchesters oder schlägt ein Fall gegen den Mast den Takt. »Der fliegende Holländer« hätte vielleicht besser gepasst. Auf leisen Füßen kriecht das erste Licht des Tages an Bord, die Sonne geht auf. Genau in dem Moment, als Norma lauthals ins Feuer springt, macht das Boot einen kräftigen Roller. Der Kaffeetopf fällt um. Kaffee im Bett. Opera aus! Besatzung aus dem Bett!

Mit Tagesfahrten erreichen wir die Whitsunday Islands: ein Segelrevier mit großen und kleinen Felsinseln, die mit vielfarbigem Grün bewachsen sind, dazwischen geschütztes Wasser. Es gibt nur ein Problem: Nach Kapitän Cook haben die Australier ebenfalls die Whitsundays entdeckt. Wir gehen in Cid Harbour, einer fast geschlossenen Bucht ohne die übliche Dünung, vor Anker. Es ist allerdings nicht so voll, wie wir erwartet haben. Wir zählen nur vier andere Boote. Aber das ändert sich. Ab vier Uhr nachmittags läuft ein Charterboot nach dem anderen in die Bucht und wirft den Anker. Die Bucht ist allerdings groß, und abends sehen wir ein beeindruckendes Ankerlichtermeer. Gegen drei Uhr nachts schaut Karola nach draußen, ob alles in Ordnung ist. Zum Glück. Ein riesiger Charterkatamaran treibt direkt auf uns zu. Wir versuchen, die Besatzung mit Schreien und Nebelhorn zu wecken. Das gelingt uns bei jedem in der Bucht, nur auf dem Katamaran rührt sich nichts. Als die Entfernung noch fünf Meter beträgt, erscheint das erste verschlafene Gesicht gähnend in der Schiebetür zum Deck. Nacheinander folgen sieben weitere Tiefschläfer, die sich ungläubig die Augen reiben. Dicht zusammengedrängt gucken sie allesamt verständnislos in das nächtlich dunkle Wasser, wo sie den Anker vermuten. Ich frage, wie viel Ankerkette sie ausgefahren haben.

»Anderthalbmal die Bootslänge«, ist die Antwort.

Bei der Prüfung für das Schifferpatent würde diese Antwort als »eindeutig falsch« gewertet. Schließlich ergreift der Munterste der Besatzung, möglicherweise der Skipper, die Initiative. Er verschwindet durch die Schiebetür, und die Navigationslampen leuchten auf. Ich mag es, wenn Leute sich an die Regeln halten. Nachdem der Kat sich uns bis auf einen Meter genähert hat und ich die Fender über die Reling gehängt habe, schlage ich etwas genervt vor, endlich die Maschine zu starten und den Anker hochzuholen. Sprachlos über so viel Intelligenz wuseln sie ziellos über das breite Deck, der Motor zündet und heult mit Volldampf rückwärts. Der Katamaran verschwindet, den Anker hinter sich herschleppend, in der Finsternis der Nacht.

»Beim nächsten Mal zweimal die Schiffslänge«, rufe ich.

Zum Glück können sie mich nicht mehr hören.

Ich suche im Pilotbuch, ob es vielleicht noch irgendwo einen einsamen Ankerplatz gibt. Whithaven Beach könnte passen. Laut dem Buch ist die Gegend »world famous«, aber wegen der ständigen Dünung »most uncomfortable« zum Ankern. Diese Beschreibung muss doch jeden normalen Menschen abschrecken. Wir steigen früh aus den Federn, und um acht am Morgen geht der Anker in den Sand. Ganz allein liegen wir vor einem fünf Meilen langen persilweißen Strand mit Sanddünen. Ein wenig weiter durchpflügen schwarzgraue Gräben die weißen Sandbänke in der Flussmündung und zeichnen ein fließendes Muster. Mit einer Tasse Kaffee in der Hand genießen wir unsere Einsamkeit in dieser weltberühmten Natur. Sogar das Brummen eines Wasserflugzeuges kann unser Glück nicht stören. Wir winken freundlich nach oben. Der Pilot fliegt eine zierliche Kurve und landet mit brüllenden Motoren neben uns, fährt dröhnend Richtung Strand und geht vor Anker.

Die Landung ist das Startzeichen für eine Masseninvasion. Alle Wasserfahrzeuge Australiens, die nur einigermaßen schwimmen oder schweben können, bewegen sich wie die Fliegen zum Sirup auf unseren einsamen Ankerplatz zu. Vom ausrangierten Maxi-Regattasegler bis zum alten Windjammer spucken Hunderte Chartergäste auf den bisher so stillen Strand. Zwei weitere Wasserflugzeuge landen mit Mühe inmitten des Gewühls. Als alle Motoren zum Schweigen gebracht sind, schweben kreischend ein ferrariroter und ein kanariengelber Hubschrauber in einer Staubwolke aus feinem Sand nach unten. Die Badegäste spülen den Sand im Meer ab und fetten sich aufs Neue mit Sonnenöl Faktor 50 ein. Der Strand sieht aus wie der von Scheveningen an einem heißen Sonntag.

Am späten Nachmittag bricht eine Kakofonie von Geräuschen aus. Motoren erwachen keuchend zum Leben, Ankerketten rattern hoch, Flugzeuge rasen brüllend durch das Wasser und heben mühsam ab, die beiden Hubschrauber verursachen noch einmal einen Sandsturm. Schlag fünf ist der Strand still und verlassen, und im Gegensatz zu den Erfahrungen in Scheveningen finden wir auf unserer Strandwanderung keine einzige Zigarettenkippe oder Papierfetzen in dem weißen Sand. Wir haben das Reich wieder für uns allein.

Das Great Barrier Reef haben wir uns vorgestellt wie eine aneinandergereihte Folge von tiefblauen Lagunen mit kristallklarem Wasser, weißen Sandstränden, leise wogenden Palmen. BORRACHO schwimmt friedlich hinter ihrem Anker, wir schnorcheln zwischen bunten Riffen und freundlichen Korallenfischen oder spielen mit fröhlichen Delfinen. Bis jetzt sehen wir nur felsige Inseln und Ankerplätze, wo wir in der Dünung wie Milchshakes geschüttelt werden. Angeln in dem trüben Wasser klappt nicht, und das Schwimmen ist ein Spiel mit dem Tod. In dem undurchsichtigen Wasser schießen hungrige Haie mit scharfen Zähnen nervös hin und her, Salzwasserkrokodile (oder Salties, wie die Australier sie liebevoll nennen) mit einem äußerst kräftigen Gebiss, das mit einem Mal mühelos ein ganzes Gerippe zermahlen kann, liegen unbeweglich auf der Lauer. Und als ob das alles noch nicht genug wäre, schwimmen Schwärme von sogenannten Jellybox-Fischen an die Oberfläche: Quallen, die im Fall einer Berührung für den Menschen tödlich sein können.

Wir haben ein lebensgefährliches Problem. Es ist schon mehr als sechs Monate her, dass ich zum letzten Mal den Propeller von Bewuchs befreit habe. Einen Tag lang beobachte ich das Wasser gewissenhaft, aber ich sehe nur zwei Schildkröten und einen Baumstamm, der einem Krokodil zum Verwechseln ähnlich sieht. Also ziehe ich die Tauchschuhe an, den kompletten Tauchanzug, Handschuhe, Taucherbrille und eine alte Schlafmütze in Ajax-Farben, die ich tief über die Stirn hole. Vorsichtig um mich spähend gleite ich lautlos ins Wasser. Gott sei Dank haben sich viele Entenmuscheln auf dem Propeller niedergelassen, sodass ich nicht ohne Grund mein Leben riskiere.

Obwohl das Great Barrier Reef komplett anders ist, als wir dachten, gefällt es uns sehr. Das Außenriff zerschlägt die hohen Wellen des Ozeans und schenkt uns ruhiges Wasser zum Segeln. Wenn es mehr als 30 Knoten bläst, suchen wir Schutz hinter einem Kap oder einer Insel und warten auf bessere Zeiten. Bei 15 bis 25 Knoten segeln wir so weit wie möglich, und bei weniger Wind suchen wir Ankerplätze, wo man bei normalem Passatwind nicht liegen kann. Es ist entspanntes Segeln. Na ja, entspannt ist es nicht ganz. Wir müssen genau navigieren, um nicht auf einem Riff zu stranden, und der Einfluss der Gezeiten wird, je nördlicher wir kommen, immer größer. Durch Schaden und Schande werden wir klug.

Die Fahrrinne zum Hitchinbrookkanal – mit einer Länge von 25 Seemeilen das längste geschützte Fahrwasser in Australien – ist sehr untief. Vor der Ansteuerungstonne überlegen wir noch, ob wir mit unserem Tiefgang von 2,05 Metern diese Route wohl nehmen können. Das Wetter ist ruhig, und bis zum Hochwasser haben wir noch eine Stunde Zeit. Gut. Hinter dem Steuerrad hält Karola krampfhaft die beiden Richtfeuer in einer Linie im Blick. Laut Tiefenmesser ist es noch weniger tief als die Angaben in der Seekarte. Wir halten mit zusammengebissenen Zähnen durch, während der Kiel ab und zu über den Sand scheuert. Unsere Belohnung ist überwältigend. In dem natürlichen Kanal ragen links und rechts steile kahle Felswände empor, und vom Hauptfahrwasser zweigen kleine Seitenflüsse mit grün bewachsenen Ufern ab. Es ist Sonntag, und wir ankern im Sunday Creek zwischen den Mangroven. Wir genießen die Einsamkeit und lauschen der Stille, die nur vom zufriedenen Summen der unzähligen Mücken unterbrochen wird. Sie haben den Tag ihres Lebens und gehen in dieser Nacht mit vollem Magen schlafen.

Wir laufen Port Douglas an, um unsere Vorräte aufzufüllen für die letzte Strecke bis Darwin. Als wir den Fluss hinauffahren, ist man gerade dabei, die alljährliche Segnung der einheimischen Flotte durchzuführen. Auf der Kaimauer steht eine ökumenische und gemischtrassige Dreiermannschaft, welche die vorbeidefilierenden Schiffe Gott befiehlt. Weil die Geistlichen die Schiffe mit dem Weihwasser nicht erreichen können, nehmen sie den örtlichen roten Feuerwehrwagen zu Hilfe. Als freundliche Geste segnen die Ehrwürdigen en passant BORRACHO gleich mit. Sobald sich der volle Strahl Weihwasser über mich ergießt, glaube ich, dass es besser ist, die Zeremonie möglichst schnell zu verlassen. Es stellt sich heraus, dass »the blessing of the fleet« der Auftakt für den Karneval ist. Im Monat Mai? Na ja, hier »down under« feiern sie ja auch Weihnachten mitten im Sommer.

Hinter Cairns wird das Great Barrier Reef schmaler, und die Riffe werden bedrohlicher. Mit Ehrfurcht umsegeln wir das tückische Riff, auf dem Kapitän Cook am 11. Juni 1770 kurz vor Hope Island strandete. Er konnte sein Schiff, die RESOLUTION, nur retten, indem er allen überflüssigen Ballast über Bord warf. Schwer beschädigt leckte er nachher in Port Douglas seine Wunden. Wir schaffen Hope Island, kreuz und quer zwischen den Riffen hindurch, ohne auch nur ein Riff anzukratzen. Wir haben allerdings Seekarten und ein GPS, Hilfsmittel, die Kollege James Cook nicht zur Verfügung hatte, obwohl Gavin Menzies in seinem Buch »1421« behauptet, dass die Chinesen schon Jahrhunderte vorher genaue Karten von diesem Gebiet angefertigt hatten und dass Cook eine Karte mitführte, die von den chinesischen Karten abgezeichnet war.

Im Windschatten der Insel gehen wir vor Anker. Ungefähr 100 Meter hinter uns erstreckt sich ein langes Riff. Wir fühlen uns nicht ganz glücklich an dieser Stelle, zumal das Wetter zusehends schlechter wird. Der Himmel ist grau, dunkle Wolken jagen über uns hinweg, und ein Regenguss durchnässt uns. Falls der Anker

in dieser Nacht nicht hält, sitzen wir Minuten später auf dem un-
gemütlichen Riff, das hinter uns in der Finsternis geduldig wartet.
Es wäre allerdings eine unvermutete Gelegenheit, die Muschelsammlung von Karola, die im Laufe der Jahre zu ungeahntem
Umfang gediehen ist, über Bord zu werfen und so die Wasser-
linie wieder an ihre ursprüngliche Stelle zu bringen. Ich habe aber
leider nicht die gleiche Befehlsgewalt wie Captain Cook, und ich
befürchte, dass Karola in diesem Fall BORRACHO lieber auf dem Riff
sitzen ließe.

Ich möchte nicht auf meine erholsame Nachtruhe verzichten
und stelle zur Sicherheit den Ankeralarm an. Dann schrecke ich
aus meinem ersten Tiefschlaf hoch, der Alarm pfeift schrill und
gebieterisch. Wie der Blitz bin ich draußen im Cockpit und im Regen. In einer Bö hat der Wind gedreht, und das Boot ist mit ge-
schwoit: Falscher Alarm! Ich stelle die Driftentfernung etwas höher
ein und schlafe beruhigt wieder ein. Eine halbe Stunde später reißt
der durchdringende Pfeifton des Alarms mich abermals aus dem
Schlaf. Ich verkneife mir einige Schimpfworte und schaue laut
gähnend nach. Gar nichts los. Nachdem der Alarm mich die halbe
Nacht munter gehalten hat und das GPS schließlich anzeigt, dass
wir mehr als 5000 Meilen gedriftet sind, gebe ich auf. Ich schalte
die blöde Technik ab, ziehe meine alte Segeljacke an, setze mich
in eine Decke gehüllt ins Cockpit und halte auf altbewährte Weise
selber die Ankerwache, ohne auch nur einmal zu pfeifen, bis das
graue Morgenlicht im Osten erscheint und ich einschlafe.

Bei Lizard Island warten wir mit zehn anderen Yachten auf besseres
Wetter. Außerdem hat noch ein weißes Kreuzfahrtschiff Schutz in
der Ankerbucht gesucht. Viele Besucher kommen zu dieser abgelegenen Insel, um zu sehen, was Kapitän Cook 1770 sah, als er den
300 Meter hohen Berg bestieg. Er suchte einen Ausweg aus dem
Labyrinth von Riffen, in dem er sich rettungslos verirrt hatte. Weit
in der Ferne sah er einen Fluchtweg: eine Durchfahrt, die nach ihm
Cook Passage heißt. Die Passage war seine Rettung, und er berichtete in England ausführlich über das menschenleere Australien.
Damit legte er den Grundstein für die Lösung des Raummangels
in den englischen Gefängnissen. Für uns ist der Berg nur eine Kletterpartie, und er bietet eine hübsche Aussicht über das vielfarbige
Wasser des Barrier Reef und die vielen grünen Inseln, die wie Dia-

manten hingestreut liegen. Wir steigen langsam ab, ich mit einem Hauch von Bedauern, dass der holländische Entdecker von Terra Australis damals keinen wirtschaftlichen Nutzen in dem abgelegenen Kontinent sah. Nur Namen wie Tasmanien und Arnhemland erinnern noch an unsere goldene Vergangenheit.

Jeden Abend halten die Besatzungen der Yachten am Strand eine Happy Hour ab. An einem Abend wird neben dem Trinken auch noch eine kulturelle Veranstaltung organisiert: ein Büchertausch. Sorgfältig wählen wir die Exemplare aus, die wir eigentlich schon längst hätten über Bord werfen sollen, was wir aber aus Scham über die Inhalte und mit Rücksicht auf die literarischen Bedürfnisse der Fische nie getan haben. Sobald alle Bücher im Sand ausgebreitet sind, ist klar, dass wir es mit erfahrenen Langstreckenseglern zu tun haben. Jeder hat nach den gleichen Kriterien eingekauft. Das Angebot ist groß, die schriftstellerische Qualität ist gering. Enttäuscht geht jeder mit ungefähr der gleichen Menge Schund zurück zu seinem Boot. Vielleicht haben wir das nächste Mal mehr Glück, wenn ein Neuling dabei ist.

Das Wetter hat sich beruhigt, wir segeln weiter nordwärts. Tagsüber folgen wir der Schifffahrtsroute, die sich deutlich mit Tonnen gekennzeichnet zwischen Riffen und Inseln durchschlängelt. Wir wollen in der Nacht bei Howard Island ankern. Der Ankergrund ist miserabel, mit vielen Steinen und toten Korallen. Nach mehreren erfolglosen Versuchen hält der Anker auf zehn Metern Tiefe, ziemlich weit von der Insel entfernt und knapp außerhalb der Fahrrinne, die sich hier mit einer scharfen Kurve zwischen zwei Inseln hindurchzwängt. Ich nehme gerade eine Ankerpeilung, als sich eine schwarze Wand vor meine Aussicht schiebt. Ein Riesenschiff rauscht mit hoher Geschwindigkeit kurz hinter uns vorbei und verlegt seinen Kurs vor der Kurve. Wir schauen fasziniert zu, wie das riesige Gefährt schätzungsweise um 30° krängt und hinter der nächsten Insel verschwindet.

Kap Melville ist wegen der Windbeschleunigung berüchtigt, und es bestätigt seinen schlechten Ruf. Obwohl wir vorsorglich sowohl über Backbord als auch über Steuerbord nur ein taschentuchgroßes Segel ausgebaumt haben, brausen wir mit fast acht Knoten um die Ecke. Das Meer ist von dem stürmischen Wind aufgepeitscht. Kurze steile Wellen laufen schäumend unter BORRACHO hindurch und zerbrechen immer wieder mit viel Getöse in tausend verstiebende Wassertropfen. Wir sind heilfroh, dass das Wasser sich beruhigt, als wir uns dem nächsten Ankerplatz nähern. Die Flinders Group, wo wir zwischen zwei Inseln einen natürlichen Hafen entdecken, besteht aus unregelmäßig geformten, rotbraunen Felsen, die von kleinen Stränden ergänzt werden. Wir sind ganz alleine, und es ist ein toller Gedanke, dass wir die einzigen Menschen auf der ganzen Erde sind, die auf diesem einzigartigen Platz ankern. Sogar Cook ist hier niemals gewesen, und der ist, wenn wir allen Plaketten und Gedenksteinen glauben können, überall gewesen.

In dieser verlassenen und stillen Gegend finden wir als Extrabonus zwischen den Felsen Austern im Überfluss. Mit ein wenig Zitronensaft und grob gemahlenem schwarzen Pfeffer stehen sie jeden Abend als exquisite Vorspeise auf dem Speisezettel. Sogar das Hauptgericht mit Corned Beef bekommt dadurch einen Anflug von Eleganz.

Wenn Alan Lucas, der Autor von »Cruising the Coral Coast« schreibt, dass ein Ankerplatz ausgezeichnet ist, können wir sicher sein, dass wir dort nicht alleine liegen werden. Über Pelican Island sagt er: »There is no suitable anchorage except in very deep water.« Dieses vernichtende Urteil bedeutet, dass alle Segler einen großen Bogen um die Insel machen. Wir mögen Pelikane und haben nicht umsonst 100 Meter Ankerkette im Ankerkasten.

»Los, dort wollen wir hin«, befiehlt Karola.

Die Insel ist klein und liegt an der westlichen Seite eines meilenlangen Riffes. Langsam fahren wir darauf zu. Wir sind schon ganz nahe am Riff, als der Tiefenmesser immer noch 25 Meter anzeigt, während die schützende Insel noch weit entfernt ist. An einer anderen Stelle versuchen wir es aufs Neue: das gleiche Resultat. Hat das Pilotbuch doch recht? Mit dem Fernglas sehe ich in der entferntesten Ecke der Insel eine kleine Sandzunge, die sich 20 oder 30 Meter ins Meer erstreckt. Dahinter ist das Wasser ruhig. Mit einem Bogen nähern wir uns der Landzunge. Die Tiefe verringert sich. Nur wenn der Wind dreht, sitzen wir mit dem Boot im Sand. An der anderen Seite des Sandrückens haben wir mehr Raum zum Schwoien. Zwischen der Landzunge und einigen scharf aus dem Wasser ragenden Felsspitzen, die gierig zu uns hinschauen, tasten wir uns vorsichtig zu der Insel hin. Die Tiefe nimmt langsam und gleichmäßig ab. Der Strand liegt schon ganz nahe. Bei einer Tiefe von fünf Metern geht der Anker ins Wasser, wir haben genügend Raum, um nach allen Seiten hin zu drehen.

Die Mühe hat sich gelohnt, wir haben einen der sichersten Ankerplätze im Great Barrier Reef entdeckt. Wir nennen die namenlose Bucht »Scheveningen Baai« und machen das, was Abel Tasman in Australien hätte machen sollen: Wir gehen an Land, hissen die holländische Fahne und singen die Nationalhymne. Aber die Annexierung des neuen Gebietes verläuft nicht ohne heftigen Widerstand. Am Strand warten zwei verstört dreinschauende Pelikane wie altmodische Feldherren auf uns, als wir das Beiboot auf den nassen Sand schieben, Hunderte Möwen fliegen Scheinangriffe und bombardieren uns mit Exkrementen und Tausende kleine schwarze Vögel kreisen wie drohende Wolken um uns herum. Das Geschrei ist grenzenlos. »Die Vögel« von Alfred Hitchcock ist im Vergleich mit diesem Schlachtfeld nur ein müdes Schauspiel. Aber was tut man nicht alles für das Vaterland?

Bei Niedrigwasser streunen wir stundenlang über die kilometerbreite ausgetrocknete Sandfläche zum Außenriff. Ich finde erneut Austern in Hülle und Fülle, und Karola findet zu meinem Bedauern viele ihr bis jetzt unbekannte und vor allem große Muscheln. Als ich im Begriff bin, mich für meine Siesta in die Koje zurückzuziehen, lärmt ein Flugzeug im Tiefflug über uns hinweg. Bei genauerem Hinschauen entdecke ich am Bauch des Flugzeuges zwei Räder, ein Wasserflugzeug ist es demnach nicht. Die Bäume auf der Insel bilden ein ernsthaftes Hindernis für eine erfolgreiche Landung. Sicherlich keine Besucher, ist meine Schlussfolgerung. Zufrieden gehe ich unter Deck, um mein Mittagsschläfchen zu halten. Doch die Insassen des Flugzeuges haben anscheinend ein gewisses Interesse an BORRACHO. Es kommt zurück. Diesmal noch tiefer. Ich ziehe meinen Kopf ein, lese aber gerade noch beim Überfliegen das Wort Customs auf der einen Seite des Rumpfes. Über UKW Kanal 16 ruft das Zollflugzeug uns auf. Die Verbindung ist schlecht, und viel mehr als »Dutch sailing vessel« kann ich zwischen den Störgeräuschen nicht kommunizieren. Auf meinen Vorschlag, die Motoren abzuschalten zwecks besserer Verbindung, reagieren sie nicht. Mit dem angenehmen Gedanken, dass die Zollbeamten sowieso nicht landen können, rufe ich über den Sprechfunk, dass sie bitte später – nach meiner Siesta – zurückkommen sollen: »Over und aus.«

Am nächsten Tag sehe ich in der Ferne ein Schiff, das in unsere Richtung läuft. Das ist ungewöhnlich, denn wir liegen weitab von der Schifffahrtsroute und haben seit Tagen außer dem Zollflugzeug nichts und niemanden gesehen. Als das Fahrzeug näher kommt, sehe ich, dass es sich um ein Schnellboot des Zolls handelt. Im Nu setzen sie ein Beiboot aus, das in Höchstgeschwindigkeit mit breiter Bugwelle auf uns zu rast. Wir haben kaum Zeit, uns anständig zu bekleiden. Drei schwer bewaffnete »blokes« in dunkelblauen Kampfanzügen und orangefarbenen Schwimmwesten entern BORRACHO. Sie sehen alle aus wie Arnold Schwarzenegger in jüngeren Jahren. Weil sie in der Mehrzahl sind, verzichte ich auf jegliche Diskussion über internationales Seerecht und die Tatsache, dass wir bereits die Insel zum holländischen Gebiet erklärt haben.

Meistens ist die holländische Fahne, die am Heck der BORRACHO weht, ein Vorteil. Diesmal werden wir streng auf Französisch angesprochen. Als ich vorsichtig auf unsere Flagge zeige und sie belehre, dass es sich um ein holländisches Hoheitszeichen handelt, antworten sie sofort: »Na, klar, Holland, kennen wir, Johan Cruyff, Tulpen, Windmühlen.« Wir sehen allerdings, dass die Zöllner denken: »Ah, ha, Amsterdam, Coffeeshops, Hasch!« Unsere Besucher sind aber vom Typ »raue Schale, weicher Kern«, und auch wir passen nicht in das stereotype Bild vom Drogenschmuggler. Sie erklären uns höflich, dass das Erkundungsflugzeug Schiffe aufspürt, die sich verdächtig benehmen, eine ungebräuchliche Route befahren oder an abgelegenen Plätzen ankern. Nach einer Tasse Tee mit Keksen stürzen unsere kräftig gebauten Jungs sich mit voller Kraft voraus in das nächste Drogenabenteuer.

Nach Morris Island werden die geeigneten Ankerplätze immer seltener. Unsere Tagesstrecken betragen rund 60 Seemeilen, und dies bedeutet: früh aufstehen und den ganzen Tag hart arbeiten, um vor Einbruch der Dunkelheit an der nächsten sicheren Stelle zu sein. Wir segeln BORRACHO wie eine Regattayacht, und das macht ihr mehr Spass als uns. Kurz vor Kap York verlassen wir übermütig die Schifffahrtsroute, um eine Abkürzung zu nehmen. Mit sechs Knoten eigener Geschwindigkeit und vier Knoten Strömung im Rücken rauschen wir wie der Fliegende Holländer durch die schmale Albany Passage. Die Felswände an beiden Seiten scheinen vorbeizufliegen, und bevor wir uns versehen haben, wird die Durchfahrt breiter. Durch dieses Geschenk runden wir schon um zwei Uhr nachmittags die nördlichste Spitze des australischen Kontinents. Wir sind erleichtert und mächtig stolz, dass wir ohne Schiffbruch das Great Barrier Reef hinter uns lassen. Das restliche Stück der berüchtigten Torresstraße erledigen wir morgen noch mit links, sagen wir uns, als wir hinter einer kleinen Insel und einer Sandbank vor Anker liegen und fröhlich die Abendstille genießen.

Früh um sieben, im grauen Licht des neuen Tages, noch euphorisch vom Erfolg der vergangenen Monate, machen wir uns an die letzten Hindernisse der Torresstraße. Vielen ist die Torresstraße schon zum Verhängnis geworden, aber das wird uns nicht passieren, denken wir. Um genau sieben Uhr fünfzehn ist unser Traum aus! Wir sitzen felsenfest auf einer Sandbank, und um unser Elend noch zu steigern, setzt die Ebbe ein.

Wir setzen alle Segel in der Hoffnung, BORRACHO so viel Schräglage zu geben, dass sie sich selbst aus dem Sand befreit. Das Wasser sackt jedoch zu schnell, und der Wind ist zu schwach. So schaffen wir es nie. Nach einer halben Stunde sind wir verzweifelt: Wie kommen wir jemals wieder aus dieser hoffnungslosen Lage? Aber immer, wenn die Not am größten ist, kommt die Rettung. Ein Sportfischer, zusammen mit einer jungen Frau, einem alten Hund und, was noch wichtiger ist, einem 60 PS schweren Außenborder, kommt uns zu Hilfe.

Wir machen unser Spinnakerfall hinten am Motorboot fest, und bei voller Kraft vorwärts legt BORRACHO sich wie ein verwundetes Tier auf die Seite. Mit unserer Motorkraft dazu gelingt es, BORRACHO in die richtige Richtung zu drehen, aber sonst geht gar nichts, und das Wasser läuft uns davon. Ein Fischerboot eilt herbei: Jetzt muss es klappen. Höchstens noch zwei Meter und wir sind wieder in tieferem Wasser. Beim ersten Versuch mit unserem zweiten Behelfsbergungsschiff reißt die Festmacherklampe aus dem Deck des Motorbootes und verfehlt um ein Haar den Skipper. Mit einer Klampe weniger zerrinnt die Begeisterung für das Rettungsmanöver genau wie das Wasser, das um inzwischen 50 Zentimeter gesunken ist. BORRACHO macht auch ohne Gezerre an der Mastspitze fast 60° Schlagseite. Mutlos geben wir uns geschlagen.

Ich hole die Gezeitentabellen, um nachzusehen, wann wir das nächste Hochwasser erwarten können. Ich finde die merkwürdige Tabelle für Thursday Island in der Mitte der Torresstraße:

10.56 Uhr Niedrigwasser 1,17 Meter
13.00 Uhr Hochwasser 1,25 Meter
16.05 Uhr Niedrigwasser 0,94 Meter
01.58 Uhr Hochwasser 2,62 Meter

Ernsthaft erstaunt bin ich nicht: In Australien ist alles anders, warum sollte es bei Hoch- und Niedrigwasser wie bei uns zu Hause sein?

Bei Niedrigwasser laufe ich wie ein zweibeiniges Tiefenmessgerät um BORRACHO herum. Der Bug liegt über drei Meter tiefem Wasser, und beim Heck messe ich 120 Zentimeter Wasser. Das Problem ist der Kiel, der sich hinter einer Schwelle von weniger als 70 Zentimetern im Sand eingegraben hat. Die acht Zentimeter Wasser mehr beim nächsten Hochwasser bringen uns keine Erlösung. Wir werden bis Mitternacht in unserer misslichen Lage ausharren müssen. Dann sollten wir genügend Wasser unter dem Kiel haben, um aus eigener Kraft freizukommen. Mit dem Beiboot rudere ich einen Anker aus, damit wir am Abend, wenn das Wasser steigt, nicht weiter auf die Sandbank getrieben werden. Das Einzige, was ich nun noch tun kann, ist, das Unterwasserschiff sauberzumachen. Dann beginnt das ungewisse Warten in einer wenig komfortablen Lage. Ich schimpfe mit meinem inneren Schweinehund, weil ich als erfahrener Langstreckensegler die starke Strömung falsch eingeschätzt und gedacht habe, dass ich dank meiner Routine wohl zwischen zwei Inseln durchfahren könnte. Meine dürftige Entschuldigung ist die noch frühe Uhrzeit. Karola ist sauer, weil ich sie in diese unangenehme Schräglage gebracht habe. BORRACHO fühlt sich auch nicht wohl in ihrem Element. Wir sind sogar gezwungen, das Kaffeekochen zu unterlassen, und das erklärt vieles bezüglich der Position des Tisches. Zum Glück haben wir vor unserer Abfahrt einen Topf Kaffee vorbereitet, der noch halbwegs heiß ist. Der einzige Vorteil ist, dass wir die Schwimmleiter nicht brauchen, wenn wir uns im Wasser abkühlen möchten. Endlich, um 22.17 Uhr, nach 15 Stunden und zwei Minuten, kommt BORRACHO holpernd frei von der Untiefe. Vorsichtig tasten wir uns in der Finsternis in tieferes Wasser. Als das Messgerät eine Tiefe von sechs Metern anzeigt, setzt Karola den Anker, und wir leeren die allerletzte Flasche Wein auf das glückliche Ende. BORRACHO ist nun vollkommen trockengelegt.

Der Golf von Carpentaria ist ein schwieriges Revier, weil er untief ist und es dort fast immer kräftig weht. Schon bei wenig Wind entsteht ein unangenehmer Seegang. Die Passage zu dem Städtchen Gove, an der anderen Seite des Golfes, beträgt 340 wahrscheinlich schwierige Seemeilen. Schon in der ersten Nacht haben wir die Kacke am Dampfen. Der Wind frischt auf bis 30 Knoten. Ich muss an Deck, um die ausgebaumte Genua zu reffen. In der Dunkelheit sehe ich um mich herum weiß aufleuchtende schäumende Wassermassen. Mit zusammengekniffenen Augen wegen der fliegenden Salzgischt und voller Angst reffe ich schnell das Segel und stürze buchstäblich wieder in den Salon. Mit allen Luken fest geschlossen ist es hier drinnen fast gemütlich. Wir wissen, dass BORRACHO und die Windsteuerungsanlage kein Problem mit dieser Art Wetter haben. Nur das Schlafen nach Ende der Wache misslingt. Aber meine Mutter sagte immer: »Auch wenn du nicht schläfst, dann ruhst du doch.«

Am dritten Tag ragen die rauchenden Schornsteine der Bauxitfabrik von Gove langsam am Horizont auf. Die Mine liegt im Arnhemland, mitten in dem Aborigines-Gebiet. Ohne Bauxit wäre hier in der Wildnis gar nichts, höchstens einige nomadisierende Aborigines. So gibt es ein Pionierstädtchen mit zwei Straßen, einer Kirche, einem Supermarkt, ein paar kleinen Läden und drei Getränkeshops. In dem Supermarkt laufen weißhäutige Frauen herum mit vielen Kindern, die an den weiten Röcken hängen, während die neuesten Klatschgeschichten ausgetauscht werden. Was soll man in dieser Einöde sonst auch machen? Vor jedem Getränkeladen steht eine Schlange von Aborigines, die geduldig warten, bis sie an der Reihe sind. Sowohl die Männer als auch die Frauen machen einen verluderten Eindruck. Die Männer haben jeder eine selbst gedrehte Zigarette im Mundwinkel hängen. Die Frauen tragen Kinder mit Rotznasen in einem dreckigen Tuch auf dem Rücken. Diese Kinder werden wahrscheinlich in einigen Jahren genauso ohne Lebensperspektiven vor dem Getränkeladen herumlungern ...

Die kürzeste Strecke ist nicht immer die einfachste, das haben wir schon öfters erlebt. Der kürzeste Weg nach Darwin läuft quer durch die Wessel Islands, und das bedeutet für uns, dass wir vier schwierige Passagen vor dem Bug haben. Die Wettervorhersage spricht von 25 Knoten Wind, aber weil wir nach der ersten Durchfahrt in den Windschatten der Inseln kommen und sowohl Strömung als auch Wind von achtern haben werden, machen wir uns um den kräftigen Wind keine allzu großen Sorgen.

Als wir auf die erste Durchfahrt zusegeln, sehen wir sich überschlagende Wellen zwischen der einen Insel und der anderen. Was kann das bloß sein? Eine Untiefe, auf der die Wellen sich brechen, kann es nicht sein. Laut Seekarte ist die Durchfahrt in der Mitte mindestens 25 Meter tief, trotzdem brechen sich auch dort die Wellen. Es sieht beinahe so aus, als ob der Wind und die Strömung sich gegenüberstehen. Aber das ist unmöglich. In seinem Buch gibt Lucas an, dass bei Flut das Wasser Richtung West strömt. Ich habe berechnet, dass wir bei unserer Durchfahrt Flut haben und die Strömung demzufolge in unsere Fahrtrichtung fließen müsste. Ich vergleiche die Geschwindigkeit durch das Wasser mit der Geschwindigkeit über dem Meeresgrund: drei Knoten Strom gegen. Meine ganzen Berechnungen sind Mist! Ich werfe das Buch über Bord, und falls Lucas das Pech haben sollte, mir jemals zu begegnen, wird er keinen einzigen Buchstaben mehr schreiben.

In der Passage fühlen wir uns wie eine Plastikente in einem Whirlpool. Selbst unter voller Motorleistung können wir nur mit Mühe Kurs halten. Die restlichen Passagen schenken wir uns für heute. Wir suchen eine windgeschützte Bucht und warten, bis das Wetter sich beruhigt.

»Lass den Wind mal toben, morgen ist wieder ein Tag.«

Kurz vor Dundas Street, in der Ansteuerung nach Darwin, dreht die Strömung, und wir haben sie voll gegen uns. Die Abendstille legt sich schon übers Meer, es macht keinen Sinn zu versuchen, gegen einen Strom von vier Knoten anzukämpfen. Das Wasser ist nicht tief, und wir gehen mitten im spiegelglatten Meer vor Anker. Ich schalte das Ankerlicht ein. So können wir noch ein paar Stunden schlafen. Manchmal träumt man von einer idealen Überfahrt mit 15 Knoten Wind, Tag und Nacht, einer glatten See, spektakulären Sonnenuntergängen und friedlichen Nächten, in denen der Vollmond silbrig scheint und unzählige Sterne sich im Meer spiegeln. Dieser Traum ist nicht nur in dieser Nacht, sondern schon seit mehreren Tagen Wirklichkeit geworden. Um ein Uhr in der Nacht klingelt der Wecker, die Strömung hat gedreht. Der Mond steht hoch am Himmel und beleuchtet in der Ferne Kap Don, als sei heller Tag. Wir gleiten ohne Geräusch unter Passatsegel und vier Knoten Strom im Rücken Richtung Darwin. Eine Wacheinteilung brauchen wir in dieser Nacht nicht. Wir bleiben beide im Cockpit und genießen hellwach die stille Mondscheinlandschaft.

Darwin ist das Sprungbrett zum Indischen Ozean und nach Südostasien. Yachten aus aller Welt wiegen sich in der Fanny Bay hinter ihrem Anker. Beiboote fahren nervös hin und her. Jeder ist dabei, die Vorräte für die nächste Strecke aufzustocken und die letzten Reparaturen durchzuführen. Es herrscht Aufbruchstimmung. Fast drei Viertel aller Yachten segeln in zwei Tagen in einer Rallye nach Timor und Bali. Wir segeln um die Welt, weil wir die Freiheit suchen und unbekannte Orte und ungewöhnliche Menschen besuchen wollen. Eine organisierte Rallye mit Empfängen und Cocktailpartys nach jeder noch so kurzen Überfahrt hat sicherlich ihre Reize, aber nicht für uns. Außerdem haben wir in den 1970er-Jahren in Indonesien, dem sogenannten Gürtel aus Smaragd, gewohnt und gearbeitet und damals das Paradies kennengelernt. Hamburger und Discos auf Bali sind wie eine Gartenschau mit Plastikblumen.

Wir wollen lieber unsere Erinnerungen hegen und pflegen und wählen die traditionelle Route, südlich an Indonesien vorbei, die heutzutage kaum noch befahren wird: zuerst Christmas Island, dann weiter nach Cocos Keeling und schließlich Chagos. Dort entscheiden wir, ob wir mit dem Südostpassat weiter Richtung Seychellen segeln oder gleich an den Malediven entlang den Äquator überqueren und dort warten, bis der Nordostpassat einsetzt, der uns nach Salalah in Oman blasen soll. Egal für welche Route wir uns letztendlich entscheiden: Wir haben drei Optionen von je 1500 Seemeilen und zwei weitere von 500 Seemeilen. Der Indische Ozean hat es in sich, das werden wir noch zur Genüge feststellen.

Darwin ist jedenfalls die letzte Möglichkeit, um BORRACHO wieder in Höchstform zu bringen für die Tausenden Seemeilen durch einen leeren und nahezu unbewohnten südlichen Ozean ohne Segelzubehörläden oder Schiffswerften. Bis Oman oder vielleicht sogar bis zum Mittelmeer sind wir auf uns allein gestellt. Die Segel sind für eine gründliche Überprüfung beim Segelmacher, ich habe Öl gewechselt und die Takelage geprüft. Jetzt warten wir nur noch auf Bob, den örtlichen Elektronikspezialisten. Wir haben nämlich noch zwei elektronische Probleme auf der Arbeitsliste, die ich trotz wiederholter Versuche nicht streichen konnte: Das Windmessgerät funktioniert überhaupt nicht mehr, und der Tiefenmesser geht des

Öfteren fremd. Meistens stimmt die angezeigte Tiefe, doch hin und wieder zeigt er völlig unerwartet eine Tiefe von beispielsweise zwei Metern dreißig an. Zuerst hatten wir jedesmal Panik an Bord, aber man gewöhnt sich an alles und denkt: Es wird wohl wieder mal eine Fehlanzeige sein. Bis es einmal richtig ist, dann liegen wir falsch.

Bob ist gefragt und gefordert, denn elektronische Geräte an Bord gehen bei dem kleinsten Salzwassertropfen kaputt. Weil es viel Forschungsarbeit erfordert, um ein Instrument herzustellen, das sofort streikt, wenn es nur geringfügig mit Salzwasser in Berührung kommt, sind die Preise demzufolge astronomisch. Seit wir unsere Schiffe immer weiter hochrüsten mit komplizierten Apparaten, genießen die Hersteller – in internationaler Verschwörung mit allen Bobs dieser Welt – goldene Zeiten.

Nach dem immer wieder gebrochenen Versprechen, »morgen früh zuallererst« bei uns zu erscheinen, klopft Bob völlig unerwartet doch noch an die Bordwand. Es stellt sich heraus, dass er zurzeit an 30 Yachten arbeitet und wegen der vielen Telefonanrufe von ungeduldig wartenden Skippern kaum Zeit hat, sich die Probleme anzuschauen, geschweige sie zu lösen. Seine Diagnose: ein gebrochenes Kabel im Mast und ein defekter Transducer des Tiefenmessers. Um die Kabel zu ersetzen, muss Karola mit ihren 60 Jahren in den 16 Meter hohen Mast, weil ich Höhenangst habe. Für einen neuen Transducer unter dem Schiff muss BORRACHO aufs Trockene. Durch den Tidenhub, der in Darwin satte sieben Meter beträgt, ist es glücklicherweise möglich, am Strand trocken zu fallen. Bob hat so einige Stunden Zeit, um die Reparatur auszuführen.

Gleich nach Tagesanbruch verholen wir bei Hochwasser zu einer Art Kletterzaun. Wir haben dreieinhalb Meter Wasser unter dem Kiel, als wir BORRACHO am Zaun festbinden. Langsam sinkt das Wasser. BORRACHO aber bleibt nicht gerade auf dem Kiel stehen, wie es geplant war, sondern sackt rückwärts, bis sie sich auch auf das Ruder stützt. In dieser wenig eleganten Lage warten wir auf Bob. Die verabredete Uhrzeit ist schon längst vorbei, und das Wasser kriecht langsam wieder den Strand hoch. Wir haben alle Stadien der Wut durchlaufen, als Bob das Auto neben BORRACHO parkt und fröhlich pfeifend seinen Wettlauf gegen das rasch steigende Wasser beginnt. Er hat unsere Wut richtig eingeschätzt, sein Handy abgeschaltet und damit sein Leben gerettet. Mit den Füßen bereits im Wasser wird er auf den Punkt fertig. Als Rache wollen wir ihn auf sein Geld warten lassen, aber sogar für den Geldempfang hat er keine Zeit. Erst am Tag der Abfahrt und nach Drängeln unsererseits bringt er die Rechnung. Erschrocken verschwinden wir in Richtung offenes Meer, eine Erfahrung reicher und viele harte australische Dollar ärmer.

Der Indische Ozean

Wir lassen Australien brennend und rauchend hinter uns, wo die Rauchfahnen von einem der vielen Buschfeuer über dem leeren Horizont verschmelzen. Karola ist niedergeschlagen. Sie fürchtet sich vor dem stürmischen Indischen Ozean. Viele Seglerfrauen haben in Australien Schwierigkeiten mit der Aussicht geäußert, wieder Tausende Seemeilen und mehrere Monate auf dem Meer zu verbringen. Mit dem Flugzeug ist Europa so nahe, mit dem Segelboot noch weit entfernt. Wenn Trinidad ein bevorzugter Ort ist, um ein gebrauchtes Boot zu kaufen, so ist Darwin eine Stadt, von wo viele Männer als Einhandsegler auslaufen. Karola hält durch! Ich habe große Bewunderung für ihren Mut. Sie hat während der vielen langen Meilen auf See die Wirklichkeit des Langstreckensegelns kennengelernt. Die Momente der Begeisterung, aber ebenso das Leiden unter schwierigen Bedingungen. Sie weiß genau wie ich, dass der Indische Ozean und dann das Rote Meer gefährlich sind. Die Stürme, die ungehindert über große Entfernungen rasen, die unbekannte arabische Welt und die rücksichtslosen Piraten aus Somalia und Jemen. Sie hat Angst vor den Bedrohungen, die noch vor uns liegen. Wenn man trotzdem weitermacht, ist man ein Held, ein Seeheld!

Die Tatsache, dass wir die gleiche Meinung über die Gefahren des Meeres haben, heißt noch lange nicht, dass wir uns nicht öfters auf unserem kleinen Lebensraum streiten. Wir können uns ernsthaft aufregen über unwichtige Dinge wie die Frage, ob wir uns wohl im nächsten Hafen scheiden lassen oder nicht. Wir sind wie politische Parteien: die Regierungspartei und die Oppositionspartei. Wenn eine einen Vorschlag einreicht, ist die andere dagegen. Die Standpunkte wechseln wie der Wind. Zu einem einvernehmlichen Beschluss kommt es nie. Wir haben deswegen beschlossen, diesen Punkt nicht wieder in die Agenda des Schiffsrates zu setzen. Nach der Kühlschrankfrage – an oder aus – streiten wir uns immer wieder beim Ankermanöver. Karola steht auf dem Vordeck und zeigt mit weit ausschweifenden Gebärden wie ein Dirigent in die Richtung des von ihr gewünschten Ankerplatzes. Ich habe schon lange den sichersten Platz entdeckt und fahre dorthin. Also fängt Karola lauthals an, ihre Unzufriedenheit mit dem von mir gesteuerten Kurs zum Ausdruck zu bringen. Sie hat ganz andere Kriterien für einen guten Ankerplatz als ich. Für Karola ist es wichtig, dass der Platz ästhetisch zu verantworten ist und eine uneingeschränkte Aussicht bietet. Für mich ist es wichtig, dass wir sicher und optimal geschützt liegen. Der Erfolg ist, dass wir auf dem schlechtesten und hässlichsten Platz in der ganzen Bucht ankern, beide wütend aufeinander sind und für die nächsten Stunden schweigend und übel gelaunt in die Gegend starren. Dieses Problem können wir nur lösen, wenn wir mit dem Segeln aufhören. Laut Karola, die immer mühelos das hohe C singen konnte, schafft sie das nur deshalb nicht mehr, weil sie beim Ankern so oft schreien muss, um den Motor zu übertönen. Wenn ich sage, dass es vielleicht eher mit dem Alter zu tun hat, vergrößere ich das Problem nur.

Die ersten Tage in der Timorsee lässt der Wind sich nicht blicken. Die Segel flappen wie nasse Küchentücher, und die Sonne brennt uns auf den Kopf. Die einzige Ablenkung ist das Zollflugzeug, das einmal am Tag über uns hinwegfliegt. Nach mehreren Tagen kennen die Piloten uns schon.

»So, seid ihr immer noch an derselben Stelle?«

»Ja«, ist unsere Antwort, »wenn ihr uns nicht eine Weile schleppt, liegen wir mit Sint Juttemis noch hier.«

Sie kennen Sint Juttemis nicht. Als ich erklären will, was ich meine, sind sie schon außerhalb unserer Funkreichweite.

Die Weihnachtsinsel

Jedoch auch mit einer Geschwindigkeit von 1,3 Knoten in der Stunde kommt man voran, und langsam kriechen wir aus dem Windschatten Australiens. Endlich setzt der kühlende Passatwind ein. Nach 13 Tagen erscheint Christmas Island am Horizont. Nach der Easter Island, den Whitsunday Islands und nun Christmas Island haben wir die meisten christlichen Feiertage durch. Beim ersten Hahnenschrei laufen wir die Flying Fish Cove an. Die drei Bojen für Yachten sind belegt, aber die Marine bietet uns ihre große rostige Anlegeboje an. Mit einem Heckanker bleibt BORRACHO frei von den scharfen Kanten der Boje und mit ihrem Bug in der Dünung.

Auf Christmas Island wohnen 900 Menschen. Die meisten von ihnen sind Malaysier und Chinesen, die in den Phosphatminen schuften. Phosphat ist die einzige Einnahmequelle, aber der Abbau geht zu Ende. Nur noch einmal in der Woche legt ein Frachter an, der beim Laden viel Staub aufwirbelt, wie wir auf unserem Deck und beim Besuch im Dorf feststellen. Es hat sich ein Investor gemeldet, der das Kasino, das vor Jahren von der zentralen Regierung geschlossen wurde, renovieren und wieder eröffnen möchte. Dieses Kasino würde reiche Touristen aus Südostasien anziehen und Hunderte Arbeitsplätze liefern. Die australische Regierung weigert sich jedoch, dem Kasino eine Lizenz zu erteilen. Die örtliche Bevölkerung hält friedliche Protestdemonstrationen mit vielen originellen Spruchbändern und lauter Musik ab, aber sie machen nur Schlagzeilen in dem *Christmas Island Guardian*. Und diese Zeitung lesen die »blokes« in Canberra nicht.

Das spektakulärste Ereignis auf Christmas Island organisieren die Landkrabben. 40 Zentimeter große Kokoskrabben bewegen sich seitwärts wie Mondlandefahrzeuge über die Wege, und einmal im Jahr strömen Millionen der etwas kleineren roten Variante aus den Bergen in Richtung Strand, um sich dort fortzupflanzen. Es macht den Krabben nichts aus, wenn ein Auto oder sogar ein Haus im Wege steht. Wie ein breites rotes Band krabbeln sie über jedes Hindernis auf dem Weg zum alljährlichen Strandausflug. Allerdings kann man auf dem sparsamen Sexleben der roten Krabben keine Tourismusindustrie wie in Bangkok aufbauen.

Die Überfahrt nach Cocos Keeling verspricht einfach zu werden. Laut »Cruising Routes of the World« von Jimmy Cornell ist der Wind immer günstig. Er warnt nur vor den hohen Wellen, die quer zur Windrichtung rollen könnten. Wir haben über 500 Seemeilen mit halbem Wind vor uns ,und Wellen sind für unser stabiles Boot kein Problem.

In den ersten 24 Stunden zeigt BORRACHO, dass sie noch immer ein Regattaschiff ist, obwohl wir alles Mögliche getan haben, um die Geschwindigkeit zu verringern und sie in ein behäbiges und gemütliches Fahrtenschiff umzugestalten. Wir haben 100 Meter Ankerkette von zehn Millimetern Durchmesser im Ankerkasten, zwei schwere Rollreffanlagen vorn, eine Radarantenne im Mast, ein großes Bimini, zwei Solarzellen auf einem Rohrgerüst, einen Windgenerator und die Muschelsammlung von Karola. Trotzdem schaffen wir 174 Seemeilen in 24 Stunden, fast die maximale Rumpfgeschwindigkeit.

In der dritten Nacht hat der Passatwind es eilig: 35 Knoten mit Böen von 38 Knoten. Hohe schäumende Wellen waschen ungestüm über das Deck. In dem grauen Morgenlicht sehen wir, dass das Meer in der Nacht kräftig aufgewühlt worden ist. Wasserberge rollen unaufhörlich auf uns zu, aber BORRACHO und die Windsteuerung schlagen sich tapfer. Obwohl die Sonne aus dem tiefblauen Himmel die weißen Wellen hell anstrahlt, ist es für uns zu nass und auch zu gefährlich, um uns im Cockpit aufzuhalten. Wir beschränken unsere Aktivitäten auf lesen, schlafen, mit viel Gleichgewichtskünsten kochen und schnell essen. Die Praxis lehrt mich, dass die Fluggeschwindigkeit einer Schale anders ist als die von Joghurt, obwohl ich diesen Vorgang nicht mit physikalischen Gesetzen erklären kann. Die Schale kann ich gerade noch auffangen.

Cocos Keeling

Als eine Welle uns hochhebt, sehen wir die sich tief im Wind beugenden Palmen von Cocos Keeling. Jimmy Cornell, der mit seiner Yacht AVENTURA III neben uns vor Anker liegt, erklärt uns am Strand, dass »accelerated tradewinds« uns in den letzten Tagen das Leben erschwert haben. Er meint, dass man dieses Phänomen nicht auf den Wetterkarten identifizieren kann. Wenn Jimmy es sagt, wird es wohl so sein. Nur bringt einem eine solche Erkenntnis wenig. Meiner Meinung nach hatten wir mal wieder Scheißwetter.

Auf der unbewohnten Decision Island, wo wir zwischen dem Strand und einem lang gereckten Riff ankern, haben die Autoritäten ein offenes Haus mit einem langen Tisch und zwei Bänken gebaut. Der Schuppen ist ein Seglertreff, aber fungiert bei Bedarf auch als Zollamt. Man kann hier außerdem Segel reparieren, Wäsche waschen und Feste feiern. Viele Generationen von Seglern haben mit Treibgut und etwas Farbe die Namen ihrer Boote verewigt. Wir basteln aus angespülten Feuerzeugen und einer leeren Weinflasche ein Mobile, das wir an die Decke hängen.

Als die Sonne sich neigt und wir am Strand die Happy Hour genießen, sind wir uns alle einig, dass bei Yachties einige Schrauben locker sitzen. Wir fahren im Beiboot mit einem kleinen Außenbordmotor mühsam gegen den Passatwind die zwei Meilen zur nahen Home Island, wo es einen »Laden« gibt. Von der Gischt durchnässt, suchen wir noch tropfend zwischen dem Durcheinander an Dosen und Kisten wie Penner nach frischem Gemüse oder Eiern und freuen uns wie die Kinder, wenn wir eine halbwegs essbare Paprika entdecken. Beim Zahlen vergeht uns dann das Lachen, als wir das Geld hinblättern, mit dem wir woanders ein Kilo Krimkaviar hätten erwerben können. Sobald wir zurück beim Boot sind und die Sonne unsere salzige Kleidung zu harten Brettern getrocknet hat, waschen wir mit Regenwasser und einem Kloentstopfer unsere dreckige Wäsche und schleppen Kanister mit Trinkwasser mithilfe des Beiboots zu den Wassertanks. Das Gleiche machen wir mit dem Diesel zu dessen Tank, und können nur hoffen, dass es nicht mit Wasser verlängert ist. Als wir schließlich die Schäden am Boot mit Ersatzteilen, die wir selbst basteln müssen, repariert haben, holen wir den Anker hoch. Wir beginnen mit der nächsten Überfahrt, wobei wir entweder zu viel oder zu wenig Wind haben werden, wo alles an Bord nach einigen Tagen durchweicht ist, wir viel zu wenig Schlaf kriegen und wir, solange wir unterwegs sind, keinen Alkohol zu uns nehmen. Aber es fällt uns kaum noch auf, weil wir in unserer eigenen Welt leben, in der jeder das gleiche Ziel hat: einen Traum zu verwirklichen. Und dazu muss man nicht ganz normal sein.

Wochenlang habe ich gesehen, dass der Passat südlich des zehnten Breitengrades in diesem Jahr ungewöhnlich stark bläst. Einige Grade weiter nördlich ist der Wind gemäßigter. Wir haben lieber eine komfortable als eine schnelle Reise, und damit ist der Kurs für die 1500 Seemeilen zum Chagos-Archipel mitten im Indischen Ozean Bestimmung. Wir segeln zuerst zum zehnten Breitengrad und dann, je nach Kraft des Windes, werden wir ruhig zwischen dem zehnten und dem achten Breitengrad Richtung West laufen. Kurz vor den Chagos Islands wollen wir den Kurs ändern, um mit dem Passat im Rücken die Chagosinseln zu erreichen. Ein guter Plan, findet sogar Jimmy Cornell, obwohl er den Plan nicht selber gemacht hat. Leider ein beinahe tödlicher Plan.

Am letzten Abend vor unserer Abfahrt feiern wir am Strand noch ein Abschiedsfest. Diese Segler werden wir nie wiedersehen, weil sich hier unsere Wege trennen. Wir wählen die Route durch das Rote Meer, alle anderen nehmen aus Angst vor Piraten den längeren Weg um Südafrika. Beth und Harry, die schon ältere Besatzung der CARELESS, freuen sich besonders auf ihr Zuhause. Sie sind gebürtige Engländer, wohnen allerdings in Südafrika. Vor allem Beth ist froh, dass sie die Weltreise bald geschafft hat. Wenn sie jemals noch einem Schiff einen Namen geben müsste, wäre es TROUBLE-SOME. Darauf trinken wir.

Nach etwas mehr als 24 Stunden haben wir den zehnten Breitengrad erreicht. Der Passatwind jedoch bläst immer kräftiger und ist tatsächlich weit stärker als üblich. Wir segeln weiter in Richtung Äquator auf der Suche nach ruhigeren Bedingungen. Aber statt dass der Wind abflaut, nimmt er unerklärlicherweise weiter an Kraft zu. Ich studiere die Wetterkarte. Etwas mehr nordwestlich von unserer Position sehe ich eine Kurve in einer Isobare, die die restlichen Isobaren in südlicher Richtung zusammendrückt. Das erklärt, meine ich, den harten Wind, der uns das Leben schwer macht. Irgendwie gefällt mir die ganze Situation nicht. Weiter nach Norden zu segeln mit diesem kräftigen Wind, der immer weiter Richtung Nordost dreht, hat keinen Sinn. Ich ändere unseren Kurs nach West. Mit dem Wind schräg von hinten läuft BORRACHO wesentlich ruhiger. Gegen Abend sehen wir lange weiß-graue Streifen am Himmel. So was haben wir noch nie gesehen! Als die Sonne untergeht, färbt der Himmel sich zuerst langsam lila-violet und geht dann über in schmutziges Grau. Ein atemberaubendes und unheimliches Schauspiel, ich kann meinen Blick nicht abwenden. Ein kalter Schauer läuft mir über den Rücken. Warum?

In der Nacht setzt Sprühregen ein. Der Wind nimmt auf mehr als 30 Knoten zu, dreht langsam nach Ost und bleibt Ost. Eigenartig, denn eine Yacht, die 200 Seemeilen weiter westlich segelt, meldet über Funk Südostwind, und die Yachten, die noch in Cocos Keeling vor Anker liegen, haben ebenfalls Wind aus Südost und weniger als 20 Knoten. Wir sind die einzige Yacht mit schlechtem Wetter, und das gehört sich auf diesen Breiten ganz und gar nicht. Am Sonntagmorgen hat sich die leicht gebogene Isobare auf der Wetterkarte zu einer fast runden Ausbuchtung entwickelt, wie bei einem Deichdurchbruch. Es sieht aus wie ein Orkan, aber das kann zum Glück in dieser Jahreszeit nicht sein. Die Sonne ist verschwunden, und der Himmel gleicht einem grauen dahinjagenden Wattebausch. Hier und dort zeigen sich schwarzgraue Streifen, die in noch höherer Geschwindigkeit am grauen Firmament entlangziehen. Es sind Böen, die mit schneidend kaltem Regen und harten Windstößen unaufhörlich über uns hinwegfegen. Ich kriege immer mehr das Gefühl, dass mit dem Wetter etwas nicht stimmt. Wir reffen die Segel weiter, schließen alle Luken hermetisch und hoffen, dass wir am nächsten Tag die Schlechtwetterfront hinter uns haben werden.

Am nächsten Morgen hören wir im »Downwindnet«, einem Service von Seglern für Segler, die den Indischen Ozean überqueren, dass wir uns am Rand eines sich entwickelnden Orkansystems befinden. Also doch, guten Morgen! Der Albtraum jedes Seefahrers. Verschiedene Wetterämter geben unterschiedliche Positionen für das Zentrum des Elends an. Ich versuche, mithilfe des Gesetzes von Buys Ballot die Position des Zentrums zu bestimmen. Doch wie ist die Abweichung des Windes durch die Erdrotation so nahe am Äquator? Die wahrscheinlichste Position des Orkans, scheint mir, ist die Lage, die das amerikanische Wetteramt von Pearl Harbour angibt: Die Koordinaten sind 06° S, 086° E mit der Voraussage, dass der Kern zunächst nach 07° S, 087° E geht und später nach Süd abbiegt nach 12° S, 087° E. Ich zeichne unsere momentane Position und die vorhergesagte Strecke des Orkans in die Seekarte ein. Wir sind kurz vor 09° S, 087° E und damit im gefährlichsten Quadranten des Orkans. Alles, was sich in diesem Quadranten befindet, wird zwangsläufig in seinen Mittelpunkt gezogen. Unsere einzige Chance ist, so schnell wie möglich zu segeln, um vor dem heranstürmenden Hurrikan den »guten« Quadranten zu erreichen. Der ist zwar auch schlecht, aber besser. Wenn es uns gelingt, vor dem Orkan bei der Kreuzung zu sein, können wir von dem Moment an mit dem Wind von achtern von dem Orkan weglaufen. Wenn es uns nicht gelingt, werden wir zu den ersten Seglern gehören, die das Auge dieses Orkans aus nächster Nähe bewundern können.

Wir bereiten noch in aller Eile einen Topf Filterkaffee zu, um bei einer Tasse Kaffee erneut die wenigen Möglichkeiten abzuwägen. Danach setzen wir so viel Tuch, wie wir es mit einem Wind von inzwischen über 40 Knoten und schäumenden Wellen, die von allen Seiten auf die arme BORRACHO zu rollen, gerade noch verantworten können. Und das ist nicht viel. Mit nur einer handtuchgroßen Genua über Backbord ausgebaumt, machen wir mehr als sieben Knoten. Schneller geht es nicht, aber es sollte ausreichen, um vor dem Orkan am Kreuzpunkt zu sein. Die nächsten 24 Stunden muss ich bei jeder Sturmbö nach draußen, um das Vorsegel zu reffen und kurz selbst zu steuern. Die Windsteuerung schafft es in den schweren Windböen nicht mehr, das Schiff auf Kurs zu halten. Am Anfang sehe ich, nach einer Bö, 48 Knoten auf dem Anzeiger. Später wage ich es nicht mehr hinzugucken. Was man nicht weiß, macht einen nicht heiß.

Die Wellen sind jetzt buchstäblich haushoch. Unerwartet macht BORRACHO einen riesigen Ausrutscher, als ob sie von einer Welle heruntergestürzt wäre. Der freie Fall scheint eine Ewigkeit zu dauern. Mit einem Knall, der uns durch Mark und Bein geht, landet sie auf der Seite. Alle Schranktüren springen auf. Kochtöpfe und Bratpfannen fliegen durch den Salon. Die Zwiebeln und Kartoffeln finden, dies sei ein hübsches Spiel, und hüpfen fröhlich über Boden- oder Deckenplanken. Wir wissen nicht mehr, wo oben und unten ist. Die Kojensegel verhindern Flugversuche unsererseits.

BORRACHO richtet sich mühsam wieder auf, Karola verlässt ihren sicheren Platz hinter dem Kojensegel und versucht kriechend, die Ordnung wiederherzustellen. Wir haben Funkverbindung mit der CARELESS, die auf dem Weg nach Mauritius ist. Harry berichtet, dass sie in den Ausläufern unseres Orkans sind und Probleme haben. Ein schwerer Brecher hat die Luke zerschlagen, und das Wasser steht nun knöchelhoch im Schiff. Sie werden während der Nacht versuchen, das Wasser abzupumpen. Im Moment ist die CARELESS gefährlich instabil. Wir haben kaum Zeit, an das Problem von Beth und Harry zu denken. Wir haben alle Hände voll zu tun mit unseren eigenen Problemen.

Obwohl wir es nicht für möglich halten, nimmt der Wind weiter an Kraft zu und brüllt und kreischt wie im Wahnsinn durch die Takelage. Das Meer donnert und grollt bösartig. Der Orkan reißt mühelos die Kämme der Wellen mit sich fort. Sie bilden wilde Schaumstreifen. Das stiebende Wasser und der peitschende Regen verringern die Sicht auf null. BORRACHO kassiert schwere Schläge von den herandonnernden Wellen. Immer wieder taucht sie stöhnend und ächzend aus den Wassermassen hoch und verfolgt mühsam ihren Weg zwischen den brodelnden Wasserbergen. Ich stehe festgelascht am Steuerrad, damit ich nicht von einer Welle mitgerissen werden kann. Es gibt nichts mehr zu lächeln. Diesmal ist es tödlicher Ernst. Es geht nur noch ums Überleben.

Eigenartigerweise haben wir keine Angst. Ich fühle Ehrfurcht vor den ungeheuren Kräften der Natur und habe mich mit der Situation abgefunden. Wir müssen Ruhe bewahren, vor allem nicht in Panik geraten, weiterkämpfen und uns am Leben festklammern. Tun, was wir tun müssen und können. Die Umstände können wir nicht ändern. Sobald eine Bö weitergezogen ist, setze ich mehr Segelfläche. Wir müssen unbedingt so schnell segeln, wie es nur geht, damit wir vor dem Orkan seine vorausgesagte Bahn kreuzen. Unsere einzige Chance! Sobald ich bemerke, dass die Windsteuerung das Boot wieder unter Kontrolle hat, flüchte ich zurück in den sicheren Salon. Jedesmal rolle ich bis auf die Haut durchnässt hinein. Dies ist ein zu großer Anschlag auf den rasch abnehmenden Vorrat an trockener Kleidung. Ab sofort ziehe ich mich aus, wenn ich wieder nach draußen an die Arbeit muss. Es gibt wenige Berufe, bei denen man sich für die Arbeit auszieht.

Die Informationen über den Standort des Orkans bleiben verwirrend. Also sind Unsicherheit und Spannung an Bord groß geschrieben. Sind wir schon auf der sicheren Seite oder noch nicht? Wir haben das Gefühl, als ob wir mit 100 Kilometern in der Stunde auf eine belebte Kreuzung zurasen, deren Ampel auf Rot steht, während unsere Bremse versagt. Dann endlich bekommen wir nach zwei Tagen per E-Mail eine ausführliche Orkanwarnung. Ein komischer Gedanke: Wir sitzen hier mitten in einem orkanartigen Sturm, und jemand anders sitzt am anderen Ende der Welt gemütlich mit einer Tasse Kaffee zu Hause hinter seinem Laptop und sendet uns die Warnung. Phoebe, so heißt der erste Orkan dieses Jahres im südlichen Indischen Ozean, ist zwei Monate zu früh geboren. Der Zyklon, wie man ihn in diesem Teil der Welt nennt, hat außerhalb der Saison nicht nur uns überrascht, sondern auch die Meteorologen. Wir können jetzt das Kind beim Namen nennen und kennen seine genaue Position. Mit der Gewissheit, dass wir auf der richtigen Seite sind, entfernen wir uns mit jeder Meile weiter vom Unheil. Trotzdem tobt und schreit der Wind unvermindert durch die Wanten. Das bedeutet, dass der Mast auf jeden Fall noch ungebrochen auf dem Deck steht. Die wütenden Wellen treffen BORRACHO an jeder nur denkbaren Stelle. Sie kassiert die Schläge wie ein angeschlagener Boxer, schüttelt sich und kämpft weiter. Auch wir sind nahe dem K. O. Wie lange halten wir noch durch?

Dann, endlich, endlich, nimmt der Wind nach vier langen Tagen ab. Gegen Mittag scheint die Sonne wässrig durch den Grauschleier. Phoebe wollte uns Übles, hat uns aber nicht untergekriegt. Später hören wir wieder das Downwind-Netz ab. Als CARELESS an der Reihe ist, meldet Beth, die typisch englisch diszipliniert gewartet hat, dass Harry tot im Cockpit liegt. Sie hat versucht, die Leiche unter Deck zu schleppen, aber sie schafft es nicht. Er ist zu schwer. Beth ist ratlos. Über Downwindnet wird die Coast Guard in Mauritius alarmiert. Sie schickt ein Schnellboot zur CARELESS und ein Flugzeug, damit Beth sieht, dass Hilfe unterwegs ist. Karola und ich heulen beide wie Schlosshunde um Beth und Harry, aber auch um den Stress der vergangenen Tage loszuwerden. Ich hatte, als wir von zu Hause abfuhren, drei heilige Vorsätze: ohne Sturm um die Welt segeln, immer alles mit einem Lächeln betrachten, und jeden Morgen frischen Filterkaffee kochen. Nur das Letzte steht noch wie eine Eins.

Der Chagos-Archipel

Der Chagos-Archipel besteht aus mehreren Atollen und ist eines der wenigen Überseegebiete, die von dem britischen Weltreich übrig geblieben sind. Ein Atoll, San Diego, wurde an die US-Marine vermietet unter der ausdrücklichen Bedingung, dass der gesamte Archipel unbewohnt ist und unbewohnt bleibt.

»No problem«, versicherten die Engländer mit dem üblichen Understatement.

Auf der Insel Baddam im Salomonatoll befand sich ein freundliches Dorf mit Steinhäusern, einem kleinen Krankenhaus und einer schneeweißen Kirche. Obwohl sich auf der Insel nur Kokospalmen befanden und kein einziger Apfelbaum, wurde die Bevölkerung, ohne auch nur gefragt zu werden, aus dem Paradies vertrieben. Die Menschen wurden nach Mauritius verschifft, und dort lebten sie noch lange und nicht glücklich.

Nun war das Salomonatoll ein unbewohntes Paradies. Nur die überwucherten Ruinen, die Kirche ohne Dach und Turm, eine Wasserquelle und die wildwachsenden Kokospalmen erinnern noch an die früheren Bewohner. Wir ernten nach unserer Ankunft jede Menge Kokosnüsse und genießen einen Salat aus Palmenherzen. Unsere Angelschnur hängt nur einen Moment lang im Wasser, und schon haben wir einen Red Snapper zum Abendessen. Wer geschickter ist als ich, kann sogar Lobster fangen. Vorgänger haben an Land einen Brotofen gebaut, und es gibt Süßwasser.

Wir leben wie Robinson Crusoe, leider ohne Freitag. Deshalb muss ich die Kokosnüsse selbst pflücken, jedoch klettert man in meinem Alter nicht mehr gerne auf eine 20 Meter hohe Kokospalme. Ich entwickle deshalb unterschiedliche Erntemethoden, aber die erfolgreichste habe ich mehr oder weniger schlafend entdeckt. Eines Tages stürzten nämlich mit viel Lärm zwei Meter neben meiner Hängematte eine Kokospalme in den Sand. Sie hätte leicht die Hängematte beschädigen können. Und die Baumkrone war voller Kokosnüsse! Seitdem sitzen wir oft am Strand, oder wenn es heiß ist, im Wasser, genießen das Leben und warten, bis die nächste Palme niederkommt. Eine Stunde lang knacken wir dann harte Nüsse und erhalten anderthalb Liter erfrischende Kokosmilch. Das Fruchtfleisch backen wir in dünnen Scheiben in der Pfanne, ohne Öl, bis sie goldbraun sind: eins, zwei, drei … herrliche Chips. Manche Yachties bleiben ein halbes Jahr oder länger hier und haben an Deck einen Gemüsegarten eingerichtet mit Tomaten, Gurken und was sonst auf dem Deck wachsen will. Die ganze Herrlichkeit gibt es aber nicht umsonst. Einmal alle zwei, drei Wochen kommt ein englisches Kriegsschiff aus Diego Garcia und kassiert 95 Dollar für einen Aufenthalt von drei Monaten. Das Vereinte Königreich wird das Geld wohl brauchen, obwohl ich annehme, dass der Inkassovorgang mehr kostet als die Einnahmen.

Doch auch im Paradies muss gearbeitet werden. Ich habe genug Zeit, um das Schiff gründlich auf Schäden von den Prügeln der lieben Phoebe zu inspizieren. Im Hauptwant finde ich eine Stelle, an der einer der Stahlschläge gebrochen ist. Durch diesen Bruch hätten wir den Mast verlieren können. Ein Ersatzwant haben wir nicht an Bord, dafür mehrere Meter Stahldraht, und mithilfe von drei Drahtklammern und einem Meter Stahldraht konstruiere ich wie ein Herzchirurg einen Bypass über die Schwachstelle. Sollte das Hauptwant brechen, wird die improvisierte Reparatur den Mast schon aufrechthalten. Bis zum Mittelmeer muss diese Notlösung funktionieren. Frühestens auf Kreta können wir ein neues Want anfertigen lassen.

Die Malediven

Nach fünf Wochen Chagos sind unsere Vorräte wie Schnee in der Sonne geschmolzen, und von der »Fish-and-Chips-Diät« haben wir die Nase voll. Wir müssen weiterziehen, Kurs Nord zu den Malediven, eine lange Kette von Atollen, die genau in Nord-Süd-Linie verläuft. In den Atollen liegen mehr als 1000 Koralleninseln. Manche sind bewohnt, andere nicht. Auf vielen Inseln sind Hotels errichtet, Tourismus ist eine wichtige Einnahmequelle. Die Bevölkerung ist zu 100 Prozent muslimisch, und diese Tatsache stellt uns vor ein praktisches Problem, denn wir haben keinen Tropfen Wein oder Bier mehr an Bord.

Unser erster Ankerplatz ist vor einem Hotel mit vielen europäischen Gästen, und dort verschließt Mohammed gegen die nötigen Euros gern die Augen. Wir essen zu viel vom laufenden Buffet und trinken zum ersten Mal seit Wochen Wein. Am nächsten Morgen sind wir wieder unter Segeln. Ich sitze am Kartentisch und schaue gebannt nach unserer Position auf dem GPS: 00.00.010° S, 00.00.009, ...008 ...000. Wir überqueren um exakt 14.51 Uhr den Äquator. Neptun opfern wir mit Schmerzen im Herzen die letzten Tropfen Grand Marnier. Nach vier Jahren sind wir wieder auf unserer eigenen Hälfte, auf der Weihnachten im Winter und der Sommer meistens im August ist, der Wind gegen die Uhrzeigerrichtung um die häufigen Tiefdruckgebiete weht, wo wir bald wieder den Großen Bären und den Nordstern sehen werden, wo wir hin gehören, wo wir zu Hause sind.

In der Ferne spiegelt sich das Licht von Male, der Hauptstadt der Malediven, schon gegen den Nachthimmel. Irgendwann gegen Morgen könnten wir da sein. Unerwartet tauchen aus der Finsternis ein rotes und ein grünes Licht auf, sie kommen schnell näher. Das geht schief! Wir ändern unseren Kurs 30° nach Backbord. Das rote und grüne Licht bleiben auf Kollisionskurs. Das unbekannte Schiff hat anscheinend gleichfalls seinen Kurs geändert. Ich werfe den Motor an und gebe Vollgas, um einen Unfall zu vermeiden. Nichts hilft! Ich rufe gerade laut »Inshallah«, als ein Holzboot mit voller Geschwindigkeit um die Haaresbreite eines kahlen Chinesen an unserem Bug vorbeischert. Jedermann an Bord winkt uns fröhlich zu. Ich aber schimpfe wütend hinter dem im Dunkel verschwindenden Hecklicht her. Die drüben hören mich nicht mehr und verstehen sicherlich auch meine Muttersprache nicht, aber es erleichtert das Gemüt. In Male sehen wir, dass alle Fischerboote, Wassertaxen, Bunkerboote und Touristenkähne nur zwei Fahrweisen kennen: volle Kraft voraus und volle Kraft rückwärts. So dicht wie möglich in hoher Geschwindigkeit aneinander vorbeizurasen ist der Nationalsport. Leider für die Einheimischen noch nicht olympisch.

Als wir in Male ausklarieren, frage ich den Agenten, der die verwaltungstechnische Abwicklung gegen eine hohe Rechnung vornimmt, ob er einen Weg kennt, wie man die Vorschriften Allahs in Bezug auf alkoholische Getränke umgehen kann. Können wir irgendwo Bier und Wein kaufen? Der kleine hagere Mann, der fast von dem schweren Eichenholzschreibtisch verdeckt wird, schaut nervös um sich, ob vielleicht doch irgendjemand meine Frage gehört hat. Er schaut nicht nach oben. Er steht auf, wobei das Kissen, auf dem er sitzt, zu Boden fällt, und schließt sachte die Tür. Er setzt sich wieder auf seinen erhöhten Sessel, beugt sich nach vorn und flüstert, dass er vielleicht jemanden kennt. Was brauchen wir? Als wir ihm nach einigen internen Diskussionen unseren Einkaufszettel überreichen, fällt der Agent fast rücklings vom Stuhl. Dabei haben wir uns mit Rücksicht auf den muslimischen Agenten bis aufs Äußerste gemäßigt, fühlen uns jedoch durch seine Reaktion wie hartgesottene Alkoholiker. Nach einigen längeren Telefonaten in verschwörerischem Ton macht er eine Preisangabe. Für diese Summe könnten wir unser restliches Leben im Vollrausch verbringen, aber was soll man machen, wenn man keinen Tropfen mehr an Bord hat und vorläufig nur noch islamische Länder besuchen möchte? Wir müssen im Voraus bezahlen – so wie der Wirt ist, traut er seinen Gästen – und bekommen ausführliche Anweisungen für die Übergabe der Konterbande. Morgens früh müssen wir zu einer kleinen Insel in dem Atoll fahren, auf der man gerade ein Feriendorf baut. Zehn Minuten vor Ankunft sollen wir die Telefonnummer, die er uns auf einem Zettel überreicht, anrufen. Mustafah wird dann die kostspielige Ware mit einer Schubkarre zum Steg bringen. Und: Alles klappt. Kurz nachdem wir angerufen haben, taucht ein Man mit der Schubkarre hinter den Palmen auf und bewegt sich schleichend in Richtung des verlassenen Steges. Karola legt mit BORRACHO behutsam an. Ohne festzumachen, verstaue ich mithilfe Mustafahs die Dosen wortlos unter Deck, sofort legen wir wieder ab. Die ganze Operation dauert nicht mal eine Minute. Wir lassen Mustafah mit der unbeantworteten Frage zurück, wie viele Trinker sich wohl auf BORRACHO versteckt haben.

Obwohl im nördlichen Teil des Indischen Ozeans die Orkansaison noch nicht beendet ist, nehmen wir Kurs auf Oman. Das Wettersystem ist stabil, und wir wissen aus eigener Erfahrung, dass Orkane sich nicht an die Gesetze der Statistik halten. Ebenso ist die Wahrscheinlichkeit, zweimal von einem Orkan überrascht zu werden, nahezu gleich null. Nach zwei Tagen Segeln auf dem leeren Ozean sehen wir das erste Zeichen von Leben. Ein winziges Pünktchen am Horizont. Eine Viertelstunde später ist es ein Punkt. Wir sind froh, denn wir fühlen uns weniger einsam, wenn wir einem Schiff begegnen, auch wenn es meilenweit entfernt ist. Es sieht so aus, als ob das Schiff seinen Kurs geändert hat und auf uns zusteuert. Nach einer halben Stunde haben wir Gewissheit. Es kommt in voller Fahrt in unsere Richtung. So gemütlich braucht es nun auch wieder nicht zu werden. Ich nehme das Fernglas. Es ist ein bunt bemaltes Fischerboot, wie sie in Indien und auf den davorliegenden Inseln üblich sind. Sind die da drüben nur neugierig, oder haben sie böse Absichten? Man hört so viel über Gelegenheitspiraten. Wir gehen lieber auf Nummer sicher und starten den Motor. Sie folgen uns weiterhin und kommen langsam näher. Wir können schon ohne Fernglas Menschen auf dem Vordeck erkennen. Ich schiebe den Motor auf die maximale Drehzahl, und wir verlegen unseren Kurs nach West. Weg vom Land und den Inseln, wo unsere Verfolger wahrscheinlich herkommen. Sie ändern gleichfalls ihren Kurs und hängen sich an unsere Fersen. Der Abstand bleibt allerdings gleich, die Verfolgung dauert schon zwei Stunden. Inzwischen haben wir die wertvollsten Sachen, wie Laptop und Fotoapparat, durch nicht mehr funktionstüchtige Exemplare ersetzt. Etwas Geld haben wir an leicht zu findenden Stellen versteckt. Wenn die Kerle nach all der Mühe an Bord kommen, wollen sie sicherlich nicht mit leeren Händen gehen. Deswegen machen wir es so einfach wie möglich für die Piraten, die wahrscheinlich genauso nervös sind wie wir. Wir nehmen an, dass sie nicht überprüfen werden, ob die Geräte noch funktionieren. Das versteckte Geld werden wir verkraften können.

Bald hat es nicht mehr den Anschein, dass sie uns nach dem

kürzesten Weg nach Indien fragen wollen. Jetzt lautet die Frage: Wer hat den meisten Diesel im Tank, und wer hat den stärksten Motor? Wir zum Glück! Nach drei Stunden gibt das Verfolgerboot unerwartet auf. Wir atmen erleichtert tief durch, fahren trotzdem mit hoher Geschwindigkeit noch eine Stunde weiter, bis die Kerle unter der Kimm verschwunden sind. Erst dann nehmen wir unseren vorherigen Kurs wieder auf. Haben wir die Möglichkeit verpasst, freundlichen Fischern auf hoher See zu begegnen, oder haben wir ein Problem zwischen Reich und Arm vermieden? Das Letztere ist oft der Grund für Gelegenheitspiraterie. Wir werden es nie erfahren.

Die Hälfte der Überfahrt liegt bereits hinter uns, als wir abermals belästigt werden. Diesmal sind es zwei Tölpel, die sich oft weit vom Festland entfernen. Es sind freundliche Vögel, die im Vorbeifliegen die Köpfe neugierig zu uns hindrehen, um nachzusehen, ob es an Bord eine geeignete Landestelle für eine kurze Ruhepause gibt. Die beiden haben es auf unsere Solarzellen abgesehen. Ein schwieriger Landeplatz, weil das Boot schaukelt und wir fortwährend schreien, dass es besser wäre, wenn sie auf Fischfang gehen würden und dass unser schnell drehender Windgenerator Tölpelhackfleisch aus ihnen machen wird. Sie sind eigensinnig und wollen nicht hören. Bis einer der beiden in den Windgenerator fliegt und nichts mehr hören kann. Das kostet ihn das Leben und uns einen neuen Satz Rotorblätter. Sein Kamerad gibt nicht auf und macht eine mehr oder weniger gelungene Landung auf der Solarzelle. Stolz wie ein Kind, das Schlittschuhlaufen lernt, rutscht er hin und her und erleichtert sich auf die Solarzelle. Diese Handlung verursacht eine Verminderung von einigen Volt und macht genau den Unterschied zwischen Ladestrom und kein Ladestrom. Tölpel sind lustige Vögel, aber schlecht für die Batterien.

Oman

Wir haben es fast geschafft: Bis Salalah sind es keine 20 Seemeilen mehr. Es ist trotzdem eine Ewigkeit und 6000 Seemeilen her, seit Australien hinter uns im Rauch verschwunden ist. Auch den Indischen Ozean haben wir bezwungen. Unser Schiff sieht von der schweren Strecke ziemlich ramponiert aus, und auch an uns sind die vielen Schwierigkeiten nicht unbemerkt vorübergegangen. Die Freude, bald wieder im sicheren Hafen zu sein, lässt uns die Müdigkeit vergessen. Bei diesem Wind sind es vielleicht noch drei, vier Stunden, dann können wir alles fallen lassen und wieder zu Kräften kommen.

Aber der Wind hat andere Pläne, er legt sich an diesem Tag schon früh zur Ruhe. Kein Hauch berührt die Segel, und das Wasser ist glatt wie ein Spiegel. Wir treiben hilflos herum. Die Piraten, die uns mit so viel Ausdauer vor der Küste Indiens gejagt haben, haben uns nicht nur den letzten Nerv gekostet, sondern auch unseren letzten Treibstoff. Der Haupttank ist leer, und auch in den Reservekanistern ist kein verwertbarer Tropfen mehr zu finden. Nur in unserem Reservetank hüten wir noch zehn Liter Diesel, als wäre es kostbarster Champagner. Dies ist unser eiserner Vorrat, um später in den Hafen von Salalah zu fahren. Bis dahin bleibt uns nichts anderes übrig, als auf Wind zu warten. Langsam sinkt die Sonne am fernen Horizont wie eine glühende Kugel ins Meer und färbt mit kräftigen Strichen den Himmel rot und orange. Im Osten vertreibt das Schwarz der kommenden Nacht die Farben des Tages. Die ersten Lichter vom nahen Land leuchten wie Brillanten in der einbrechenden Dunkelheit. Dort irgendwo wartet Salalah auf uns! Endlich riechen wir den warmen Landwind, und BORRACHO nimmt wieder Fahrt auf. Direkt vor einem Containerschiff laufen wir um Mitternacht in den Hafen ein. Der Hafenlotse sieht unser kleines Schiffchen vor dem großen Seeschiff und gibt aufgeregt Anweisungen. Seine Stimme klingt in unserem Funkgerät wie eine Durchsage am Hauptbahnhof. Dann fährt er uns voraus, lotst uns schnell aus der Gefahrenzone und zeigt den Weg zum Ankerplatz. Unser Anker rattert ins Wasser, und der Motor verstummt. Oh, stille Nacht! Nach Australien, dem Land von Crocodile Dundee und Waltzing Mathilda, sind wir nun im Land von Aladin mit der

Wunderlampe und der schönen Königin von Saba. Als wir müde, aber zufrieden mit uns selbst und der Welt angetrunken in die Koje torkeln, ruft der Muezzin von seinem Minarett schon zum Morgengebet. Allah ist grooooooß, Allahu akbaaaaaar, Allahu akbaaaaar. In diesem Moment glauben wir alles.

Oman ist das erste arabische Land, das wir kennenlernen. Wie anders als die Menschen auf den fröhlichen, swingenden, karibischen Inseln sind die Menschen hier. Wir sind in der unbekannten mysteriösen Welt von »Tausendundeiner Nacht«.

Salalah hat sich in nur wenigen Jahren von einem unbedeutenden Fischerhafen zu einem internationalen Containerumschlagplatz entwickelt. Wie überhaupt das ganze Land unter der Führung von Sultan Quabos in kurzer Zeit einen riesigen Sprung in die moderne Zeit gemacht hat, ohne seinen traditionellen Charakter zu verlieren. Die gut ausgebauten Straßen ziehen sich schnurgerade durch die endlose Wüste. Kamele trödeln hochnäsig vorzugsweise über die Autobahn. In den vielen Internetcafés schicken schwarz verschleierte Frauen einander E-Mails und surfen ungehemmt im weltweiten Internet. Sowohl in den modernen Supermärkten als auch in den alten Souks wimmelt es von bunt gekleideten Arabern mit großen Hakennasen und krummen Schwertern und völlig verschleierten Frauen. Über diesem geschäftlichen Treiben schwebt unverändert der schwere Duft von Weihrauch wie in unseren Kirchen zu Weihnachten. In einem gemieteten Jeep fahren wir über kurvenreiche Wege an der Küste entlang nach Süden bis zur Grenze mit Jemen. Wir sehen die Bäume von Dhofar, aus denen man Weihrauch herstellt, und kaufen einen Vorrat, mit dem wir bis ans Ende unserer Tage rauchen und riechen können. Weiter geht es ins Binnenland. Zum ersten Mal sehen wir eine Wüste mit wogenden Sanddünen, so weit das Auge reicht. Wir verlassen die Straße und pflügen mit dem Allradantrieb durch den Sand. Nicht nur sieht ein Sandkorn aus wie das andere, auch alle Sanddünen ähneln sich wie zwei Wassertropfen. Nach einer Viertelstunde kriegen wir es mit der Angst zu tun: Wo ist Ost, und wo ist West? Wo wir hinblicken, es gibt keine Erkennungszeichen, überall ist Sand und nichts als Sand. Die drei Kamele, die eifrig einen Grashalm suchen, können uns den Weg sicherlich nicht sagen. Mit der Sonne als Kompass und unserer Spur im Sand, die sich bereits langsam verliert, finden wir zurück zur Straße. Auf See ist für uns alles einfacher.

Wir liegen im alten Teil des Hafens vor Anker. An der einen Kaimauer liegen die Fischerboote in malerischer Unordnung. Manche Schiffe sind bunt angestrichen, andere haben schon in vorchristlichen Zeiten ihre Farbe durch Wind und Wetter verloren. An der gegenüberliegenden Kaimauer sehen wir Frachtschiffe, die aus Holz gebaut sind und mit kunstvoll geschnitzten Ornamenten geschmückt. Sie transportieren Ziegen, die die Schönheit der Schiffe nicht schätzen und andauernd meckern. Kaum 200 Meter weiter ist der neue Hafen. Moderne Kräne heben im Eiltempo Maersk-Line-Container aus dem Bauch der Ozeanriesen und verladen die Waren auf kleinere Schiffe und buntbemalte Lkws. Hier kostet Zeit bares Geld. Der alte Hafen hingegen ist ein schwimmendes arabisches Dorf, wo kein Mensch es eilig hat. Am Abend fegen die Fischer eine Stelle am Kai frei von Fischresten und anderen Unreinheiten. Muslime biegen und knien synchron auf der Erde und neigen sich gen Mekka. Nachdem jedermann Allah seine Wunschliste vorgelegt hat und als Gegenleistung die notwendigen Absprachen gemacht worden sind, legen sich die Fischer gemütlich auf den Boden für das Abendmahl. Eine alte Öllampe qualmt und erhellt einen Halbkreis aus gelbem Licht, der Schatten auf die gegerbten Gesichter zaubert wie auf einem Gemälde von Rembrandt. Das Tagesmenü besteht unverändert aus einer Art Brotfladen und Fisch. In nur wenigen Tagen werden wir ein Teil dieses alten Hafens und des wüst aussehenden Seevolkes. Jeder lädt uns an Bord ein, und wir trinken mehr honigsüßen Tee als in unserem gesamten bisherigen Leben. Man spricht mich mit »Captain« an, und das tut mir gut. In den ganzen Jahren auf See habe ich Karola nie überzeugen können, diese durchaus angemessene Anrede zu benutzen. Unsere arabischen Kameraden sehen aus wie Seeräuber mit ihren Habichtnasen, abgebrochenen gelben Zähnen und wilden Haaren, die zum Teil verdeckt sind durch verschlissene Kopftücher. Aber in Wirklichkeit sind sie gastfreundlich und helfen gerne. Ohne ihre Hilfe hätten wir ganz schön zu schaffen gehabt, um 270 Liter Diesel in Kanistern von der hohen Kaimauer in unser Beiboot hinunterzulassen. Als wir Schwierigkeiten haben, bei Ebbe das Beiboot zum Wasser zu schleppen, tragen vier kräftige Fischer unter lautem Gelächter das Boot samt Karola ins Wasser. Und unser Beiboot ist nicht leicht.

Der Ankerplatz hat aber seine Nachteile: Bei Ostwind stinkt es dort wie auf einem Fischmarkt in der heißen Sonne, und wenn der Wind aus dem Westen weht, ist die Luft geschwängert vom Angstschweiß seekranker Ziegen. Aber auch wir haben Angst. Die nächste Strecke geht quer durch das Gebiet, das von den gefürchteten somalischen und jemenitischen Piraten beherrscht wird. Schon ab Australien sind Piraten das Tagesthema unter allen Yachties. Die Überfälle und Kugellöcher im Rumpf werden tagtäglich zahlreicher. Viele Yachtskipper bevorzugen aus diesem Grund und wegen der politischen Unruhen in diesem Teil der Welt die längere Route um Südafrika. Einige Amerikaner, die wie wir durch das Rote Meer wollen, halten schon in Australien Zusammenkünfte ab und besprechen, nachdem sie sich ordentlich Mut angetrunken haben, die Zusammenstellung der Schiffskonvois, die beste Gefechtstaktik bei einem Angriff und die Art der Kriegsbewaffnung. Amerikaner wissen, wie man in der Fremde Seeschlachten führt. Wir sind im Augenblick die einzige Segelyacht, die in Richtung Rotes Meer will. Wir müssen unbewaffnet und alleine mit den Piraten fertigwerden. Wer nicht stark ist, muss klug sein.

Jemen

Die Zeit um Neumond scheint uns am besten zu sein. Wir schleichen wie die Diebe in der Nacht aus dem Hafen, es ist ein Donnerstagmorgen. Auch Piraten werden am Freitag frei haben wollen, um in der Moschee für reiche Beute zu beten, so ist unsere Überlegung. Nach der Wettervorhersage werden wir auf See eine geschlossene Wolkendecke vorfinden und viel Wind als Extra-Bonus. Als Sicherheitsmaßnahme laufen wir zuerst 60 Seemeilen von der Küste weg, wo die Piraten bei diesem rauen Wetter mit ihren offenen Schnellbooten nicht so einfach hinkommen können. Wir regulieren unsere Geschwindigkeit so, dass wir gerade vor Einbruch der Dunkelheit am Beginn der laut Statistik gefährlichsten Strecke sind. Dann setzen wir alle verfügbaren Segel und den Motor unter Vollgas und rasen ohne Lichter durch die stockfinstere Nacht. BORRACHO zittert und knirscht unter zu viel Segelfläche. Karola zittert und hat Magenkrämpfe vor lauter Angst, weil wir überall um uns Schiffslichter sehen. Freund oder Feind? Wir segeln mit dem Baum fast im Wasser zwischen den großen Schiffen hindurch. Die Tanker und Containerschiffe können uns kaum überholen, so schnell sind wir. Manchmal sitzen wir wie im Sandwich zwischen zwei Schiffen. Diese eingeklemmte Position gibt uns das Gefühl, sicher vor den Piraten zu sein. Allerdings, auf den Brücken der großen Dampfer werden die Offiziere uns Vollidioten, die wir in der Mitte der Nacht ohne Lichter in der Hauptschifffahrtsroute spazieren fahren, ganz gehörig verfluchen. Das heißt, falls sie uns überhaupt auf dem Radar entdecken können. Manchmal frage ich mich, was ich mehr fürchten muss: die Piraten oder die schnellen großen Schiffe. Die Nacht dauert eine Ewigkeit, und die Nerven sind zum Reißen angespannt.

»Was ist das für ein Licht?«, ruft Karola plötzlich.

Ich nehme eine Sichtpeilung und fünf Minuten später noch eine. »Das wird knapp.«

Wir verlegen unseren Kurs um 90°. Wer uns auf dem Radar sieht, weiß, was wir vorhaben. Das Schlafen können wir in dieser Nacht vergessen. Die Zeiger meiner Armbanduhr kriechen irritierend langsam auf fünf Uhr zu. Ich meine sogar, dass im Osten der Himmel schon etwas heller wird. Ich seufze vor Erleichterung, als endlich die Sonne aufgeht. Noch 60 Seemeilen bis Aden. Das könnten wir noch vor der Dunkelheit schaffen. Ich gehe nach unten, um einen Topf Filterkaffee aufzusetzen. Karola versucht, noch ein Paar Stunden Schlaf zu ergattern. Plötzlich höre ich ganz nahe den Donner von Motoren. Vor lauter Schreck lasse ich die heiße Kaffeetasse fallen und fliege, wie von einer Wespe gestochen, nach draußen. Ich fürchte, meine Angstvision der letzten Nacht zu sehen: eine hoch aus dem Wasser ragende Wand, die uns mittschiffs wie Papier in zwei Teile schneidet. Ich sehe aber ein Neptune-Aufklärungsflugzeug. Der Pilot zieht eine Runde um unseren Mast, winkt mit den Flügeln zum Gruß und verschwindet tief fliegend hinter den Wellen. Er hat uns gesehen, wir haben jetzt noch Luftschutz dazu, vielleicht nicht von ganz oben, aber immerhin. Welcher Pirat kann uns noch was anhaben.

Die Anfahrt nach Aden ist spektakulär. Aus dem Nichts ragen steile Berge und Felsen hoch als Erinnerung an ein vulkanisches Inferno. Gegen den Felsen sind weiße Dörfer geklebt, die sich im strahlenden Sonnenlicht scharf abheben vor dem schwarzen Granit der Berghänge. Im letzten Tageslicht laufen wir in die Bucht von Aden ein. Zwischen den vielen Frachtschiffen hindurch finden wir die Prince-of-Wales-Pier, wo in längst vergessenen Zeiten die Luxusdampfer aus Europa auf dem Weg in den Fernen Osten angelegt haben. Das Zollamt datiert aus derselben kolonialen Zeit, ist aber heruntergekommen zu einer Art Besenkammer. Der Zollbeamte sitzt auf einem von vielen Hintern abgeschabten Ledersessel hinter einem imposanten Schreibtisch, der versucht, mit drei Beinen Haltung zu bewahren. Sein Kollege von der Einwanderungsbehörde schläft auf einer Matratze, die in einer Ecke des Zimmers liegt. Als ich mit dem Zoll fertig bin, öffnet der Immigration Officer das linke Auge und verlangt zwei Passbilder. Sofort schließt er das Auge wieder, zieht die Decke über den Kopf und schläft, übermüdet von der anstrengenden Arbeit, hörbar weiter. Unsere Pässe muss ich hinterlassen. Um dennoch an Land gehen zu können, kriegen wir Passierscheine. Vorsorglich merke ich mir, in welcher Schublade die Pässe verschwinden.

Aden, wo laut der Bibel Noah seine Arche zusammengeschustert hat, ist eine Stadt, die in und um einen Vulkan gebaut ist. An den Häusern und Bürogebäuden kann man erkennen, dass Farbe schon seit langen Jahren rar ist. Auch die Anschaffung von Mülltonnen steht bei den Bewohnern nicht oben auf der Prioritätenliste. Am Ende des Nachmittags ist die Hälfte der Bevölkerung »high« vom Khat, einer Droge, die stark süchtig macht. Sowohl Männer als Frauen kauen ununterbrochen die Blätter dieser Alltagsdroge.

Wir erfahren von Omar, dem Taxifahrer, dass sich gleich in der Nähe das einzige Restaurant von Aden befindet, wo die Bedienung zur Mahlzeit Bier serviert. Nach der ganzen Durststrecke in der arabischen Welt scheint uns dieses Restaurant der Himmel auf Erden zu sein. Wir sind die ersten Gäste, die Küche macht erst um 20 Uhr auf. Mit einem kalten Glas Bier vor uns auf dem Tisch schauen wir zu, wie sich das Lokal füllt. An vielen Tischen nehmen Frauen Platz, die nach strenger Landessitte schwarze lange Kleider tragen und Schleier, die nur die Augen frei lassen. Die meisten Frauen begrüßen einander wie gute Bekannte und haben viel Spass. Ich wundere mich, wie man mit einem Schleier das Essen genießen kann, und wir kommen mit einigen Damen am Nebentisch ins Gespräch. Die neuen Freundinnen laden Karola zu einem Einkaufsbummel am nächsten Tag ein. Ich wage es aber nicht, meine Frage übers Essen zu stellen. Als ob sie es abgesprochen hätten, verschwinden die sittsam gekleideten Frauen alle um neun Uhr in dem Toilettenraum. Wenige Minuten später kommt eine nach der anderen zurück in minimalen Hotpants, zentimeterlangen Röcken und Ausschnitten bis zum Nabel. Jetzt verstehe ich, dass der Schleier beim Essen überhaupt kein Hindernis ist. Manchen der anwesenden Männern vergeht plötzlich die Lust am Essen, und sie steigen mit einer der Damen steil in den siebten Himmel hinauf.

Wir wollen etwas mehr von Jemen sehen und auf jeden Fall die Hauptstadt Sana'a besuchen. Dafür brauchen wir ein Visum. Ich gerate nun in eine bürokratische Mühle von kafkaesker Größenordnung. Zuerst muss ich beim Chef der Einwanderungsbehörde im Hafen, Kapitän Fahad, einen Antrag einreichen.

»No problem«, sagt er und schreibt einen langen Kommentar auf meine Bittschrift.

Er schmückt das Ganze mit vielen beeindruckenden Stempeln. Zufrieden mit seiner Arbeit sagt er, dass ich jetzt zum Hafenmeister muss. Herr Ali mustert mich von unten bis oben und fragt sich, ob ich wohl ein anständiger Mensch bin. Ich habe meine Ausgehtenue an, das ist gut. Nach einer langen Pause fragt der Hafenmeister streng, wer das Boot beaufsichtigt, wenn wir nicht da sind.

»Achmed« ist meine improvisierte Antwort.

Achmed ist mein lokaler Experte in dieser Prozedur. Nach seiner eigenen Aussage die einzige Person, die weiß, wo Abraham den Senf holt. Achmed muss vor Herrn Ali erscheinen. Er dreht nervös die Mütze in seinen Händen, als er in das Zimmer kommt. Er zeigt seine Ausweispapiere, die sichtlich schon durch viele Tausende Beamtenhände gegangen sind. Nach einem autoritären Wortschwall, unter dem Achmed immer kleiner wird, ist am Ende die Sache doch in Ordnung. Der Hafenmeister schreibt seine Genehmigung auf meine Bittschrift und bekräftigt seine Entscheidung schwungvoll mit drei verschiedenen Stempeln.

Als nächsten Schritt muss ich zurück zu Kapitän Fahad. Er liest schweigend die Prosa vom Hafenmeister, schaut für weitere Inspiration hoch zur Zimmerdecke, wo die letzten Farbreste abblättern, lehnt sich weit zurück und sagt: »No problem.« Mit der Zunge zwischen den Zähnen schreibt er noch einen weiteren Absatz auf meine Bittschrift. Schließlich rammt er in hohem Tempo und mit kräftigen Schlägen auf den wackligen Schreibtisch drei neue Stempel aufs Papier. Mit dem jetzt bunt geschmückten Dokument muss ich mich nur noch bei der Hauptverwaltung im Zentrum der Stadt melden. Zusammen mit Achmed steige ich in das Taxi von Omar. Ein schneller Fahrer braucht für diese Distanz eine halbe Stunde, Omar schafft die Strecke in weniger als 15 Minuten. Taxis in Aden sehen aus, als ob ein Schrotthändler für ein solches Fahrzeug nicht mal einen Eurocent ausgeben würde. Das durchgerostete und verbeulte Fahrzeug von Omar macht den Eindruck, als ob es wahrscheinlich schon auf dem Weg zum Schrotthändler zusammenbrechen würde. Die Hauptverwaltung ist ein dunkles, feuchtes, fünfstöckiges Gebäude mit gerissenen, farbarmen Wänden und kaputten Glühbirnen. Das Treppenhaus riecht nach Schweiß und Urin von vielen Beamtengenerationen, die hier tagtäglich vergebens versuchen, Berge von Dokumenten in Pappkartons zu ordnen. Auf dem Boden liegt noch viel Arbeit herum. Im obersten Stockwerk hält General Mohammed Audienz. Das große Wartezimmer ist überfüllt mit laut schreienden Arabern, die versuchen, die beiden bewaffneten Ordnungshüter vor der Eingangstür zu überzeugen, dass sie sofort und vor allen anderen Wartenden dem General Wichtiges mitteilen müssen. Wenn ich ordnungsgemäß warte, bis ich an der Reihe bin, denke ich, stehe ich nächste Woche noch hier.

Ich flüstere Achmed ins Ohr: »Sobald die Tür aufgeht, stürmen wir das Zimmer des Generals.«

Offensichtlich ist meine Methode die landesübliche. Die Tür öffnet sich einen Spalt, und schon überrennt die lärmende Meute die Türwärter und strömt ins Zimmer. Jeder versucht, seine Bittschrift auf des Generals Schreibtisch zu deponieren. Der hohe Militär scheint das alles nicht wahrzunehmen und liest mit tiefen Denkerfalten seine Zeitung. Ich sitze als Erster auf dem einzigen Stuhl vor seinem Schreibtisch mit meiner Bittschrift in der Hand. In der Unordnung, die im Zimmer herrscht, ist die Eroberung des Stuhles eine strategisch ausgezeichnete Position im bevorstehenden Gefecht um den General. Als er schließlich auch die Börsennachrichten auswendig gelernt hat, blickt er auf und fängt mit mir ein Gespräch an, als ob wir alleine im Zimmer wären. Nachdem ich ihm ausführlich über unsere Reise um die Welt berichtet habe, schreibt er seine Genehmigung auf meinen Antrag und sagt: »Erstes Stockwerk.«

Achmed meint, dass sich jetzt alle Türen für uns öffnen. Im ersten Stock handeln im Staatsdienst vergrämte Beamte das Visum verwaltungstechnisch ab. Jetzt fangen die wirklichen Probleme an. Der General kann uns viel erzählen, höre ich die Staatsdiener denken. Der Beamte verlangt von Karola und mir zwei aktuelle Passbilder. Ich erkläre, dass ich deswegen zurück zum Boot müsste. Es ist fast schon zwölf Uhr, und um halb eins machen alle Feierabend, und am nächsten Morgen geht unser Flugzeug nach Sana'a. In einer halben Stunde hin und her, das schaffen wir sogar mit Omar am Lenkrad nicht. Nichts hilft. In einem verzweifelten Versuch rasen wir zurück zum Hafen. Ich bin erstaunt, dass Achmed mit seinem Oberkörper aus der Öffnung hängt, in der sich normalerweise das Fensterglas befindet. Bei dem Fahrstil von Omar ist schon das Rausstrecken des kleinen Fingers nicht ohne Gefahr.

»Kapitän Fahad, Kapitän Fahad«, brüllt Achmed plötzlich und zeigt auf eine auffällig neue Limousine, die uns auf der vierspurigen Autobahn entgegenschwebt. Ohne meine Zustimmung einzuholen, fliegt Omar über den Mittelstreifen, oder was davon noch übrig bleibt, und setzt zur Verfolgung an. Die Taxe kommt hustend und keuchend auf eine ungeahnte Geschwindigkeit. Ich kneife die

Augen zu und schwöre, dass, falls ich diese Fahrt überlebe, ich nie wieder in Jemen ein Visum beantragen werde. Indem er die anderen Fahrzeuge im Kreisverkehr negiert, gelingt es Omar im dritten Kreisverkehr, das Auto von Kapitän Fahad laut hupend zu überholen und zum Stillstand zu zwingen. Die übrigen Verkehrsteilnemer sehen ihren Weg versperrt und äußern laut ihr Missfallen. Unter Lebensgefahr entwickelt sich mitten auf dem Rundverkehr ein lebhaftes Gespräch in jemenitischer Sprache.

Schließlich zieht Kapitän Fahad die Uniformmütze tiefer über die Ohren und sagt: »No problem, come in, Mister Cais, wir werden dem Ferkelchen schon den Kopf waschen.«

Darf ein Moslem diese Art Bildsprache benutzen? Als Kapitän Fahad mit quietschender Bremse im Innenhof des Verwaltungsgebäudes anhält und die Sirene abschaltet, schleppen sich die ersten übermüdeten Beamten schon auf den Heimweg. Wir haben Glück. Der General und sein Adjutant, der die Generalstasche trägt, sind zufällig im Zimmer des ersten Stocks, wo man unbedingt unsere Passbilder im Archiv einordnen möchte.

Von der ganzen Diskussion verstehe ich nichts, aber ich sehe mit großer Bewunderung, wie Kapitän Fahad mit einmaligem Schauspieltalent, ein wenig unterwürfig zum General hin, sehr autoritär zu den Beamten hin, in fortwährendem Rollenwechsel die Anwesenden zu einem befriedigenden Kompromiss überredet. Ich kriege das Visum sofort und muss später die Passbilder beim Hafenkantor deponieren. Vielen Dank, Kapitän Fahad! Ohne Ihre Hilfe hätten wir nie Sana'a gesehen: eine der ältesten noch lebenden Städte auf dieser Erde.

Sana'a

Sana'a ist eine Märchenstadt mit Turmhäusern, die aus Lehm gebaut worden sind. Manche sind vier, fünf Stockwerke hoch. An jeder Ecke der verwinkelten Straßen steht eine Moschee mit schlanken, reich verzierten Minaretten, die sich hellweiß gegen den blauen Himmel abheben. Wir möchten gern eine Moschee von innen besichtigen, doch wie wir auch bitten und beten, der Bewacher des Hauses Allahs verweigert uns als Ungläubigen den Eintritt. Überall gibt es kleine Lädchen und Werkstätten, wo Blechschmiede, Schlosser, Schuhmacher, Messermacher, Kohlenhändler und Goldschmiede in einem bunten Durcheinander arbeiten. Auf einem Eselmarkt handeln wüst aussehende und mit Krummschwertern und krummen Nasen bewaffnete Männer bis aufs Blut. Sobald der Kauf abgeschlossen ist und der unbeteiligte Esel den Eigentümer gewechselt hat, ist jeder wieder fröhlich, und man schlägt einander freundlich auf die Schulter.

Wenn die Öllampen am frühen Abend angezündet werden, beleben sich die Straßen erst recht. Frauen in schwarzen Gewändern, die nur die Augen frei lassen, machen Einkäufe und flirten mit ihren rabenschwarzen Augen. Männer waschen sich die Füße vor der Moschee, und Kinder spielen in dem Gewühl. Aus den vielen Esslokalen steigen unbekannte Düfte auf, die sich mit dem Geruch von Hunderten angebotenen Kräutern mischen und mit dem Weihrauch, der von den Schüsseln mit glühenden Holzkohlen aufsteigt. Stunden streifen wir durch diese Märchenwelt, als ob wir in einem Freiluftmuseum mit Tausenden Statisten herumlaufen. Nur Sana'a ist keine Vergangenheit, sondern eine vom Leben beseelte Stadt. Es ist dunkel, als wir in unserem jahrhundertealten Lehmhotel von einem vielstimmigen Chor vieler Sänger der Moscheeen geweckt werden. Jeder Muezzin singt »Allahu akbar« auf eigene Weise und in seinem Tempo. Eine arabische Symphonie. Nachdem wir die Hauptstadt ausreichend durchstöbert haben, möchten wir einen Eindruck vom Leben im Binnenland Jemens haben. Der Vater des Hoteliers ist unser Fahrer und Fremdenführer. Er ist ein älterer Araber, der mit seinem weißen Gewand, großen Schnurbart und Krummschwert im Gürtel martialisch aussieht. Beim Schalten ist das Schwert oft im Weg, aber das stört ihn keineswegs in seinem Formel-1-Fahrstil. Er redet und erzählt ohne Unterbrechung den ganzen Tag. Schade, dass er nur arabisch spricht. In einem Bergdorf kennt er ein Restaurant fürs Mittagessen, in der Mitte des Zimmers befindet sich das einzige Möbelstück: eine lange Holzbank. Wir folgen dem Beispiel unseres Kriegers und machen es uns bequem zwischen den Kissen. Drei junge Mädchen tragen im Gänsemarsch die vielen Gerichte, die sie auf runden flachen Schalen auf dem Kopf balancieren, in das Zimmer und verteilen die Speisen auf der langen Holzbank. Teller und Besteck können wir nirgendwo entdecken, aber unser Fahrer zeigt uns, wie man mit den Händen und einem Stück Brot genüsslich essen und mit dem Ärmel das viele Fett vom Kinn wischen kann. Die Kosten sind minimal, und als ich ein viel zu hohes Trinkgeld gebe, werde ich auf der Stelle für heilig erklärt.

Zurück in Aden, gibt es nichts mehr, das uns noch halten könnte. Wir tanken Diesel an einem Steg, der seit Noahs Tagen nicht mehr sauber gemacht worden ist und wo gerade Werftarbeiter ein Schiff sandstrahlen. BORRACHO strahlt nicht mehr.

Das Rote Meer

Bab el Mandeb (das Tor der Träne) ist die schmale Verbindungsstraße zwischen dem Golf von Aden und dem Roten Meer und gefürchtet wegen des Windtunneleffektes. Windstärke acht und mehr ist eher die Norm als die Ausnahme. Wir bemerken aber überhaupt nichts von Tränen, überqueren mit einem leichten Wind die Schifffahrtsroute und segeln in Richtung afrikanische Küste. Wir haben viele Horrorgeschichten über das Rote Meer gehört: drei Wochen lang gegen Starkwind kreuzen, das Boot von einer dicken Schicht Salz bedeckt und nach jedem Sturm den Wüstensand vom Deck schaufeln. Wenn man erschöpft ankern möchte, stehen am Strand grimmige Soldaten, die einen mit geladenen Maschinengewehren verscheuchen. Segel und Fallen sind für die weitere Reise unbrauchbar. Das Fest in Port Said ist das einzige Erfreuliche.

Wir wollen unsere eigenen Erfahrungen sammeln und vor allen Dingen mehr vom Roten Meer sehen als nur Wind, Wasser und Salz. Wir haben mehrere Monate Zeit, um entlang der Küsten von Eritrea, Sudan und Ägypten zu segeln. Jammerschade, dass die Küste von Saudi-Arabien für Segler tabu ist. Wir haben einen Satz Seekarten auftreiben können, mit denen wir hoffentlich unseren Weg zwischen den vielen Riffen und Inseln finden können. Nach dem »Red Sea Pilot« müssen wir beim Navigieren eine Sicherheitsmarge von mehreren Meilen einhalten, weil die Seekarten vor 100 oder mehr Jahren auf der Basis von Sextantenbeobachtungen erstellt worden sind. Eine solche Warnung macht einem im GPS-Zeitalter schon Mut.

Eritrea

Zwei Tage vor Weihnachten fällt der Anker in Mersa Dudo, einer einsamen Bucht vor Eritrea. Obwohl: einsam? Durch das Fernglas sehen wir Menschen am Strand. Zwei Männer warten bereits auf uns, als wir das Beiboot auf den grauen Strand schieben.

»Dürfen wir, bitte, die Pässe sehen«, fragen sie höflich.

Unsere Pässe sind an Bord, aber als ehemalige Raucher haben wir für derartige Gelegenheiten immer Zigaretten bei uns. Als die Soldaten genüsslich dabei sind, mit einer Zigarette ihr Leben zu verkürzen, fragen sie uns, ob wir den Militärstützpunkt sehen möchten.

Die Kaserne besteht aus ein paar Hütten, die aus Ästen, Blättern und Plastikstücken kunstvoll, aber notdürftig errichtet wurden. Keiner aus der Mannschaft in der Garnison hat eine vollständige Uniform, und zusammen haben sie ein Maschinengewehr. Die Gefechtseinheit zählt 20 Wehrpflichtige und einen Feldwebel. Das wird ein Gedränge geben hinter dem Gewehr, wenn der Feind kommt. Der Vorgesetzte sieht allerdings aus wie Rambo und kann einen Krieg vielleicht allein gewinnen. Einmal im Monat kommt ein Kamel und bringt große Säcke mit Linsen, Mehl, Zucker und viel Tee. Wir sitzen kaum auf dem Boden, da steht der dampfende Tee schon vor uns, und wie beim englischen High Tea werden saure Pfannkuchen und ein Riesenschöpflöffel mit kalten Linsen dazu serviert. Der Feldwebel spricht ein wenig Englisch, und wir erfahren, wie viel eine Ziege, ein Esel, ein Kamel und eine Frau kosten. Als ich sage, dass ich Karola umsonst erhalten habe, sehe ich nur erstaunte Gesichter.

Wir entscheiden uns spontan, ein Weihnachtsessen für die ganze Mannschaft zu organisieren. Wir geben Geld, um eine Ziege zu kaufen, ein Kamel würde unser Budget sprengen. Wir haben auch noch Reis an Bord, und der Koch wird mit diesen Zutaten ein Festmahl bereiten. Am nächsten Tag meckert eine schmackhafte Ziege fröhlich über das Exerziergelände. Am Heiligen Abend sitzen wir alle auf dem Boden im Tagesaufenthaltsraum, der eher aussieht wie ein heruntergekommener Stall von Bethlehem ohne Stroh. Nur die Ziege fehlt beim Appell, aber nicht mehr lange.

Jeder schnuppert vergnügt, als der Koch einen großen Topf mit gekochtem Reis in die Mitte stellt, worin man ganz eindeutig kräftige Stücke von der Weihnachtsziege entdecken kann. Um die Mahlzeit extra feierlich zu gestalten, hat der Koch dazu einen Berg saurer Pfannkuchen gebacken. Die Soldaten sind es gewohnt, ohne Teller oder Besteck zu essen, für uns ist es gewöhnungsbedürftig. Am Anfang verbrennen wir uns die Finger und wollen sie danach diskret abwischen, aber Servietten gehören nicht zur Standardmilitärausrüstung (SMA). Die richtige Technik, sehen und hören wir, ist es, die fettigen Finger schmatzend abzulecken, eventuell begleitet von einem nachdrücklichen, höchst kultivierten Rülpsen. Als Dessert gibt es süßen Tee und für die Soldaten eine Extra-Zigarette. Jedermann ist fröhlich und redet und lacht. Das Maschinengewehr liegt vergessen in der Ecke. Es ist Friede auf Erden!

Vor Massawa, der Hafenstadt Eritreas, erreichen wir die Konvergenzzone, und das bedeutet den Beginn des Nordwindes. Wir spüren schon früh die üble Laune des Roten Meeres. Entweder haben wir zu viel Wind, oder der Wind kommt genau von vorn, meistens beides. Luctor et emergo. Wir lernen, mit dem Wetter im Roten Meer zu leben. Wenn es am frühen Morgen kräftig weht, drehen wir uns in der Koje noch mal um. Wir wissen, dass an diesem Tag die Haare, soweit wir sie noch haben, schon um zehn Uhr vom Kopf geblasen werden und das Segeln pures Elend sein wird. Ist es in der Nacht und in der Frühe ruhig, dann machen wir uns beim ersten Morgenlicht auf den Weg und versuchen, vor zwölf Uhr am nächsten Ankerplatz Schutz zu finden. Später am Tag, wenn der Seewind seine volle Kraft entwickelt, entstehen kurze steile Wellen, in denen wir kaum vorwärtskommen, weil BORRACHO sich in jede Welle eingräbt. Wir holen 40 Meter Ankerkette aus dem Ankerkasten und bringen sie mittschiffs in der Bilge unter. Damit machen wir es der schwer erprobten BORRACHO einfacher, die Wellen zu nehmen. Vielleicht kann ich heimlich die Muschelsammlung Karolas als zusätzlichen Ballast über dem Kiel einsetzen?

Nach einem windigen, nassen und kalten Segeltag ankern wir im Schutz der Insel Adjuz in der Howakil-Bucht. Etwas weiter liegt ein altes offenes jemenitisches Holzboot vor Anker. Die Besatzung, schätzungsweise acht Männer, sitzt dicht gedrängt hinter einem blauen Stück Plastik, das sie kaum vor dem kalten Wind schützt.

Regenschauer jagen ungehindert über die niedrige Insel und machen keinen Halt vor dem blauen Plastik. Die Fischer werden sicherlich nass und frieren. Karola hat Mitleid und stellt ein Hilfspaket mit Zigaretten, Kaffee, Zucker und Lollis zusammen. Sie versucht, ihre Aufmerksamkeit zu wecken, aber die Männer sitzen wie erstarrt hinter der Plastikplane. Am nächsten Morgen ist das Wetter wesentlich besser, und die Fischer holen als Erstes den Anker hoch und fahren auf uns zu. Ein junger Mann steht auf dem Vordeck und hält einen Thunfisch hoch. Dieses Prachtexemplar möchten sie uns anscheinend verkaufen. Sie lassen den altmodischen Stockanker vor unserem Boot fallen und treiben langsam längsseits. Einige leere gelbe Kanister hängen sie wie Fender außenbords. Wir sagen, dass die Hälfte des Fisches für uns mehr als genug ist, und fragen, wie viel diese Herrlichkeit kostet.

»Nein, nein, nichts!«, ist die Antwort.

Karola holt das Hilfspaket an Deck. Wir müssen sie auf Knien bitten, unser Geschenk anzunehmen. Einer der Fischer reicht uns darauf noch einen Beutel Tee und eine Dose Kondensmilch. Wieder zurück auf ihrem ursprünglichen Ankerplatz, reparieren die gefürchteten jemenitischen Seeräuber kurze Zeit später die Netze, jeder mit einem Lolli im Mund.

In Massawa ist die Bevölkerung arm. Die meisten Häuser und Prunkgebäude aus der türkischen und italienischen Zeit sind verfallen und von Kugeln durchlöchert. Erinnerungen an den Freiheitskampf. Gott sei Dank sind die Leute hier Christen, und dies bedeutet, dass wir nach monatelanger Abstinenz wieder Wein und Bier einkaufen können. Doch wir haben ein logistisches Problem, das sich kaum lösen lässt: Ehe wir volle Flaschen kaufen dürfen, müssen wir die gleiche Anzahl an leeren Flaschen abliefern. In der Hafenbucht liegen wir zusammen mit drei ägyptischen Trawlern. Die Schiffe sind farbenfroh angestrichen und stinken fürchterlich nach verfaultem Fisch. Es ist Silvesterabend, und keine Menschenseele haben sie, um zusammen zu feiern, also feiern wir zusammen. Um Mitternacht begrüßen die Schiffshörner das neue Jahr. Das letzte Jahr unserer Reise um die Welt.

Sudan

Im Vergleich mit dem armen Massawa sind die Menschen in Suakin, einem Hafenstädtchen direkt hinter der Grenze in Sudan, ärmer als arm, trotz ihrer reichen Geschichte. Bereits im zehnten Jahrhundert vor Christus war Suakin eine wichtige Handelsniederlassung. In der modernen Zeit endet die Erfolgsgeschichte kurz vor dem Zweiten Weltkrieg als einer der letzten Sklavenmärkte. Die historische Stadt liegt auf einer Insel in der kreisrunden Bucht, in der wir zusammen mit einigen Fischerbooten ankern. Hier wohnt niemand mehr. Die Häuser, die mehrere Stockwerke hoch aus Korallen gebaut sind, haben die Jahrhunderte nicht überstanden. Die alte Stadt ist verfallen zu einer trostlosen Ruine. Trübselig kreischende Krähen und einige königliche Adler haben diese Geisterstadt für sich allein. Nahezu alle früheren Bewohner sind nach Port Sudan gezogen. Nur einige Hundert sind geblieben und wohnen in Bretterverschlägen, abgedeckt mit Wellblech. In der Umgebung ist kein Grashalm zu finden. Sogar Unkraut weigert sich, in diesen dürftigen Verhältnissen zu wachsen. Die »Einkaufsstraße« ist ein staubiger Sandpfad mit selbst gebastelten Hütten an beiden Seiten, in denen Töpfe und Pfannen, farbige Plastikeimer, Bündel mit Brennholz und Säcke mit Mehl zum Verkauf angeboten werden. Zwischen dem Warenangebot befindet sich ein »Restaurant«. Der Koch steht auf der Straße hinter dem Ofen, den er aus einem Ölfass hergestellt hat. Er flambiert gerade mit Schwung ein gut durchwachsenes Stück Fleisch unbekannter Herkunft über dem rauchenden Holzfeuer und winkt uns einladend herein, zu einer Bank, die unserem Gewicht bestimmt nicht gewachsen ist. Wir erzählen dem Restaurantbesitzer, dass wir am Abend ausnahmsweise an Bord essen.

Verschleierte Frauen in bunten Kleidern und Männer in langen Gewändern laufen an den Auslagen entlang. Mitten auf der Straße liegt ein ausgemergeltes Kamel, das als Lkw benutzt wird, erschöpft auf den Knien. Eselkarren mit einem Stück Plastik auf der Ladefläche als Komfort dienen als Taxen. Sie sind die einzige Gefahr auf der Straße, obwohl leichtsinnige Fahrweise oder Geschwindigkeitsüberschreitungen unter diesen Umständen selten vorkommen. Der Gemüse- und Fleischmarkt ist vor langer Zeit aus

Beton errichtet worden. Es riecht nicht sonderlich fein, und Wolken von Fliegen entziehen dem kritischen Auge die aufgehängten Fleischstücke. Nachdem wir wochenlang Corned Beef gegessen haben, können wir uns beim Anblick des frischen Fleisches nicht mehr beherrschen. Wir kaufen ein Kilo Ziegenfleisch bei dem Metzgermeister, der am wenigsten blutig und verdreckt aussieht. Er wiegt die Fliegen nicht mit und packt das Fleisch in eine vergilbte Zeitung. Zu Abend essen wir ein schmackhaftes Ziegengulasch mit viel Knoblauch.

Einerseits ist das Städtchen voller armseligem Leben, sind die Menschen ausnahmslos mager, sehen trotzdem nicht unglücklich aus, andererseits ist der Gegensatz zum reichen Westen menschenunwürdig. Wir fühlen uns schuldig, dass Menschen im 21. Jahrhundert in so bitterer Armut leben müssen. Wo jedermann seine notwendigen Bedürfnisse per 50 Gramm einkauft und Zigaretten per Stück gehandelt werden, können wir nicht groß einkaufen. Wir verlassen diesen von Gott und der Welt vergessenen Ort mit zu wenig Vorräten an Bord. Was die Einwohner von Suakin ihr ganzes Leben ertragen müssen, können wir doch wohl für einige Wochen: den Gürtel enger schnallen.

Etwa zehn Seemeilen von der Küste von Sudan entfernt liegt Shab Rumi, ein rundes Riff, das eine Lagune umschließt. Der Naturforscher Jacques Cousteau hat hier in den Sechzigerjahren wochenlang unter Wasser geforscht und die Haie gefüttert. Damit er mit dem Expeditionsschiff in der Lagune vor Anker gehen konnte, sprengte er einen zehn Meter breiten Durchgang in das Riff. Der Himmel ist bedeckt mit schweren Wolken und die Sicht schlecht, wir können nur vermuten, wo sich der Eingang befindet. Das Steuerrad umkrampft, tasten wir uns langsam näher. Ja, jetzt sehen wir die Durchfahrt: Sehr schmal, ein wenig breiter hätte Cousteau die Passage schon sprengen können. Wir entdecken zwei Ankerbojen und heben eine an Deck zum Festmachen. Später, beim Schnorcheln, werden wir nachschauen, ob die alte Boje noch stark genug ist, um BORRACHO zu halten. Zwischen den Riffen finden wir die Reste des Unterwasserhauses und Arbeitsplatzes, in denen die Männer damals das Experiment durchgeführt haben.

Das Krachen der Wellen auf dem Riff weckt uns, noch ehe es hell wird. Der Wind hat in der Nacht aufgefrischt, und eine Dünung läuft über die Riffe in die Lagune. Wenn wir nicht schnell aufbrechen, kommen wir nicht mehr durch die Passage und müssen hier vielleicht tagelang ausharren. Eine Tasse Filterkaffee, um munter zu werden, geht gerade noch, aber für das Frühstück haben wir keine Zeit mehr. Das holen wir in Marsa Fijab, etwas weiter nördlich an der Küste, nach. Bei diesem Wind ist das nächste Ziel leicht zu erreichen.

Wir liegen schon einige Stunden in der Bucht vor Anker, als ein Mann in einem brüchigen roten Kajak auf uns zu paddelt. Noch ehe wir ihn eingeladen haben, steigt er wie selbstverständlich über die Badeleiter an Bord und stellt sich vor als Sharif. Er zeigt in die Richtung der einzigen Hütte weit und breit, dort wohnt er. Ja, eine Tasse heißen Tee mit einem Keks hätte er gern, denn er ist nass geworden in seinem leckenden Kajak, und er friert. Er leert in hohem Tempo die Schachtel Kekse und reibt sich zufrieden über den Bauch. Anschließend zündet er eine Zigarette an, aus der Schachtel, die er sich genommen hat, und fängt an, zu erzählen. Das Kajak hat er von einem italienischen Segler geschenkt bekommen. Er besitzt zwei Kamele, vier Kinder und eine Frau; in dieser Reihenfolge. Süßwasser ist für die kleine Familie ein großes Problem, nicht zuletzt weil seine Frau sich so oft wäscht. Ein Bedürfnis, das Sharif, scheint mir, vollkommen fremd ist. Jeden dritten Tag muss er mit seinen Kamelen in die Berge, um Wasser zu holen. Wenn er früh aufbricht, ist er gerade vor Anbruch der Dunkelheit wieder zurück. Nur wenn er etwas Geld verdient hat, indem er Fisch oder Muscheln verkauft, oder wenn wir ein paar Hühner von ihm kaufen würden, kann er Wasser kaufen. Das Wasser wird mit einem Eselwagen frei Haus abgeliefert gegen umgerechnet 15 Euro für 1500 Liter. Wir nehmen uns vor, uns nie wieder unnötig zu waschen und nie wieder den Wasserhahn gedankenlos offen zu lassen. Er ist Moslem und fragt, ob wir dem Glauben von Papa Noel angehören. Ich gehe der theologischen Diskussion über den Unterschied zwischen Gott und dem Weihnachtsmann aus dem Wege und bejahe. Schließlich ist diese Frage auch in Europa noch schwierig zu beantworten.

Es bläst kräftig, aber der Nordwind ist nicht unangenehm. Wir wollen die 90 Seemeilen bis Khor Shinab ohne Unterbrechung segeln und machen zuerst einen langen Kreuzschlag, der uns weit von der Küste führt. Gegen Abend werden wir wenden und hoffen, am nächsten Morgen das Abington-Riff zu runden. Das Wetter hält sich mal wieder nicht an die Voraussage. Der Wind nimmt in der Nacht nicht ab, wie es üblich wäre, sondern frischt auf. Wir müssen reffen, ersetzen die Genua durch die kleinere Arbeitsfock, kämpfen die ganze Nacht gegen Wind und Wellen, und es ist furchtbar kalt. Dies ist das gefürchtete Rote Meer. Spät in der Nacht hören wir einen Knall wie einen Kanonenschuss und lautes Schlagen. Die Fock hängt wie eine heruntergelassene Hose auf dem Deck. Bei Tageslicht sehen wir, dass die Befestigung am Segel oben im Mast gerissen ist. Ein neuer Eintrag in die Arbeitsliste. Wir haben in 24 Stunden gerade 60 Meilen geschafft. Für die letzten 30 Meilen schalten wir den Motor dazu. Wir müssen unbedingt rechtzeitig auf dem nächsten Ankerplatz sein. Wenn die Sonne bereits tief im Westen steht, ist es nahezu unmöglich, die Einfahrt zwischen den unter Wasser liegenden Riffen auszumachen.

Die Küste Sudans ist von nun an Sand und Wüste mit schroffen Bergen im Hintergrund. Unbewohnt. Wir sehen keine anderen Segelyachten mehr, nicht mal Fischerboote, nichts und niemand lebt dort. Als wir motorsegelnd in einem Wettkampf gegen die Zeit zu unserem Ankerplatz fahren, habe ich eine Angstvision, die ich unterwegs noch nie gehabt habe: Was ist, wenn wir hier auf ein Riff laufen? Dann sind wir wirklich verloren. Niemand weiß, wo wir sind, kein Mensch ist da, um uns zu helfen, und falls wir lebend die Küste erreichen würden, wären wir Hilferufende in der unendlichen Wüste. Ich kontrolliere lieber noch einmal unseren Standort. Wir haben noch gerade genügend Licht, um an den Verfärbungen des Wassers zu sehen, wo sich die Passage befindet. Die Bucht von Khor Shinab schlängelt sich drei Meilen lang wie ein Sund durch eine unselige Wüstenlandschaft, die dauernd die Farbe wechselt zwischen Weiß und Rotgelb. Wir gehen am äußersten Ende der Bucht vor Anker, am Fuß des Berges Quion, der hoch und grau in den Himmel ragt. Das Wasser ist glasklar, und die Bucht ist eingesäumt von Riffen. Wir schnorcheln direkt vom Boot aus und begegnen ungewöhnlichen Fischen, zum Beispiel einem Kofferfisch mit feuerroten Lippen. Er schwimmt mit schlecht sehenden Augen wie eine alte Dame, die zu einer Nachmittagsteevisite unterwegs ist und mit zittriger Hand zu viel Lippenstift aufgetragen hat.

Am nächsten Morgen stehen wir früh auf, um den Berg Quion zu besteigen. Es ist noch dunkel, aber der Vollmond erleuchtet den steinigen Pfad. Wir sind gerade auf der Spitze des Berges, als die

Sonne wie ein roter Feuerball aus dem nachtdunklen Meer steigt. Langsam erhellen sich die vielen Bergspitzen im Hinterland. Goldene Berge, die einen schönen Tag vorhersagen und die nun eine ganze Farbskala mit schwarzen Schattenstellen durchlaufen. Weit unter uns liegt BORRACHO in dem noch düsteren Wasser der Bucht.

In Marsa Abu Imana, wieder eine tief in die Wüste einschneidende Bucht, finden wir ein Plätzchen hinter einer Landzunge. Das Einlaufen erfordert Maßarbeit, denn ringsum lauern verräterische Riffe. Mein Frauchen legt aber mit viel Gefühl den Anker auf einen schönen Streifen Sand. Mit 50 Metern Ankerkette im Wasser können wir mit ruhigem Gewissen die Stille und die ständig wechselnden Farben der Wüste genießen. In der Ferne zieht eine Karawane Kamele im Staub vorüber, wir hören allerdings das Bellen der Hunde nicht. In dem untiefen Wasser am Ufer stolzieren rotweiße Flamingos hochbeinig herum, und ein Seeadlerehepaar brütet auf einer Insel gleich nebenan. Sie sitzt faul auf ihrem Nest, er sucht nervös nach Nahrung und versucht, uns mit aggressiven Gleitflügen in die Flucht zu jagen.

Jeden Abend geht die Sonne hinter der scharfen, gezackten Gebirgskette im Hinterland rotgelb unter. Wir haben den Sonnenuntergang schon Tausende Male gesehen, aber hier ist es ein besonderes Fest. Durch die extrem trockene Luft über der Wüste ist das Licht hell und klar, fast durchsichtig und das Farbenspiel bezaubernd. Die Landschaft liegt abends tot und verlassen wie die Berge von Mordor in dem Buch von Tolkien. Nur einmal sehen wir in der Nacht das Licht eines Lagerfeuers. Einen Hirten, der zusammen mit seinen Ziegen versucht, in diesem unwirtlichen Land zu überleben. Wir warten hier auf eine Periode mit weniger Wind, um die letzten 360 Seemeilen nach Hurghada in Ägypten in einem Stück zu segeln.

Ägypten

Die Sonne steigt gerade aus den Frühnebelschwaden hoch, wir können bereits das Riff an der westlichen Seite der Bucht klar unterscheiden. Vorsichtig schleichen wir unter Motor am Riff entlang Richtung offenes Meer. Der Wind ist leicht, und mit dem Motor dazu kommen wir gut voran, 120 Seemeilen in den ersten 24 Stunden ist fantastisch! Wir rechnen bereits damit, dass wir in zwei Tagen in Hurghada, am Beginn des Golfes von Suez, sein können. Die vielen Horrorgeschichten, die wir über das Grauen des Roten Meeres gehört haben, werden wohl mal wieder übertrieben sein.

Am zweiten Tag ist der Wind weitaus kräftiger, und die Wellen sind steiler. Trotzdem können wir mit vollem Großsegel und Arbeitsfock immer noch hoch am Wind segeln. Gegen Abend schläft der Wind ein. Wir starten den Motor, wir wollen schnell nach Hurghada. Einige Stunden später sagt der Motor »puff, puff, ..., puff, ... puff ...«, und schweigt dann. Ich öffne den Hahn des Reservetanks, ich starte, und die Maschine läuft einwandfrei. Der Motor ist in Ordnung. Entweder es gibt Dreck in der Brennstoffleitung, oder der Vorfilter ist verstopft. Im Dunkeln kann ich das Problem nicht lösen, wir müssen warten, bis es hell wird. Den Inhalt des Reservetanks heben wir uns für Notfälle auf, der Motor geht aus. Wir werden segeln, bis wir kurz vor dem Leuchtturm von Abu El Kizan sind, der mitten im Roten Meer auf einem Riff steht. Die ganze Nacht sehen wir das Lichtbündel vor uns über das Wasser schweifen. Nur langsam kommt das Licht näher, bis es über uns hinwegfächelt. Höchste Zeit zum Wenden. Wir haben in den letzten 24 Stunden gegen Wind 72 Seemeilen gemacht. Gar nicht so schlecht, aber die Fahrt wird doch wohl einen Tag länger dauern.

Erstaunt untersuche ich die Brennstoffleitung und den Dieselfilter. Beide sind pico bello. Was ist bloß los? Es bleibt nur noch eine Möglichkeit: Der Dieseltank ist leer. Nach meinen Berechnungen haben wir allerdings noch 50 Liter. Ich messe mit dem Peilstab: kein Tropfen mehr. Der Tank ist leer! Nachdem ich dem Dieselieferanten in Aden, dessen Pumpe mehr anzeigte als die tatsächliche Menge, einige unerfreuliche Ereignisse an den Hals gewünscht habe, schauen wir auf der Karte nach, wo wir möglicherweise Diesel tanken können. Wir beschließen, es in Marsa Alam zu versuchen. Der Ort ist dem Anschein nach klein, aber eine Tankstelle könnte es dort geben. Die Einfahrt, die zwischen Riffen hindurchläuft, ist nicht einfach, doch mit einem anständigen Wind könnten wir am nächsten Morgen in der Nähe sein. Da wir ohne Motor ein beträchtliches Handicap haben, zeigt das Rote Meer seine Zähne. Der Wind frischt bereits früh bis 20 Knoten auf und nimmt im Laufe des Tages weiter zu. Wir versuchen, so lange wie möglich mit vollem Großsegel und Arbeitsfock vorwärtszukommen, um die Geschwindigkeit aufrechtzuerhalten und das Boot durch die Wellen zu drücken. Am Abend bläst der Wind mit mehr als 30 Knoten, und BORRACHO schneidet nicht mehr durch die Wellen, sondern fängt an, hart gegen die Wellen zu schlagen. Das verträgt sie nicht lange. Ich muss nach vorn, zum Mast, um das Großsegel zu reffen. Ich sitze auf dem Vordeck, mit den Beinen um den Mast geklammert, um nicht über Bord zu gehen, und versuche, mit der Handkurbel die Reffleinen anzuziehen. Eine Welle nach der anderen bricht über das Deck. Das kalte Wasser läuft mir in den Kragen und über den Rücken hinunter. In der Dunkelheit kann ich nicht sehen, an welcher der drei Reffleinen ich ziehen muss. Schimpfend und schreiend frage ich mich, was ich hier bei Nacht und Wind eigentlich mache. Ich hätte doch auch auf einer gemütlichen Terrasse, weit vom Meer entfernt, ein kaltes Bier genießen können. Mit gerefftem Großsegel und teilweise eingerollter Arbeitsfock bewegt sich das Boot ruhiger, aber davon, hoch am Wind zu segeln, kann nicht mehr die Rede sein. In 24 Stunden schaffen wir nur magere 27 nasskalte Meilen. Wir versprechen einander heilig, diese Reise noch zu beenden, aber dann nie wieder den Fuß auf ein Boot zu setzen. Wir sind müde, als wir uns Marsa Alam nähern, und der Gedanke, an einem ruhigen Ankerplatz herrlich zu schlafen, ist verführerisch. Aber die Kamele werden noch immer aus dem Sand geblasen, und die Einfahrt zwischen den Riffen ist unter diesen widrigen Umständen zu gefährlich. Wir sind erstarrt vor Kälte, aber zum Glück sind unsere grauen Hirnzellen noch nicht erfroren: Wir beschließen, draußen zu bleiben.

Port Ghalib ist die nächste Möglichkeit. Der dortige Yachthafen ist zwar noch nicht fertiggestellt, aber es gibt Diesel, und die Einfahrt ist einfach. Wir haben noch viele Meilen vor uns, doch ich weiß jetzt genau, wie der Wind sich benimmt. Er fegt in der Längsrichtung des Roten Meeres, kommt also aus Nordwest. Im Laufe des Tages kommt der Seewind aus Nordost bis Ost dazu. Diese zweite Komponente sorgt dafür, dass der Wind tagsüber immer stärker wird und von Nordwest auf Nordost dreht. Wir versuchen, das auszunutzen, indem wir bis zwei oder drei Uhr nachmittags einen Kreuzschlag über Steuerbord machen. Wir segeln dann quer durch die Schifffahrtsstraße bis an die saudi-arabische Küste. Wenn der Wind nahezu Nordost ist, wenden wir und kehren über Backbord zurück zur afrikanischen Küste.

Der Wind nimmt in der Nacht ab, und alles geht so weit nach Plan. Bei dem Kurs, den wir nun steuern, kommen wir problemlos an einem Riff an Backbord vorbei und haben mindestens 16 Meilen gefahrloses Wasser vor uns. Genug für mich, um zwei Stunden zu schlafen.

»Weck mich nach zehn Meilen. Dann haben wir reichlich Zeit zum Wenden.«

Ich liege noch nicht mit dem Kopf auf dem Kissen, da schlafe ich bereits. Karola hält draußen Wache. Sie bemerkt, dass der Wind fast unmerklich dreht und muss den Kurs immer weiter nach Backbord verlegen. Langsam beschleicht sie das beängstigende Gefühl, dass wir keine 16 Meilen freies Wasser vor uns haben, sondern dass BORRACHO das Riff sucht. Sie weiß auch, dass ich müde bin und möchte mich so lange wie möglich schlafen lassen. Immer nervöser schaut sie auf die Leuchtziffern der Armbanduhr. Nach einer Stunde macht sie mich mit viel Mühe und heftigem Schütteln munter. Als ich unsere Position in der Karte eintrage, trennen uns noch vier Meilen von dem Riff. Eine gute Besatzung ist ihr Gewicht in Gold wert.

Um zwei Uhr nachts treffen wir vor Port Ghalib ein und warten, bis es hell wird. Die vereinzelten Lichter an der Küste geben uns das Gefühl, dass wir nicht mehr allein sind. In der Morgendämmerung mache ich eine furchtbare Entdeckung. In der stürmischen Nacht haben wir eine Mann-über-Bord-Situation mit tragischem Ausgang gehabt: Eine herzlose Welle hat unsere Galionsfigur, unseren treuen, trinkenden Gartenzwerg, von seinem Sockel gestoßen. Wir werden ihn, der 37 000 Seemeilen Freud und Leid und vor allen Dingen Tonnen Salzwasser mit uns geteilt hat, für immer in ehrender Erinnerung bewahren. Im Roten Meer hat er sein Gartenzwerggrab gefunden. Ich wüsste gerne, welche Schlussfolgerungen die Archäologen in 2000 Jahren ziehen werden, wenn sie unseren Freund auf dem Boden des Roten Meeres finden.

Port Ghalib ist Teil eines gigantischen Freizeitbauprojekts, das saudi-arabische Investoren aus dem Wüstensand stampfen. Als wir einlaufen, stehen bei der nagelneuen Tankstelle bereits vier Männer in weißen Kleidern bereit, die nach der herrschenden Mode knöchellang und nicht tailliert geschnitten sind, um die Leinen anzunehmen. Wir sind die einzige Yacht im Hafen und werden überladen mit Gastfreundlichkeit. Im Hafenbüro kriegen wir T-Shirts, Mützen und Schlüsselanhänger. Die Männer gehen für uns einkaufen, weil wir nicht einklariert haben und das Gelände nicht verlassen dürfen. Der Hafenmeister Sherif lässt ein ägyptisches Abendessen an Bord servieren. Drei Männer tragen in einer festlichen Prozession die vielen Gerichte. Wir essen herrlich und rollen in die Koje. Einen Tag später dreht der Wind nach Osten, und wir können in direktem Kurs auf Hurghada zusegeln. Als wir langsam am Küstenpanorama vorbeiziehen und BORRACHO mühelos Seemeile um Seemeile hinter sich bringt, sind wir uns einig: Es gibt nichts Schöneres als das Segeln im Roten Meer.

In der Abu Tig Marina genießen wir nach einem Jahr zum ersten Mal wieder eine heiße Dusche. Und ebenso eine kalte Dusche durch den Kulturschock: In Eritrea und Sudan leben die Menschen unterernährt weit unter der Armutsgrenze in ärmlichen Hütten. Hier gibt es Touristenstädte mit modernen Hotels und Touristen, die sich kaum entscheiden können, in welchem der vielen Restaurants sie zu Abend essen wollen.

BORRACHO liegt sicher in der Marina. Wir machen einen Ausflug nach Luxor an den Nil. Das Reisebüro hat einen Kleinbus für die Fahrt organisiert und dort für uns ein Hotel gebucht. Wir sind die einzigen Passagiere und freuen uns auf die Fahrt über Land. In der Stadt lenkt der Fahrer den Bus in einen vom Militär bewachten Parkplatz. Es stehen schon viele Busse, Kleinbusse und Pkws in Reih und Glied aufgestellt. Ein Militärjeep, auf dem als Zubehör ein beeindruckendes Maschinengewehr montiert ist, gibt das Signal für die Abreise. Der kilometerlange Konvoi setzt sich langsam, dann immer schneller in Bewegung. Ein zweiter Jeep, ebenfalls mit einem Maschinengewehr versehen, bildet das Schlusslicht. Wir sind das vorletzte Fahrzeug, und die Feuerwaffe zielt drohend auf uns. Ich kann nur hoffen, dass die Bedienungsmannschaft im Falle eines terroristischen Anschlags die Geistesgegenwart hat, das Schnellfeuergewehr zu drehen. Alarmsirenen und nervöse Blinklichter erhöhen das Urlaubsgefühl. Jede Seitenstraße, die der Konvoi in hoher Geschwindigkeit passiert, wird rechtzeitig von schwer bewaffneten Militärs abgesperrt.

Im Tal der Könige begegnen wir etwa einer Million anderer Touristen, die den Strandurlaub für einen Tag Kultur unterbrechen. In den Gräbern der Könige schlurfen wir im Stau mit minimalen Schritten an den Wandmalereien vorbei. Sobald wir uns etwas länger die Details der Darstellungen ansehen wollen, werden wir weitergeschubst von Menschen, die hinter uns laufen und schnell wieder in die Sonne wollen. Lass die Toten den Toten! Draußen läuft den Aufsehern das Wasser im Mund zusammen bei so viel weiblicher Nacktheit. Wir hören Frauen sich darüber beklagen, dass die Ägypter greifgierige Hände haben. Ich kann es gut begreifen. Ich bin zwar kein Anhänger des Islam und der dazugehörigen Vorschriften, aber sogar ich muss manchmal die Neigung unterdrücken, in so eine runde, frei aus der Hose hängenden Pobacke zu kneifen. Bei mir wird es wohl eine Alterserscheinung sein.

Unter unserem Hotelbalkon fließt der Nil wie schon zu Moses Zeiten. Einige Feluken treiben mit schlaffen Dreieckssegeln im Licht der untergehenden Sonne, die das braune Wasser zu Gold verzaubert. Bei einem Glas Wein sind wir mit dem Leben wieder versöhnt. Aber wir sind doch froh, als wir wieder heil an Bord der wartenden BORRACHO gehen können.

Der Golf von Suez

In den Golf von Suez segeln wir an der Sinaiseite. Ich habe immer gedacht, dass die Sinaihalbinsel ein einziger Sandkasten wäre. Bis weit hinter El Tur segeln wir jedoch an einer majästetischen Bergkette entlang. Der wohl bekannteste Berg ist der Berg Sinai, wo Moses, laut Bibel, die zehn Gebote entgegengenommen hat. Schon lange her und von vielen vergessen.

Wir haben das große Los in der Lotterie gezogen: Der seltene Chamsin weht, ein kräftiger, staubiger Wind aus dem Süden. Ein arabisches Sprichwort sagt, wenn der Chamsin drei Tage lang weht, sei es entschuldbar, dass ein Ehemann seine Ehefrau ermordet. Der drückende, schwüle Südwind weht nun schon seit zwei Tagen, und mit dem Wind von hinten kommen wir schnell voran. Obwohl diese Windrichtung auch ihre Schattenseiten hat: Es gibt im Golf von Suez kaum gegen Südwind geschützte Ankerplätze.

In der Seekarte sehen wir bei Ras Gihan ein Riff, das ins Meer hinausragt. Vielleicht finden wir dort etwas Schutz für die Nacht. Wir liegen vor einer Kulisse aus rotbraunen Berghängen, die wie Feuer im Licht der untergehenden Sonne glühen. Das faszinierende Schauspiel hat seinen Preis: Wind und Wellen haben freies Spiel mit BORRACHO. Der Anker hält gut, aber in der Koje fühlt es sich an, als würden wir auf einem stöhnenden Schaukelpferd schlafen.

Völlig übermüdet segeln wir durch das Ölfeld von Belayim. Schnell verstehen wir, weshalb man besser nicht nachts durch den Golf von Suez fahren sollte: Grauer Rauch liegt wie eine zugezogene Gardine über dem Wasser, die Sonne sieht aus wie eine wässrige Scheibe. Überall ragen die abgesägten Beine von ausgedienten Bohrtürmen wie schwarze Skelette aus dem ölverschmutzten Wasser. Ohne Lichter! Eine Ölplattform lässt einen dicken, dreckigbraunen Wasserstrahl zehn Meter in die Tiefe stürzen. Der Wind verändert den Strahl in einen feinen Sprühregen. In einem großen Bogen umfahren wir die Plattform. Wir weichen einem Versorgungsboot aus, das neue Vorräte anschleppt. Hier und dort lodert eine Fackel aus einem hoch aufragenden Rohr, die einzige Beleuchtung in der Nacht. Das Meer stinkt nach Öl. Über die Umwelt macht man sich hier wenig Sorgen. Doch wer werfe den ersten Stein? Auch unser Motor braucht Dieselöl. Einige Meilen weiter haben wir die Schmutzstrecke hinter uns, die Sonne scheint wieder strahlend am blauen Himmel.

Der Suezkanal

M it dem vorherrschenden Wind aus Nord dauert die Fahrt etwa zehn Tage. Dank Chamsin schaffen wir es in drei Tagen. In Suez liegen wir zwischen zwei Ankerbojen des Suez Canal Yacht Club. Während unseres Sundowners faulenzen wir im Cockpit und schauen den Seeschiffen zu, die in 200 Metern Entfernung unaufhörlich vorbeigleiten. Morgen wollen auch wir in zwei Etappen durch den Suezkanal. Am ersten Tag soll es bis Ismailia gehen, wo wir beim Yachtclub ankern wollen, und am zweiten Tag dann weiter nach Port Said, wo das Mittelmeer auf uns wartet.

Viele Segler beklagen sich über die Lotsen im Suezkanal. Wir haben an unseren Lotsen nichts auszusetzen. Sie sind fachkundig und korrekt, und wir haben viel Spaß mit ihnen. Von Suez bis Ismailia mit Mahmed, der immer sorgenvoll dreinschaut und nur zwei Wörter in Englisch kann: »red beacon« und »green beacon«. Für den Suezkanal reicht dieses Vokabular durchaus. Mohammed Ali – keine Familie, versichert er uns –, den wir in Ismailia an Bord nehmen, beherrscht die englische Sprache ausgezeichnet. Er kann viel über die Geschichte des Suezkanals erzählen. Bereits 500 Jahre vor Christi Geburt ließ Darius einen Kanal vom Nil bis zum Roten Meer graben. Erst 1869 wurde der heutige Suezkanal eröffnet. Ferdinand de Lesseps konnte hier seiner Grabwut freien Lauf lassen, nachdem er mit dem Kanal von Korinth die nötigen Fingerübungen gemacht hatte. Das Suezkanal-Projekt verschlang nicht nur Unmengen an Geld, sondern gleichfalls viele Arbeiter: 125 000 ließen ihr Leben im Namen des Welthandels. Aber für Lesseps bedeutete ein Arbeitsmann mehr oder weniger nichts.

In der heutigen Zeit fahren pro Jahr 15 000 Seeschiffe, einschließlich BORRACHO, im Konvoi durch den Kanal. Ein Südkonvoi und ein Nordkonvoi, die einander im Bittersee passieren können. Wir gehören zum nordgehenden Konvoi und fühlen uns wie die Maus zwischen Elefanten. Mohammed Ali steuert gern, obwohl er nach meinem Geschmack zu nahe an den Bojen vorbeifährt. Na ja, Inschallah! Beide Lotsen bitten am Ende des Tages um ein kleines Geschenk und einen Briefumschlag. Ali hat uns gesagt, wie viel er als Lotse verdient und wie viel in seiner zweiten Beschäftigung als

Besatzung auf einem Schlepper. Ich finde die Idee des Bakschischs, eine Art Direktsteuer, gar nicht übel. Für uns ist das Bakschisch ein Klacks, während die Lotsen davon leben müssen.

Außer viel Sand an beiden Seiten und einer Menge verrostetem Kriegsmaterial gibt es im Suezkanal nicht viel zu sehen. Die einzige Ablenkung bringt eine Rallye auf dem Weg zum Roten Meer: 20 Segelyachten, manche sogar unter Spinnaker, fahren wie Entenküken hinter der Mutterente, dem Versorgungsschiff. Jedes Schiff ist blank und glänzend geputzt, und an Bord herrscht ausgelassene Urlaubsstimmung. Die Besatzungsmitglieder sind alle in gleiche T-Shirts gekleidet und tragen farblich dazupassende Mützen. Nur die Mütze des Skippers ist abweichend. Welch ein Kontrast! Für uns ist Segeln zu einer Art von Reisen geworden, zu einem neuen Beruf, zu einer Lebensphilosophie. Wir haben uns mühsam um die Welt und durch das Rote Meer bis hierher arbeiten müssen. So sehen wir auch aus in unseren verschlissenen und verwaschenen T-Shirts und den von Sonne und Salzwasser gebleichten Mützen. So sieht auch BORRACHO aus: wie ein Boot, das einiges erlebt hat, und nicht wie ein sich im Wasser bewegendes Ferienhaus.

Als der Konvoi nach Süden uns begegnet, wird es spannend. 15 bis 20 Containerschiffe und Tanker schieben in einer ordentlichen Reihe an BORRACHO vorbei. Eines der letzten Schiffe ist ein Containerschiff der Reederei Nedlloyd aus Rotterdam mit dem urholländischen Namen KOWLOON. Hoch über uns erspähe ich durch mein Fernglas auf der Brücke einen der Offiziere in seiner weißen Tropenuniform. Er blickt gleichfalls mit dem Fernglas auf unsere kleine Nussschale aus Scheveningen herunter, die tapfer zwischen den Ozeanriesen fährt und eine weite Reise hinter sich hat. Karola grüßt mit der Fahne, und wir winken mit ausladenden Armgebärden einander zu. Der Offizier geht rein, und schon erklingt der sonore, lang gezogene Ton des Schiffshorns. Ein erster Gruß aus Holland, uns läuft es kalt über den Rücken. Ein Schlepper, der gerade mit einer Schaumkrone vorbeirauscht, läutet dazu die Schiffsglocke, als ob Silvester wäre.

Port Said

In Port Said kommt das Lotsenboot auf uns zu, passt seine Geschwindigkeit an unsere an und kommt umsichtig längsseits. Wir laufen jeder sechs Knoten, und die Entfernung zwischen den beiden Schiffen beträgt weniger als einen halben Meter. Das Wasser quetscht sich zwischen dem Spalt hindurch. Unser Lotse Mohammed Ali steigt mit einer Plastikeinkaufstasche in der Hand, in die wir T-Shirts für seine zwei Kinder und ein Kleid für seine Frau gepackt haben, über die Reling in das Lotsenfahrzeug, als käme er von einem Einkaufsbummel in der Kalver Straße. Ein letzter Gruß und wir fahren allein weiter in Richtung Mittelmeer. Vorbei am Gebäude mit der großen Kuppel der Suezkanal-Gesellschaft und der letzten Prunkmoschee auf dem afrikanischen Festland.

Als ob sie es abgesprochen hätten, lassen die Seeschiffe, die vor Anker liegen, den tiefen Bass der Schiffshörner über das Wasser rollen. Eine übervolle Fähre, die gerade vor uns den Kanal überquert, läutet die Schiffsglocke. Ein Seeschlepper ändert seinen Kurs, um die erschöpfte BORRACHO aus der Nähe zu betrachten, und lässt seine Sirene scheppern. Ein rostiger Fischdampfer mit langen Rauchschwaden kommt von See. Die Besatzung hat das gelbe Ölzeug noch an, und jemand bläst monoton das Nebelhorn. Kapitäne schieben die Kajütfenster auf und beugen sich nach draußen, um uns mit beiden Armen zu winken. Auf der Brücke eines Kreuzfahrtschiffes hängen die Offiziere über der Reling und rufen uns zu. Jeder ist fröhlich und ruft »Willkommen!« zu diesem kleinen Boot, das als Erstes in der neuen Saison aus dem Roten Meer durch den Suezkanal kommt. Wir fühlen uns wie Sieger, wie Champions, wir wissen nur nicht wovon, sind aber gerührt von so viel Herzlichkeit des Seevolkes. Meine Augen sind feucht. Karola strömen die Tränen über ihre Wangen. Vielleicht begreifen diese Seefahrer, was es für uns bedeutet, nach sieben Jahren wieder das Mittelmeer vor uns zu sehen. Welch ein Abschied vom Roten Meer, welch ein Auszug aus Ägypten.

Das Mittelmeer

An Backbord liegen die Schiffe vor Anker, die an diesem Abend durch den Kanal Richtung Süden gehen. Vor unserem Bug hat man eine große Menge Bojen scheinbar wahllos ins Wasser gesetzt, doch allmählich entdecken wir ein System in der Ansammlung. Nun müssen wir noch quer durch den Wald aus Öltürmen mit Fackeln obendrauf, dann haben wir freie Bahn bis Kreta. Wir haben noch genau 138 Seemeilen vor uns, dann haben wir die Welt umrundet. Diese letzte Strecke bis Kreta werden wir auch noch schaffen.

Nach dem herzerwärmenden Empfang von Port Said heißt das Mittelmeer uns unterkühlt bis kalt willkommen. Wer segelt aber auch Anfang März im Mittelmeer von Ost nach West? Nur wir, die wir keine Geduld mehr haben. Wir wollen nach Hause, wo immer das auch in Zukunft sein mag. Gegen einen kräftiger werdenden Wind kreuzen wir in Richtung Kreta. In der Nacht haben wir einen 30-Knoten-Wind genau von vorn. Mit einem Minimum an Segelfläche versucht BORRACHO, Richtung Endziel voranzukommen. Es ist saukalt. Wir liegen in langen Hosen, Segeljacken und Wollmützen unter vielen Decken und zittern vor Kälte. Warum müssen wir während der letzten Meilen diese Tortur durchstehen? Wir kämpfen uns in 48 Stunden kaum 50 Seemeilen näher an unsere Ziellinie heran. Statt vor Kreta sind wir jetzt kurz vor Zypern. Sollen wir den Kurs ändern und in einem Hafen auf Zypern Schutz suchen? Nein, nein, wir halten durch! Wir wollen diese Weltumsegelung erfolgreich beenden, und zwar jetzt.

Am Nachmittag beginnt der Wind, nach Norden zu drehen. Endlich können wir Kreta in direkter Linie ansegeln. Wir haben es eilig, BORRACHO hingegen hat auf einmal keine Lust mehr. Was wir auch versuchen, und wie viel Tuch wir auch setzen, sie läuft nicht mehr. Bei einer Geschwindigkeit von weniger als drei Knoten beißen sogar Fische nicht mehr an. Ich hole die Angelschnur ein und entdecke dabei eine braune Wolke hinter dem Boot. Ich schaue genauer hin. Mehr als sieben Meter Fischernetz hängen als Bremse am Boot. Hoffentlich hat das Netz sich nicht in dem Propeller verfangen. Mithilfe des kleinen Beibootankers gelingt es mir, das Netz zu fassen. Meter für Meter ziehe ich es an Bord, bis es als ein schleimiger Haufen im Cockpit liegt. Wir haben Glück. Mit einem Messer kann ich die letzten Stränge durchschneiden, ohne dass ich mir im eiskalten Wasser den Tod holen muss. Befreit von der zusätzlichen Last läuft BORRACHO freudig vorwärts. Drei Knoten Geschwindigkeit, vier Knoten! Noch 30 Seemeilen, und wir sind rund um die Welt.

029,10° E

Noch zehn Seemeilen, noch fünf ... Wir können nicht schlafen, spüren die Kälte nicht mehr. Noch eine Meile. Am 13. März, Anzeige: 01.45 Uhr, überqueren wir unseren Ausgangspunkt: 029,10° E. Wir haben es vollbracht! Zitternd vor Emotion und Kälte liegen wir einander in den Armen. Wir sind stolz darauf, dass wir im Alter von sechzig-plus rund um die Welt gesegelt sind. Stolz darauf, dass wir durchgehalten haben. Stolz darauf, dass wir immer wieder unsere Ängste überwunden haben. Wir sind gefallen und wieder und wieder aufgestanden und haben so einen neuen Beruf erlernt: den Beruf des Langstreckenseglers. Jede Seemeile der fast 40 000, die auf dem Log stehen, haben wir einzeln überwunden. Wir haben gelernt, unter primitiven Umständen zu leben und zu reisen. Wir haben gelernt, zu improvisieren und uns selbst zu helfen. Wir haben die Freiheit gesucht und gefunden. Wir haben die Welt kennengelernt und sind Weltbürger geworden. Wir haben Erfahrungen gemacht, die nur wenige machen wollen, und kein Mensch kann sie uns jemals nehmen. Unser Leben hat sich geändert, wir sind andere Menschen geworden.

Mitten auf See und mitten in der Nacht trinken wir eine Flasche Rotwein leer, Produce of Eritrea. Wir bemerken nicht, dass die Temperatur im Salon um den Gefrierpunkt liegt. Der Wein schmeckt uns wie ein Talbot Jahrgang 1954, der fachmännisch dekantiert und mit Vorsicht auf die richtige Temperatur gebracht worden ist. Herrlich. Prosit!

Zwei Tage später legen wir in dem kleinen Yachthafen von Agios Nikolaos auf Kreta an. Nach sieben Jahren setzen wir zum ersten Mal wieder unseren Fuß auf europäischen Boden, nachdem wir vor lauter Vorfreude noch einen großen Topf Filterkaffee gekocht haben. Ich nehme das Arbeitsbuch zur Hand und schlage es auf. Auf dieser Seite sind alle Arbeiten bereits durchgestrichen. Ich schlage die Seite um und schaue. Die Seite ist leer!

Doris Renoldner / Wolfgang Slanec
Frei wie der Wind
Unter Segeln zu den entlegensten Winkeln der Welt:
Die Seenomaden unterwegs
ISBN 978-3-7688-3397-4

Sieben Jahre lang zu zweit auf einem Boot? Sieben Jahre lang nicht nur Barfußsegeln, sondern rund Kap Hoorn, durch die Patagonischen Kanäle, zu abgelegenen Inseln. Wahrlich genug Zeit, um gleich ein paar Jahre durch die „Hinterhöfe" der Südsee zu streunen, Inseln aus Kinderträumen zu besuchen oder Atolle fern der Zivilisation. Sieben Jahre um die Welt ... eine gekonnte Mischung aus Abenteuer und Emotion, die Fernweh weckt und den Leser teilhaben lässt am großen Glück der gemeinsamen Freiheit.

Erhältlich im Buch- und Fachhandel oder unter www.delius-klasing.de/shop

Christian Irrgang
Ostsee linksherum
Ansichten eines Segelsommers
ISBN 978-3-7688-3545-9

Segeln ist besser als jedes Antidepressivum. „Lust statt Frust" – das war das Motto, unter dem Christian Irrgang, erfolgreicher Fotograf, einen Sommer lang meist allein mit seinem kleinen Folkeboot die Ostsee bereiste – linksherum, also gegen den Uhrzeigersinn von Rügen über Polen, Lettland, Estland, Finnland, Schweden und Dänemark zurück nach Rügen. Dabei sammelte er jede Menge – auch fotografische – Eindrücke von Ländern und Leuten. Und von sich selbst, denn der Zweifel „schaffe ich das?" war von Anfang an mit an Bord.

Erhältlich im Buch- und Fachhandel oder unter www.delius-klasing.de/shop

DELIUS KLASING

ATLANTISCHER OZEAN

EUROPA

Finish

MITTEL- MEER

Suezkanal

AFRIKA

Vor Oman und Jemen
Piraten: das Tagesthema aller Yachties

Rotes Meer

Golf von Aden

Sudan
Ärmer als arm trotz reicher Geschichte

ATLANTISCHER OZEAN

SÜDLICHER WENDEKREIS

*7 Jahre, 40000 Seemeilen –
Mit einem Lächeln um die Welt*